"十四五"职业教育国家规划教材

高等职业教育药学类与食品药品类专业第四轮教材

医药市场营销实务 第4版

（供药学类、药品与医疗器械类专业用）

主　编　甘湘宁　周凤莲

副主编　王丽娜　杨　麒　敬美莲　赵文姣

编　者　（以姓氏笔画为序）

王丽娜（山东药品食品职业学院）　　　王键胜（山东中医药高等专科学校）

甘湘宁（湖南食品药品职业学院）　　　杨　麒（保山中医药高等专科学校）

连进承（重庆三峡医药高等专科学校）　张　乾（山西药科职业学院）

陈　琼（长沙卫生职业学院）　　　　　李卓芳（湖南千金大药房连锁有限公司）

周凤莲（山西药科职业学院）　　　　　赵文姣（淄博职业学院）

敬美莲（广东江门中医药职业学院）　　蒋　琳（重庆医药高等专科学校）

中国健康传媒集团 · 北京

中国医药科技出版社

内 容 提 要

　　本教材是高等职业教育药学类与食品药品类专业第四轮教材之一，系根据本套教材的编写指导思想和原则要求，结合专业培养目标和本课程的教学目标、内容与任务要求编写而成。本教材专业针对性强，紧密结合新时代行业要求和社会用人需求，与职业技能鉴定相对接；内容主要包括认知医药市场营销、医药市场调查、医药市场营销环境分析、医药市场购买行为分析、医药目标市场策略、医药产品策略、医药产品定价策略、医药分销渠道策略、医药产品促销策略、医药市场营销管理和医药市场开发与维护等。本教材为书网融合教材，即纸质教材有机融合电子教材、教学配套资源（PPT、微课、视频等）、题库系统、数字化教学服务（在线教学、在线作业、在线考试），使教学资源更多样化、立体化。

　　本教材主要供全国高职高专院校药学类、药品与医疗器械类专业师生使用，也可作为医药行业营销人员的培训教材和参考资料。

图书在版编目（CIP）数据

　　医药市场营销实务/甘湘宁，周凤莲主编. —4 版 . —北京：中国医药科技出版社，2021.8（2025. 6 重印）.

　　高等职业教育药学类与食品药品类专业第四轮教材

　　ISBN 978 – 7 – 5214 – 2576 – 5

　　Ⅰ. ①医⋯　　Ⅱ. ①甘⋯　②周⋯　　Ⅲ. ①药品 – 市场营销学 – 高等职业教育 – 教材　　Ⅳ. ①F724.73

　　中国版本图书馆 CIP 数据核字（2021）第 143369 号

美术编辑	陈君杞
版式设计	友全图文

出版　**中国健康传媒集团**｜中国医药科技出版社

地址　北京市海淀区文慧园北路甲 22 号

邮编　100082

电话　发行：010 – 62227427　　邮购：010 – 62236938

网址　www. cmstp. com

规格　889 × 1194mm $\frac{1}{16}$

印张　16 $\frac{3}{4}$

字数　460 千字

初版　2008 年 1 月第 1 版

版次　2021 年 8 月第 4 版

印次　2025 年 6 月第 8 次印刷

印刷　大厂回族自治县彩虹印刷有限公司

经销　全国各地新华书店

书号　ISBN 978 – 7 – 5214 – 2576 – 5

定价　**45. 00 元**

获取新书信息、投稿、为图书纠错，请扫码联系我们。

出 版 说 明

　　"全国高职高专院校药学类与食品药品类专业'十三五'规划教材"于2017年初由中国医药科技出版社出版，是针对全国高等职业教育药学类、食品药品类专业教学需求和人才培养目标要求而编写的第三轮教材，自出版以来得到了广大教师和学生的好评。为了贯彻党的十九大精神，落实国务院《国家职业教育改革实施方案》，将"落实立德树人根本任务，发展素质教育"的战略部署要求贯穿教材编写全过程，中国医药科技出版社在院校调研的基础上，广泛征求各有关院校及专家的意见，于2020年9月正式启动第四轮教材的修订编写工作。

　　党的二十大报告指出，要办好人民满意的教育，全面贯彻党的教育方针，落实立德树人根本任务，培养德智体美劳全面发展的社会主义建设者和接班人。教材是教学的载体，高质量教材在传播知识和技能的同时，对于践行社会主义核心价值观，深化爱国主义、集体主义、社会主义教育，着力培养担当民族复兴大任的时代新人发挥巨大作用。在教育部、国家药品监督管理局的领导和指导下，在本套教材建设指导委员会专家的指导和顶层设计下，依据教育部《职业教育专业目录（2021年）》要求，中国医药科技出版社组织全国高职高专院校及相关单位和企业具有丰富教学与实践经验的专家、教师进行了精心编撰。

　　本套教材共计66种，全部配套"医药大学堂"在线学习平台，主要供高职高专院校药学类、药品与医疗器械类、食品类及相关专业（即药学、中药学、中药制药、中药材生产与加工、制药设备应用技术、药品生产技术、化学制药、药品质量与安全、药品经营与管理、生物制药专业等）师生教学使用，也可供医药卫生行业从业人员继续教育和培训使用。

　　本套教材定位清晰，特点鲜明，主要体现在如下几个方面。

1. 落实立德树人，体现课程思政

教材内容将价值塑造、知识传授和能力培养三者融为一体，在教材专业内容中渗透我国药学事业人才必备的职业素养要求，潜移默化，让学生能够在学习知识同时养成优秀的职业素养。进一步优化"实例分析/岗位情景模拟"内容，同时保持"学习引导""知识链接""目标检测"或"思考题"模块的先进性，体现课程思政。

2. 坚持职教精神，明确教材定位

坚持现代职教改革方向，体现高职教育特点，根据《高等职业学校专业教学标准》要求，以岗位需求为目标，以就业为导向，以能力培养为核心，培养满足岗位需求、教学需求和社会需求的高素质技能型人才，做到科学规划、有序衔接、准确定位。

3. 体现行业发展，更新教材内容

紧密结合《中国药典》（2020年版）和我国《药品管理法》（2019年修订）、《疫苗管理法》（2019

年）、《药品生产监督管理办法》（2020年版）、《药品注册管理办法》（2020年版）以及现行相关法规与标准，根据行业发展要求调整结构、更新内容。构建教材内容紧密结合当前国家药品监督管理法规、标准要求，体现全国卫生类（药学）专业技术资格考试、国家执业药师职业资格考试的有关新精神、新动向和新要求，保证教育教学适应医药卫生事业发展要求。

4. 体现工学结合，强化技能培养

专业核心课程吸纳具有丰富经验的医疗机构、药品监管部门、药品生产企业、经营企业人员参与编写，保证教材内容能体现行业的新技术、新方法，体现岗位用人的素质要求，与岗位紧密衔接。

5. 建设立体教材，丰富教学资源

搭建与教材配套的"医药大学堂"（包括数字教材、教学课件、图片、视频、动画及习题库等），丰富多样化、立体化教学资源，并提升教学手段，促进师生互动，满足教学管理需要，为提高教育教学水平和质量提供支撑。

6. 体现教材创新，鼓励活页教材

新型活页式、工作手册式教材全流程体现产教融合、校企合作，实现理论知识与企业岗位标准、技能要求的高度融合，为培养技术技能型人才提供支撑。本套教材部分建设为活页式、工作手册式教材。

编写出版本套高质量教材，得到了全国药品职业教育教学指导委员会和全国卫生职业教育教学指导委员会有关专家以及全国各相关院校领导与编者的大力支持，在此一并表示衷心感谢。出版发行本套教材，希望得到广大师生的欢迎，对促进我国高等职业教育药学类与食品药品类相关专业教学改革和人才培养作出积极贡献。希望广大师生在教学中积极使用本套教材并提出宝贵意见，以便修订完善，共同打造精品教材。

数字化教材编委会

主　编　甘湘宁
副主编　王丽娜
编　者　（以姓氏笔画为序）
　　　　王丽娜（山东药品食品职业学院）
　　　　王键胜（山东中医药高等专科学校）
　　　　甘湘宁（湖南食品药品职业学院）
　　　　杨　麒（保山中医药高等专科学校）
　　　　连进承（重庆三峡医药高等专科学校）
　　　　张　乾（山西药科职业学院）
　　　　陈　琼（长沙卫生职业学院）
　　　　周凤莲（山西药科职业学院）
　　　　赵文姣（淄博职业学院）
　　　　敬美莲（广东江门中医药职业学院）
　　　　蒋　琳（重庆医药高等专科学校）

>> 前言

随着我国医药行业的发展，竞争日益激烈，政策法规更加完善，对医药营销工作的要求越来越高，企业对既懂医药又懂营销的复合型人才需求也就更加迫切。"医药市场营销"课程是高职院校药品经营与管理等专业的一门核心课程，是其他药学类、药品与医疗器械类专业的必修课之一，也是医药商品购销员等职业资格能力要求的营销模块课，对培养医药卫生行业中从事市场营销工作的复合型人才起到重要的支撑作用。

本教材充分体现育人功能，符合以能力为本位、应知应会为切入点的具体要求，对接职业资格标准和岗位群对营销知识、技能和素养的需求，精心组织教材内容。教材编写以"项目导向、任务驱动"的模式展开，配合"教、学、做合一"的教学方法，强化技能训练内容，体现管理类教材案例化的特色。本书在保持上一版教材的优点和特色的基础上，具有以下特色。

1. 教材内容体现先进性和系统性 教材内容紧跟行业发展趋势，融入医药行业营销活动的新规定、新业态、新模式、新理念等，体现行业发展要求，如体现新修订的《中华人民共和国药品管理法》等法律法规有关内容等。按《高等职业学校专业教学标准》中对课程内容的要求进一步完善内容体系，如增加了"医药市场开发与维护"项目。

2. 教材设计体现创新性和实用性 在上一版的基础上调整了部分模块，使形式更简洁清新，便于师生教与学，增强了课堂互动效果。如将"任务活动"调整为"岗位情景模拟"，更便于教学运用和学生自主学习；将"知识链接"和"同步案例"合并成"拓展链接"，体现出理论与实践相结合。

3. 思政元素巧妙融入专业教材 编写中充分考虑了行业的特殊性，有针对性地将医药行业的敬佑生命、大爱无疆的医者精神和经世济民、诚信服务、德法兼修的职业素养等元素融入专业教材，并与时俱进融入二十大报告精神，实现课程思政，以落实立德树人的根本任务。

4. 书网融合进一步完善 教材的数字资源进一步充实和完善，纸质教材有机融合电子教材、教学配套资源（PPT、微课、视频等）、题库系统、数字化教学服务（在线教学、在线作业、在线考试）等，使教学资源更多样化、立体化，使教与学更便捷、更轻松。

本书由甘湘宁、周凤莲任主编，王丽娜、杨麒、敬美莲、赵文姣任副主编。张乾编写项目一，甘湘宁编写项目二，周凤莲编写项目三，赵文姣编写项目四，王键胜编写项目五，王丽娜编写项目六，连进承编写项目七，敬美莲编写项目八，蒋琳编写项目九，陈琼编写项目十，杨麒编写项目十一，李卓芳为编写团队行业专家。配套数字化资源由甘湘宁、王丽娜、王键胜、陈琼、杨麒、连进承、张乾、周凤莲、赵文姣、敬美莲、蒋琳等共同完成。

本书的编写得到了所有编者单位的大力支持，得到了医药企业、行业专家提供的大量素材，还参考了各种介质的文献资料。在此，我们对所有给予指导和支持的领导、专家和文献资料作者等表示衷心感谢。教材中涉及的案例仅供教学使用，文献资料未能注明出处的，在此向原作者表示歉意。

由于编者水平和经验所限，书中难免出现不当和疏漏，敬请广大读者、专家和同行批评指正，以便修订提高。

编　者
2022 年 11 月

目录
CONTENTS

学习引导

市场营销无处不在，任何组织和个人都在从事着各种各样的营销活动。在 21 世纪前二十年的时间里，企业面临着严峻的挑战，市场营销在企业给客户创造价值的工作中发挥了至关重要的作用。那么，什么才是真正的市场营销？营销的是什么呢？它是怎样运作的？医药市场营销又有什么特殊之处？作为营销人员，这些问题是我们必须明白的。

本项目的主要内容是认知市场营销及相关概念、医药市场、营销观念的演变、医药市场营销的发展等。

学习目标

1. **掌握**　市场营销及其基本概念。
2. **熟悉**　市场营销观念的演变及适用性。
3. **了解**　医药市场营销的发展。

任务一　认知医药市场营销基本概念

一、市场和医药市场

（一）市场　e微课1　e微课2

当人们有了盈余的货物想要卖出去的时候，就出现了市场。最早的市场概念是指买方和卖方聚集以交换各自货物的市场，即市场是商品交换的场所。如农贸市场、手工艺品市场等。市场是社会分工的产物，是商品经济的产物。随着社会分工和商品生产、商品交换的产生和发展，相应的市场随之产生。

随着社会生产力的发展，社会分工的不断细化，商品交换的日益丰富，交换形式越来越复杂，此时市场的概念已不再局限于原有时间与空间的限制，内涵也不断丰富和充实。此时市场不仅指具体的交易场所，而且是所有卖者与买者实现商品交换关系的总和。

以上观点是从经济学角度揭示市场的实质，而管理学则更侧重于从具体的交换活动及其运行规律的角度去认识市场，认为市场是供需双方在共同认可的一定条件下所进行的商品或劳务的交换活动。美国著名营销学家菲利普·科特勒（Philip Kotler）指出："市场是由一切具有特定欲望和需求并愿意和能够以交换来满足这些需求的潜在顾客所组成。"可以理解为市场是对某种或某类产品现实和潜在需求的总和。市场规模的大小，是由具有需求并拥有他人所需要的资源，并愿意用这些资源交换其所需的人数的多少，消费行为是否活跃来决定的。

综合以上观点，从市场营销学角度来看，对企业而言，市场是一个由人口、购买力、购买欲望三个要素组成的现实有效的市场，三个要素缺一不可。用简单的公式概括如下：

$$市场 = 人口 + 购买力 + 购买欲望$$

有人口、购买力而无购买欲望；或者有人口、购买欲望而无购买力等情况均无法形成现实有效的市场，只能成为潜在市场。

> **即学即练 1-1**
>
> **答案解析**
>
> 人口是市场构成的基本因素，一个国家或地区人口的多少，是决定市场大小的基本前提。中国人口众多，许多外国的商人纷纷看好和进入中国市场。请问人口多市场容量就一定大吗？

（二）医药市场 微课3 微课4

医药市场是指个人和组织对某种或某类医药产品现实和潜在需求的总和。一般来说，对药品、医疗器械、保健食品、特殊医学用途配方食品等产品的需求构成广泛意义上的医药市场，人口、购买力和购买欲望三个要素在该市场中相互制约、缺一不可，只有三者结合才能决定有效医药市场的规模与容量。如对于减肥类医药产品，在农村地区虽然人口众多，但农村地区居民缺乏购买力和购买欲望，因而农村地区的减肥类产品市场不大；而在城市有许多需要减肥的人，他们有较强的购买力和购买欲望，在城市的减肥类产品市场就很大。

（三）医药市场的特点

由于医药市场的交换是以医药产品为载体，因此，医药市场具有以下不同于普通市场的特点。

1. 医药产品的特殊性 医药产品是关乎人们身体健康、生命安全的特殊商品，因此它的营销和监管都具有区别于普通商品的特殊性。

2. 医药产品销售的时效性 医药产品有效期限定，要求企业要按有效期管理制度进行采购、保管和销售，有时效性的特点。另一方面由于疾病的突发性和治疗的迫切性，人们对于医药产品需求的时效性也使商品销售有时效性。

3. 医药产品竞争的局限性 由于医药产品的特殊性及其监管的严格性，决定了市场竞争的限制性，例如，在广告宣传、价格竞争等方面都有特殊要求，对于处方药尤其如此。

4. 医药产品消费的被动性 由于患者（消费者）与医疗服务人员（主要指医生）之间医药产品信息的不对称，决定了我国大部分的医药产品的选择权和决定权取决于医生，消费权掌握在消费者手中，出现医药产品选择权、决定权、消费权的分离，表现为医药产品消费的被动性。

5. 医药产品需求缺乏弹性 医药产品需求缺乏弹性是指消费者对医药产品的价格变动不敏感，整个市场的需求受市场价格变动的影响较少。医药产品的价格升高，并不会引起整个消费需求的明显减少，尤其是用于治疗危及生命的医药产品，其需求的价格弹性更小。

全球医药市场规模

IQVIA人类数据科学研究所发布的报告《展望2028：全球药品支出和使用趋势》指出，全球药品使用情况变化显著，而且药品支出加速增长。预计到2028年，药品支出年平均复合增长率将再增两个百分点达到5%~8%，而全球药品支出（按标价计算）将达到2.3万亿美元，相比2023年支出的1.48万亿美元，支出将增幅显著，增长规模超8000亿美元。

二、市场营销及相关概念

（一）市场营销

市场营销是由英文单词"Marketing"翻译过来的。19世纪中叶，随着"生产过剩"为特征的大规模经济危机的开始，企业不得不开始关注市场、研究市场。19世纪末，一些学者开始相关研究，20世纪初已有学者较为系统的提出"市场营销"的概念和理论。

美国市场营销协会（American Marketing Association，AMA）定义市场营销为：通过个人和组织对货物、劳务的构想、定价、促销和渠道等方面的计划和执行，以达到个人和组织预期目标的交换过程。关于市场营销的含义，菲利普·科特勒提出："市场营销是与市场有关的人类活动，市场营销意味着和市场打交道，为了满足人类需要和欲望，去实现潜在交换。"这个定义从微观角度定义了市场营销是企业的活动，其目的在于满足目标客户的需要和欲望。

根据现代市场营销的发展，可以这样定义：市场营销是以消费者需求为中心，适应和影响需求，综合运用各种市场营销手段，为消费者提供满足这些需求的商品和服务，并使企业实现经营目标的一系列活动。

对市场营销这个定义，可以从以下几个方面进行理解。

（1）市场营销的目的　是满足消费者现实的需求和长远的利益。

（2）市场营销与"推销""销售"不是同义词　市场营销是一个整体性活动的过程，包括市场调研、产品开发、定价、分销、广告宣传、销售促进、售后服务等过程，而推销、销售只是市场营销活动的一部分。市场营销最重要的部分不是推销，推销仅仅是营销的职能之一，著名的管理理论学者彼得·德鲁克（Peter Drucker）曾经说过："市场营销的目标就是要使销售成为多余。"

（3）市场营销的核心是交换　企业的市场营销活动都与市场、商品交换有关，只有通过交换而与顾客达成交易，才能最终实现商品的价值和使用价值。

（4）市场营销的含义是动态发展的　市场营销的实践和理论是一个不断发展的过程，由于社会经济环境的迅速变化，市场营销还在不断涌现出新的理论和营销手段。

即学即练1-2

有人说市场营销就是推销、广告等促销活动，这种说法对吗？

答案解析

（二）市场营销的核心概念　微课5

1. 需要　人类的需要是指没有得到某些满足的感受状态，需要是机体内在与外在不平衡时所产生的一种紧张状态，人类与生俱来，主要分为生理需要和心理需要两大类。美国心理学家亚伯拉罕·马斯洛对此提出了著名的"需要层次理论"，认为人的需要是分层次的，人只有满足了低层次的需要后才会产生高层次的需要，如图1-1所示。

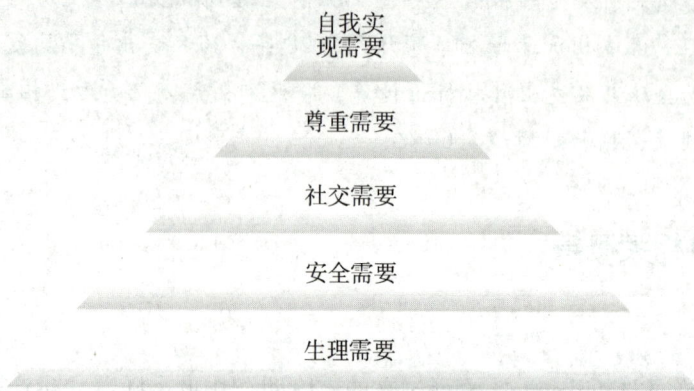

图1-1 马斯洛需要层次理论

📱 **拓展链接**

马斯洛需要层次理论

心理学家马斯洛的需要层次理论将人的需要由低到高划分为五个层次。

（1）生理需要 指对阳光、水分、空气、食物、栖息等的需要。这种需要是个体为了生存必不可少的。它在人类各种需要中占有最重要的位置，当一个人被生存需要所控制时，其他需要均会被推到次要地位。

（2）安全需要 指对生活在无威胁、能预测、有秩序的环境中的需要，包括对人身安全、生活稳定以及免遭痛苦、威胁或疾病、拥有家庭、身体健康以及有自己的财产。

（3）社交需要 也称爱与归属的需要，指对友谊、爱情以及隶属关系的需要，它表明人渴望亲密的感情，不愿被孤立或疏远。

（4）尊重需要 指个人对自己的尊重与价值的追求，如成就、名声、地位和晋升等，既包括对成就或自我价值的个人感觉，也包括他人对自己的认可与尊重。

（5）自我实现需要 指追求自我理想、充分发挥个人才能和潜力的需要。这是人的最高层次的需要，是一种衍生性需要，如自我实现、发挥潜能等。

2. 欲望 欲望是指想得到上述需要的具体满足品的愿望，是个人受不同文化及社会环境影响所表现出来的对基本需要的特点追求。如为了满足"吃"的生理需要，人们可能选择米饭、面条或者面包等。

3. 需求 需求是指人们有能力购买并愿意购买某个具体产品的欲望，即有购买力的欲望。企业总是通过各种营销手段来影响人们的需求，以最终决定是否进入某产品的市场或明确市场的潜在规模。

4. 交换和交易 交换是指从他人处取得所需之物，而以自己的某种东西作为回报的行为。交换是市场形成的前提，市场营销的主要目的是为通过满足市场需求而进行交换、获取利润。因此，交换是市场营销的实质内容，其重点在于追求交换的有效性。

交易是指交换过程中双方达成协议、实现价值交换的过程，也是交换的基本组成单位。交易通常包括两种方式：①货币交易，是以货币易物的过程，如支付 15 元给药店而得到一盒相应药品；②非货币交易，包括以物易物、以服务易服务等交易过程，如在一些闲置物品交换网站中，通过寻找自己喜欢的物品、联系物主、双方进行物品交换的方式实现交易的过程。

5. 产品　交换过程中双方互换的产品是指任何能够满足人们需要和欲望的物质或服务，例如，药品、保健品等是实物形式，医生看病、药师咨询等是服务形式产品。

产品的价值不在于拥有它，而在于它给我们带来的对欲望的满足。如买"跑步机"不是为了摆设，而在于满足"锻炼身体"的需要。因此，市场营销中的产品应包括其产品实体及产品所带来的基本效能和益处，这两者相辅相成，缺一不可。

6. 满足与效用　满足是指当个人的欲望得以实现时，所得到的快乐或幸福的感觉，是一种心理状态。虽然我们无法用客观、具体的标准对满足进行衡量，满足程度的大小也会因人而异，但人们获取最大满足的经济学原则是一定的，即：以最小的代价，获得最大的满足。

效用则是消费者对产品实现其满足程度的整体能力的评价，根据以上消费者获取最大满足的原则，消费者通常会从产品价值和所支付的成本两方面来综合评价产品的效用，从而做出是否购买的决定。对于效用这个概念，可以用顾客让渡价值这个概念来进行更为详细的解释。

7. 顾客让渡价值　顾客让渡价值是指顾客总价值和顾客总成本之间的差额。顾客让渡价值越高，顾客满足程度越高，顾客越满意；反之，顾客让渡价值越低，顾客满足程度越低，顾客越不满意。

（1）顾客总价值　指顾客购买某产品与服务所期望或实际获得利益，包括产品价值、服务价值、形象价值、人员价值。①产品价值是顾客需要的中心内容，也是顾客选购产品的首要因素，主要指由产品的功能、特性、品质、品种与式样等产生的价值。②服务价值是伴随产品实体出售的各种附加服务，如产品介绍、安装、维修、技术培训、产品保证等。③人员价值是指企业员工的经营思想、知识水平、业务能力、工作效率与质量、应变能力等所产生的价值，主要体现在人员的可靠性、响应性和安全性等方面。例如很多患者在医药挂号喜欢挂专家门诊，是因为觉得专家比普通医生可靠性高。企业应高度重视企业员工综合素质和能力的培养，加强其监管与激励，使其保持较高的工作质量与水平，从而为顾客提供较高的人员价值，提升其满意程度。④形象价值是企业及其产品在社会公众中形成的总体形象所产生的价值，是企业各种内在要素质量的反映，体现在企业的声誉和品牌价值上，是企业无形的宝贵资产。

（2）顾客总成本　指顾客为了购买该产品或服务所消耗的货币、时间、精力、体力等成本。①货币成本是指顾客在购买产品或服务时所需支付的货币大小。这与顾客的收入水平、消费观念等有着直接的关系。②时间成本是顾客为想得到的产品或服务而需等待的时间。如有些中草药和西药相比，要花费更多的时间熬制，时间成本更高。因此，企业经营者应在保证产品或服务质量的同时，尽力降低顾客购买过程的时间成本，提供购买和使用都方便的产品和服务。③体力成本和精力成本是指消费者在购买产品时，所耗费和支出的体力与精力。在其他价值和成本一定的情况下，体力和精力成本越小，顾客让渡价值越高。

（3）顾客让渡价值构成　企业应尽力从经营的各个方面与各个环节为顾客提供便利，降低其体力与精力的消耗。综上所述，顾客让渡价值构成如图 1-2 所示。

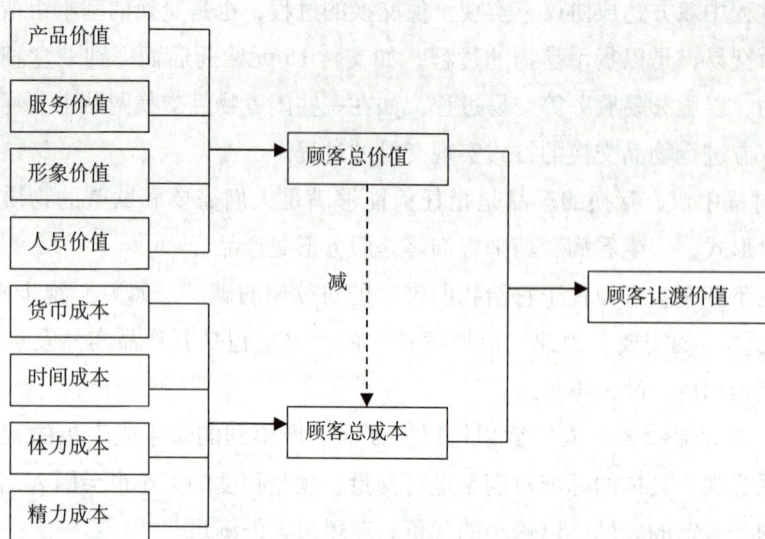

图1-2 顾客让渡价值

顾客最希望购买到"物美价廉"的产品，即以最低成本获得最大价值，因此当顾客让渡价值高时，他就会产生"满意"，反之，则"不满意"。企业应加强对顾客让渡价值的理论与实践研究，从而提升企业在市场中的竞争实力。

由于不同顾客具有的知识和经验的差异，一个特定的顾客取得其最大顾客让渡价值的过程其实是一个不断"试错"、逐步逼近最大让渡价值的过程。也就是说，一个特定顾客的某次购买过程中，也许并没有实现他认为的最大让渡价值。但是，当其重新购买时，必定会通过积累的经验和知识，改变购买以增加其获得的让渡价值。因此，只有那些能够提供比竞争对手的顾客让渡价值更大的企业，才能争取与维持顾客。

📱 拓展链接

"用户永远是对的"

"洗地瓜洗衣机"是海尔集团早在1998年研发的产品。除了能洗地瓜的洗衣机，海尔还生产过"打酥油洗衣机""洗龙虾洗衣机""削土豆皮洗衣机""洗荞麦皮洗衣机"等多种"神器"。这些产品，都是根据用户需求应运而生的。如此看来，中国企业早在二十多年前就对消费者展开了"私人定制"。时至今日，海尔个性化产品已占领各个领域。能在洗澡时播放音乐的热水器、能监测空气质量并将普通空调变成智能空调的空气盒子……

张瑞敏告诫员工："只有淡季的思想，没有淡季的市场""用户永远是对的"。海尔绝不对用户和市场说"不"。例如，海尔生物医疗针对用户需求，不断自主创新，对产品进行品质升级，满足用户所需。在第十三届中国国际科学仪器及实验室装备展览会（CISILE）上，海尔生物医疗"超级节能芯"超低温冰箱获得"自主创新"金奖。这彰显了海尔生物医疗作为中国低温冷链行业的领导者和国产医疗设备的引领者的产品实力和品牌实力。

启示：海尔公司能成为世界知名企业，在于其能在让顾客总成本一致的情况下，从人员价值、产品价值、服务价值、形象价值等方面让顾客取得较大的顾客让渡价值。

三、医药市场营销

医药市场营销是市场营销理论在医药行业的一个特定分支，它指的是个人和医药组织通过创造并同他人交换医药产品和价值，以满足需求和欲望的一种社会管理过程。是医药企业从医疗需求出发，综合运用各种科学的市场经营策略，把药品和服务整体地销售给医疗机构与患者，尽可能地满足他们的需求，并最终实现企业自身的生存与发展目标。

除了对以上市场营销基础理论知识的理解外，可以从以下几个方面理解医药市场营销。

1. 主体——个人和医药组织 医药市场营销的主体为个人和医药组织，其中医药组织主要指医药企业，包括各级、各类医药产品生产商和中间商等。医药企业需要按规定依法设立，同时对医药企业的人员素质也有特殊要求，如《药品经营质量管理规范》要求药品零售企业"企业法定代表人或者企业负责人应当具备执业药师资格"。

新修订的药品管理法明确全面实施药品上市许可持有人制度，为避免理解产生歧义，本书中的医药生产企业是指药品上市许可持有人和生产许可持有人为同一主体的企业。

2. 客体——医药产品与价值 在医药市场营销中交换的主要是以医药产品为载体的产品价值，医药市场营销的客体是医药产品及其价值，有其特殊性，由此医药市场营销的手段也会有相对应的要求，如在药品、医疗器械等广告宣传方面就有专门的法律法规要遵循，针对处方药和非处方药也有不同的规定。

3. 最终目的——有效地满足医疗保健需求 市场营销的最终目的是满足需求，而医药市场营销的目的则更为明确地表明：医药企业以多种科学的营销策略更有效地满足目标市场的各种医疗保健需求，最终实现企业经营目标。

4. 实质——一个社会管理过程 医药市场营销是由医药市场调查、医药市场细分、医药目标市场、医药市场定位、医药产品研发、医药价格制定、医药渠道开发、医药产品促销、计划控制以及承担社会责任等活动构成的，是一个有计划地实施、控制的社会管理过程。

▶▶ **岗位情景模拟 1-1**

情景描述 某医药公司一名营销人员，为了提高自己的营销知识和技能，报名参加了营销培训课程。第一次课的主要内容是医药市场营销的基本概念和理论。假如你是这名营销人员，请结合前面所讲知识，将市场营销与医药市场营销进行比较、分析。

要 求 市场营销与医药市场营销有什么异同？

答案解析

任务二 树立现代市场营销观念

PPT

一、市场营销观念的发展

所谓市场营销观念又称为市场营销哲学，是企业开展市场营销活动的基本指导思想和行为准则，其核心是如何处理企业、消费者、社会和其他相关利益者之间的利益关系。

营销观念是在一定的历史条件下产生的，并随着市场环境的变化，营销观念发生着深刻的改变。从营销学发展的历史来看，市场营销观念经历了生产导向的传统营销观念、顾客需求导向和社会长远利益导向的现代营销观念等几个阶段。

（一）生产导向的传统营销观念

1. 生产观念　生产观念产生于20世纪20年代前，是一种传统的经营思想，在供给相对不足、卖方竞争有限、买方争购的条件下一直支配着企业的生产经营活动。生产观念的核心是企业的一切活动都以生产为中心。生产观念认为，消费者喜欢那些随处能够买到的、价格低廉的商品。这种观念是以消费者买得到和买得起产品为假设前提，关注的核心是"我生产什么，就卖什么"，至于生产出来的产品是否能使消费者满意，那就很少考虑。因此，企业的主要任务是扩大生产经营规模，提高生产效率，增加供给并努力降低成本和售价。这种观念属于"以产定销"的范畴，随着市场供求形势的变化，生产观念的适用范围就愈来愈小。例如，美国汽车大王亨利·福特曾经说：不论顾客需要什么类型的车，但我们只提供黑色T型车。直到竞争对手通用汽车公司推出了新式样和颜色的雪佛兰汽车，抢占了福特T型车大量市场份额。福特公司一直以来奉行的就是"生产观念"，然而，当其依赖的市场条件发生了变化，企业就应该及时转变营销观念以适应环境的变化，否则就会失去市场。

2. 产品观念　产品观念也是一种较早的企业经营观念，指企业不是通过市场分析开发相应的产品和品种，而是把提高质量、降低成本作为一切活动的中心，以此扩大销售、取得利润这样一种经营指导思想。这种观念仍然是以生产为中心，不注重市场需求，不注重产品销售，是生产观念的后期表现。

该观念认为，消费者最喜欢高质量、多功能和具有某种特色的产品，企业应致力于生产高品质产品，并不断加以改进。它产生于市场产品供不应求的"卖方市场"形势下。在我国广泛流传的"酒香不怕巷子深""一招鲜，吃遍天"等商谚就是这种产品观念的反映。这种观念最容易导致"市场营销近视症"，往往造成虽然产品质量优良，但是产品单一，款式老旧，包装和宣传缺乏，在市场营销管理中缺乏远见，看不到市场需求在变化，致使企业经营陷入困境。

> **即学即练 1-3**
>
> 请同学们从供求关系的角度，解释什么是卖方市场？什么是买方市场？
>
> 答案解析

3. 推销观念　推销观念产生于20世纪20年代末至50年代前，资本主义经济由"卖方市场"向"买方市场"的过渡阶段。推销观念是指企业的一切活动都以推销为中心，注重通过各种推销手段来刺激购买，解决产品销路，并从中获取利润。推销观念认为，消费者通常表现出一种购买惰性或抗衡心理，企业只有大力刺激消费者的兴趣，消费者才能买它的产品，否则，消费者将不买或少买。推销观念表现为"我卖什么，顾客就买什么"，因此，企业必须积极推销和大力促销，以刺激消费者大量购买本企业产品。奉行这种观念的企业强调它们的产品是被"卖出去"而不是被"买去的"，所以实质上仍属于"以产定销"的范畴。现在许多企业在产品过剩时，也常常奉行推销观念。

拓展链接

盛极而衰的三株口服液

三株公司是一家保健品生产企业，胃肠道保健品三株口服液是其主打产品。1993年，该公司注册资本才30万元，当年销售收入1600万元，1994年该公司创业初始，销售额就达1.25亿元，1995年猛跳到23亿元，1996年则达到惊人的80亿元，创造了每年增长速度达到几倍甚至几十倍的奇迹。这个销售奇迹的诞生很大程度源于三株公司独树一帜的推销手段。三株公司在全国各大城市注册了 600 多个子公司，吸纳了 15 万名推销人员，一时间，三株公司的营销渠道遍布中国大江南北，连偏僻的农村都刷满了产品的宣传标语，成为家喻户晓的品牌。但随后，三株公司的销售业绩开始滑坡，到 2000 年，该公司主打的口服液产品在市场已经默默无闻。三株公司的盛极而衰的原因是复杂的，但其中狭隘的推销观念和经营上的盲目扩张不容忽视。三株公司只注重花大量人力物力把生产出来的产品推销出去，而忽视了市场调查研究工作，致使公司产品与消费者日益变化的需求脱节。

启示：营销观念要适应市场环境的变化，现代企业应该树立现代市场营销观念，而不只注重应用推销观念。

（二）顾客需求导向的现代营销观念

1. 市场营销观念　市场营销观念出现于 20 世纪 50 年代中期，它对以前的观念提出了挑战。与以生产为导向的观念不同的是转到以顾客的需求为中心，即"顾客需要什么，就生产什么"。其核心在于为顾客设计合适的产品，以满足其需求。市场营销观念认为，实现企业各项目标的关键，在于正确确定目标市场的需要和欲望，并且比竞争者更有效地传送目标市场所期望的物品或服务，在实践中采用以产品（Production）、价格（Price）、渠道（Place）、促销（Promotion）为核心的 4P 整体营销策略，以更好地满足目标市场。这种观念属于"以销定产"范畴，"顾客至上""顾客是上帝""顾客永远是正确的"等口号，就渐渐成为了现代企业家的信条。市场营销观念的出现，使企业经营观念发生了根本性变化，

> **即学即练 1-4**
>
> 从树立正确营销观念角度，如何理解"市场营销的目标就是要使销售成为多余"。
>
> 答案解析

2. 大市场营销观念　菲利普·科特勒针对现代世界经济迈向区域化和全球化，企业之间的竞争范围早已超越本土，形成了无国界竞争的态势，提出了"大市场营销"观念。所谓大市场营销观念，是指企业为了进入有阻碍的特定市场，并在那里从事业务经营，除了采用通常的营销组合策略外，还运用政治力量、公共关系等手段，以取得各方面的合作与支持，主动协调影响和改变外部环境，从而达到预期的目的。

大市场营销观念是以市场需求为中心，以引导、创造并满足需求为宗旨的营销管理哲学。市场营销观念一般认为营销环境是不可控因素，主要是适应环境；大市场营销观念认为企业不仅仅是顺从和适应营销环境，还应该采取有效措施，积极主动影响环境，促使环境向着有利于企业的方面转化。在市场营销观念指导下，企业的营销目标是满足消费者需求；而大市场营销观念指导下，企业的营销目标除了满足消费者需求，还应引导、创造消费需求。大市场营销是对传统市场营销组合战略的发展，大市场营销在市场营销 4P 组合的基础上加上政治力量（Political Power）与公共关系（Public Relations），变成了 6P 组合，从而把营销理论进一步扩展。

（三）社会长远利益导向的现代营销观念

1. 社会市场营销观念　20 世纪 70 年代，在社会环境破坏、污染严重、人口爆炸、产品事故频发、忽视社会服务等背景下，消费主义保护运动加剧，生态保护意识增强，要求企业顾及消费者整体利益和长远利益的呼声越来越高，在这股力量的冲击下，社会市场营销观念应运而生。

社会市场营销观念就是企业不仅要满足消费者短期的需要和欲望并由此获得利润，而且要符合消费者和全社会的长远利益，要正确处理消费者需求、企业利益和社会长远利益之间的关系。社会市场营销观念认为，企业的主要任务是创造顾客的需求满意度，并且保持和增进消费者和社会的长期利益，并以此为达到企业利润目标和履行职责的关键。这种观念是对市场营销观念的修正和补充。由于药品的特殊性，医药企业更应该贯彻社会市场营销观念，在社会市场营销观念的指导下，承担社会责任，兼顾企业、患者和社会的共同利益，如图 1-3 所示。

图 1-3　社会市场营销观念

拓展链接

长生生物疫苗事件

2018 年 7 月 15 日，国家药品监督管理局发布通告称，国家药监局在对长春长生生物科技有限责任公司开展飞行检查中，发现该企业冻干人用狂犬病疫苗的生产存在记录造假等严重违反《药品生产质量管理规范》行为，因此收回该企业《药品 GMP 证书》，并责令狂犬疫苗停产。7 月 22 日，国家药监局负责人介绍长春长生疫苗案件：责令停产、立案调查，组织对所有疫苗生产企业飞行检查。

2018 年 10 月 16 日，国家药监局撤销长春长生公司狂犬病疫苗药品批准证明文件；撤销涉案产品生物制品批签发合格证，并处罚款 1203 万元。原吉林省食药监局吊销其《药品生产许可证》；没收违法生产的疫苗、违法所得 18.9 亿元，处违法生产、销售货值金额三倍罚款 72.1 亿元，罚没款共计 91 亿元；对涉案的 14 名直接负责的主管人员和其他直接责任人员作出依法不得从事药品生产经营活动的行政处罚。涉嫌犯罪的，由司法机关依法追究刑事责任。

2019 年 11 月 7 日，依照《中华人民共和国企业破产法》裁定宣告长春长生生物科技有限责任公司破产。11 月 27 日，长生生物公司股票已被深圳证券交易所予以摘牌。

启示：生产经营企业需要遵循相关法律法规，要让企业树立起正确的营销观念，承担企业的社会责任，在营销活动中正确处理"义"和"利"的关系，把消费者和社会的利益放在第一位。

2. 绿色营销观念　20 世纪 80 年代末期，由于生态环境进一步恶化，自然资源日益短缺，严重影响到人类的生存和发展，世界各国都开始关注生态环境的保护、资源的合理利用，企业以保护地球生态环境、保证人类可持续发展为宗旨，提出了绿色营销。

所谓绿色营销观念也称生态营销观念，就是指企业在营销全过程，即产品的设计、生产、制造、消费、废弃物的处理方式等方面都应充分体现环保意识和社会意识。产品在设计生产过程中要少用资源和能源，不对环境产生污染；产品使用过程中不污染环境并且低能耗；产品使用后易于回收利用、易于降解等。绿色营销特别关注资源利益与环境保护问题，是对社会市场营销观念的进一步深化。

党的二十大报告中强调"必须牢固树立和践行绿水青山就是金山银山的理念，站在人与自然和谐共生的高度谋划发展"，要"倡导绿色消费，推动形成绿色低碳的生产方式和生活方式"。这既为企业的发展提供了根本遵循，也明确了企业的责任担当。推动绿色发展势必要求企业积极开展绿色营销，要树立维护生态平衡的绿色理念，形成引导绿色需求—绿色研发—绿色生产—绿色产品—绿色价格—绿色分销—绿色服务—绿色消费为主线的营销链条，把节省资源、再生资源和减少污染的绿色发展原则贯穿营销活动全过程。

📱 **拓展链接**

药企的社会责任

2020 年初，新冠肺炎疫情牵动国人的心。众多制药企业积极履行国企担当，全力保障抗疫物资供应。其中，太极集团以"送达"为准则，为抗击疫情连续捐赠价值 1000 万元藿香正气口服液并送达疫区，捐赠价值 300 万元抗疫物资助力海外疫情防控。太极藿香正气液被连续列入国家卫健委发布的《新型冠状病毒感染的肺炎诊疗方案》试行第四至八版医学观察期推荐治疗中成药。多年来低调的付出，让太极集团在品牌美誉度和业绩上实现"双丰收"。

启示：企业注重社会责任，必将得到消费者的认可，造就企业良好的形象，实现较好的企业目标利润。

二、传统营销观念与现代营销观念的区别

现代营销观念的产生与发展是市场营销观念的一种质的飞跃和革命，它改变了传统观念的思维方式，也改变了传统观念指导下的企业经营策略和经营手段。传统营销观念与现代营销观念的区别见表 1-1 所示。

表 1-1 传统营销观念与现代营销观念的区别

类型	经营观念	经营背景	经营着眼点	营销目标	营销策略
生产导向	生产观念	供<求	能生产什么和既有产品	提高劳动生产率、降低成本来取得利润	增加生产，降低成本，并不断改进
	产品观念	供<求		生产高品质产品来扩大销售获利	提高产品质量，并不断加以改进
	推销观念	供≈求 供>求	既有产品和如何销售产品	通过促销来扩大销量获利	努力促销，重视销售渠道
顾客需求导向	市场营销观念	供>求 买方市场	消费者需求	通过满足市场需求获利	加强市场调研，运用 4P 营销组合策略
	大市场营销观念	供>求 买方市场	营造企业外部环境和市场需求	满足特定市场需求获利	影响环境，运用 6P 营销组合策略
社会长远利益导向	社会营销观念	供>求 产品问题 环境污染	顾客、企业、社会利益共赢	通过满足市场需求，增进社会利益，达到长期利益	发展和运用与社会利益相一致的市场营销组合策略
	绿色营销观念	供>求 环境污染 资源短缺	顾客、企业、社会共赢，更关注资源与环境问题	通过满足市场需求、维护环境，达到长期利益	发展和运用与生态环境协调的现代营销组合策略

> **岗位情景模拟 1-2**
>
> **情景描述** 哈药集团旗下最知名的企业有哈药四厂、哈药六厂和三精制药有限公司。哈药集团曾经通过铺天盖地的广告，造就了许多明星产品，如护彤、新盖中盖高钙片、泻立停、胃必治、朴雪口服液、葡萄糖酸钙口服液和葡萄糖酸锌口服液等产品，这些产品极受消费者欢迎。但在现代市场激烈的竞争条件下，市场容量减少，企业面临竞争压力。此时，如果你作为公司员工，你将为公司提供哪些市场营销建议？
>
> **要 求**
>
> 1. 思考现代营销观念与传统营销观念的区别？
> 2. 该企业的市场营销应该从哪些方面进行改进和完善？
>
> 答案解析

任务三　把握市场营销的新发展

PPT

一、市场营销的产生与发展

市场营销学起源于美国，萌生于 20 世纪初期，形成于 20 世纪中叶，成熟于 20 世纪 80 年代，目前仍在不断发展之中。一般来说，其发展大致经历了以下四个阶段。

（一）形成阶段

从 19 世纪末至 20 世纪初，各主要资本主义国家完成了工业革命。随着资本主义经济的迅速发展、科学管理的采用、生产效率的提高，产品极大丰富，出现产品供给大于产品需求的现象。市场竞争日趋激烈，企业为了扩大产品销售，开始重视推销技术及广告等的应用。一些经济学家为企业出谋划策，研究产品的销售问题，探索产品的销售规律。美国哈佛大学的哈格蒂（James E. Hagerty）教授对许多企业进行了调查研究，于 1912 年出版了第一本销售学教科书，它是市场营销学作为一门独立学科出现的里程碑。

（二）应用阶段

从 20 世纪 30 年代到第二次世界大战结束，是市场营销广泛应用于企业产品销售过程的时期。该时期资本主义国家爆发了大规模的经济危机，产品生产大量"过剩"，产品积压，影响到企业生产，产品销售困难，市场经济萧条。面对严峻的市场销售，企业急需解决的问题是如何把产品销售出去，因此，在这段时间营销理论的研究与实践应用有了很大发展。如 1942 年，克拉克（Fred Emerson Clark）在其撰写的《市场营销原理》一书中，将营销功能归纳为三大类：一是交换功能——购买和销售；二是实体分配功能——运输和储存；三是辅助功能——金融、风险承担、市场情报沟通和标准化等。这就为大规模开展市场营销学的研究与应用开辟了道路。1926 年，美国成立了全国销售学和广告学教师协会。到 1931 年，成立了美国销售学协会。随后许多企业家也加入了协会，他们和销售学研究人员于 1937 年共同组成了现代美国市场营销学会（AMA），客观上为市场营销的广泛应用起到了积极的组织作用。

（三）革命阶段

从 20 世纪 50 年代起，市场营销学的研究内容发生了许多根本性的变化。它突破流通领域，扩展到生产领域和消费领域。这一变革，被西方学者称之为"营销革命"，并把它与资本主义"工业革命"相媲美。随着第二次世界大战的结束，一方面由美国急剧膨胀的军事工业转向民用工业；另一方面由于科技革命的深入，劳动生产率大幅度提高，产品数量剧增，花色品种日新月异。同时西方国家吸取经济危机的教训，采取高工资、高福利、高消费的政策，大大刺激了消费购买力，使市场需求在质和量的方面都比过去发生了明显变化。这使得市场供求关系也发生了显著变化，由卖方市场转为买方市场，消费者对商品有充分的自主权。企业应围绕消费者的需求而开展一切活动，过去传统市场营销学的观念已不能适应新形势的发展，需要新的现代市场营销指导企业的活动。

（四）创新阶段

20世纪60~70年代以后，市场营销学与经济学、管理科学、心理学、社会学等理论密切结合起来，逐步成为一门成熟的综合性的经营管理类学科，出版了一系列新的营销学著作，并得到了企业业界的广泛重视和应用。在市场竞争异常激烈、政府干预不断加强、贸易保护主义愈演愈烈的环境下，菲利普·科特勒提出了"大市场营销"的新观念；在全球经济一体化加速发展的形势下，为使企业开拓更广阔的市场，西奥多·莱维特（Theodore Levitt）提出了"全球营销"的新概念；此后陆续出现了"关系营销""服务营销""绿色营销"和"全方位营销"等理论。

📖 拓展链接

营销组合理念的演变：从4P、4C、4R、4V到4A

随着市场环境的变化，营销理念随之发生了几次变化，经历了五种典型的营销组合理念。

4P：产品（Product）、价格（Price）、渠道（Place）和促销（Promotion），以满足市场需求为目标（短缺经济时代的营销组合）。20世纪60年代美国营销学学者杰罗姆·麦卡锡（E. Jerome McCarthy）教授提出，他认为一次成功和完整的市场营销活动，意味着以适当的产品、适当的价格、适当的渠道和适当的促销手段，将适当的产品和服务投放到特定市场的行为。

4C：消费者（Consumer）、成本（Cost）、便利（Convenience）和沟通（Communication），以追求客户满意为目标（饱和经济时代的营销组合）。由美国营销专家罗伯特·劳特朋（Robert F. Lauterborn）教授在1990年提出，它重视顾客导向，以追求顾客满意为目标，这实际上是当今消费者在营销中越来越居主动地位的市场对企业的必然要求。

4R：关联（relevance）、反应（Reaction）、关系（Relation）和回报（Retribution），以建立客户忠诚为目标。唐·舒尔茨（Don E. Schultz）在4C营销理论的基础上提出了4R营销理论，它强调企业与顾客之间应建立长期而稳定的朋友关系，从实现销售转变为实现对顾客的责任与承诺，以维持顾客再次购买和顾客忠诚。

4V：差异化（Variation）、功能化（Versatiliyt）、附加值（Value）、共鸣（Vibration），以提高企业核心竞争力为目标（新经济时代的营销组合）。4V营销理论的最大特点是以创新为导向，着眼于产品、形象、市场、服务等的不同，以"新"来创造消费者，形成竞争优势。

4A：心理学家杰格迪什·谢思（JagdishSheth）和拉詹德拉·西索迪亚（Rajendra Sisodia）认为营销失败的很大一部分原因是不知道消费者背后的真正驱动而造成的管理不善。以顾客为中心的营销管理框架强调了最重要的顾客价值——可接受性（acceptability）、支付能力（affordability）、可达性（acceptability）和知晓度（awareness）。营销人员可将4A与4P联系起来，决定产品（影响可接受性）、定价（影响支付能力）、渠道（影响可达性）和促销（影响知晓度）。

二、市场营销的新进展

社会不断发展、时代日益进步，在日新月异的科技创新浪潮中，社会生产力迅猛增长，国民经济蓬勃发展，各种各样新产品层出不穷，消费的内容和消费需求也日益丰富多彩，争夺市场、争夺客户的较量连绵不断，其手段、策略和内容也不断更新。在这种不断变化的市场环境中，为适应营销实践的要求，逐渐孕育出一系列新的营销理念与方法。将其中具有代表性的内容介绍如下。

（一）服务营销

1. 服务营销的概念　服务营销是一种通过关注顾客，进而提供服务，最终实现有利的交换的营销手段。是企业在充分认识满足顾客需求的前提下，为充分满足顾客需要在营销过程中所采取的一系列活动。实施服务营销首先必须明确服务对象，即"谁是顾客"。对于企业来说，应该把所有顾客（分销商、消费者、公众）看作上帝，提供优质的服务。通过服务，提高顾客满意度和建立顾客忠诚。

2. 服务营销与传统营销的比较　服务作为一种营销组合要素，真正引起人们重视的是 20 世纪 80 年代后期，由于科学技术的进步和社会生产力的显著提高，一方面使产品的服务含量，即产品的服务密集度日益增大。另一方面，市场转向买方市场，消费者随着收入水平提高，消费需求层次相应提高，向多样化方向拓展。因此，服务营销与传统营销的区别在于营销方式的不同：服务营销是一种营销理念，企业营销的是服务，而传统的营销方式只是一种销售手段，企业营销的是具体的产品。

（1）在传统的营销方式下，消费者购买了产品则意味着一桩买卖的完成，虽然它也有产品的售后服务，但那只是一种解决产品售后维修的职能。从需求层次而言，这种营销方式只提供了简单的满足消费者在生理或安全方面的需求。

（2）在服务营销的营销方式上，消费者购买了产品仅仅意味着销售工作的开始而不是结束，企业关心的不仅是产品的成功售出，更注重的是顾客在享受企业通过产品所提供的服务的全过程的感受。从需求层次而言，服务营销为顾客提供的是尊重的需求和自我实现的需求。因为随着社会的进步，人民收入的提高，消费者需要的不仅仅是一个产品，更需要的是这种产品所带来的特定或个性化的服务，从而有一种被尊重和自我价值实现的感觉，而这种感觉所带来的就是顾客的忠诚度。服务营销不仅仅是营销行业发展的一种新趋势，更是社会进步的一种必然产物。

（二）网络营销

1. 网络营销的概念　网络营销就是以国际互联网为基础，利用数字化的信息和网络媒体的交互性来辅助营销目标实现的一种新型的市场营销方式。简单的说，网络营销就是以互联网为主要手段进行的，为达到一定营销目的的营销活动。

2. 网络营销的基本特征

（1）公平性　在网络营销中，所有的企业都站在同一条起跑线上。公平性只是意味给不同的公司、不同的个人提供了平等的竞争机会，并不意味着财富分配上的平等。

（2）虚拟性　由于互联使得传统的空间概念发生变化，出现了有别于实际地理空间的虚拟空间或虚拟社会。

（3）对称性　在网络营销中，互联性使信息的非对称性大大减少。消费者可以从网上搜索自己想要掌握的任何信息，并能得到有关专家的适时指导。

（4）模糊性　由于互联使许多人们习以为常的边界变得模糊。其中，最显著的是企业边界的模糊，生产者和消费者的模糊，产品和服务的模糊。

（5）复杂性 由于网络营销的模糊性，使经济活动变得扑朔迷离，难以分辨。

（6）多重性 在网络营销中，一项交易往往涉及到多重买卖关系。

（7）快捷性 由于互联，使经济活动产生了快速运行的特征，你可以讯速搜索到所需要的各种信息，对市场做出即时反应。

（8）正反馈性 在网络营销中，由于信息传递的快捷性，人们之间产生了频繁、迅速、剧烈的交互作用，从而形成不断强化的正反馈机制。

（9）全球性 由于互联，超越了国界和地区的限制，使得整个世界的经济活动都紧紧联系在一起。

3. 网络营销的具体形式

（1）网络营销按前期推广可以分为 搜索引擎营销、E-mail 营销（许可邮件营销）、数据库营销、网上商店、博客营销、论坛营销、软文营销、微信营销等。

（2）网络营销按与顾客互动交流可以分为 在线咨询、即时通讯、在线客服、网上订单、购物车、企业论坛（BBS）或顾客交流社区等。

（3）网络营销按后期品牌及顾客关系维护可以分为 网络品牌、网上调查等。

（三）知识营销

1. 知识营销的概念 知识营销是通过有效的知识传播方法和途径，将企业所拥有的对用户有价值的知识（包括产品知识、专业研究成果、经营理念、管理思想以及优秀的企业文化等）传递给潜在用户，并逐渐形成对企业品牌和产品的认知，为将潜在用户最终转化为用户的过程和各种营销行为。

2. 知识营销与传统营销的区别

（1）营销环境不同 一方面是竞争的日益激烈。随着信息技术的飞速发展、世界经济一体化的不断演进，国际国内市场上企业间的竞争将愈演愈烈。另一方面是竞争方式的变化。国内和国际企业竞争者之间共有信息技术、共享知识资源、共同开发市场，他们在合作中竞争，在竞争中合作，逐步形成良性循环的竞争环境。

（2）营销产品不同 传统营销产品逐步被知识型产品所替代。所谓知识型产品即为高科技产品的升华，产品科技含量高。对于知识型产品的营销要求营销者，不仅要深谙营销技巧，同时也要掌握产品的知识含量，能够熟练运用这些知识并将产品推销给顾客。如果营销者对产品的技术含量、使用功能、维修知识一知半解，对消费者的询问含糊其词，产品售出发生故障时也不能迅捷提供售后服务的话，那么顾客将疑云重重，营销也就很难成功。

（3）营销方式不同 传统的营销方式是靠媒体、广告等向消费者传达产品信息的。这种传递是单向的，消费者经常处于被动，信息反馈速度慢，而且成本较高，往往不能制订适宜的营销战略。在知识经济时代，迅猛发展的计算机和网络技术使营销渠道四通八达；不仅营销部门可将信息迅速传达消费者，大大减少了营销环节，从而降低了成本；而且消费者可通过网络与营销部门进行对话，提出自己的愿望与要求，促使厂家生产出更适合市场需求的产品。

（四）关系营销

1. 关系营销的概念 关系营销是把市场营销活动看成是企业与供应商、分销商、竞争者、政府及其他公众、消费者之间发生互动作用的过程，该观念的核心是如何与这些公众建立和发展良好关系。

关系营销从科特勒的"大市场营销"思想衍生发展而来，是交易营销的对称观念，其提出的原因是发现单靠交易营销建立的品牌忠诚度是不稳定的，回头客往往太少，甚至出现一次性交易等情况。研究发现，其根源在于企业与顾客的不同关系，关系的紧密程度与回头客的数量几乎成正比关系。为了提高回头客的比例，提出了关系营销。

2. 关系营销的三级表现

（1）一级关系营销　指企业通过价格、财务上的价值让渡等方式吸引消费者与企业建立长期的交易关系。

（2）二级关系营销　指企业除了利用价值让渡吸引消费者外，尽量多方面了解消费者的需要和欲望，使用个性化、人格化的服务增强消费者与企业的社会联系。

（3）三级关系营销　指在企业和消费者双方存在专用性资产、重复交易的条件下，他们不再是相互依赖对方的关系，而逐步成为合作伙伴的关系，在这种关系中，关系的维持是具有价值的，因为如果其中一方放弃关系则将会付出转移成本，从而提高消费者转向竞争者的机会成本，同时也会增加消费者脱离竞争者而转向本企业的利益，从而形成一种良好的"双边锁定"结构关系。

3. 关系营销与交易营销的区别　交易营销的核心是"4P"，而关系营销则突破了"4P"的束缚，将企业营销活动扩展为一个更深、更广的领域。他们的区别主要表现为以下几点。

（1）交易营销的核心是交易，企业通过诱使消费者发生交易活动并从中获利；而关系营销的核心是关系，企业通过双方建立良好的合作关系而从中获利。

（2）交易营销的视野局限于目标市场，即顾客群；而关系营销则涉及包括供应商、分销商、企业内部员工、竞争对手、公众及消费者等范围。

（3）交易营销围绕的核心是如何获得消费者，而关系营销则更为强调如何保持顾客。

（4）关系营销较之交易营销，更为高度地强调顾客服务。

（5）交易营销仅与适度的消费者保持联系，仅让有限的消费者参与营销；而关系营销却强调紧密的消费者联系和高度的消费者参与。

（五）数字营销 🅔 微课6

数字营销是信息时代的产物，是传统的市场营销以及网络营销的演变。数字营销指借助于互联网、通信技术和数字交互式媒体来实现营销目标的一种营销方式。数字营销与传统营销最大的不同是使用数字化的技术手段对产品或服务进行有针对性的、可衡量的、互动性的营销。数字营销围绕互联网，数字平台和设备展开，利用在线渠道来覆盖更广泛的受众并提高品牌知名度，从而增加营销收入。

随着国际化和科技进步不断加快，人工智能、虚拟现实、物联网、语音识别等新兴技术和工具不断涌现，这些新兴技术及工具的应用也使得当前的"营销"趋于"数字化"。当前，电子商务已经深入人心，不仅大型企业会组建专门的数字营销团队记录和监控销售活动，小企业甚至于个体经营者也都逐步向电子商务转型。

数字营销不仅是一种技术手段的革命，还包含了更深层的观念革命。数字营销赋予了营销组合以新的内涵，它是目标营销、直接营销、分散营销、客户营销、互动营销、远程营销、虚拟营销、无纸化交易等很多形式的综合。二十大报告中提出，"加快建设网络强国、数字中国"。数字化、智能化是未来人类社会发展的趋势，这既是挑战，也是机遇。数字化时代，各行各业都希望通过有效的市场营销能力提升企业效益，其背后都指向了数字化营销，数字营销不仅是当前营销领域中快速增长的力量，也将是营销的未来。

拓展链接

上海医药通过数字营销实现用户裂变

上海医药旗下的信谊制药，在保持化学制剂竞争优势的基础上，又确立了微生态制剂在全国的领先地位，上药信谊出品的培菲康（双歧杆菌三联活菌散），以数字化的形式分享典型产品应用病例，直观展现产品优势及应用方式，并通过线上传播、线下拜访等方式精准覆盖目标客户，高效传播产品品牌价值，提升用药观念，增长终端销量。

二十大报告提出"加快发展数字经济，促进数字经济和实体经济深度融合"，上药以二十大精神为指引，加强"数字大脑"赋能生产经营。在营销领域，上海医药营销数字化示范区成立后，有效提升了运营力、决策力。上药旗下华氏大药房立足本土优势，多措并举推进"数字化新零售"，建立"智慧药房"，运用互联网及人工智能技术深度发掘会员健康需求，完成以产品营销向健康管理营销的升级转变。

启示：医药行业参与者的商业模式将发生变化，"数字化销售代表"等新的营销形式将广泛普及，医药企业必须重视数字营销。

（六）全方位营销

菲利普·科特勒认为21世纪头10年的趋势和力量正引领企业转向一套新的理念和实践方式，提出了"全方位营销"的动态概念。全方位营销（Holistic marketing）是指在营销方面，除了传统的销售渠道之外，还要突破空间和地域的限制，建立一种多层次的、立体的营销方式，如内外销联动、网络营销、公司团购、跨区域销售。互联网、全球化正重塑市场并改变企业运作方式，传统营销方法需要被解构、重新定义与扩展以反映这一情况。全方位营销观念以开发、设计和实施营销计划、过程及活动为基础，但同时也深度地认识到上述营销计划、营销过程和营销活动的广度和彼此之间的相互依赖性。全方位营销认为营销实践中每个细节都特别重要，广泛、整合的视角往往不可或缺。

▶▶ 岗位情景模拟 1-3

情景描述　某医药公司营销经理，参加了经理人员高级研修培训班。培训班上，培训讲师通过案例分享和讨论的形式，介绍了各种现代营销的新模式。假如你是这名营销经理，请结合前面所学知识，利用网络和文献查找有关资料，比较服务营销、网络营销、知识营销、关系营销、数字营销、全方位营销等六种现代营销新模式的区别与联系。

要　　求　请从营销模式的重心、手段、结果等方面对六种现代营销新模式进行比较。

答案解析

✓ 实践实训

【案例分析】

伊利早餐奶的顾客让渡价值分析

众所周知，"早餐要吃好"。随着现代生活节奏加快，我们的早餐逐渐偏向于喝牛奶吃面包或者鸡蛋这种比较富有营养又方便的搭配。于是，伊利早餐奶应运而生。它是专注于早餐的营养结构，融入了杂精谷物，果蔬纤维和多种维生素，为人们带来前所未有的营养早餐，专为满足人们早餐营养而来。其多种新颖的口味，如核桃，麦香等，以及适合早餐的独特配方是其特性。对于早餐时间紧张的学生和上班族来说，伊利早餐奶明显就是天生为他们设计的，让他们用最短的时间获得一份富有营养的早餐，从而拥有最充沛的精力来应对学习和工作。

伊利早餐奶总是会出现在最便利的地点，各大超市，亦或者街角的零售商都可以买到它。它专注于早餐，对于人们早餐营养满足的服务是无可挑剔的。

从产品的研发到投入生产和销售，伊利拥有最一流和专业的膳食和乳制品营养家为你量身打造早餐奶的配方，也拥有最优秀的采集牛奶的员工为你挑选优质奶源。每一个生产流程都有最严格的监督人员和最严谨的生产员工。伊利全体上下，都在以绝对认真负责的态度为你打造每一款产品。

伊利实业集团有限公司是全国乳制品行业龙头企业之一，也是中国有史以来第一个赞助奥运会的中国食品品牌。在"中国最佳企业公民行为"评选活动中，伊利凭借高度的社会责任感和出色的企业声誉成为中国食品行业中唯一入选企业。所以，源自伊利的早餐奶完全可以让你放心畅享。

伊利早餐奶以 2.5 元的贴心价格，以件数购买更便宜的优惠，让每个人都可以以随手的零钱购买到这份最适合早餐的奶。

不论在你上班或者上学的途中，你都能够在最便利的地点，花最少的时间来得到伊利早餐奶。完全不用为早餐和时间的事情烦恼。更或者，当你逛超市的时候，随手将它放入购物车，回家放在冰箱，那么，你们一家都能随时在一个慵懒的早上享受一份伊利早餐奶。

所以，伊利早餐奶为顾客带来的价值已经远远超过了顾客所要付出的成本，这款产品很可能会获得绝大多数顾客满意，从而畅销。

问题：

（1）仔细阅读上述软文，分析伊利早餐奶的顾客让渡价值。

（2）研究一个自己喜爱的产品的顾客让渡价值，写一份宣传推荐该产品的软文。

分析要求：

（1）小组讨论分析案例提出的问题，形成小组成果。

（2）各小组派代表汇报成果，并让同学进行相互评价。

（3）教师对各组成果进行点评。

【综合实训】

确立正确的医药企业营销管理理念

（一）实训目的

能帮助医药企业确立正确的营销管理理念。

（二）实训要求

1. 将学生分成若干组，每组 4~6 人，按操作步骤实施实训。

2. 认识到市场营销观念的重要性，掌握分析市场营销观念的方法。

3. 根据教师点评撰写实训报告。

（三）实训内容

1. 实训背景

家国情怀：社会责任与品牌担当

作为中国制药百强上市集团，振东集团不仅有着深厚的家国情怀，更是坚持"与民同富、与家同兴、与国同强"的企业使命，并在这份责任的驱动下，科学研发出"为中国人设计，让中国人健康"的500∶200黄金配比的朗迪钙，是更适合中国人体质的钙。朗迪钙以医院为根据地，以国人体质研究中心为专业背书，快速向大零售市场拓展，渠道终端相互助力，使得朗迪钙销量在维矿品类遥遥领先，2019年，朗迪钙的市场销售额达到39亿元人民币，成为名副其实的行业标杆品牌！

到2020年全面建成小康社会，打好深度贫困歼灭战，离不开充足的投入保障，更离不开企业家的深度参与。早在2003年，振东集团董事长李安平出于对家乡的热爱，对祖国发展的热切期盼，就针对如何带动农民脱贫增收问题，专门成立了中药材开发公司。公司制定了振东中药材种植项目"只考虑质量不考虑利润"的脱贫政策，经过多年的不懈探索，找到了最适合当地老百姓实现脱贫的途径——发展中药材种植产业。

从2013年开始，振东集团投资5.5亿元，在平顺县打造50万亩中药材产业化基地建设项目，使传统的中药材种植实现规模化、基地化、产业化、现代化。目前已经形成了以党参、连翘、黄芩、黄芪、柴胡为主的多品种大规模的种植基地；以"公司政府农业合作社基地"的现代化经营模式；以种、产、储、购、销全方位的产业链条，成为促进平顺县发展增加农民收入的主要经济支柱。该项目的实施，精准帮扶1个县、78个贫困村、创造1000多个就业岗位、安排种植农户就业8000余人、帮助2万多贫困农户摘掉贫困帽……这些数字是振东集团在开展产业扶贫工作以来取得的成绩。

振东是国家的，在国家需要的时候也是振东体现价值的时候。就像李安平带领振东人承诺得那样：企业爱国，就是要做好产品。为中国人设计，让中国人健康。我们是这么想的，也是这么做的。振东愿为祖国昌盛贡献力量，为国人健康保驾护航。这是新时代企业家的社会责任与品牌担当！

2. 操作步骤

第一步：学生阅读案例并查找相关资料。

第二步：学生结合对市场营销观念的理解，按小组讨论分析振东集团的营销观念。

第三步：学生派代表阐述本小组观点。

第四步：教师对学生的观点进行点评。

第五步：学生完成实训报告。

（四）实训评价

教师明确实训目的和要求，适时指导实训，学生分组组织按步骤开展实训；实训结束后，进行实训交流，师生共同评价工作成果。

考核内容：基本知识和技能、准备工作、分析能力、表达能力、合作能力等，具体内容如表1-2。

表1-2　实训评价表

考核项目	考核标准	配分	得分
资料准备	能正确查阅相关资料	20分	
辨别营销观念	能正确辨别营销观念	20分	
评述营销观念	能对营销销观念的优点进行评述	20分	
实训报告	格式准确，表达较有条理	20分	
团结协作	组内成员分工合理、团结协作	20分	
合计		100分	

目标检测

答案解析

一、单项选择题

1. 市场营销组合的4P是指（　　）。

    A. 价格、权力、地点、促销   B. 价格、广告、地点、产品

    C. 价格、公关、地点、产品   D. 产品、价格、渠道、促销

2. "好酒不怕巷子深"是（　　）经营思想的体现？

    A. 生产观念   B. 产品观念   C. 推销观念   D. 市场营销观念

3. （　　）在市场营销4P组合的基础上加上权力（Power）和公共关系（Public relations），变成了6P组合，从而把营销理论进一步扩展。

    A. 大市场营销   B. 直接市场营销   C. 关系市场营销   D. 全球市场营销

4. 医药市场营销的目的是指（　　）。

    A. 研究医药产品与价值   B. 研究医药产品竞争

    C. 满足医疗保健需求   D. 研究医药产品消费者

5. 市场营销活动的核心是（　　）。

    A. 交换   B. 交易   C. 发展   D. 赚取利益

二、多项选择题

1. 构成市场的基本要素包括（　　）。

    A. 人口   B. 购买力   C. 购买欲望

    D. 需要   E. 需求

2. 顾客成本包括（　　）。

    A. 货币成本   B. 时间成本   C. 体力成本

    D. 精力成本   E. 服务成本

3. 医药市场的特点有哪些？（　　）

    A. 医药产品的特殊性   B. 医药产品销售的时效性

    C. 医药产品竞争的局限性   D. 医药产品消费的被动性

    E. 医药产品需求缺乏弹性

4. 生产导向的传统营销观念有哪些？

    A. 生产观念   B. 产品观念   C. 推销观念

    D. 市场营销观念   E. 社会营销观念

5. 下列哪些属于市场营销学的新进展内容（　　）。

    A. 服务营销   B. 关系营销   C. 绿色营销

    D. 整合营销   E. 数字营销

6. 社会市场营销观念要求企业要正确处理（　　）之间的关系。

    A. 消费者需求   B. 企业利益   C. 社会利益

    D. 国家利益   E. 公众利益

三、判断题

1. 需要是指人们有能力购买并愿意购买某个具体产品的欲望，即有购买力的欲望。　　　（　　）

2. 医药市场营销的主体是医药产品与价值。　　　（　　）

3. 营销观念又称为市场营销哲学，是企业开展市场营销活动的基本指导思想和行为准则，其核心是如何处理企业、消费者、社会和其他相关利益者之间的利益关系。　　　（　　）

4. 全方位营销是指除了传统的销售渠道之外，还要突破空间和地域的限制，建立一种多层次的、立体的营销方式。　　　（　　）

5. 营销就是指推销，基本没有差别。　　　（　　）

四、思考题

1. 如何理解市场营销的含义？

2. 医药市场与普通市场相比有哪些特点？

3. 推销和市场营销的区别与联系有哪些？

4. 传统营销观念包括哪几种？现代营销观念包括哪几种？它们各有何特点？

书网融合⋯⋯

知识回顾	微课1	微课2	微课3
微课4	微课5	微课6	习题

（张　乾）

学习引导

中国古代兵法云：知己知彼，百战不殆。毛泽东同志也说过：没有调查，就没有发言权。可见调查的重要。一个企业想要在激烈的市场竞争中生存，随时把握市场变化和消费者需求，至关重要。怎样才能准确及时地把握市场状况呢？通行的方法是通过市场调查获取及时的市场信息。所以：决胜市场，调查为先。

本项目的主要内容是认知医药市场调查的含义、内容、基本类型和基本方法，设计医药市场调查方案和调查问卷，整理分析调查资料，撰写市场调查报告等。

学习目标

1. **掌握**　医药市场调查的基本类型、基本方法，调查方案的主要内容，调查问卷的基本要求。
2. **熟悉**　医药市场调查的步骤，基本的数据统计分析方法。
3. **了解**　医药市场调查的含义和作用，市场调查报告的基本内容。

任务一　认知医药市场调查

PPT

一、医药市场调查的意义

1. 医药市场调查的含义　医药市场调查是根据市场预测、决策等的需要，运用科学的方法，有目的、有计划地搜集、整理、分析有关医药市场信息，为市场预测和企业决策提供依据的一系列活动过程。掌握及时、准确、可靠的药品市场信息是医药企业经营管理中的一项重要任务。

2. 医药市场调查的作用

（1）了解医药市场的情况，更好地满足消费者需求　通过对医药市场购买力、消费水平、消费结构、消费趋势等的调查，了解医药市场需求总量及需求结构；通过对医药产品生产、库存、进口等货源的调查，了解市场的供应情况。企业可以根据实际情况，经营适销对路的产品，更好地满足消费者需求。

（2）有利于发现营销机会，开拓新的市场　通过市场调查可以使医药企业充分认识医药市场的特征，掌握医药市场的发展规律，发现消费者的潜在需求，从而根据企业本身的实力情况，选择新的市场机会。

（3）有利于确定经营策略，改善经营管理水平 科学的市场调查是企业经营决策的前提和基础。通过市场调查，可以了解当前营销策略及营销活动的得失，发现存在的问题，促使企业从经营的购、销、运、存各环节，经营的人、财、物、时间、信息等客观要素，经营管理的层次、部门等不同方面进行调整，改进工作。

二、医药市场调查的原则

1. 客观性原则 市场调查必须遵守客观性原则。调查过程的每一个环节都要求实事求是，尊重客观实际，切忌有任何主观臆造存在。二十大报告指出"一切从实际出发，着眼解决新时代改革开放和社会主义现代化建设的实际问题"。习近平曾强调"不了解真实情况，拍脑袋做决定，是做不好工作的"。企业要在新时代改革开放大潮中发展壮大，解决生产经营中的实际问题，必须要有客观准确的市场信息作为依据，才能看清问题，瞄准市场，抓住时机。

2. 科学性原则 市场调查的科学性主要体现在调查过程要按科学的步骤和程序进行，要科学地选择调查方式、调查对象和科学地拟定调查问卷等，并对调查资料进行科学地收集、整理和分析。

3. 系统性原则 企业的生产和经营活动既受内部因素影响和制约，也受外部因素的影响和制约。在调查时，要处理好事物内在因素和环境因素以及整体与局部的关系，全面系统地考虑问题。

4. 经济性原则 市场调查需要耗用一定的人力物力财力，调查方案不同，费用支出就可能有差别，有时也可能因为经费投入不够直接影响到调查的效果，因此，市场调查要讲求经济效益。应根据企业自身的实际情况和调查目的，在保证调查效果的基础上，力争以较少的投入取得较好的效果。

5. 时效性原则 市场调查应及时捕捉和抓住市场上有用的情报、信息，及时分析、及时反馈，为企业在经营过程中适时地制定和调整策略创造条件。市场调查充分利用有限的时间，尽快地收集所需要的资料和情报，这样不仅可以及时地掌握市场信息，也可以节省时间成本和支出费用，提高调查效率。

> **即学即练 2-1**
>
> 答案解析
>
> 毛泽东同志曾提出"没有调查，就没有发言权"，习近平同志也强调"调查研究是谋事之基、成事之道。没有调查，就没有发言权，更没有决策权"。无论在什么工作中，调查的重要性是有普遍意义的。请同学们结合实际谈谈市场调查在市场营销工作中的意义。

三、医药市场调查的内容

1. 医药市场宏观环境调查 主要包括政治法律环境、经济环境、社会文化环境、科技环境以及地理气候环境等的调查。

2. 医药市场供需调查

（1）医药市场供应调查 主要是了解整个药品市场货源情况，包括对货源总量、构成、质量、价格和供应时间等的调查。

（2）医药市场需求调查 这是医药市场调查的核心内容，主要包括对医药产品现实需求量和潜在需求量及其变化趋势，本行业或同类产品的销售量，本企业产品的销售量和市场占有率，消费需求结构，医药使用普及情况，消费者对特定医药的意见等的调查。

3. 顾客状况调查　　主要包括对顾客构成和数量分布情况，消费心理、购买动机、购买行为，社会、经济、文化等对购买行为的影响，顾客的品牌偏好及对本企业产品的满意度等的调查。

4. 竞争对手调查　　这是对与本企业生产经营存在竞争关系的各类企业以及现有竞争程度、范围和方式等情况的调查。调查内容主要包括竞争企业的数量、生产经营规模和资金状况，竞争企业产品市场占有率，竞争企业的产品品种、质量、价格、服务方式，竞争企业的营销组合策略，竞争企业的优势、劣势等。

5. 市场营销状况调查

（1）产品调查　　其调查内容主要包括产品设计、产品组合、产品生命周期、产品质量情况，老产品改进、新产品开发，医药产品售后服务等。

（2）价格调查　　其调查内容主要包括医药价格政策，新药品的定价策略，定价是否合理，消费者对价格的接受程度和消费者的价格心理状态，药品需求和供给的价格弹性及影响因素等。

（3）销售渠道调查　　其调查内容主要包括现有销售渠道情况，本企业销售机构和网点分布，医药商品库存情况，中间商合作者，仓库和运输工具安排等。

（4）促销调查　　其调查内容主要包括广告宣传、人员推销、营业推广、公关宣传等情况，以及相关措施对药品销售量的影响调查。

拓展链接

"农夫山泉有点甜"是怎么来的?

农夫山泉天然饮用水坚持的是纯天然理念，"农夫山泉有点甜"的广告语闻名全国各地。其实"有点甜!"最早出自上海一个小朋友之口。1997年的初夏，农夫山泉选定上海为全国第一个试销市场。重视市场调研的董事长钟睒睒亲自来上海调研，在静安寺附近的一户居民家中，请其家人品尝农夫山泉，家中的小朋友喝了一口就脱口而出："有点甜!"钟睒睒敏锐地捕捉到这句话传递出与产品理念的共鸣，"农夫山泉有点甜"作为产品广告语太贴切了!钟睒睒是个科学务实的企业家，深知市场调查的重要，于是决定对几个备选广告创意进行广告效果的消费者测试，结果是"农夫山泉有点甜"在测试调查中遥遥领先。1998年农夫山泉在全国正式上市，正式启用"农夫山泉有点甜"为主广告语，由此这个融入了天然健康理念的民族品牌，一路高歌猛进，一举成名。

启示：重视调查，调查就会给予回报。企业的经营管理者应该有重视调查的意识，有捕捉信息的敏感，有运用调查的技能。

四、医药市场调查的类型 [e] 微课1

（一）根据市场调查的目的不同划分

1. 探索性调查　　探索性调查又称非正式调查或试探性调查，指调查者对需要调查的问题尚不清楚，为了确定应调查哪些内容时所采取的方法。一般处于整个调查的开始阶段，常用于调查方案设计之前的初步研究，为进一步的正式调查做好准备。

例如，某医药企业近年来销售量持续下降，但公司不清楚是什么原因，是经济衰退的影响，广告支出的不足，销售代理效率低，还是消费者习惯的改变？要明确问题原因就可以采用探索性调查的方式。

如，可以从中间商或者用户那里收集资料找出最有可能的原因，找到是哪种原因后，至于问题究竟如何解决，需针对性开展进一步的相关调查。这种调查一般不必要制定严密的调查方案，往往采取简便的方法以尽快得出调查的初步结论即可。探索性调查一般以文案调查和专家咨询为主要调查方法，以定性研究为主。

2. 描述性调查 描述性调查指对需要调查的客观现象的相关方面进行资料收集、整理和分析，着重于客观事实的静态描述的调查。通过对调查对象面临的不同因素、不同方面现状进行调查，如实地反映和描述，说明"是什么""如何"等问题，以便进一步研究问题症结所在。例如，在销售研究中，收集不同时期销售量、广告支出、广告效果的事实资料，经统计说明广告支出何时增加几个百分点、销售量有了多少个百分点的变化等；又如收集某种产品的市场潜量、顾客态度和偏好等方面的数据资料。进行这类调查必须占有大量的信息情报，调查前需要有详细的计划和提纲，以保证收集资料的准确性。一般要实地进行调查，调查结果是结论性的、正式的。

3. 因果性调查 因果性调查指对研究对象发展过程中的变化与影响因素的资料进行收集，找出原因与结果，并弄清楚因果之间的数量关系，解决"为什么"的问题。一般是在描述性调查的基础上，进一步分析问题发生的因果关系。例如，销售研究中，收集不同时期说明销售水平的销售量、市场占有率、利润等变量资料，收集不同时期影响销售水平的产品价格与广告支出、消费者的收入与偏好等自变量资料，在这些资料基础上找出主要相互影响因素。

（二）根据调查对象的范围大小划分

1. 普查 普查也称全面调查，是对市场调查对象总体的全部单位无一遗漏地进行调查。如人口普查，中药材资源普查，企业为了解新药投放市场的效果而进行的普查，库存药品的盘点调查等。普查的优点是：所获得的资料完整、全面、准确，但普查所耗费的人力、财力和时间较多。全面调查不是所有医药企业力所能及的事，一般不常使用；除非被研究总体中单位较少，项目比较简单。

2. 重点调查 重点调查是一种非全面调查，指在调查对象总体中，选择一部分重点样本进行的调查，这些重要样本在量的方面占优势。例如，疫情调查就是一种重点调查，为了有效地控制某种疫情，对影响疫情的有关因素进行分析，同时对控制疫情的有关药物也进行调查，以指导该类药品在一定时间内的生产和销售，从而达到适量生产又能控制疫情的双重效果。

重点调查的特点是以较少费用和时间，更加及时地掌握基本情况，以利于调查人员抓住主要矛盾，采取措施。重点调查主要在紧急情况下使用。

3. 典型调查 典型调查是一种非全面调查，指在对调查总体进行初步分析的基础上，从中有意识地选取具有代表性的典型单位进行深入调查，掌握有关资料，由此了解现象总体的一般情况。典型调查是有目的地选取有代表性的样本进行调查，侧重该样本的质的方面。

典型调查适用于调查总体庞大、复杂，调查人员对情况比较熟悉，能准确地选择有代表性的典型作为调查对象的市场调查。

4. 抽样调查 抽样调查指根据随机或非随机的原则，从调查对象总体中按一定规则抽取部分样本而进行的调查，用所得结果说明总体情况的调查方法。这里特指按随机原则的抽样调查，调查结果取决于样本的抽取，随机抽样的误差是可以计算的，误差范围是可以控制的。例如，某企业从外地购进某种药品，需要进行质量和等级检查，这种情况不必将药品全部打开进行全面验收，可采用随机取样，从中抽取一部分进行检查，计算出等级品率以及抽样误差，从而推算出这种药品的质量和等级情况，并用概率表示推算的可靠程度。

采用抽样调查的方法，可以在较短的时间内，用较少的费用和人力，通过控制误差，获得比较准确的资料，这种方法既能排除人们的主观选择，又简便易行，是目前医药市场调查中采用的最基本的调查方法。

拓展链接

随机抽样的方法

随机抽样是指按照随机原则抽取样本，即完全排除人们主观的意识的选择，在总体中每一个体被抽取的机会是均等的。随机抽样的方法一般有以下三种。

（1）简单随机抽样　是指从总体中随机抽取若干个个体为样本，抽样者不作任何有目的的选择，而是用纯粹偶然的方法抽取样本。它是随机抽样中最简便的一种方法。

（2）分层随机抽样　是指将调查总体按照一定标准进行分层，然后在每一层中用随机抽样方式抽取样本进行调查。各层之间具有显著不同的特性，同一层内的个体则具有相同的特性。

（3）分群随机抽样　是先将调查总体按一定的标准（如地区、单位）分为若干群体，再从中按随机原则抽取部分群体，由被选中的群体中的所有单位组成样本的抽样调查方法。分群随机抽样法所划分的各群体，其特性大致要相近，而各群体内则要包括各种不同特性的个体。

问题：掷骰子和抓阄属于哪种抽样？

五、医药市场调查的方法 微课2

在进行医药市场调查时，获取市场信息资料的途径主要有两种：一是收集医药市场第一手信息资料的实地调查；二是通过从各种文献资料中收集医药市场历史性信息资料的文案调查。

（一）实地调查法

1. 询问法　询问法又称采访法、访谈法，是指以询问的方式向被调查者收集了解市场信息的一种调查方法。它是医药市场调查中收集第一手资料最常用、最基本的一种实地调查方法。按照与被调查者接触方式不同，询问法有以下五种具体方法。

（1）面谈询问　指调查者面对面地向被调查者询问有关问题，对被调查者的回答可当场记录。调查者可根据事先拟定的询问表（问卷）或调查提纲提问，也可采用自由交谈的方式进行。

（2）电话询问　指调查人员根据抽样设计要求，通过电话询问调查对象。

（3）信函询问　指调查者将设计好的询问表直接邮寄给被调查者，请对方填好后寄回。

（4）留置问卷　是介于信函调查和面谈之间的一种方法，它综合了信函邮寄由于匿名而保密性强和面谈调查回收率高的优点。具体做法是，由调查员按面谈的方式找到被调查者，说明调查目的和填写要求后，将问卷留置于被调查者处，由被调查者自行填写，再由调查人员定期回收的一种方法。

（5）网上询问　指通过互联网的交互式沟通渠道来向被调查者搜集有关信息资料的一种方法。一般有电子邮件调查和网页问卷调查两种，如使用问卷星进行调查就是其中一种。

以上各种询问法各有其优缺点，如表2-1所示，调查中需根据具体情况选择适当的方法。

表 2-1　五种询问调查法优缺点比较

方法	优点	缺点
面谈询问	调查者可以直接、深入地了解被调查者的真实观点；采集到的资料比较详细、可靠；询问回收率高	对调查员综合素质要求较高，费用较高、时间较长；调查范围相对较窄
电话询问	速度快，范围广，费用低；可询问面谈时感到不自然或不便的问题；可拟定统一的调查询问表格，便于对方回答和统计	不易深入交谈，不便询问较为复杂的问题；被调查者不配合或敷衍
信函询问	不受行业和区域的限制，调查面广；被调查者有充分的时间思考；采集到的信息较真实；成本低	回收时间长，回收率低；填答问卷时可能得不到解释而误解含义；不容易探测用户的购买动机
留置问卷	问卷回收率较高；被调查者可当面了解问卷要求，避免误解；被调查者有充分的时间思考，真实性较高。是介于邮寄调查和面谈之间的方法	调查范围有限；调查费用较高
网上询问	收集信息广泛、及时、便捷；采集的信息较真实；费用低	调查对象选择难以控制；持续时间难以控制；不配合回答现象较多

2. 观察法　观察法指调查人员对某一具体事物进行直接观察，如实记录。可以是调查人员直接到调查现场进行观察，也可以是安装录音机、摄像机、照相机等进行录制和拍摄。观察法的具体方式主要有以下三种。

（1）直接观察　指调查人员亲自到现场进行观察。例如，调查人员亲自到大药房观察顾客走过货架或选购药品时，对不同品牌药品的兴趣和注意程度。

（2）亲身经历　指调查人员亲自参加某种活动收集有关信息资料。例如，某医药企业需要了解中间商的服务和信誉情况，可派调查员到他们那里去买药，但注意身份不能暴露。

（3）行为记录　指在调查现场安装一些仪器设备，调查人员对被调查者的行为和态度进行观察、记录和统计。例如，通过摄像头观察顾客挑选产品的过程、购买产品的情况等，借以了解消费者对品牌的爱好与反应。这样能从侧面了解顾客的一些购买心理，对了解消费者的需求有一定的价值。

3. 实验法　实验法指从影响调查问题的许多因素中选出一两个因素，将他们置于一定条件下进行小规模实验，并对实验结果进行分析的一种方法。实践法最突出的特点是实践性，此种方法应用范围很广，尤其是因果性调查常采用此种调查方法。实验法有以下两种具体方法。

（1）实验室实验　指调查人员人为地模拟一个场景，尽可能排除无关因素干扰，以分析导入不同变量因素后产生效果的变化情况。例如，在实验室观察人们对不同广告的兴趣程度，以测定广告效果。

（2）销售区域实验　指在某一销售区域实验，通过进行试验性销售，了解调整某一营销策略会带来什么结果。例如，某药厂欲对其某种 OTC 产品是否需要改良包装进行实验。采取的方法是第一个月把新包装的产品给甲、乙两药店销售，把原包装的产品给丙、丁两药店销售。第二个月互相调换，甲、乙药店销售原包装产品，丙、丁药店销售新包装产品。销售二个月后，进行销售情况对比，如果实验结果新包装产品的销售量比老包装产品销售量增加许多，那么企业应该考虑换新包装，以扩大销售量。

当医药产品在包装、价格、广告等方面进行改进后，需要了解对产品销售量会产生什么影响，都可以先在小规模的市场范围内进行实验，观察消费者的反应和市场变化的结果，然后考虑是否推广。

实验法的优点是方法科学，可获得较正确的原始资料。缺点是不易选准社会经济因素相类似的实验市场，且干扰因素多，影响实验结果；实验时间较长，成本较高。

（二）文案调查法

文案调查法是通过寻找和查阅资料，利用企业内部和外部现有的各种信息、情报，对调查内容进行分析研究的一种调查方法，是搜集二手资料的方法。

二手资料主要两个来源：一是内部资料；二是外部资料。内部资料指企业营销系统中贮存的各种业务资料、财务资料、统计资料和积累的其他资料等，例如，企业历年销售额、利润状况，主要竞争对手的销售额、利润状况，有关市场的各种数据等。外部资料指公开发布的统计资料和有关市场动态、行情的信息资料。外部资料的来源有政府有关部门、市场研究机构、咨询机构、广告公司、期刊、文献、报纸、互联网等。

文案调查法的优点是不受时间限制、信息资料多；信息获得迅速，节省时间和费用；可为实地调查提供经验和背景资料。此方法的缺点是收集资料时效性较差，有一定局限性，加工、审核工作也比较困难。

> **即学即练 2-2**
>
> 某医药企业想了解中国医药零售行业的发展状况，假设你是调查成员，你会运用什么方法进行调查？为什么？
>
> 答案解析

六、医药市场调查的步骤

市场调查是一种有计划、有组织的活动，必须遵循一定的工作程序，才能有条不紊地实施调查，取得预期的效果。市场调查的主要步骤，如图 2-1 所示。

确定调查主题和目标 → 设计调查方案 → 实施调查 → 整理分析调查资料 → 撰写市场调查报告

图 2-1 医药市场调查步骤

（一）确定调查主题和目标

在进行市场调查活动时，应当首先找出需要解决的主要问题，选定调查主题，明确调查任务和目标。营销决策可能涉及的内容广泛，先要进行一些探索性调查研究，通过初步探索，正确地确定市场调查的起点和重点，明确为什么要调查，调查什么问题，具体要求是什么，搜集哪些资料等。

（二）设计调查方案

科学设计调查方案是保证调查取得成功的关键。市场调查方案是整个医药市场调查工作的行动指南，它起到保证市场调查工作顺利进行的重要作用。医药市场调查方案，一般包括以下主要内容：①调查目的；②具体调查内容；③调查对象和范围；④调查方式和方法；⑤人员分工和工作进度；⑥调查经费预算。

（三）实施调查

1. 搜集二手资料 搜集二手资料通常是市场调查中获取信息的第一步。具体方法有直接查阅、索取、交换、购买以及通过情报网搜集和复制等。

2. 搜集一手资料 搜集第一手资料的方法是实地调查法，实地调查是调查人员进行现场搜集资料的过程，也是调查能否成功的关键。实地调查的方法有询问法、观察法和实验法等。

实地调查常用的方法是询问法，在实施调查过程中，经常遇到的问题是：①入户访问时被调查者不在。要注意事先约好时间。②被调查者不予合作，拒绝回答问题。要说明调查意图，打消被调查者疑虑，取得其信任。③被调查者随便回答，造成误差。要善于启发，辨别真伪，进行核实。④由于调查人员的年龄、性别、态度或语气的原因，使调查结果产生偏差。要提高调查人员的素质，合理组织，加强相互配合与复核检查，以保证调查材料的真实可靠。

（四）整理和分析调查资料

是对市场调查收集到的资料进行鉴别与整理，制定统计表和统计图，并对整理后的市场资料进行统计分析和开展研究。

医药市场信息资料大多是零散的、不系统的，不能反映所研究内容的本质和规律性，通过调查资料的整理和分析，达到去粗取精、去伪存真的目的，提高资料的准确性、针对性和适用性。

（五）撰写市场调查报告

市场调查最后阶段主要任务是撰写市场调查报告，总结调查工作，评估调查结果。市场调查报告是用文字、图表的形式反映调查内容和结论的书面材料，是整个调查研究成果的集中体现，是对市场调查工作最终表达形式，是制定市场营销决策的依据。

> #### 岗位情景模拟 2 - 1
>
> **情景描述** 某医药零售连锁企业在经营过程中，需要经常进行市场调查活动。该企业准备新开一家分店，需要开展调查，目的是了解有关情况，将投资风险降低，通过调查为企业做出正确的决策提供依据。
>
> **要 求**
> 1. 思考实施调查需要经过哪几个步骤？
> 2. 讨论针对新开分店需要进行哪些方面的调查？
> 3. 调查过程中可以运用哪些方法？
>
> 答案解析

任务二 设计医药市场调查方案

PPT

一、医药市场调查方案的含义

医药市场调查方案也称为医药市场调查计划书，指在进行实际调查之前，根据医药市场调查研究的目的和调查对象的性质，对调查工作总任务的各个方面和各个阶段进行通盘考虑而制定出的实施计划。设计市场调查方案是医药市场调查活动的重要步骤，是对调查本身的具体设计，对调查起指导性作用。

二、设计医药市场调查方案 微课3

市场调查方案要根据具体的医药市场调查项目有针对性地设计，主要从以下方面进行。

1. 确定调查的目的 调查目的应该明确、具体。在确定要进行调查时，可以考虑以下问题："为什么要进行这项调查""想要知道什么""知道后有什么用"等。根据市场调查目的，在调查方案中列出本次市场调查的具体要求。如通过调查了解药品市场基本情况，调查市场需求情况、竞争对手状况、顾客状况等。

2. 确定调查内容 即确定调查哪些事项和搜集哪些方面的资料。调查内容还应根据调查目的细分为更具体的指标和项目，并针对所选择的调查方法设计出具体的调查问卷、观察表或调查大纲。关于调查问卷的设计将在任务三中详细学习。

3. 确定调查对象和地区范围 确定调查对象是明确被调查个体的特性和调查的总体范围，解决向谁调查和由谁来具体提供资料的问题。在以消费者为调查对象时，要注意有时某一产品的购买者和使用者不一致，如对婴儿药品的调查，其调查对象应为孩子的监护人。

调查地区范围应与企业产品销售范围相一致，如调查范围定为销售范围中的某一个或二个城市。由于调查样本数量有限，可在城市中划定若干个小范围调查区域，将总样本按比例分配到各个区域实施调查。

4. 确定调查的方式和方法 调查方式是指市场调查的组织形式，通常有普查、重点调查、典型调查、抽样调查等；调查方法是指搜集资料的方法，如询问法、观察法、实验法、文案法等。当需要二手资料时，可以采用文案调查法；当需要第一手资料时，应采用实地调查法。用什么方式方法进行调查，主要应从调查的具体条件出发，以有利于搜集到需要的信息资料为原则。在方案中还可以进一步明确资料整理和分析的方法。

5. 确定人员和安排工作进度 将调查工作明细化，根据调查任务和工作量，进行调查人员合理安排和分工，明确各调查人员的工作职责。调查人员应具备良好的职业道德，相当的文化知识水平，认真务实的工作态度，处理问题和灵活应变的能力。组织调查人员进行相应的培训，使他们了解调查工作的基本情况和相关的要求，提高调查业务能力。

📖 **拓展链接**

人员分工

通常调查实施过程中离不开项目负责人、督导、调查员、复核员等。

（1）**项目负责人** 也可称作调查主管，对整个调查的进度、访问质量和调查预算等负全部责任。主要职责是负责调查的整体管理；负责编制调查问卷、督导手册，制定工作计划；负责挑选、培训和管理调查人员。

（2）**督导** 是对调查员进行管理和监督的人员。作为督导，应当熟悉调查的具体步骤，掌握各种调查知识，并善于带领和培训调查员。督导主要的工作是协助项目负责人开展培训和管理调查员，并负责现场监控、问卷审核和其他形式的质量审核。

（3）**调查员** 是调查的具体执行者。主要职责是按照事先培训的内容和调查问卷的要求，客观公正地完成规定数量和质量的调查工作。在遵循事先规定的原则前提下，调查员可以充分发挥自我的主观能动性，灵活、巧妙地与被调查者交流，以保证调查工作的顺利进行。

（4）**复核员** 是通过重新抽查被访者以验证调查员工作真实性和准确性的人员。一般情况下，复核的工作由督导负责，但在较大规模调查项目中，复核和督导工作应当分离，复核员是督导的辅助工作人员。

安排调查进度，制定进度时间表。同时，需要对人员履职、经费使用、工作进度、实际效果等进行监督。

保证调查的有效性和可靠性，要求以认真、专业和实事求是的态度对待调查工作，避免投机取巧走捷径等情况的发生。

6. 确定调查经费预算　经费预算是调查活动的资金安排，按可能发生的项目逐一列表估算，主要考虑方案设计费、问卷设计费、培训费、调查费用、出差补助、交通费、资料整理费、其他费用等方面，可参考表2-2所示。

表2-2　市场调查费用预算表

项目序号	项目名称	项目费用（元）	备注
1	问卷设计、印刷		
2	调查员培训		
3	文案资料搜集费		
4	实地调查费		
5	调研差旅费		
6	数据资料处理		
7	调研报告撰写		
8	项目利润		（调研中介考虑项目）
合计			

不同的医药市场调查方案包含的内容并不都是千篇一律的，在设计调查方案时，其内容和详尽程度可以根据调查的实际情况进行调整。

三、典型范例

抗感冒药消费市场调查方案

（一）调查目的

了解长沙市消费者对市场上抗感冒药的认知水平及治疗用药情况，包括了解抗感冒药的品牌种类、效果、价格、销量、发展状况等，为企业如何调整营销组合策略提供依据。

（二）调查对象及范围

1. 调查对象为18～65岁的感冒药消费者。
2. 调查范围为长沙市区。

（三）调查时间

2020年10月15日～11月15日

（四）调查内容

1. 消费者对感冒疾病的认知水平是否提高。
2. 抗感冒药的需求特点及变化趋势。
3. 消费者治疗感冒的方法有哪些。
4. 消费者对市场上抗感冒药品牌的了解情况。
5. 抗感冒药消费市场的销售状况及在市场中的地位。

（五）调查方法

调查方法为问卷调查，本次调查样本容量为300人。选择人流量大的三条大街，采用在街头随机抽访填写问卷（见附件）的方式进行。

（六）调查进度安排

第一阶段（10月15日~10月25日）：界定调查问题，总体方案论证，初步设计出调查问卷（调查具体内容）。

第二阶段（10月26日~10月31日）：确定调查内容，完成问卷修改和制作。

第三阶段（11月1日~11月10日）：实地调查，收集一手资料。

第四阶段（11月11日~11月15日）：统计调查资料，分析调查结果，撰写调查报告。

（七）人员组织与要求

本调查小组成员共8人，人员分工（略）。

在本次调查中各成员要发挥自己的长处，发扬团队协作精神，积极向上，实事求是，认真做好本次调查。在调查过程中，要指导被调查者正确填写，保证收回问卷的有效性。

（八）调查经费预算

调查经费预算如表2-3所示。

表2-3　调查经费预算表

项目名称	预算费用（元）	备注
办公用品	600	
交通费	600	
调查误餐费	1000	
人员培训	800	
数据整理	600	
撰写报告	800	
其他杂费	300	
合计：	4700	

（九）附件

调查问卷（略）

> **岗位情景模拟2-2**
>
> **情景描述**　治疗一般感冒、咽喉不适、口腔问题等相关的非处方药市场，竞争越来越激烈，面对新的市场、新的机遇，众多生产和销售企业在产品研发、市场开拓、营销组合、营销管理等方面将来采取何种应对措施，正确的经营决策起关键作用，而市场调查就能起到提供决策依据的作用。某制药企业是一家有名的生产感冒药（或咽喉用药等）的厂家，准备在某地区针对企业生产的治疗感冒（咽喉不适等）的药品——"×××"药，进行一次消费市场状况的专题调查活动，了解消费者对"×××"药和竞争品牌药的认知和使用情况，为企业制订营销策略提供依据。假如你是该制药厂的一名市场调查负责人，请为此制订一个市场调查方案。
>
> **要　求**　选取现实中常见的一个具体品牌，根据情景模拟，设计"×××"药市场调查方案。
>
> 答案解析

任务三 设计医药市场调查问卷

PPT

实地调查法中最常用的方法是询问法，不同的询问方式都离不开调查问卷，了解调查问卷并掌握调查问卷的设计，有助于提高调查技能。

一、医药市场调查问卷概述 微课4

(一) 调查问卷的概念

调查问卷又叫调查表，它是指调查者根据调查目的与要求，设计出由一系列问题、备选答案及说明等组成的向被调查者搜集资料的一种工具，是用于搜集资料的一种最为普遍的工具。

(二) 调查问卷的结构

调查问卷的基本结构，通常包括标题，引言、正文、附录等内容。

1. 标题 概括说明调查的研究主题，表明这份调查问卷的调查目的是什么。

2. 引言 主要包括问候语、自我介绍、填表说明等，这部分文字要简明易懂，能激发被调查者兴趣，争取合作和支持。

3. 正文 是问卷的主体部分，也是调查问卷最重要的部分，是市场调查所要搜集的主要信息，由一个个精心设计的问题与答案所组成。

4. 附录 告知调查活动的结束和对被调查者合作的感谢，记录下调查人员姓名、调查时间、调查地点和问卷编号等。要求简短明了，简单的问卷也可以省略。

二、调查问卷设计技巧

(一) 确定问题类型

问题类型主要有二种形式，即封闭式问题、开放式问题。

1. 封闭式问题 这种问题是事先设计好对问题的答案，被调查人员能从中选择答案。这种提问方式应答者回答简单，便于统计，但答案的伸缩性较小，显得呆板，被调查者有时可能不能完全表达自己的想法。

封闭式问题主要有：是非选择题、多项选择题、顺序题、程度评判题等形式。举例说明如表2-4。

表2-4 封闭式问题列举表

名称	说明	例子
是非选择题	一个问题提供是非两个答案供选择	1. 请问您知道××产品吗？ □知道 □不知道 2. 您服用过××药品吗？ □是 □否
多项选择题	一个问题提供三个以上的答案供选择	1. 对于药品广告，您比较关注哪类媒体？（可多选） □电视 □报纸 □杂志 □网络 □广播 □路牌 □宣传单 □其他 2. 您服用蜂王浆的主要原因是？ □增加食欲 □延缓衰老 □增强抵抗力 □改善睡眠 □朋友说好 □其他

续表

名称	说明	例子
顺序题	对所询问问题的各种可能的答案，定出先后顺序	选择儿科用药时，请您对下列因素重视程度做出评价，从高到低，在□中填上 1、2、3… □治疗效果好　　□价格合理　　□使用或服用方便 □厂家信誉好　　□包装好
程度评判题	表明对某个问题的态度	1. 您认为××药品的价格如何？ □偏高　　□略高　　□适中　　□偏低　　□太低 2. 您是否信赖明星或名人所做的药品广告？（单选） □十分相信　　　　□比较相信　　　　□比较不相信 □十分不相信　　　□无所谓

2. 开放式问题　这种问题允许被调查者用自己的话来回答问题，不受限制，调查人员可以获得足够全面的答案，可以了解更多真实情况。在一份调查表中，开放式问题不宜过多。开放式问题回答的难度大，答案过于分散，不易统计。

开方式问题主要有：自由回答题、词汇联想题、语句完成题、故事完成题等形式。举例说明如表2-5。

表 2-5　开放式问题列举表

名称	说明	例子
自由回答题	被调查者不受任何限制的回答问题	1. 您认为药品价格居高不下的原因是什么？ 2. 您认为大多数保健品生命周期短的主要原因是什么？
词汇联想题	列出一些词汇，被调查者说出首先涌现在脑海里的词	当您听到下列文字时，您脑海里涌现的一个词是什么？ 美容：_____　保健品：_____
语句完成题	提供未完成的句子，由被调查者完成句子	1. 当您选择感冒药时，您考虑的首要因素是_____。（半开放） 2. 你觉得这种感冒药还有哪些方面需要改进？_____（全开放）
故事完成题	提出一个未完成的故事，由被调查者来完成它	昨天办公室小李买来一盒保健茶，这使我有下述的感想……请完成这段故事。

（二）问卷设计要求　e 微课5

1. 相关性要求　问卷中的问题必须与调查主题密切关联，避免可有可无的问题；避免问题与所设答案不相关，设计问题的答案要具有相同层次或相同类别的关系；避免被调查者不符合要求，可以在问卷开始设置一个"过滤性"问题，检查被调查者的合格性，如果合格可继续提问，否则就可终止提问。

2. 可接受性要求　问卷的设计要让被调查者接受，问卷要充分尊重被调查者，提问部分要亲切自然；应使用适合所有被调查者身份和水平的问题，使被调查者有能力回答，措辞要通俗易懂，避免使用被调查者不熟悉的、过于专业化的术语；尽量避免提出让被调查者难堪的问题。调查时可采取一些物质鼓励，并为被调查者保密。

3. 简明性要求　调查内容明晰，调查时间简短，问题和问卷形式要简明易懂，措辞避免有歧义。提问要有单一性，避免把不同特性的问题合并提问，如"您对产品的价格和服务质量满意还是不满意？"，这个问题就存在不妥当的多重提问，对"价格"和"服务质量"的满意程度可能是不一样的。问卷设计还要注意问题的数量，回答全部问题所用时间控制在 20 分钟左右。

4. 非诱导性要求　避免使用诱导性的问题或暗示性的问题。例如，"您感冒常用小柴胡吗？"容易将答案引向具体产品，造成偏差，应改为"您感冒常用什么药？"。

5. 易统计性要求　问卷设计要考虑问卷回收后容易进行数据统计汇总，便于用计算机进行统计处理，以节省人力和时间，保证时效。例如，"你们这类岗位人员月收入是多少？"这个问题不适合用开放式提问，应使用封闭式提问，设定收入界限供选答案。

6. 结构顺序要求　设计问卷时，应按一定的逻辑顺序，合理安排问题结构顺序。一般是先简单容易，后敏感复杂，以减少被调查者的抵触心理；同类问题尽量放在一起，以利于被调查者思考方便；封闭式问题放在前面，开放式问题放在后面；同一个问题和相关答案尽量编排在同一页。

即学即练 2-3

在一份药品调查问卷中有以下这样的问题。

1. 您对××药品的价格和疗效满意还是不满意？

A. 满意　　　　B. 不满意

2. 如果购买进口药品会使我国工人失业，你认为爱国人士应该购买进口药品吗？

A. 应该　　　　B. 不应该　　　　C. 不知道

3. 您经常看哪类栏目的电视？

A. 经济生活　　B. 电视相亲　　C. 电视剧场　　D. 偶尔看　　E. 经常看

问题：1. 你认为以上提问存在哪些不当之处？说明理由。

　　　　2. 如果存在不当请修改或重新设计。

答案解析

三、设计调查问卷的程序

设计问卷一般来说主要包括八个环节，如图 2-2 所示。

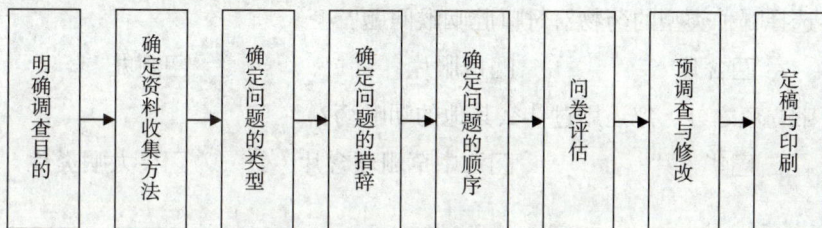

明确调查目的 → 确定资料收集方法 → 确定问题的类型 → 确定问题的措辞 → 确定问题的顺序 → 问卷评估 → 预调查与修改 → 定稿与印刷

图 2-2　调查问卷设计的步骤

四、典型范例

咽立爽口含滴丸市场调查问卷

先生/女士：

您好！我公司正在对咽立爽产品进行市场调查，我们特请您作为我们的访问对象，希望您能在百忙之中抽出一点时间回答我们提出的问题。对您的合作，我们表示衷心感谢！

以下问题，请您在选中项上划"√"，没有选项的请您具体写出。

1. 请问您最近有用过口腔咽喉药吗？

☐有　　　　　　　　☐没有

2. 您用咽喉药的原因？

☐上火　　　　☐喉咙痛痒　　　　☐感冒　　　　　　☐口腔溃疡

3. 请问您对咽立爽产品的功效评价如何？

☐很好，很有效　☐可以，有效果　　☐一般，有时有效　　☐不好，没感到有效果

4. 请问您选择咽喉药时，对下列因素重视程度做出评价，您认为哪项最重要？

☐治疗效果好　☐价格合理　　☐使用方便　　　　☐厂家信用好　　　☐其他

5. 请问对咽立爽产品广告的印象如何？

☐很好　　　　　　☐一般　　　　　☐没印象

6. 请问您是通过什么途径知道咽立爽是可以治疗咽喉不适的？

☐广告　　　　　☐店员推荐　　　　☐别人推荐　　　　☐自己用过　　　☐其他

7. 以您对当地的了解，您认为一瓶 36 粒的咽立爽口含滴丸价格为多少元左右可以接受呢？

☐7 元　　　　　☐8 元　　　　　☐9 元　　　　　☐10 元　　　　☐10 元以上

8. 您认为引起口腔咽喉不适的原因一般是什么？

☐上火引起　　　☐通宵熬夜　　　☐习惯性溃疡　　　　☐其他原因

9. 请问您家人和身边亲戚朋友经常有人会口腔咽喉不适吗？

☐经常　　　　　☐不经常　　　　☐没注意

10. 请问您或者身边的人口腔咽喉不适，一般会用什么办法解决这个问题？

☐让它自己好　　☐去医院开药　　☐去药店买药　　　　☐其他方法

11. 如果您自己选用药物治疗，您通常会选用中药还是西药？

☐中药　　　　　☐西药　　　　　☐看情况而定

12. 您通常会选择哪种类型的药物对付口腔咽喉问题？

☐喷剂　　　　　☐含片　　　　　☐口服片　　　　　☐滴丸

13. 请问除了咽立爽之外，您还用过什么其他的咽喉药？

☐金嗓子　　　　☐华素片　　　　☐江中草珊瑚含片　　　☐吴太咽炎片

☐其他品牌

14. 在您用过的咽喉药当中，您觉得哪个产品是最好的？为什么最好？

你觉得最好的咽喉药_____。

原因是_____。

客户基本资料

1. 性别

☐男　　　　　　　　☐女

2. 年龄

☐18 ~ 24 岁　　　☐25 ~ 29 岁　　☐30 ~ 34 岁　　☐35 ~ 39 岁

☐40 ~ 44 岁　　　☐45 ~ 49 岁　　☐50 ~ 54 岁　　☐55 岁以上

3. 职业

□公务员　　　　　□事业单位人员　□教师　　　　　□公司职员

□工人　　　　　　□学生　　　　　□私营业主

谢谢您的配合！

调查时间：　　　　　　　　　　　　问卷编号：

调查员：＿＿＿＿＿复核员：＿＿＿＿＿审核员：＿＿＿＿＿录入员：＿＿＿＿＿督导员：＿＿＿＿＿

▶▶ 岗位情景模拟2-3

情景描述　情景描述某制药企业是一家有名的生产感冒药（或咽喉用药等）的厂家，准备在某地区针对企业生产的治疗感冒（咽喉不适等）的药品——"×××"药，进行一次消费市场状况的专题调查活动，了解消费者对"×××"药和竞争品牌药的认知和使用情况，了解消费者对该类药的购买状况和价值取向等。假如你是该制药厂的一名市场调查负责人，请根据"岗位情景模拟2-2"设计的调查方案，有针对性地设计"×××"药市场调查问卷，为下一步进行实地调查做准备。

要　　求　根据调查目的和主题设计调查问卷，注意问卷中问题的类型、数量、措辞以及问卷整体结构等。

答案解析

任务四　整理分析医药市场调查资料

PPT

一、市场调查资料整理

（一）调查问卷回收

设计问卷登记表，表格上的内容一般包括调查员的姓名、调查地区、调查时间、交表日期、实发问卷数、上交问卷数、合格问卷数、未答或拒答问卷数、丢失问卷数、其他问卷数等；对问卷进行统一编号或标注。

（二）调查问卷审核

问卷审核主要包括准确性审核、一致性审核、完整性审核、及时性审核等方面。审核不能通过的问卷主要表现在以下几个方面。

（1）不完全的问卷，即有相当多的内容没有填写的问卷。

（2）缺损的问卷，即有数页丢失或无法辨认的问卷。

（3）不属于调查对象的人填写的问卷，如在一项药品市场调查中，调查对象是用过某种药的女性消费者，因此男性或是没用过此药的女性填答的问卷都是属于无效问卷。

（4）前后矛盾或有明显错误的问卷。

（5）在截止日期之后回收的问卷。

即学即练 2-4

在一份回收的"连锁药店加盟经营调查问卷"中有下列问题。

1. 您的基本情况：性别

□女士　　　☑先生

2. 您的受教育程度

□初中　　　□高中/中专　　　□大专　　　☑本科　　　□研究生

3. 您的就业情况

□在职　　　☑待业　　　□下岗　　　□退休　　　□学生

4. 您的职位

□职员　　　□专业人士　　　☑部门主管　　　□总经理/副总经理　　　□其他

5. 您以前是否有过从商经验

□有　　　☑无

6. 您是否从事过连锁加盟经营活动

☑是　　　□否

7. 如果您对连锁加盟感兴趣，您选择特许加盟项目首要考虑的是

☑加盟费低　　　□知名度高　　　□行业有发展潜力　　　□加盟体系完善

8. 您在加盟连锁经营方面打算投入多少资金

□5 万元以下　　　□5～20 万元　　　□20～50 万元

□50～100 万元　　　☑100 万元以上

问题：对以上回收的问卷进行审核，存在哪些不合理的情况？

答案解析

二、市场调查资料统计分析

（一）资料编码录入

事实上在调查问卷开始设计的时候，编码工作就已经开始了。封闭式问题已经知道问题的答案类别，可以直接进行编码。对开放式问题要进行再编码，尝试用不同方法对开放式问题的答案进行排序、归类，并结合主观判断，合并意思相近的答案，形成合适的答案类别后再编码；或不编码，直接在写报告时将这些问题的答案定性地归纳分析即可。数据编码录入应挑选工作认真、有责任心、技术熟练的录入员，进行数据录入。

（二）资料分类汇总处理

资料分类汇总就是把经过审核的资料，分别归入适当的类别，计算出统计数据，并制作成有关的统计表或统计图，以便于观察分析运用。

1. 直接人工处理　人工处理一般是使用划记法，划记法是事先设计好空白的分组统计表，然后对所有问卷中的相同问题的不同答案一份一份地进行查看，并一笔一笔进行划记，每五笔一组（常用的划记符号为"正"字），全部问卷查看与划记完毕，即可统计出相同问题下的不同答案的次数，最后转录到正式的统计表上。

划记法简单易行，数据不多时采用，需细心，并复核。这种方法只能计数，不能计值。

2. 利用计算机软件

（1）数据库管理类软件如 Access、Oracle 等。

（2）统计应用软件如 Excel、SAS、SPSS 等。

（3）中文文字处理软件如 Word、WPS 等。

3. 委托专业机构处理

（1）专业机构有足够的设备和成熟的数据分析方法，处理速度快。

（2）专业机构的人员有丰富的数据处理经验，计算能力强。

（三）基本统计分析方法的运用

1. 频数和频率分析　统计分析中最简单也最常用的是计算频数和频率。首先要对原始数据进行统计分组，数据统计分组是指根据研究目的和要求，将全部数据按照一定的标志划分成若干类型组，使组内的差异尽可能小，组间的差别尽可能明显，从而使大量无序的、混沌的数据变为有序的、反映总体特征的资料，如图 2-3 所示。

图 2-3　分组概念图

在分组的基础上，把所有数据或总体单位按组归并、排列，形成所有数据或总体各单位在各组间的分布，称为频数分布。频数就是每组中每个对象出现的次数。频率是每个对象出现的次数与总次数的比值。

例如，在一次消费者市场调查中，对被调查对象的基本情况进行分类汇总，根据统计资料计算出频数和频率结果，如表 2-6 所示。

表 2-6　被调查消费者基本情况表

项目	人数（人）	频率（%）
男性	61	57.0
30 岁以下	18	29.5
30-50 岁	34	55.7
50 岁以上	9	14.8
女性	46	43.0
30 岁以下	11	23.9
30~50 岁	30	65.2
50 岁以上	5	10.9
合计	107	100.0

2. 集中趋势分析　集中趋势分析是用各种起代表值作用的量度来反映变量数值趋向中心位置的一种资料分析方法。主要有三种计量指标：算术平均值、中位数、众数。

（1）**算术平均值**　是调查所得的全部数据之和除以数据个数的结果。这是最常用的统计平均数。

例如，对调查问卷中的下列问题进行算术平均数分析，通过调查资料统计后得到数据结果如表 2-7 所示。

请问您的家庭月总收入是：

□2000 元以下　　　□2000~3000 元　　　□3000~4000 元

□4000~5000 元　　　□5000 元以上

表2-7 家庭平均月收入统计表

家庭月收入（元）	频数 f_i	组中值 x_i	$f_i x_i$
2000元以下	19	1500	28500
2000~3000元	50	2500	125000
3000~4000元	65	3500	227500
4000~5000元	24	4500	108000
5000元以上	10	5500	55000
合计	168		544000

家庭月平均收入 = 544000 ÷ 168 = 3238.10 元

（2）中位数 📱微课6 是指将总体各单位标志值按照大小顺序排列后，处于中间位置的那个标志值。若奇数个数据，则中间位置的数值为中位数；若偶数个数据，则中间位置两个数值的平均数为中位数。当单位数据分布不均衡，出现极端值时，大多数的数据就会显著偏离"算术平均数"，这时可用中位数代表总体的一般水平。

即学即练2-5

答案解析

某大药房连锁公司想制定本市各门店的月销售定额，通过调查公司旗下的7个门店的月平均销售数据，以万元为单位，进行从小到大的排序后，各店的销售量分别为：18、18、19、20、20、25、90这样一组数据。

问题：请分析确定门店的月销售定额是用算术平均数法合适还是用中位数法合适？为什么？

（3）众数 是一组数据中出现次数最多的标志值。对一组数据而言，众数也有可能多于一个或不存在。当现象存在明显集中趋势时，宜采用众数进行分析，并且对无法良好定义算术平均数和中位数的品质数据资料特别有用。例如，对预包装的休闲小零食每包含量多少适合消费者需求的调查中，可使用众数法确定，代表最多的需求。

3. 离散程度分析 离散程度分析是测度一组数据远离其中心值程度的方法。经常使用的离散程度分析指标主要有标准差、平均差、全距。

（1）标准差 是总体各单位标志值与平均数的离差平方和的平均数的平方根。方差就是标准差的平方。总体标准差的计算公式为：

$$\sigma = \sqrt{\frac{1}{N}\sum_{i=1}^{N}(x_i - \overline{x})^2}$$

其中，σ表示标准差，x_i表示个体的值，$\overline{x}$表示平均值，N表示数据个数。标准差越大，离散程度越大，平均数集中趋势的代表性就越弱；标准差越小，离散程度越小，平均数的代表性就越强。

例如，某连锁药店在甲乙两个城市都有10家门店，通过对季度销售量进行调查，得到两组数据（单位：万元）：

甲城市季均销量：40、50、60、70、90、90、110、120、130、140，$\overline{x}_甲 = 90$。

乙城市季均销量：76、80、83、85、89、91、96、96、100、104，$\overline{x}_乙 = 90$。

但 $\sigma_甲 = 32.86$ 万元，$\sigma_乙 = 8.60$ 万元。

说明在乙城市各门店的销售情况比较平稳，乙城市平均值90万元的代表性较强。

（2）平均差 是总体各单位标志值与其平均数的离差绝对值的算术平均数。平均差越大，表明各标志值与平均数的差异程度越大，该平均数的代表性越小；反之，则该平均数的代表性越大。

（3）全距　也叫极差，是样本中最大值和最小值的差，即：全距＝最大值－最小值。它能体现一组数据波动的范围。极差越大，离散程度越大；反之，离散程度越小。

（四）统计图的应用

常用的统计图有直方图、柱形图、饼形图、折线图等，以表 2-7 中的统计数据为例，可分别作图 2-4、图 2-5、图 2-6、图 2-7，其中图 2-6 为男性消费者。

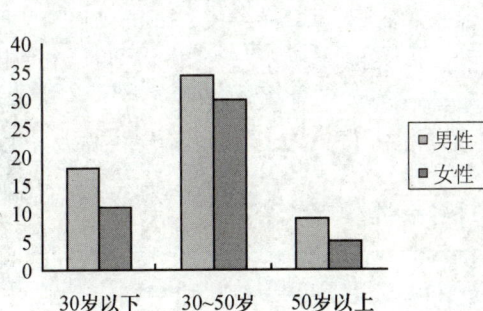

图 2-4　直方图

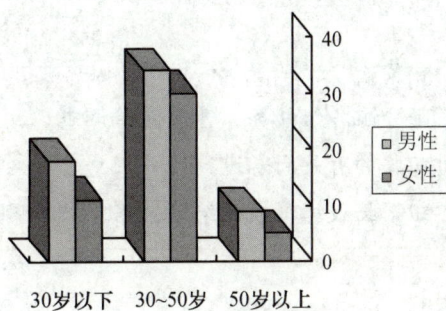

图 2-5　柱形图

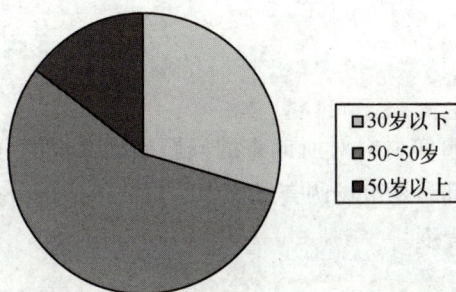

图 2-6　饼形图

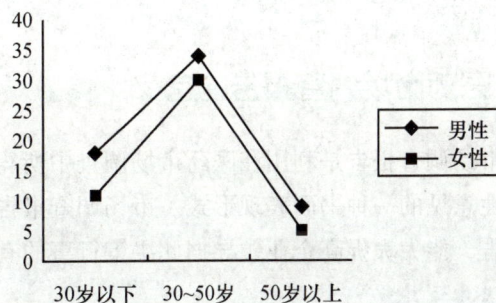

图 2-7　折线图

即学即练 2-6

某医药零售连锁企业对某社区老年人进行了一次参加健康运动的调查，就"是否经常进行锻炼"这个问题对社区 66 名老年人进行了调查，调查结果如表 2-8。

表 2-8　社区老年人运动情况调查记录表

否	否	否	有时	否	否	否	是	否	有时	有时
否	否	有时	有时	否	否	否	否	有时	否	否
有时	有时	否	有时	否	否	有时	有时	有时	有时	否
否	有时	是	是	有时	有时	否	否	是	是	有时
有时	否	否	是	否	否	否	否	否	是	否
否	否	否	是	是	是	否	是	否	有时	否

问题：

1. 请你整理上述数据，选择适当的统计图描述这组数据。

2. 通过对上述数据的统计分析，提出你的结论和建议。

3. 思考在推进实施"健康中国"战略行动中，作为服务社区的零售药店能做些什么？

答案解析

> **岗位情景模拟 2-4**
>
> **情景描述**　某制药企业是一家有名的生产感冒药（或咽喉用药等）的厂家，准备在某地区针对企业生产的治疗感冒（咽喉不适等）的药品——"×××"药，进行一次消费市场状况的专题调查活动，了解消费者对"×××"药和竞争品牌药的认知和使用情况，了解消费者对该类药的购买状况和价值取向等。假如你是该制药厂的一名市场调查负责人，请根据"岗位情景模拟 2-3"设计的调查问卷，印制问卷或使用问卷星发布；利用课余时间开展问卷调查，并对回收的问卷进行统计分析。
>
> **要　求**
>
> 1. 教师分配各组任务，开展问卷调查。
>
> 2. 对回收的有效问卷进行统计汇总。
>
> 3. 各组根据最终形成的统计数据、统计图表等进行分析。

答案解析

任务五　撰写医药市场调查报告

PPT

一、医药市场调查报告的含义　微课 7

医药市场调查报告是利用在医药市场调查中所得的事实材料对所调查的问题做出系统的分析说明，提出结论性意见的一种书面表现形式。市场调查报告的撰写是市场调查过程中的重要组成部分，一份好的调查报告，能大大提高企业领导据此决策行事的有效程度。

二、市场调查报告的结构

市场调查报告的结构一般由标题、目录、引言、正文、附件等组成。

1. 标题　标题是调查报告的题目，由调查的内容决定，提示调查的主题思想。标题的形式主要有：

（1）直接叙述式　是直接反映调查意向的标题。例如"抗感冒药零售市场调查报告"，这种标题简明、客观，市场调查报告常采用这种标题形式。

（2）表明观点式　是直接阐明作者的观点、看法或对事务的判断、评价的标题。如"降价竞争不可取"。

（3）提出问题式　是以设问、反问等形式，突出问题的焦点，以吸引读者阅读，并促使读者思考的标题。例如，"某某保健品为何如此畅销？"

2. 目录　如果调查报告的内容比较多，为了便于阅读，使用目录和索引形式列出调查报告的主要章节、附录及对应页码。如果报告内容不多，也可以省去目录。

3. 引言　引言主要是阐述市场调查的基本情况，是对市场调查项目的背景、目的和概况的说明。

4. 正文　正文是对调查资料的统计分析和结果进行的全面准确的阐述，通过对统计结果的分析，发现问题，引出结论和建议。这是调查报告中篇幅最长的部分，也是调查报告最重要的部分，一般包括：调查内容、调查方法、调查设计、数据分析、调查结果、结论和建议。其中，结论和建议是撰写调查报告的主要目的，由调查结果分析得出，是给调查报告使用者提供决策建议和参考依据。

5. 附件　附件是指调查报告文体中包含不了或没有提及，但与调查过程有关的各种资料总和，包括样本分配、数据图表、调查问卷、访问记录、参考资料等。

三、撰写市场调查报告的流程

撰写市场调查报告时，操作流程主要包括选题构思、选取数据资料、拟定提纲、撰写初稿、修改定稿等，如图 2-8 所示。

选题构思　选取数据资料　拟定提纲　撰写初稿　修改定稿

图 2-8　撰写市场调查报告的流程图

1. 选题构思　选题即确定市场调查报告的题目，报告的题目与市场调查的主题要一致，要能反映调查的目的。构思过程是对收集到的资料，进行判断推理，根据调查目的，确立主题思想，进而确立观点，列出论点、论据，构筑写作思路。

2. 选取数据　资料数据资料是形成调查报告的基础，是撰写报告的成败关键。介绍情况要有数据作依据；反映问题要用数据做定量分析；结论和建议同样要用数据来论证其可行性与效益。恰当地选用数据可以使报告主题突出、观点明确、论据有力。

3. 拟定提纲　报告撰写者根据市场调查报告的内容要求对其框架进行设计，是围绕着主题，从层次上列出报告的章节目，集中表现出报告的逻辑网络。提纲可以细化到目或更深层次，尤其要列出每层的小论点和主要支撑材料，则在撰写报告时思路会比较清晰。

4. 撰写初稿　按照拟定好的提纲，在把握观点的基础上，运用恰当的表达方式和文字技巧，充分运用调查中的材料，撰写调查报告初稿。

5. 修改定稿　对撰写好的市场调查报告初稿反复进行修改和审定，包括整体修改、层次修改、文字润色，保证调查报告的质量和水平。对修改好后的调查报告就可以定稿，定稿的报告就可以提交给报告使用者了。

四、撰写市场调查报告的要求　📱微课8

1. 实事求是，准确可靠　调查数据必须客观真实，方法、结论要如实阐述，准确表达，不能想当然，不能歪曲研究结果以迎合管理层的期望。

2. 目的明确，有的放矢　市场调查报告要紧扣调查目的和主题，必须围绕调查的目的来进行阐述，不要堆砌一些与调查目的和主题无关的资料和解释说明。

3. 简明扼要，突出重点　不要面面俱到，重点内容较详细介绍，可以用图表来加强和突出报告的重要部分和中心内容。一份优秀的调查报告应该是简洁、有效，重点突出，避免篇幅冗长。

4. 通俗易懂，便于阅读　在调查报告中，要力求用简单准确、通俗易懂的文字表述，避免晦涩的词语、术语和陈词滥调。报告结构要有层次，摘要要有概括性，可以用表格表示的少用文字描述，较长的报告要有目录索引，以方便阅读。

📘 **拓展链接** ………………………………………………………………………

市场调查报告撰写的技巧

1. 叙述技巧

（1）概括叙述　将调查的过程和情况概略地陈述，不需要对细节详加陈述。这是一种浓缩型的快节奏叙述，文字简略，以适应市场调查报告快速及时反映市场变化的需要。

（2）按时间顺序叙述　按时间顺序交代调查的目的、对象和经过，前后连贯。

（3）叙述主体的省略　叙述主体在市场调查报告开头部分出现后，在后面即可省略，取而代之可使用第三人称或非人称代词引导的语句。

2. 说明技巧

（1）数字说明　使用数字来揭示事物之间的数量关系，这是市场调查报告的主要特征。在用数字说明时，防止在报告中到处都是数字，通常用表格和图形来说明数字。使用汉字和阿拉伯数字应统一，凡是可以用阿拉伯数字的地方均应使用阿拉伯数字。

（2）分类说明　根据主题的要求，将资料按一定的标准分为若干类，分别说明。

（3）举例说明　从大量的事例中列举具体的、典型的、有代表性的事例来说明市场发展变化情况。

3. 议论技巧

（1）归纳论证　运用归纳法将市场调查过程中掌握的若干具体的事实进行分析论证，得出结论。

（2）局部论证　市场调查报告不同于论文，不可能形成全篇论证，可以在情况分析和对未来预测中做出局部论证。如对市场情况从几个方面进行分析，每一方面形成一个论证过程，用数据等资料作论据去证明其结论，形成局部论证。

4. 语言运用技巧

（1）用词技巧　市场调查报告中用得比较多的是数词、介词（如"根据""为""对""从""在"等）和专业词（如"市场竞争""价格策略""市场细分"等），撰写者应该能灵活适当地使用。调查报告用词应该严谨和简洁，切忌使用"大概""也许""差不多"之类给人产生不确切感、不严谨的词语。

（2）句式技巧　市场调查报告以陈述句为主，陈述调查的过程和市场情况，表示肯定或否定的判断，在建议部分会使用祈使句表示某种期望。

此外，从整体上说，撰写者还要注意语言表达的连贯性和逻辑性。

5. 撰写范例

抗感冒药零售市场调查报告

拓展链接

岗位情景模拟 2-5

情景描述　某制药企业是一家有名的生产感冒药（或咽喉用药等）的厂家，准备在某地区针对企业生产的治疗感冒（咽喉不适等）的药品——"×××"药，进行一次消费市场状况的专题调查活动，了解消费者对"×××"药和竞争品牌药的认知和使用情况，了解消费者对该类药的购买状况和价值取向等。假如你是该制药厂的一名市场调查负责人，请根据"岗位情景模拟 2-4"整理汇总得到的统计资料，结合专题调查活动的目的和内容，组织人员撰写"×××"药市场调查报告。

答案解析

要　求　熟悉调查报告的撰写要求，根据得到的调查统计资料，撰写调查报告。

实践实训

【案例分析】

药店消费者情况的调查

某零售药店为了解入店购药的消费者结构情况，药店管理部门决定在药店内对消费者进行一次调查。在同一天内随机访问了30名成人消费者，通过填写问卷并赠送小礼物的方式，对消费者购买的主要商品类型和年龄进行了调查，商品类型分类为：非处方类、处方类、保健品类、其他，年龄分档（上限不在内）为：18～35、35～55、55～70、70以上，得到调查数据如表2-9。

表2-9　药店消费者情况调查表

消费者编号	药品类别	年龄	消费者编号	药品类别	年龄
1	非处方类	18～35	16	保健品类	55～70
2	处方类	35～55	17	非处方类	18～35
3	保健品类	55～70	18	非处方类	35～55
4	保健品类	70以上	19	保健品类	70以上
5	非处方类	35～55	20	非处方类	35～55
6	保健品类	55～70	21	处方类	55～70
7	其他	35～55	22	非处方类	55～70
8	保健品	70以上	23	非处方类	35～55
9	处方类	35～55	24	非处方类	18～35
10	非处方类	18～35	25	处方类	35～55
11	非处方类	35～55	26	非处方类	55～70
12	处方类	35～55	27	非处方类	35～55
13	非处方类	55～70	28	处方类	35～55
14	保健品类	35～55	29	保健品	55～70
15	保健品类	55～70	30	保健品	35～55

问题：

（1）根据这些数据，药店经营管理部门会得到什么信息？

（2）根据调查后的数据统计表，对入店购买商品的消费者情况进行分析。

分析要求：

（1）学生小组讨论分析案例提出的问题，形成小组《案例分析报告》。

（2）各小组陈述各自的分析，并让同学进行相互评价。

（3）老师对各组《案例分析报告》进行点评。

【综合实训】

药品终端市场渠道情况调查

（一）实训目的

药店是非处方药的主要零售终端，是企业及厂家销售的主要市场之一。在营销组合策略的决策过程中，终端渠道是渠道决策的重要部分。要使学生掌握终端渠道调查的实施，会进行渠道圈的分析、顾客来源分析、产品销售情况等内容，为选定高质量的目标药店奠定基础。

（二）实训要求

1. 将学生分成若干组，每组 4～6 人，按操作步骤具体实施调查。
2. 认识到 OTC 市场终端调查的重要性，掌握整个调查过程的步骤。
3. 根据调查资料整理分析后撰写调查报告。

（三）实训内容

1. 实训背景

A 制药公司是一家以生产 OTC 药品为主的企业，其中 YY 药品（可自行在 OTC 药品中确定一种药品）的销售网络已经遍及全国许多城市，除了在全国各地自建销售公司外，还十分重视对分销商的开发工作。目前公司销售网络还未覆盖到中南地区的一些城市，对未覆盖市场进行有序开发是公司进行市场开拓的重要策略。准确掌握未覆盖市场销售终端的药店市场规模，以及现在产品的渗透情况与竞争产品渗透情况，有利于该公司有计划、有目的地实施市场开拓战略。

准确掌握以上资料，需通过实地调查收集第一手材料，并通过其他渠道获得二手资料进行辅助研究。内容包括调查当地（商圈）药店数量、药店基本营业情况、YY 药品渗透情况、指定竞争药品渗透情况、各药店地址、负责人及联系方式、调查当地上年人口数、GDP、人均收入、家庭可支配收入等。这些信息可以帮助该公司准确判断未覆盖市场的药店规模、药品分布与药品渗透、市场购买力等，并为制定有效决策提供信息支持。

2. 操作步骤

第一步：确定调查目的。

为准确判断未覆盖市场的药店规模、药品分布与药品渗透、市场购买力等情况，并为制定有效决策提供信息支持。

第二步：根据调查目的，编写调查方案，体现调查具体内容。

（1）调查未覆盖市场某商圈内的药店总数。

（2）调查商圈内药店经营基本信息。如营业面积、注册资金、隶属关系、营业额（西药、中药、保健品、其他等类）、主要负责人、邮政地址、联系电话等。

（3）调查商圈内药店 A 制药公司指定产品渗透情况。

（4）调查商圈内药店指定竞争产品渗透情况。如销售量、销售排名、销售趋势和优劣势等。

（5）调查当地药店总数、店名、店址等。

第三步：调查的组织实施。

针对调查具体内容的前四项采用问卷调查方式，后两项可以采用借助专业机构或上网查询、直接索取、复印、购买等方式收集二手资料的文案调查方式。

各组自己设计调查问卷，准备好调查工具，学习相关知识。做出项目执行安排，分工协作，经过培训后具体实施。

第四步：对调查资料进行整理并讨论分析，撰写调查报告。

说明：实训需要利用课余时间进行，要按程序组织到位，到校外要注意安全。

（四）实训评价

教师明确实训目的和要求，适时指导实训，学生分组组织，按步骤开展实训，形成调查报告；实训结束后，进行实训交流，师生共同评价工作成果。

考核内容：基本技能、准备工作、分析能力、表达能力、合作能力等，具体内容如表 2 – 10。

表 2 – 10　实训评价表

考核项目	考核标准	配分	得分
设计调查方案	方案设计无明显缺陷	20 分	
设计调查问卷	调查问卷符合调查目的的要求，结构完整，问题设计无明显缺陷	30 分	
撰写调查报告	格式准确，表达较有条理	30 分	
团结协作	组内成员分工合理、团结协作	20 分	
合计		100 分	

目标检测

一、单项选择题

1. 通过调查以说明"是什么""如何"等的调查类型是（　）。
   A. 探索性调查　　　　　B. 描述性调查　　　　　C. 因果性调查　　　　　D. 预测性调查

2. 一般来说市场调查的开始阶段是进行（　）。
   A. 探索性调查　　　　　B. 描述性调查　　　　　C. 因果性调查　　　　　D. 预测性调查

3. 文案调查的不足之处在于（　）。
   A. 搜集不方便　　　　　B. 费时　　　　　　　　C. 成本高　　　　　　　D. 时效性差

4. 以下调查方法中最常用的实地调查法是（　）。
   A. 询问法　　　　　　　B. 观察法　　　　　　　C. 实验法　　　　　　　D. 文案法

5. 从研究对象的总体中，按照随机的原则抽取一部分单位作为样本进行调查，并用对样本调查的结果来推断总体，这是（　）。
   A. 随机调查　　　　　　B. 抽样调查　　　　　　C. 重点调查　　　　　　D. 全面调查

二、多项选择题

1. 询问法包括以下哪几种（　）。
   A. 面谈询问　　　　　　B. 电话询问　　　　　　C. 邮寄询问
   D. 留置问卷　　　　　　E. 网上询问

2. 市场抽样调查的抽样方法主要分为（　）。
   A. 随机抽样　　　　　　B. 非随机抽样　　　　　C. 任意抽样
   D. 主观抽样　　　　　　E. 分层抽样

3. 实地调查法主要包括（　）。
   A. 询问法　　　　　　　B. 文案法　　　　　　　C. 观察法
   D. 实验法　　　　　　　E. 探索法

4. 市场调查按照被调查对象的范围不同可以分为（　）。
   A. 全面调查　　　　　　B. 抽样调查　　　　　　C. 典型调查
   D. 重点调查　　　　　　E. 实地调查

5. 关于面谈询问法的特点，下面（　）表述是不正确的。

A. 平均费用不高 　　　B. 问卷回收率低 　　　C. 影响回答的因素很难了解和控制

D. 投入人力较多 　　　E. 调查资料的质量较好

三、判断题

1. 调查问卷设计的问题越多越好，可以收集到的信息就越多越准确。　　　　　　（　）

2. 调查人员可以设计运用引导性问题，提示被调查者完成调查来迅速达到调查目标。（　）

3. 开放式问题可以获得足够全面的答案，在一份调查表中，开放式问题应该多设计一些题目。（　）

4. 调查报告用的直叙式标题简明、客观，一般市场调查报告的标题采用这种标题形式。（　）

5. 一组数据的标准差越大，离散程度越大，集中趋势的代表性就强。　　　　　　（　）

6. 留置问卷法是介于面谈调查法和邮寄调查法之间的一种折中方法。　　　　　　（　）

7. 典型调查是一种非全面调查，它是在调查总体中有意识地选取具有代表性的部分进行深入调查。（　）

四、思考题

1. 市场调查包括哪些步骤？

2. 询问法的含义是什么？包括哪几种具体方法？

3. 简述封闭式问题和开放式问题各自的优缺点？

4. 简要说明调查问卷设计的要求。

5. 简要说明撰写市场调查报告的要求。

书网融合……

| 知识回顾 | 微课1 | 微课2 | 微课3 | 微课4 |
| 微课5 | 微课6 | 微课7 | 微课8 | 习题 |

（甘湘宁）

学习引导

环境如水，企业如舟；水能载舟，亦能覆舟。医药营销环境是企业经营活动的约束条件，对企业的生存和发展具有极其重要的影响。营销环境总是不断变化的，随时可能给医药企业带来机会与挑战。营销活动成败的关键，就在于能否应对不断变化着的市场营销环境。2020年初的一场波及全球的新冠疫情突如其来，影响到了所有行业和企业。而许多企业在逆境中充分发挥主动性，抓住机遇，使企业有了较好的发展。当营销环境发生了变化，如何积极主动地应对，才能避免威胁，把握机会呢？通过本项目学习来提高应对环境变化的能力。

本项目的主要内容是认知市场营销环境的概念、特点、分类等；分析宏观、微观营销环境因素；SWOT分析方法运用。

学习目标

1. **掌握**　SWOT分析方法。
2. **熟悉**　宏观和微观市场营销环境因素以及对营销活动的影响。
3. **了解**　市场营销环境的概念、特点等。

任务一　认知医药市场营销环境

PPT

任何企业的市场营销活动都是在特定的环境下进行的，并且环境又是不断变化的，企业只有主动地、充分地研究营销活动所面临的营销环境，才能及时、准确地把握营销环境的动态特征，并能较好地采取适当的对策，提高企业市场营销决策的有效性。

一、医药市场营销环境的概念

医药市场营销环境是医药企业市场营销活动的组成部分。美国著名营销学家菲利普·科特勒对市场营销环境的定义是：市场营销环境是指影响企业的市场营销活动不可控制的参与者和影响力。所以，医药市场营销环境是指影响和制约医药企业进行市场营销活动的各种因素和客观条件的总和，也是医药企业赖以生存的内外部条件。

二、医药市场营销环境的特点

1. 客观性 由于医药市场营销环境大多是存在于医药企业活动之外，并作用于医药企业营销活动的各个方面，因此，它是客观存在的，不以企业的意志为转移。环境和环境的变化都是客观存在的，不可能凭主观臆想创造出一个仅有利于本企业的市场条件。医药企业必须有清醒的认识，及早做好充分的思想准备，随时迎接医药企业面临的各种环境的挑战。此外，环境的客观性也表现在影响本医药企业的同时，对于服务对象、中间商、竞争对手的影响也是同样存在的，所不同的是这些影响的深度与广度存在差异而已。

2. 复杂性 外界环境因素对医药企业市场营销活动的影响不是单一的，往往在同一阶段，多方面的因素交织在一起，同时作用于医药企业，形成多元的影响因素。复杂性表现在影响医药企业营销活动的有来自多方不同的因素，存在多样性和差异性。在诸多外界环境因素中，各种因素的影响作用不同，影响方式也有差异，有些是直接的，有些是间接的，但是总有一个或几个影响因素发挥主要作用。复杂性还表现在即使是同一个外界环境因素作用于不同的地点，或是同一地点的不同医药企业，也可能存在着很大的差异。

3. 相关性 相关性表现在医药市场营销环境中的各个影响因素是相互依存、相互作用、相互制约的。由于社会经济现象的出现，往往不是由某一个因素所决定的，而是受一系列相关因素影响的结果。因此，医药企业必须从纷乱的环境中理出头绪，找出相关联的影响因素，采取不同的营销策略才能应对和适应。不但要研究每一种环境因素的影响，还要综合分析相关环境因素对企业产生的总体影响。例如，药品价格不但受市场供求关系的影响，还受到国家价格政策、医药卫生体制改革相关政策以及科学技术和社会文化的影响。

4. 动态性 医药市场营销环境是医药企业营销活动的基础和条件，但这并不意味着营销环境是不变化的，静止的。相反，它始终处于不断变化过程中，是一个动态的概念。如消费者的消费倾向从追求物质的数量，向追求物质的质量及个性化转变；行业新的法律法规不断出台、相关政策不断调整等。这无疑对医药企业的营销行为都会产生较大的影响。此外，医药市场营销环境的变化是不一样的，变化速度和变化大小都有可能不同。因此，医药企业的营销活动必须适应环境变化，及时调整和修正自己的营销策略，否则，医药企业将会丧失市场机会，导致失败甚至破产。

5. 相对不可控性 一般来说，宏观环境是企业营销的间接环境，具有较强的不可控制性，企业应努力适应营销环境的要求以求生存与发展。微观环境是企业营销直接环境，是在一定程度上可以改变、转化的因素，可控性较强，可通过强化内部管理、建立产销联盟、完善供应链管理等措施，为企业发展营造良好微观营销环境。应当指出的是，尽管宏观营销环境是不可控的，但并不意味着只能被动地适应环境，企业可以通过改善自身条件，运用大市场营销手段，对营销环境施加一定的影响，积极促进营销环境向有利方向转化。

即学即练 3-1

同一个国家内不同地区的医药企业面临的营销环境基本上是一样的。这种说法对吗？

答案解析

三、医药市场营销环境的构成

医药市场营销环境的影响因素既广泛又复杂，根据影响力和制约力的不同，分宏观环境和微观环境两大类。

宏观环境是指间接影响和制约医药企业的社会约束力量，是影响企业生存和发展的不可控制的各种外部条件。包括人口环境、经济环境、自然环境、政治和法律环境、科学技术环境以及社会文化环境等多方面因素。微观环境是指直接影响和制约医药企业营销活动的各种因素，其可控性较强，包括医药企业的供应商、中间商、顾客、竞争者、社会公众以及影响营销管理决策的企业内部各组织。

宏观环境和微观环境又分别称为间接营销环境和直接营销环境，两者之间并非并列关系，一般来说，直接营销环境受制于间接环境。如某医药企业的原材料供应商，突然减少对某医药企业的原材料供应量，这势必直接影响该企业的生产总量。而国家的经济发展战略对于一个企业营销活动的影响就不是直接的，而是间接的。国家经济发展战略先是影响到社会对一个行业的市场需求，再进一步影响到对这个行业中企业产品的需求。

宏观环境与微观环境的构成如图 3 - 1 所示。

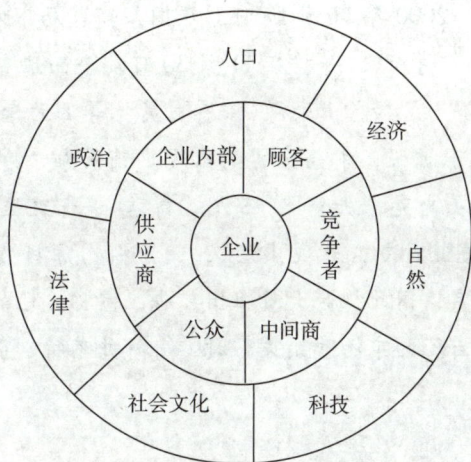

图 3 - 1　市场营销环境构成图

四、医药市场营销环境分析的意义

企业经营成败的关键在于能否及时掌握市场信息变化，能否适应不断变化着的市场营销环境并做出快速反应。在医药市场竞争加剧，市场因素的不稳定性、复杂性更为明显的情况下，医药企业就必须对市场营销环境做出正确的分析和判断。

1. 医药市场营销环境分析是医药企业市场营销活动的基础　任何企业的市场营销活动都是在环境综合作用力约束下的产物，各种环境因素都会直接影响企业的营销活动和企业取得经济效益与社会效益的能力。企业在任何时候都不可能脱离环境开展营销活动，只能遵循环境变化的规律，认真调查和分析各种可见的或潜在的医药市场营销环境。把握市场机会的前提，源于对市场环境变化的正确分析和判断。

2. 医药市场营销环境分析有利于发现市场机会，避免环境威胁　企业进行营销环境分析的目的就是要避免环境威胁，寻求营销机会。环境的变化，一方面给企业带来威胁，另一方面也给企业带来新的市场机会，企业应从积极主动的角度出发，科学地研究分析市场营销环境因素，及时掌握市场信息，主动地去适应营销环境的变化。企业既可以以各种不同的方式增强适应环境的能力，避免来自营销环境的威胁，也可以在变化的环境中寻找自己的新机会。管理者的任务就在于发现机会，抓住机会，避免威胁，以有效的策略迎接市场挑战。

3. 医药市场营销环境分析有利于制定医药营销战略和策略　医药企业制定发展战略和营销策略，要建立在对营销环境的科学调查研究的基础上，只有通过对医药市场环境的分析，认识和掌握医药市场环境的特征和发展变化趋势，才能针对性地制定出合理的企业发展战略和营销策略。营销管理者的任务不仅在于制定营销组合策略，还在于面对不断变化的市场环境，及时发现和把握机会，快速调整和优化营销策略，使营销活动与营销环境取得有效的适应。

▶▶ 岗位情景模拟 3 –1

情景描述　"早一粒，晚一粒"的康泰克广告曾是国人耳熟能详的医药广告，而康泰克也因为服用频率低、治疗效果好而成为许多人感冒时的首选药物。但由于发现含有PPA成分的感冒药服用后易出现严重的不良反应，2000年11月17日，原国家药监局下发"关于立即停止使用和销售所有含有PPA的药品制剂的紧急通知"，并将在11月30日前全面清查生产含PPA药品的厂家。一些消费者平时较常用的感冒药"康泰克""康得""感冒灵"等因为含PPA成为禁药。

由于含PPA的感冒药被撤下货架，中药感冒药出现热销景象，感冒药品牌从"三国鼎立"又回到了"春秋战国"时代。中美史克"失意"，三九"得意"，三九医药集团结合中药优势造舆论，不失时机地推出广告用语："关键时刻，表现出色"，颇为引人注目。也想抓住这次机会的还有一家中美合资企业——上海施贵宝，借此机会大量推出广告，宣称自己的药物不含PPA。

在这些大牌药厂匆匆推出自己的市场营销策略时，一种并不特别引人注意的中药感冒药——板蓝根，销量大增，供不应求。

要　求
1. PPA被禁后，感冒药的营销环境发生了哪些变化？
2. 案例中的企业遇到了哪些市场机会和威胁？
3. 企业营销环境中的可控因素和不可控因素有哪些？

答案解析

任务二　医药市场宏观环境分析

PPT

宏观环境是间接影响企业市场营销活动的因素，主要包括人口、经济、政治法律、社会文化、自然以及科技六大要素。

一、人口环境

人口是构成市场的第一要素。人口的多少直接决定市场的潜在容量，人口越多，潜在市场规模就越大。人口的年龄结构、地理分布、婚姻状况、出生率、死亡率、人口密度、人口流动性及其文化教育等人口特征，会对市场格局产生深刻的影响，并直接影响企业的市场营销活动。医药企业必须重视对人口环境的研究，密切注视人口特征及其发展动向，不失时机抓住市场机会，当出现威胁时，应及时果断调整营销策略以适应环境的变化，避免威胁带来的损失。

（一）人口规模与增长率对企业营销活动的影响

人口规模是指一个国家或地区人口数量的多少；人口增长率是指一个国家或地区人口出生率与死亡率的差，它反映了一个国家或地区人口增长速度的快慢。一个国家或地区的人口规模和增长率能够反映这个国家或地区市场规模的大小以及发展潜力。

中国人口近10年来继续保持低速增长态势。中国第七次全国人口普查（简称"七人普"）结果显示，全国人口总量为141178万人，与2010年第六次全国人口普查数据的133972万人相比，增加7206万人，增长5.38%，年平均增长率为0.53%，比2000年到2010年的年平均增长率0.57%下降0.04个百分点。

中国总人口超14亿，仍是世界人口第一大国，平均年龄38.8岁，与美国相仿，中国劳动力资源依然丰富，人口红利继续存在。这意味着中国拥有一个14亿多人口的庞大市场，有着一个如此巨大规模的内需市场，是中国经济发展的底气。

一般情况下，企业在决定投资方向和投资规模时，一定要考虑所进入市场人口数量的多少以及人口增长速度的快慢。国际医药大公司看好中国大市场准备大举开发，其主要原因就是中国的人口基数大。随着中国经济的发展，收入水平的不断提高，中国已被视作世界最大的潜在市场。

（二）人口结构对企业营销活动的影响 微课1

人口结构主要包括人口的年龄结构、性别结构、家庭结构、城乡结构以及民族结构。

1. 年龄结构 七人普结果显示，中国大陆31个省、自治区、直辖市和现役军人的人口中，0～14岁人口为25338万人，占17.95%；15～59岁人口为89438万人，占63.35%；60岁及以上人口为26402万人，占18.70%。其中，65岁及以上人口为19064万人，占13.50%。与2010年相比，0～14岁、15～59岁、60岁及以上人口的比重分别上升1.35个百分点、下降6.79个百分点、上升5.44个百分点。我国少儿人口比重回升，生育政策调整取得了积极成效。人口老龄化程度进一步加深，未来一段时期将持续面临人口长期均衡发展的压力。

中国人口年龄结构的显著特点是，已经进入典型的老龄化社会。人口老龄化将减少劳动力的供给数量、增加家庭养老负担和基本公共服务供给的压力，同时也促进了"银发经济"发展，扩大了老年产品和服务消费，还有利于推动技术进步。

不同年龄的消费者对商品的需求不一样。随着老龄化问题出现，延长生命和抑制疾病已经成为人类共同面对的课题，医药企业迎来了机遇，药品、保健品、营养品等市场潜力巨大。患高脂血症、糖尿病、高血压、冠心病等老年慢病的人口数量将会上升，所以降血脂药、抗胃溃疡和十二指肠溃疡药以及精神疾病（如抑郁症等）治疗药将会占据世界畅销药物排名榜的主导地位。

拓展链接

实施积极应对人口老龄化国家战略

《中华人民共和国国民经济和社会发展第十四个五年规划和2035年远景目标纲要》第十三篇"提升国民素质促进人的全面发展"中提出"实施积极应对人口老龄化国家战略"：制定人口长期发展战

略，优化生育政策，以"一老一小"为重点完善人口服务体系，促进人口长期均衡发展。增强生育政策包容性，推动生育政策与经济社会政策配套衔接，减轻家庭生育、养育、教育负担，释放生育政策潜力。发展普惠托育服务体系，健全支持婴幼儿照护服务和早期发展的政策体系。推动养老事业和养老产业协同发展，健全基本养老服务体系，大力发展普惠型养老服务，支持家庭承担养老功能，构建居家社区机构相协调、医养康养相结合的养老服务体系。

2. 性别结构　根据七人普数据显示，中国人口的男女比例（以女性为100，男性对女性的比例）为105.07，较第六次全国人口普查时的105.2相比基本持平，略有降低。出生人口性别比为111.3，较2010年下降6.8。全国人口的性别结构持续改善。

人口的性别不同，其市场需求结构和需求方式也有明显的差异，反映到市场上就会出现男性用品市场和女性用品市场。例如，中国市场上，妇女通常购买自己的用品、家庭生活用品及杂货、衣服等，男子则主要购买耐用品、大件物品等。又如，在保健品市场上，妇女更多以购买减肥、美容类产品为主，男性则更多以强身壮体、补充体能类的保健品为主。

3. 家庭结构　家庭是购买、消费的基本单位。家庭的数量直接影响到某些商品的数量。目前，世界上普遍呈现家庭规模缩小的趋势，越是经济发达地区，家庭规模就越小。中国七人普数据中，平均每个家庭户的人口为2.62人，比2010年的3.10人减少0.48人。家庭户规模继续缩小，主要是受全国人口流动日趋频繁和住房条件改善、年轻人婚后独立居住等因素的影响。

家庭户规模对于经济社会发展资源配置影响很大。中国从传统的几代人大家庭逐步发展为更多小家庭，无论对养老还是育儿来说，代际家庭支持功能将弱化，也意味着需要更多来自家庭外部的社会支持，如家政行业的将持续发展。

随着中国职业妇女增多，单亲家庭、丁克家庭和独身者的涌现，家庭数量剧增，必然会引起对家具、家电、家庭医疗保健器械和住房等需求的迅速增长。

📖 **拓展链接** ────────────────────────────

家庭生命周期

家庭生命周期是指反映一个家庭从形成到解体呈循环运动过程的范畴。

1. 单身期　处于单身未婚阶段的消费者。
2. 新婚期　年轻夫妻刚结婚但没有孩子的阶段。
3. 满巢期（Ⅰ）　指最小的孩子在6岁以下的家庭。
4. 满巢期（Ⅱ）　指最小的孩子在6岁以上的家庭。
5. 满巢期（Ⅲ）　指夫妇已经上了年纪但是有未成年的子女需要抚养的家庭。
6. 空巢期（Ⅰ）　指子女已经成年并且独立生活，但是家长还在工作的家庭。
7. 空巢期（Ⅱ）　指子女独立生活，家长退休的家庭。
8. 鳏寡期　指单身老人独居。

4. 城乡结构　中国七人普数据显示，居住在城镇的人口为90199万人，占63.89%；居住在乡村的人口为50979万人，占36.11%。与2010年相比，城镇人口增加23642万人，乡村人口减少16436万人，城镇人口比重上升14.21个百分点。随着我国新型工业化、信息化和农业现代化的深入发展和农业转移人口市民化政策落实落地，新型城镇化进程稳步推进。

城镇居民的数量增加，市场规模更加扩大，这为医药企业的发展带来了更多的机会。同时农村市场也有着巨大的潜力，尤其是一些中小企业，更应注意开发价廉物美的商品以满足农民的需要。以前在医药市场营销方面，对乡村市场有所忽视，在激烈的医药市场竞争中，很多企业开始开发乡村第三终端市场。

5. 民族结构　七人普数据显示，汉族人口为128631万人，占91.11%；各少数民族人口为12547万人，占8.89%。与2010年相比，汉族人口增长4.93%，各少数民族人口增长10.26%，少数民族人口比重上升0.40个百分点。少数民族人口稳步增长，充分体现了在中国共产党领导下，我国各民族全面发展进步的面貌。

中国除了汉族以外，还有50多个少数民族。民族不同，其生活习性、文化传统也不相同。反映到市场上，就是各民族的市场需求存在着很大的差异。因此，营销者要注意民族市场的不同需求，尊重民族习惯，重视开发适合各民族特性、受其欢迎的产品。

（三）人口的地理分布及流动性对企业营销活动的影响

人口地理分布指人口在不同地区的密集程度。伴随经济的活跃和发展，人口的区域流动性也越来越大。人口流动性是指人口流动的多少以及流向等。

中国人口向经济发达区域、城市群进一步集聚。七人普数据显示，东部地区人口占39.93%，中部地区占25.83%，西部地区占27.12%，东北地区占6.98%。

中国经济社会持续发展，为人口的迁移流动创造了条件，人口流动趋势更加明显，流动人口规模进一步扩大。与2010年相比，人户分离人口增长88.52%，市辖区内人户分离人口增长192.66%，流动人口增长69.73%。

中国人口的流动主要表现在农村向城市流动，内地人口向沿海经济开发地区流动。另外，经商、观光旅游、学习等使人口流动加速。伴随着人口的流动必然引起购买力的转移，从而引起各地区的市场需求量发生变化，主要表现在两个方面：一是直接影响着各个地区市场需求量的大小；二是影响着购买对象和需求结构。因此，企业在拓展各个地区市场时，不仅要分析当地登记人口的多少，而且要分析人口的区域流动性大小，从而才能够制定出有针对性的营销策略。

二、经济环境

经济环境指企业营销活动所面临的外部经济因素，其运行状况及发展趋势会直接或间接地对企业营销活动产生影响。

（一）直接影响营销活动的经济环境因素

1. 消费者收入

（1）消费者收入　是指消费者个人从各种来源中所得的全部货币收入，包括消费者个人的工资、退休金、红利、租金、赠予等收入。消费者的购买力来自消费者的收入，但消费者并不是把全部收入都用来购买商品或劳务，购买力只是收入的一部分。

（2）个人可支配收入　是在个人收入中扣除税款和非税性负担（各类保险）后所剩的余额，是个人收入中可以用于消费支出或储蓄的部分，构成实际的购买力。

（3）个人可任意支配收入　是在个人可支配收入中减去用于维持个人与家庭生存不可缺少的费用（如房租、水电、食物、衣着等项开支）后的剩余部分。这部分收入是消费需求变化中最活跃的因素，也是企业开展营销活动时所要考虑的主要对象。因为这部分收入主要用于满足人们基本生活需要之外的开支，一般用于购买高档耐用消费品、旅游、储蓄等，是影响非生活必需品和服务销售的主要因素。

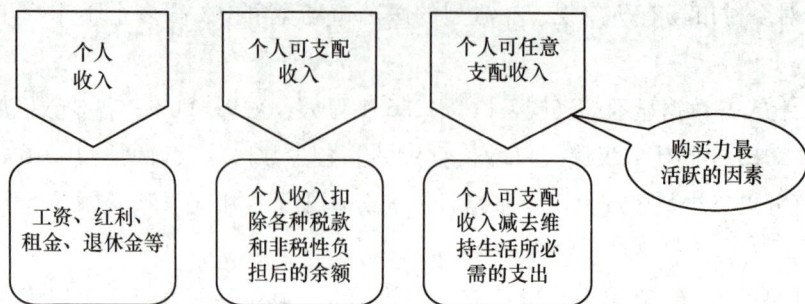

图 3-2　几种消费者收入之间的关系图

即学即练 3-2

影响消费者购买力水平的决定性收入因素是（　　）。

A. 货币收入　B. 个人可支配收入　C. 实际收入　D. 可任意支配收入

答案解析

2. 消费者支出和消费结构　随着消费者收入的变化，消费者支出模式会发生相应的变化，进而影响到消费结构，经济学家常用恩格尔系数来反映这种变化。恩格尔系数是衡量一个国家、地区、城市、家庭生活水平高低的重要参数。食物开支占总消费量的比重越大，恩格尔系数越高，生活水平越低；反之，食物开支所占比重越小，恩格尔系数越小，生活水平越高。

消费结构指消费过程中人们所消耗的各种消费品及服务的构成，即各种消费支出占总支出的比例关系。优化的消费结构是优化产业结构和产品结构的客观依据，也是企业开展营销活动的基本立足点。中国目前经济发展水平与发达国家相比还有一定差距，随着经济的进一步发展，以及国家在住房、医疗等制度方面改革的深入，人们的消费模式和消费结构都会发生明显的变化。企业要重视这些变化，尤其应掌握拟进入的目标市场中支出模式和消费结构的情况，输送适销对路的产品和劳务，以满足消费者不断变化的需求。

3. 消费者储蓄和信贷　消费者的购买力还要受储蓄的直接影响。当收入一定时，储蓄越多，现实的消费量就越小，而潜在消费量愈大；反之，储蓄越少，现实消费量就越大，而潜在消费量愈小。另外，储蓄目的不同，也会影响到潜在需求量、消费模式、消费内容、消费发展方向的不同。这就要求企业营销人员在调查、了解储蓄动机与目的的基础上，制定不同的营销策略，为消费者提供有效的产品和劳务。

消费者信贷对购买力的影响也很大，允许购买超过消费者现实购买力的商品。消费者信贷，指消费者凭信用先取得商品使用权，然后按期归还贷款，以购买商品。消费者信贷主要有：短期赊销、购买住宅分期付款、购买昂贵消费品分期付款、信用卡信贷、互联网消费信贷等几类。中国经济发展不断增速，消费信贷范围逐步扩大，从住房、汽车等昂贵产品分期付款，到以信用卡、花呗、京东白条等日常型消费信贷，到现在的移动端消费逐渐成为主流模式，消费信贷模式也在不断进步升级，创造并满足了人们更多的消费需求。

（二）间接影响营销活动的经济环境因素

1. 社会经济发展水平　企业的市场营销活动还要受到整个国家或地区的经济发展水平的制约。经济发展阶段不同，居民的收入不同，顾客对产品的需求也不一样，从而会在一定程度上影响企业的营销。如在经济发展水平比较高的地区，消费者更注重产品的款式、性能及特色，品质竞争多于价格竞争。而在经济发展水平比较低的地区，消费者往往更注重产品的功能及实用性，价格因素显得比产品品质更为重要。因此，对于不同经济发展水平的地区，企业应采取不同的市场营销策略。

2. 地区与行业发展状况　中国地区经济发展很不平衡，逐步形成了东部、中部、西部三大地带和东高西低的发展格局。这种地区经济发展的不平衡，对企业的投资方向、目标市场以及营销战略的制订等都会带来巨大影响。比如，如果西部建立医药企业可能劳动力成本比较低，但将产品推向东部储运等费用增高。同时行业和部门发展由于政府支持程度等不同也有所不同。

3. 城市化程度　城市化程度是指城市人口占全国总人口的百分比，它是一个国家或地区经济活动的重要特征之一。城市化是影响营销的环境因素之一，城乡居民之间存在着某种程度的经济和文化上的差别，进而导致不同的消费行为。城市居民一般受教育较多，思想较开放，容易接受新生事物，而农村农民的消费观念较为保守，故而一些新产品、新技术往往首先被城市所接受。医药企业在开展营销活动时，要充分注意消费行为的城乡差别，相应地调整营销策略。

即学即练 3-3

答案解析

　　随着中国经济不断发展和人们收入水平提高，人们的医药保健意识、医药消费观念以及消费行为上有哪些变化和表现？请举例说明。

三、政治法律环境

政治和法律环境是指在特定社会中影响和限制各个组织与个人的制度政策、法律法规、政府机构及公众团体等。政治和法律相互联系，共同对医药企业的市场营销活动产生影响。

(一) 政治环境

政治环境指企业市场营销活动的外部政治形势和状况以及国家方针政策的变化对市场营销活动带来的或可能带来的影响。

1. 政治、经济体制　政治、经济体制等对医药企业营销存在影响，比如在经济体制改革之前中国的医药企业可以说是政府的附属物，没有多大的自主权，而在市场经济体制确立后才真正成为独立的市场主体，自主经营、自负盈亏。

2. 政府方针政策　各个国家在不同时期，根据需要制定经济发展的方针政策，这些方针、政策不仅要影响本国企业的营销活动，而且还要影响外国企业在本国市场的营销活动。例如，降低存款利率、营改增的税收政策、全面二孩、三孩的生育政策等。

医药行业直接与人们的生命健康相联系，是一种特殊的行业，所以政府对其进行的宏观指导和监管则更多、更严格。比如，新修订的《中华人民共和国药品管理法》实施后，明确提出要强化动态监管，药品监督管理部门随时对药品生产质量管理规范（GMP）和药品经营质量管理规范（GSP）等执行情况进行检查，对医药企业生产经营质量的监管更加严格。

📖 **拓展链接** --

药品集中带量采购常态化

2018 年 11 月通过《国家组织药品集中采购试点方案》，改革从北京、上海等 11 个城市开始（简称"4 + 7"），自此全国药品集采已经成为国内医药行业的风向标。2021 年 1 月，国务院办公厅又发布了《关于推动药品集中带量采购工作常态化制度化开展的意见》（国办发〔2021〕2 号），充分体现了国家深化医药卫生体制改革，常态化、制度化的推进药品集中带量采购，完善药品价格形成机制，减轻群众就医负担的决心。2021 年 2 月 3 日，第四批国家药品集中采购正式开标，本次采购共纳入 45 种药品，全部采购成功。集中采购中选企业不必再为进入医院销售而公关，切断了药品销售中间的灰色利益链，净化了药品流通和使用的环境。

3. 政治局势   政治局势是指一国政局的稳定程度、与邻国的关系、边界安定性、社会安定性等。当前，世界百年未有之大变局加速演进，逆全球化、新冠疫情、单边主义、地区冲突、能源危机等多重因素耦合作用，都可能使一个国家内外有关政策发生调整和变化，这必然会对企业的市场营销产生重大的影响。

二十大报告中指出，"我国发展进入战略机遇和风险挑战并存、不确定难预料因素增多的时期"，"世界之变、时代之变、历史之变正以前所未有的方式展开"。面对国内外形势正发生的深刻复杂变化，我国正在加强国家制度建设和治理能力建设上下大功夫，使中国特色社会主义制度优势充分发挥出来，中国企业应坚定发展信心，自觉把企业发展同国家民族命运结合起来。

应该看到，变化给医药企业带来挑战的同时，也带来了新的机遇。面对政治环境，医药企业采用的策略有：

第一，预见政府可能的行动，提早做出反应；主动争取政府的优惠条件。

第二，根据国家政策导向调整企业的经营战略；把握政策带来的发展机遇，谋求政府和企业的共同发展。

第三，分析现行政策，把握有利时机，拓展市场，回避不利因素，减少损失。

（二）法律环境

法律环境是指国家或地方政府所颁布的各项法律、法规和条例等，它是评判企业营销活动的准则，企业只有依法进行各种营销活动，才能受到国家法律的有效保护。对于从事国际营销活动的企业，不仅要遵守本国的法律制度，还要了解和遵守市场国的法律制度和有关的国际法规、惯例和准则。例如，欧盟禁止不带儿童安全装置的打火机在欧洲市场销售，对生产打火机出口的企业就有了限制性要求。日本政府也曾规定，任何外国公司进入日本市场，必须要找一个日本公司合伙，以此来限制外国企业的进入。

中国陆续制定和修订了诸多法律和法规，如《中华人民共和国药品管理法》《中华人民共和国反不正当竞争法》《中华人民共和国广告法》《中华人民共和国商标法》《中华人民共和国消费者权益保护法》《中华人民共和国产品质量法》《中华人民共和国食品安全法》等一系列法律法规，完善了中国的经济立法，保障了经济活动的正常运行。对于药品生产和经营企业还有相关的其他法规、条例，如《中华人民共和国药品管理法实施条例》《药品注册管理办法》《药品经营和使用质量监督管理办法》《医疗器械经营监督管理办法》等。

二十大报告中强调"坚持全面依法治国，推进法治中国建设"，要"弘扬社会主义法治精神"。企业作为经济社会中的"法人"，处于各种法律法规构成的法规体系环境中，并受到法律的制约和保障。企业只有遵守法律，才能保障自身的发展。

医药企业的法律意识，最终都会转化为一定的法律行为，并产生结果。因此，每个医药企业都必须面对法律环境，特别是医药企业的法人代表要有法治意识，运用法律依法治理企业。法律对医药企业的保护和制约不是孤立存在的，而是相辅相成的，一方面企业要遵纪守法树立良好的企业形象，另一方面也要积极地促进法律体系的建设和完善。

四、自然资源环境

自然环境是指由水土、地域、气候等自然事物所形成的环境。当前，自然环境状况不容乐观，政府部门已经意识到生态文明建设的重要性，总的来说，自然环境有以下几方面的表现。

1. 自然资源短缺 自然界的资源分为三类：一是"无限"供给资源，如空气、阳光等；二是有限可再生的资源，如森林、粮食等；三是有限不可再生资源，如石油、煤、锡、锌等矿物。自然资源短缺，使很多企业将面临原材料价格大涨，生产成本大幅度上升的威胁；另一方面，又迫使企业研究更合理地利用资源的方法和开发新的资源或借用品，这又为某些企业提供了营销机会。

2. 环境污染严重 工业生产活动对自然环境造成了很大的影响，随着现代工业的进一步发展，环境污染问题也日趋严重，造成森林消失、土地沙漠化、淡水资源也日益短缺。环境污染问题已引起全世界人民的广泛重视。公众对环境问题的关心，为企业创造了新的市场机会，促使企业研究开发污染控制技术及环保型产品。

3. 政府干预加强 随着工业化和城镇化的进程加快，中国环境污染日趋严重，在许多地区已经严重影响到人们的身体健康、自然生态平衡和长远生产发展，引起了政府和社会公众的高度关注，政府的干预措施不断加强，环境保护方面的法律体系更加完善。二十大报告提出要"像保护眼睛一样保护自然和生态环境"，要"深入推进环境污染防治。坚持精准治污、科学治污、依法治污，持续深入打好蓝天、碧水、净土保卫战"。可以断言，企业面临治理污染的挑战将会越来越大。这对有污染排放的企业当然是一种压力和威胁，但也蕴涵着开发环保新技术和新产品的各种机遇。

📱 **拓展链接**

推动绿色发展，促进人与自然和谐共生

《中华人民共和国国民经济和社会发展第十四个五年规划和2035年远景目标纲要》第十一篇"推动绿色发展，促进人与自然和谐共生"中提出，坚持绿水青山就是金山银山理念，坚持尊重自然、顺应自然、保护自然，坚持节约优先、保护优先、自然恢复为主，实施可持续发展战略，完善生态文明领域统筹协调机制，构建生态文明体系，推动经济社会发展全面绿色转型，建设美丽中国。

坚持山水林田湖草系统治理，着力提高生态系统自我修复能力和稳定性，守住自然生态安全边界，促进自然生态系统质量整体改善。深入打好污染防治攻坚战，建立健全环境治理体系，推进精准、科学、依法、系统治污，协同推进减污降碳，不断改善空气、水环境质量，有效管控土壤污染风险。坚持生态优先、绿色发展，推进资源总量管理、科学配置、全面节约、循环利用，协同推进经济高质量发展和生态环境高水平保护。

五、科学技术环境

科学技术环境指的是医药企业所处环境中的技术要素及与该要素直接相关的各种社会现象的集合。现代科学技术是社会生产力中最活跃的和最具决定性的因素，每一种新技术的产生都是一种"创造性的

毁灭力量"。科学技术作为重要的营销环境因素，不仅直接影响企业内部的生产和经营，而且还同时与其他环境因素相互依赖、相互作用，影响企业的营销活动。

1. 科学技术的发展直接影响企业的经济活动　在现代，生产率水平的提高，主要依靠设备的技术开发，创造新的生产工艺、新的生产流程。技术开发扩大和提高了劳动对象利用的广度和深度，而且科技进步可以不断创造新的原材料和能源。这些都不可避免地影响到企业的经营管理流程和市场营销活动。科学技术既为企业生产经营活动提供了科学理论和方法，又为其提供了物质手段。

2. 科学技术的发展和应用影响企业的营销决策　科学技术的发展，使得每天都有新品种、新款式、新功能、新材料的产品在市场上推出。因此，科学技术进步所产生的效果，可以借助消费者需求的变化和市场环境的变化而间接影响企业的市场营销活动，营销人员在进行决策时，必须考虑科技环境带来的影响。

3. 科学技术的发明和应用使新的行业冲击原有的行业　科学技术是一种创造性的毁灭力量。例如，晶体管取代电子管，后又被集成电路所取代；复印机工业打击复写纸工业；电视业打击电影业；化纤工业冲击传统棉纺业；新的药物制剂工艺会使传统的制剂技术受到冲击等。这一切无不说明，伴随着科学技术的进步，新行业替代、排挤旧行业，这对新技术拥有者是机会，但对旧行业的企业却是威胁。

4. 科学技术的发展使得产品更新换代速度加快，产品的市场寿命缩短　科学技术突飞猛进，新原理、新工艺、新材料等不断涌现，使得刚刚炙手可热的技术和产品转瞬间成了昨日黄花。面对这样的环境，企业就应该不断地进行技术革新，赶上技术进步的浪潮。否则，企业的产品跟不上更新换代的步伐，跟不上技术发展和消费需求的变化，就会被市场无情地淘汰。

5. 科学技术的进步，使人们的生活方式、消费模式和消费需求结构发生变化　例如，由于汽车工业的迅速发展，现代人的生活方式，无时无刻不依赖于汽车。电视、手机等已经使人们习惯于呆在家里，电脑和互联网进一步使在家办公和购物成为可能。生活方式的改变，迫使企业营销方式发生改变，基于互联网的电子商务也成为一种高效的营销手段。

六、社会文化环境

社会文化环境是指一个国家或地区的社会性质、教育水平、价值观念、伦理道德、风俗习惯、审美观、宗教信仰等的总和。从某种意义上说，一定时间、空间的社会文化状态，决定着这一特定时空条件下的医药企业经营行为。社会文化环境是医药企业所面临的一种最为复杂的外界环境，因为它不像其他环境那样显而易见，但却又无时无刻不在影响着人们的购买行为和方式。社会文化环境主要包括以下几方面。

1. 教育水平　消费者受教育程度的高低，影响到对商品的需求，通常文化素质高的国家或地区的消费者要求产品包装典雅华贵，对附加功能也有一定要求。受教育程度的高低，也会影响到企业的调研、分销等营销活动。对于医药健康行业，一方面是教育水平高的人更愿意主动接受医疗服务、药品、保健品等，这些会给企业带来机遇；另一方面，由于教育使人们自我保护、自我预防意识增强，这会降低卫生服务潜在需求。

随着健康中国战略和科教兴国战略的深入实施，政府已经把提升国民素质和人力资本放在更加突出重要位置，持续构建高质量的教育体系。随着教育水平的不断提高，可以预期中国人口质量将在未来较长时间内保持较快的提升速度，并成为推动经济高质量发展的有利条件，走出一条从享受人口数量红利走向创造人口质量红利的人口发展道路。这一特点也极大地影响了企业的营销活动的内容和方向。

2. 宗教信仰　宗教信仰是影响人们消费行为的重要因素之一，某些国家和地区的宗教组织甚至在教徒购买决策中有决定性的影响，如宗教组织有可能因某产品与宗教信仰相冲突而提出限制，禁止使用。企业可以把影响大的宗教组织作为自己重要的公共关系对象，在经营活动中要注意到不同的宗教信仰有不同的文化倾向和戒律，以避免由于矛盾和冲突给企业营销活动带来损失。

📱 **拓展链接**

麦当劳在印度

麦当劳因被指控其出售的薯条在炸制过程中使用了牛油，在印度被告上了法庭。在印度教中，牛是湿婆大神的座椅，神圣无比。牛被印度教徒视为"母亲"。杀牛、吃牛肉都是对印度教的亵渎。

在法庭辩论时，麦当劳公司承认在炸制薯条时的确使用了"一点点"牛油。消息传出后，立即在印度激起了抗议浪潮。印度人民党、印度教教派主义组织"湿婆军"和"八兰吉党"的支持者包围了麦当劳在新德里的总部，向麦当劳餐厅投掷牛粪块，并洗劫了孟买一家麦当劳连锁店。他们还要求瓦杰帕伊总理下令关闭印度国内所有的麦当劳连锁店。

启示：宗教信仰是影响企业营销活动的社会文化因素之一，企业在开展营销活动时要考虑一个地区的文化环境，要适应当地的文化，避免冲突，这样才能保证营销活动的顺利开展。

3. 审美观 审美观通常是人们对某种事物好坏、美丑、善恶等的评价。不同国家、民族、种族、宗教、阶层，往往有不同的审美标准、审美意识和审美习惯。审美观不是一成不变的，而是随着时代发展而发展的。一般来说，审美观的变化具有一定的规律性和时代性，企业在开展营销活动时，应认真对待和研究公众审美观的变化，以便能够开发出符合人们审美情趣的产品。

4. 消费习俗 消费习俗指人们在长期经济与社会活动中所形成的一种消费方式与习惯。不同的消费习俗具有不同的产品需要。研究消费习俗，不但有利于组织好消费用品的生产与销售，而且有利于正确、主动地引导健康的消费。了解目标市场消费者的禁忌、习俗、避讳、信仰、伦理等是企业进行市场营销的重要前提。

在研究社会文化环境时，还要重视亚文化群对消费需求的影响，每一种社会文化除核心文化外都包含若干亚文化群。例如，医药文化中，中医药传统文化对越来越多的人产生着影响。二十大报告提出，"坚守中华文化立场，增强中华文明传播力影响力"。中华文化将进一步影响国内和国际营销环境，中国传统文化的发展也深深地影响着现代营销，不仅体现在营销策略的制定，更影响着营销理念的发展。营销人员在适应不同文化群需求的同时，更要运用中国的传统文化走出特色营销的路子，有效地开拓市场。

▶▶ **岗位情景模拟 3-2**

情景描述 二十大报告提出，"推进健康中国建设"，"促进中医药传承创新发展"。中医药是健康中国建设的独特资源，在加快推进健康中国建设和维护群众健康中发挥了重要作用。发展中医药事业要在传承中创新，优化中医药产业结构，加快促进中医药与养生保健、特色康复、健康养老、文化旅游、服务贸易等产业融合发展，培育知名品牌和企业，逐步形成中医药文化产业链。要让全社会形成尊重和保护中医药传统文化知识、重视生命健康的良好风气，在传承优秀传统文化中发展中医药。作为一名将来在医药行业工作的人员，应该积极为发展中医药作出应有的贡献。

要 求

1. 查找与中医药事业发展相关的政策法规等，对查找结果进行列举。

2. 就"促进中医药传承创新发展"对医药企业营销带来的环境影响谈谈你的看法。

答案解析

任务三 医药市场微观环境分析

PPT

企业的微观营销环境是指对企业营销活动发生直接影响的组织和力量，主要包括：企业内部环境、供应商、营销中介、顾客、竞争对手及社会公众等。

一、企业内部环境

企业在制定市场营销计划和开展市场营销活动的时候，会受到企业内部其他部门，如企业的高层管理部门及财务、研究与开发、采购、生产等部门的影响，这些因素构成了企业内部环境。企业营销部门与企业业务部门之间既有多方面的合作，也存在争取资源方面的矛盾。所以企业在制定营销计划、开展营销活动时，必须考虑到与企业其他各部门的合作和协调，服务于营销目标。企业管理没有协调就难以避免内部摩擦与消耗，因此，如何通过内部有效沟通，协调好企业的各职能部门和营销管理系统的内部关系，就成为营造良好微观环境，更好地实现营销目标的关键。

另外企业所拥有的人、财、物等各方面的资源对企业的营销过程和营销效果影响也是深远的。例如企业的特殊资源、企业家的素质、员工素质、企业文化、企业制度等等。

二、供应商

供应商是指向企业及其竞争者提供生产产品和服务所需资源的企业或个人。供应商所提供的资源主要包括原材料、设备、能源、劳务、资金等。如果没有这些资源作为保障，企业就根本无法正常运转，也就无法提供给市场所需要的产品。因此，社会生产活动的需要，形成了企业与供应商之间的紧密联系。

供应商对企业营销活动的影响主要表现在以下几方面。

1. 供货的稳定性与及时性 原材料、设备等货源的保证是医药企业营销活动顺利进行的前提。供应量不足或短缺，都可使企业无法按期交货，从而导致销售额损失及企业信誉损害。

2. 供货的价格变动 医药企业最重要的目的之一就是赢得利润，即以最小成本获得最大产出。但是，供货的价格毫无疑问将直接影响到企业的成本，进而影响企业的销售量和利润。

3. 供货的质量水平 供货的质量水平主要指供应商提供的原材料本身的质量，是保证医药企业生产出合格产品的前提；供应商的各种售前和售后服务水平也会影响到供货的质量。比如，医疗器械的售后定期维护和故障维修的水平就直接影响到医院是否能为病患提供合格的服务。

三、营销中介

营销中介是指协助企业促销、销售和配销其产品给最终购买者的企业或个人，包括中间商、实体分配机构、营销服务机构和金融机构。这些都是市场营销不可缺少的环节，大多数企业的营销活动，都必须通过它们的协助才能顺利进行。例如生产集中与消费分散的矛盾，就必须通过中间商的分销来解决；资金周转不灵，则须求助于银行或信托机构等。随着市场经济的发展，社会分工愈来愈细，中介机构的影响和作用也就会愈来愈大。

1. 中间商 中间商是协助医药企业寻找顾客或直接与顾客交易的组织或个人。中间商分为批发商和零售商两类。选择中间商并与之合作并不是一件容易的事情。现在小规模的独立的医药中间商越来越少，取而代之的是大规模的中间商组织。医药企业为了争取"货架空间"，往往要花费很大功夫。

医药企业在与中间商建立合作关系后，要随时了解和掌握其经营活动动态，并可采取一些激励性合作措施，推动其业务活动的开展，而一旦中间商不能履行其职责或适应市场环境变化时，企业应及时解除与中间商的关系。

2. 物流公司 物流公司是协助厂商储存货物并把货物从产地运送到目的地的专业企业。物流公司的物流成本和物流服务水平在很大程度上会影响企业的营销效果，因此，企业应尽量选择专业的物流企业。物流公司的作用在于帮助企业创造时空效益。

3. 营销服务机构 营销服务机构包括营销调研公司、广告公司、传播媒介公司和营销咨询公司等。在专业分工越来越细的现代社会，大多数企业都要借助这些服务机构来开展营销活动，如请广告公司制作广告，通过传播媒介传播信息等。企业选择这些服务机构时，须对他们所提供的服务、质量、创造力等方面进行评估，并定期考核其业绩，及时替换那些不具有预期服务水平和效果的机构，这样才能提高经济效益。

4. 金融机构 金融机构包括银行、信托公司、保险公司和其他协助融资或保障货物的购买与销售风险的公司。医药企业与金融机构有着不可分割的联系，大多数医药企业都需要借助金融机构提供资金，资金成本的高低与信贷额度都会影响营销的绩效。因此，医药企业必须与金融机构建立密切的关系，以保证企业资金需要的渠道畅通。

四、顾客

企业的营销活动应以满足顾客的需求为中心，顾客是医药企业营销环境最重要的微观环境因素，是企业服务的对象，也是企业的目标市场。任何企业的产品和服务，得到了顾客的认可就取得了市场。所以，分析顾客的需求，了解顾客对产品的态度是企业营销管理的核心。一般来说，由顾客组成的市场可以分为以下五种。

1. 消费者市场 指为满足个人或家庭消费需求而购买产品和服务的个人和家庭。

2. 生产者市场 指为生产产品或提供劳务，以赚取利润为目的而购买产品与服务的组织。

3. 中间商市场 指为获取利润而购买商品和服务用以转售的组织。

4. 政府市场 指为提供公共服务或将商品与服务转给需要的人而购买商品和服务的政府和非盈利机构。

5. 国际市场 这类市场是相对于国内市场而言，指国外购买产品及劳务的个人和组织，包括国外的消费者、生产商、中间商和政府等。

企业要认真研究为之服务的不同顾客群，研究其类别、需求特点、购买动机等，使企业的营销活动能针对顾客的需要，符合顾客的愿望。

五、公众

公众是指对企业实现营销目标的能力有着实际或潜在利益关系和影响力的团体或个人。公众对企业的态度会对企业的营销活动产生巨大影响，它既可能有助于增强企业实现营销目标的能力，也可能妨碍这种能力，企业应该采取一定的措施，处理好与主要公众的关系，争取公众的支持和偏爱，为企业营造和谐宽松的营销环境。企业面临的公众主要有以下七种。

1. 金融公众 指那些关心和影响医药企业取得资金能力的集团，包括银行、投资公司、证券公司、保险公司等。

2. 媒介公众 指那些联系医药企业和外界的大众媒介，包括报纸、杂志、电视台、电台、互联网等。

3. 政府公众 负责监控医药企业的生产、经营活动的政府机构及医药企业主管部门，如市场监管部门、药品监管部门、卫生部门、税务部门、医保管理部门等。

4. 公民行动公众 指有权指责医药企业生产经营活动破坏环境质量，医药产品损害消费者利益、不符合民族需求特点等的团体和组织，包括消费者协会、环境保护团体等。

5. 地方公众 主要指医药企业周围社区居民、当地团体组织等，如同企业的"邻居"，他们对医药企业的态度会影响医药企业的营销活动。

6. 一般公众 指能深刻地影响着消费者对医药企业及其产品的看法的团体和个人，一般公众对企业形象影响较大。如朋友、医生、产品代言人、慈善团体等。

7. 内部公众 指企业内部全体员工。企业内部公众的工作积极性、有效性等方面会对企业营销活动产生直接或间接影响。

> **即学即练 3 - 4**
>
> 答案解析
>
> 以下因素中哪种是医药企业营销环境最重要的微观环境因素？
> A. 供应商　　B. 中间商　　C. 公众　　D. 顾客　　E. 竞争者

六、竞争者 微课2

企业很少垄断某一市场，它总会面对各种各样的竞争对手。企业的竞争对手不仅包括同行业竞争者，还包括跨行业竞争者。从消费需求的角度可以将竞争者划分为以下四种。

1. 愿望竞争者 指提供不同的产品以满足不同需求的竞争者。例如，生产药品的企业可以将生产医疗器械、健身器械等满足不同需求的企业作为自己的竞争者，因为如果消费者使用了健身器械之后，身体康复了，那么就没有必要购买药品了。

2. 普通竞争者 指提供不同的产品或服务以满足相同需求的竞争者。如轿车、电动车、自行车都是交通工具，在满足需求方面是相同的。如生产青霉素的医药企业与生产先锋霉素、头孢氨苄的医药企业之间的竞争。

3. 产品形式竞争 指提供同类但规格、型号、款式不同的产品满足相同需求的竞争者。如生产同种药品的冲剂、胶囊剂、片剂等不同剂型和规格的药品企业之间的竞争。

4. 品牌竞争者 指提供相同产品，且规格、型号也基本相同，但品牌不同的产品的竞争者。如感冒药中的白加黑、快克、感康等不同品牌的企业之间的竞争。

企业在开展市场营销活动中，经常与上述不同的竞争对手形成竞争关系，而且这种竞争关系受多种因素影响而处于不断变动中，如何适时调整竞争策略，取得竞争优势，是企业必须考虑的问题。

岗位情景模拟 3 – 3

　　情景描述　2020 年初，当新冠肺炎疫情在全球爆发时，许多企业和政府部门发现自己处于一个前所未有的危机中，甚至每个人都不能独善其身。疫情对各行各业、社会生活都带了各种不同程度的影响，对服务业、制造业和对外贸易等带来的冲击明显，特别是服务业领域中线下消费行业的旅游、电影、餐饮、住宿、零售、文体娱乐等影响较大。同时，消费者在消费理念、消费支出、消费方式等方面也发生了一些变化。同样，疫情使医药企业的营销环境也发生了变化，面对特殊市场环境，医药企业必须认真应对，把握机会和避免威胁。

　　要　　求　思考疫情使企业的宏观和微观营销环境发生了哪些变化？举例说明。

答案解析

任务四　SWOT 分析法的运用

PPT

　　由于市场环境变化的复杂性和多样性使多种环境因素交织在一起，难以对各种指标进行量比，因此，通常使用的分析方法都是定性的分析方法，常用的分析方法就是著名的 SWOT 分析法。

一、SWOT 分析法的含义

　　SWOT 分析法，就是将医药企业的内部优势（strength）、劣势（weakness）和外部的机会（opportunity）、威胁（threat），通过调查后列举出来，并依照矩阵形式排列，然后用系统分析的思想，把医药企业的战略与企业内部资源、外部环境的各种因素相互匹配起来加以分析，从中得出相应的结论，而结论通常带有一定的决策性的一种科学的环境分析方法，也称内外环境综合分析法。

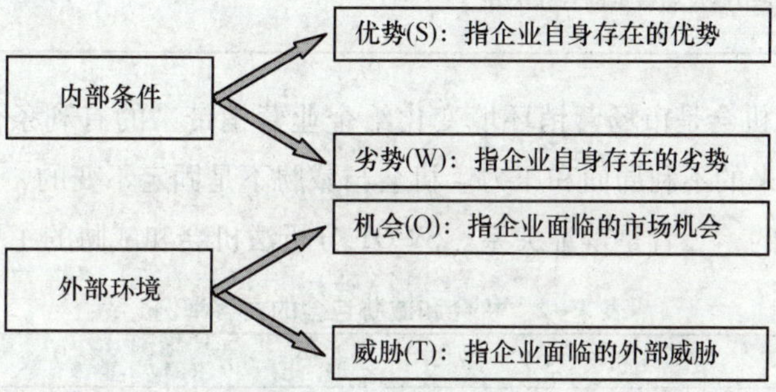

```
内部条件 ──→ 优势(S)：指企业自身存在的优势
        ──→ 劣势(W)：指企业自身存在的劣势
外部环境 ──→ 机会(O)：指企业面临的市场机会
        ──→ 威胁(T)：指企业面临的外部威胁
```

图 3 – 3　SWOT 的含义

　　对企业优势和劣势分析的出发点是企业自身的能力与竞争对手能力的比较，而对机会与威胁的分析则更多从营销环境出发。因此，SWOT 分析是一种结合了企业自身和企业外部环境的综合分析方法。

　　通过宏观环境分析得出机遇与威胁，也就是外界要我们做什么？通过内部环境分析，得出优势和劣势，也就是我们能做什么？进一步分析管理者的偏好，得出我们愿意做什么？在这三个方面的指引之下，制定计划，所得出的计划应该是既符合社会需要，也符合自身的资源和优势，是一个比较可行的计划方案。

二、SWOT 分析法的主要步骤

(一) 分析环境中的主要变量

1. 优势和劣势分析　企业的优势是指在执行策略、完成计划以及达到确立的目标时可以利用的能力、资源以及技能，它涉及的范围很广，从产品到管理都可以是企业的优势。优势是一个整体的概念，但是在进行 SWOT 分析的时候，企业要把自己的优势资源进行分解，越细致越好，这样才能找到差异，强化竞争意识。劣势的分析同样要进行具体分解，企业的劣势是指能力和资源方面的缺少或者缺陷。

在为将来做计划时，确定企业的能力和资源代表的是可利用的优势还是劣势，这一点是很重要的。成功的决定因素指的是那些企业成功所必须具备的能力和资源。把这些与成功的决定因素放在一起做一下比较，与行业中重要的能力和资源的比较，有助于识别出企业目前的优势与劣势。SWOT 分析法优势和劣势的内容列举见表 3－1。

表 3－1　优势和劣势包含的内容举例

SW 项目	优势 (S)	劣势 (W)
内容	(1) 有利的金融环境 (2) 被广泛认可的市场地位 (3) 成本优势 (4) 优秀的产品质量 (5) 良好的团队合作 (6) 与供应方长期稳定的合作关系 (7) 良好的企业形象 (8) 良好的生产经营管理方法 (9) 先进的技术设备 (10) 完善的服务体系 (11) 有利的竞争态势 (12) 与经销商长期稳定的合作关系	(1) 企业形象不良 (2) 关键技术缺乏 (3) 设备落后 (4) 销售渠道不畅 (5) 经营管理不善 (6) 研究开发落后 (7) 产品质量不高 (8) 经营成本高 (9) 市场竞争不利 (10) 优秀技术人才缺少

2. 机会与威胁分析　机会是市场营销环境变化给企业营销带来的有利条件和新的机会，威胁是市场营销环境变化给企业带来的不利局面和压力。机会与威胁不是固定不变的，是一对相对的概念，在一定条件下是可以相互转化的，二者是辩证关系。SWOT 分析法机会和威胁的主要内容列举见表 3－2。

表 3－2　机会和威胁包含的内容举例

OT 项目	机会 (O)	威胁 (T)
内容	(1) 市场增长迅速 (2) 政策支持 (3) 尚未出现真正的领袖品牌 (4) 行业趋势好，市场空间大 (5) 需求差异化增加 (6) 资源充足 (7) 购买者保健消费意识增强	(1) 市场增长缓慢 (2) 不利的政府政策 (3) 替代品销售上升 (4) 国外资金抢夺市场份额 (5) 竞争压力增大 (6) 新的竞争者进入行业 (7) 用户讨价还价能力增强 (8) 消费者价格敏感性增强

(二) 构造 SWOT 矩阵

将调查得出的各种环境因素根据轻重缓急或影响程度等排序方式，构造 SWOT 矩阵。在此过程中，将那些对企业发展有直接的、重要的、大量的、迫切的、久远的影响因素优先排列出来，而将那些间接的、次要的、少许的、不急的、短暂的影响因素排列在后面。这些因素一般通过建构一个 SWOT 分析表格，把优势、劣势与机会、威胁相组合研究，再形成 SO、ST、WT、WO 策略，如表 3-3 所示。SWOT 表格表明企业内部的优势和劣势与外部的机会和威胁的平衡程度。

表 3-3　SWOT 矩阵表（生产企业为例）

内部优势与劣势　　　　　　外部机会和威胁	内部优势（S） （1）企业具有规模经济 （2）现代管理模式 （3）产品品牌优良 （4）利润率高于平均水平 （5）企业员工素质高	内部劣势（W） （1）营销服务网络不健全 （2）科研技术力量薄弱 （3）筹资能力弱 （4）员工培训投入少 （5）储运能力不强
外部机会（O） （1）行业优势好 （2）市场容量大 （3）需求差异化增大 （4）市场尚未有领袖品牌	SO 战略 依靠内部优势，抓住外部机会 （1）扩大市场占有率 （2）增加产品生产产量 （3）创建优质品牌 （4）营销管理创新	WO 战略 利用外部机会，克服内部劣势 （1）完善营销网络建设 （2）引进科研人员 （3）加强员工培训 （4）增加物流设备的投入
外部威胁（T） （1）外资抢走市场份额 （2）消费者价格敏感性增加 （3）品牌竞争开始加剧 （4）替代产品销售上升	ST 战略 利用内部优势，抵制外部威胁 （1）加速产品更新换代的研发 （2）增加产品的差异化 （3）适当降价	WT 战略 减少内部劣势，回避外部威胁 （1）多渠道筹措资金 （2）加强售后客户维护 （3）降低生产成本、节约资金

（三）撰写 SWOT 分析报告

SWOT 分析法不是仅仅列出四项清单，而且要通过评价企业的优势、劣势、机会、威胁，对 SO、WO、ST、WT 进行选择，并得出结论，即在企业现有的内部条件和外部环境下，选择最合适的策略，最终形成分析报告。SWOT 分析报告的结构如表 3-4 所示。

表 3-4　SWOT 分析报告的内容

项目	内容
标题	简短性语句概括全篇内容
正文	前言，主要是背景介绍或者说明分析目的 介绍企业自身发展的状况 明确企业的内外部环境变化及其发展趋势 运用 SWOT 分析法进行列表分析
结论	确定企业的发展战略和营销策略

需要指出的是，以上的分析都是相对而言的。因为随着医药市场营销环境的改变，企业所面临的机会和威胁都可能在不断的发生变化。这一切的变数全要依靠企业充分重视医药市场营销环境的研究分析工作，并及时相应调整营销策略，使医药市场营销环境向有利于企业生存发展的方向变化，使之成为企业发展的加速力。

岗位情景模拟 3-4

情景描述　习近平在二十大报告中指出"当代中国青年生逢其时，施展才干的舞台无比广阔，实现梦想的前景无比光明"。职业规划是大学生的梦想，全面了解自己、所学专业和职业竞争环境，思考如何实现个人价值与国家发展相结合，对大学生活和以后的职业生涯进行规划是非常必要的。请你运用 SWOT 分析法完成下列要求。

要　　求

1. 用 SWOT 分析法对自身情况、所学专业、医药行业和就业环境进行分析。
2. 对自己以后的发展和职业生涯进行规划，制定应对措施，撰写个人 SWOT 分析报告。

答案解析

✍ 实践实训

【案例分析】

挂网议价药品纳入重点监管范围

上海药事所定期公布超"黄线"幅度较大采购品种名单。2020 年 12 月份药品挂网公开议价超"黄线"幅度较大采购品种名单，18 个品种在列。其中，10 个为新申请品种，8 个为原在用品种。对超"黄线"幅度较大的品种，医疗机构需要重新议价。

原在用品种中，排在前三的则是苏州中化的注射用头孢曲松钠、信立泰的注射用头孢呋辛钠、浙江天瑞药业的甲硝唑氯化钠注射液。山东北大高科华泰制药的注射用盐酸罂粟碱、湖北一半天的复方氨基酸注射液（18AA）、广州万正药业的葛根素注射液、遂成药业的盐酸川芎嗪已多次被列入超"黄线"幅度较大名单。

根据上海市发布的《关于全面实施药品挂网公开议价采购的通知》和《关于进一步完善全面实施药品挂网公开议价采购有关事项的通知》要求，上海"阳光平台"将向医疗机构推送议价参考，并采用"绿线参考，黄线提醒，红线拦截"方式实施询价议价。

目前全国已有多地推行相同策略，对药品价格进行全方位、智能化监管。在价格联动政策下，药品不仅很难在某地保持高价销售，同类药品间的价格差距也将进一步拉齐。

问题：

（1）搜集资料，分析超"黄线"幅度较大采购品种为什么被点名，而且要重新议价？

（2）查找资料，谈谈医药企业在生产经营过程要遵循哪些要求？

分析要求：

（1）学生小组讨论分析案例提出的问题，形成小组《案例分析报告》。

（2）各小组代表发言，并进行相互评价。

（3）教师进行点评。

【综合实训】

二票制和配送：打破医用耗材市场格局

（一）实训目的

通过实训，了解目前医疗器械和医用耗材行业的发展趋势，学会运用 SWOT 分析法对该行业的环境因素进行分析，准确判断市场机会和市场威胁，有针对性地为行业内企业提出适应环境的策略。

（二）实训要求

1. 运用 SWOT 分析法的基本原理，进行环境分析。
2. 学生分成若干组，每组 4~6 人，以小组为单位，按操作步骤进行。
3. 分小组写出环境分析报告，制作 PPT 陈述。

（三）实训内容

1. 实训背景

2016 年 4 月 26 日，国务院正式发文，明确医改试点省份推广"两票制"，按国务院 26 号文的规定，当年之内"两票制"在国家医改试点省份必须落地。

（1）二票制对高值耗材生产企业和代理商的影响　因为目前中国高值耗材招标都以省标为单位，在二票制的市场环境中，只有省内一级代理商才能生存下去，高值耗材的市场格局发生改变，高值耗材市场面临洗牌，中小型的代理商出局已成为现实，作为高值耗材生产厂家要对市场布局和价格体系等因素做重新调整。

（2）二票制和配送对普通耗材和检验试剂生产企业和代理商的影响　普通耗材和检验试剂的招标是以市标为主，这就要求以前采取省代模式的医疗器械生产厂家必须渠道下沉，形成以地级市代理商为核心的市场格局。

（3）二票制和配送的医用耗材新形势下的受益者　随着中小型代理商的出局，以国药为首的大的商业公司业绩会获得爆发式的增长，在行业的影响力，网络建设，资金，实力会达到新的高度。随着中小型医用耗材生产企业的出局，知名医用耗材的一线品牌业绩也获得大幅的提升。

（4）二票制和配送还有利于推动医药和医用耗材第三方物流发展，规范行业秩序　新形势下的医用耗材代理商：淘汰一批，转型一批。新形势下的医用耗材生产企业面临的问题是市场格局重新布局，依托大的商业公司，开发新渠道。

（5）一票制　一旦医用耗材领域的二票制顺利落地并执行，接着针对医疗设备市场，一票制就会来临，2016 年 3 月 16 日，福建三明对医疗设备就已经实行一票制，在一票制的市场环境下，99% 的做医疗设备代理公司将消失，医疗设备与医用耗材最大的不同在于，医疗设备不涉及到后续的产品配送，有利于降低医疗设备的成交价，但降低医疗设备的成交价最核心的因素在于竞争态势，凡是进口产品占据领导地位的品类如种植牙，价格都很高。凡是国产产品占据领导地位的品类如监护仪，心脏支架等，价格都很低，可见，通过招标等其他手段降低医疗器械的价格只能治标不能治本，降低医疗器械的价格最终还是要扶持国产医疗器械。

2. 操作步骤

第一步：认真阅读实训背景案例，通过文献资料调查进一步了解目前医用耗材企业面临的环境因素。

第二步：列出目前医用耗材企业面临的环境中的优势、劣势、机会、威胁（参考教材的 SWOT 表，列示在 SWOT 表中）；

第三步：为医用耗材企业制定相应的战略和策略；

第四步：最终形成一份 SWOT 环境分析报告。

（四）实训评价

评价内容包括：基本知识和技能、准备工作、分析能力、表达能力、合作能力等，具体内容如表

3 – 5。

表 3 – 5 实训评价表

考核项目	考核标准	配分	得分
准备工作	对背景案例和文献资料的归纳清晰	10 分	
SWOT 分析表	对环境中的 S、W、O、T 的内容分析全面准确	20 分	
应对策略	制定的相应策略准确有针对性	20 分	
撰写环境分析报告	格式清晰，表达较有条理	20 分	
PPT 陈述	PPT 制作清晰有条理，语言表达流畅	10 分	
团结协作	组内成员分工合理、团结协作	20 分	
合计		100 分	

目标检测

答案解析

一、单项选择题

1. 恩格尔系数越大，说明这个家庭（或国家）的生活水平（　　）

　　A. 越高　　　　　　　B. 越低　　　　　　　C. 不变　　　　　　　D. 难以确定

2. 购买商品和服务供自己消费的个人和家庭，被称为（　　）。

　　A. 生产者市场　　　　B. 消费者市场　　　　C. 转售市场　　　　　D. 组织市场

3. 旅游业、体育运动消费业、图书出版业及文化娱乐业为争夺消费者而相互竞争，它们彼此之间是（　　）。

　　A. 愿望竞争者　　　　B. 普通竞争者　　　　C. 产品形式竞争者　　D. 品牌竞争者

4. 以下哪项是医药企业营销环境最重要的微观环境因素，是企业服务的对象，也是企业的目标市场（　　）。

　　A. 供应商　　　　　　B. 经销商　　　　　　C. 顾客　　　　　　　D. 公众

5. 下列不属于微观环境的因素是（　　）。

　　A. 竞争者　　　　　　B. 供应商　　　　　　C. 顾客　　　　　　　D. 亚文化群

二、多项选择题

1. 市场营销环境的特征是（　　）。

　　A. 客观性　　　　　　B. 不可控性　　　　　C. 动态性

　　D. 复杂性　　　　　　E. 相关性

2. 营销中介主要指协助企业促销、销售和配销其产品给最终购买者的机构，包括（　　）。

　　A. 中间商　　　　　　B. 物流公司　　　　　C. 营销服务机构

　　D. 金融机构　　　　　E. 劳务公司

3. 从消费需求的角度划分，竞争者分为（　　）。

　　A. 愿望竞争者　　　　B. 随机型竞争者　　　C. 普通竞争者

　　D. 产品形式竞争者　　E. 品牌竞争者

4. 下列属于社会文化的因素有（　　）。

　　A. 宗教信仰　　　　　B. 风俗习惯　　　　　C. 伦理道德

D. 价值观念 　　　　　E. 地形地貌

5. 在进行经济环境分析时应着重分析的经济因素有（　　）。

A. 消费者需求变化 　　B. 消费者收入 　　　C. 消费者支出模式

D. 消费者储蓄情况 　　E. 消费者信贷情况

三、判断题

1. 微观环境与宏观环境之间是一种并列关系，微观营销环境并不受制于宏观营销环境，各自独立地影响企业的营销活动。（　）

2. 企业可以按自身的要求和意愿随意改变市场营销环境。（　）

3. 营销活动只能被动地受制于环境的影响，因而营销管理者在不利的营销环境面前可以说是无能为力。（　）

4. 产品形式竞争者和品牌竞争者是不同行业的竞争者。（　）

5. 同一种环境变化对不同企业的影响是不同的。（　）

四、思考题

1. 简述医药市场营销环境的含义及分析市场营销环境的意义。

2. 宏观营销环境与微观营销环境对企业营销环境的影响有哪些不同？

3. 简述 SWOT 分析法的含义。

书网融合……

知识回顾 　　　微课1 　　　微课2 　　　习题

（周凤莲）

项目四　医药市场购买行为分析

学习引导

伴随着医药市场的激烈竞争，企业进一步认识到营销活动要做到满足顾客不断变化的需求，就要分析各类顾客购买行为的产生和形成，研究影响和制约顾客购买行为的因素，找出购买行为的规律性。消费者购买行为和组织购买行为，由于购买目的、商品用途、购买者角色、购买方式等方面的不同，两类购买行为存在差异、各有特点。企业必须搞清楚特定的购买者行为及其与营销活动的关系，以制定与之相适应的营销策略。

本项目的主要内容是认知医药消费者市场和医药组织市场的概念、特点，分析消费者购买行为及其购买过程，分析组织购买行为及购买过程。

学习目标

1. **掌握**　医药消费者市场分析的内容、购买行为模式、购买决策过程，影响医药组织购买决策的因素。

2. **熟悉**　医药消费者市场的特点、影响消费者购买行为的因素，医药组织市场的特点和组织购买行为分析。

3. **了解**　医药消费者市场的概念、购买行为类型，医药组织者市场的概念和类型。

任务一　医药消费者市场购买行为分析

PPT

一、医药消费者市场概念　微课1

消费者需求是人类社会的原生需求，消费者市场是企业为之服务的最终市场。医药消费者市场是指个人或家庭为了满足其医疗保健等生活需要而购买医药产品和接受服务所形成的市场。医药消费者市场是一切医药市场的基础，是最终起决定作用的市场。随着消费者购买能力的提升，整体文化素质和自我保健意识的提高，人们越来越讲究生活质量，不仅扩大了医药市场的规模，而且对医药产品的品种、质量、疗效、剂型、包装等都提出了更新的需求。这让广大医药企业既看到了希望，同时也提出了新的挑战。只有动态地研究分析消费者市场的全面情况，提供适销对路的医药产品，并采取恰当的营销策略，才能把握这样的市场机会。

二、医药消费者市场的特点

1. 医药消费者市场规模大　中国人口基数庞大，目前医疗卫生条件和水平正在进一步提高。中国经济日趋发展，虽然人们还是比较偏重于疗效确切、价格低廉的药品，但近年来人们的健康意识逐渐增强，人们对医疗保健的需求也越来越多，预示着随着中国人均收入和用药水平的提高，医药市场前景将是无比巨大的，这也是国外很多的大型跨国医药制药企业纷纷进入中国市场的一个重要原因。

2. 经济发展不平衡，乡镇市场潜力大　中国各地区的经济发展不平衡，城乡差别依然存在，表现在医药产品的使用上也是如此。农村市场在药品品种、质量价格、用药知识、用药观念与用药习惯等方面均与城市之间存在着较大的差距。二十大报告提出，"全面推进乡村振兴"，"发展壮大医疗卫生队伍，把工作重点放在农村和社区"。这些战略举措将大大保障和改善农村的基本医疗，乡镇农村医药市场增长潜力巨大，开发第三终端市场正逐步成为医药经济中新的增长点。

拓展链接

不同地区对保健品需求的差别

某市场研究公司曾对全国较发达的沿海地区 17 个大、中城市的保健品、药品市场进行了一次调查。调查结果显示：南北消费者对保健品的需求存在很大的差异性。南方消费者较为重视个人形象问题，对于治疗色斑等具有美容功能的保健品及补血类保健品的需求较大；而北方消费者则对补脑、补钙类保健品及调节血压、血脂类保健品需求较大。对于调节肠胃类保健品，南方以治疗肠胃不适、食欲不振的产品为主，北方则以治疗便秘的产品为主。形成差异的主要原因与两地的地理环境及饮食习惯有关。南方由于接近赤道，日照时间长，因此皮肤容易产生暗疮、色斑等问题；加之南方天气潮湿闷热，易使人食用清淡的食物，且以精细粮食为主，造成蛋白质摄入量不足，较易患有贫血等营养不良症状，因此对于去痘、去斑等美容养颜保健品的需求较大。而北方气候干燥、温差变化大，饮食方面喜欢大鱼大肉等高脂肪食物，故较易患有便秘、高血压、高血脂类疾病，因此治疗便秘、调节血压、血脂类保健品在该地区的需求较大。同时，北方地区消费者一向有补充钙质的生活习惯，故补钙产品在北方的市场容量也较南方大。

3. 非知识性和被动性　由于医药产品在使用过程中需要相对多的专业知识，而大部分消费者并不具备医药学知识，因此缺乏鉴别药品质量的能力，仅凭药品外包装根本无法衡量药物的疗效和价值，所以其非知识性的特点可谓特别突出。人们或者习惯于听从医生的"命令"，由医生来决定用药的品种、数量和方式；或者容易受到药品广告宣传、药品促销员的推荐、患者和朋友等的影响等。但这并不是意味着医药企业可以无视消费者的基本权益（如知情权），相反应该采用合适的方法，开展消费者相关消费教育，科学合理指导消费者用药。

4. 消费上的单一性和多样性并存　消费者购买药品的目的只有一个，那就是防病治病，最终实现身体康复的需要，这就是药品消费目的的单一性，其需求的可诱导性相对于其他消费市场要小得多。但由于存在消费者个体上的差异，如民族传统、宗教、经济收入、文化程度、风俗习惯、兴趣爱好、性别、年龄、职业等的差别，消费者对于医药产品的需求会呈现出多样性和差异性，使其在药品的购买行为方面产生一定的区别。如有的关注价格、有的关注品牌、有的关注服务、有的关注疗效、有的关注服用的方便性、有的关注广告宣传、有的自己能够简单诊断、有的完全听从别人的意见等等。所以要求医药企业充分认识到消费者方面的差异性，针对不同特征的消费者采取相应的营销策略，更好地满足消费者的需要。

5. 消费需求的急迫性和安全性　消费者需要购买药品时，往往是在疾病或亚健康状态下，因此对医药产品会表现出需求的急迫性。药品的特殊性使其区别于其他商品，消费者更加重视用药的安全性，选择医药产品时也会十分慎重，经常在购买和使用过程中要有医生或药师参与。

三、医药消费者市场分析的内容

企业营销部门对市场进行研究，通常要围绕"5W1H"展开消费者市场的分析工作。这"5W1H"是指：购买者和决策者是谁（Who）、为何购买（Why）、购买什么（What）、何时购买（When）、在哪里购买（Where）和如何购买（How）等。这六项内容可以说涵盖了市场营销人员在进行消费者市场分析时所需掌握的全部情况，也是搞好医药企业市场营销的前提和基础。例如，一家医药经营企业在购进药品时，它事先必须经过分析研究，回答以下几个问题：目前市场上最需要什么药品，即什么药品畅销？顾客为什么要购买这种药品？哪一类顾客会选用这类药品？他们通常在什么时间或季节购买这类药品？顾客通常会是在医院还是药店购买此药品？他们会如何进行购买？

1. 购买者和决策者　了解谁是购买者，主要是要求医药企业了解特定药品的购买者情况，这是企业研究消费者市场的基础和开始。例如，OTC 药品的概念和特点决定了 OTC 药品的购买者是成年人，有一定用药经验和疾病判断能力，可自主支配药品费用、医疗保健意识强。

在购买过程中，参与的人员可能会扮演不同的角色：发起者、影响者、决策者、购买者和使用者等。有时购买药品的决策者似乎是患者本人，但实际上可能受到了其家庭成员或执业医生的决定性影响；儿童药品的消费者是儿童，决策者和购买者一般是父母；家庭中，妻子可能帮助丈夫和长辈购买保健品和药品。五种角色有时可以集中在一个人身上，有时也分别由不同的人扮演。这时，医药企业的产品特性和各种促销方法，就必须尽量符合那些真正具有决定或影响力的顾客的需求。

（1）倡议者　首先想到并提出要购买某种药品的人，一般是患者或患者的亲朋，包括儿童、老人、男性、女性患者等。

（2）影响者　对最终的购买决定有直接或间接影响的人，包括家人、朋友、医院医生、药店工作人员、药品促销人员、广告代言人等。

（3）决策者　最后决定整个购买意向的人，如买不买，买什么，买多少，怎么买，什么时候买或到哪里买等。可以是家长、妻子、丈夫、长辈等。

（4）购买者　购买行动的实际执行人。

（5）使用者　所购药品的最终使用者，一般为患者本人。

> **即学即练 4 –1**
>
> 答案解析
>
> 　　退休职工李老太太的老同事王老太太发现市场上有一种老年保健品，听推销员小张介绍对改善老年人的记忆和睡眠有很好的效果，于是建议李老太太购买服用这种保健品。李老太太不敢贸然购买，回家问当医生的女儿，女儿了解情况后亲自给母亲购买了这种保健品。
>
> 　　问题：这个案例中涉及的人物分别承担了购买过程中的哪种角色？

作为营销人员应该了解在购买过程中，谁是决策者、谁是参与者、谁是影响者、从而有针对性地开展促销活动，才会收到良好的效果，如表4–1所示。

表 4-1　针对决策者的营销活动

决策者	针对决策者的营销活动
医生	医药代表向医生宣传药品；企业赞助医药研究会议等。
儿童家长	广告中的母婴画面，强调儿童用药的安全性、便利性和依从性
老人的子女	选择中青年经常接触的广告媒介，广告中孝敬爸妈的诉求等
有经验的病友	加强服务提高患者的满意度
执业药师、药店店员	开展店员培训、店员销售竞赛，在药店中张贴 POP 广告等

2. 为何购买　为何购买即消费者的购买目的。随着大病进医院，小病进药店的流行就医购药趋势，消费者对于能够进行自我诊断的常见病并且能根据病症判断缓解程度的情况下，往往会选择自行到药店购药。也有购买目的是购买礼品而进药店的，比如，购买保健品或医疗器械作为礼物赠送他人。

世界卫生组织提倡自我保健、自我药疗。据调查显示，消费者购买 OTC 药品的原因有以下几点：治疗小病痛、方便、省时、节约费用。99% 的消费者表示：他们去药店购买 OTC 最主要的原因是得了小毛病，自己能够察觉症状并且判断缓解的程度。所以，服用 OTC 药品是消费者治疗日常小病最常用的方法，患者大大节省了他们去医院排队看病、等待治疗的时间。同时，非处方药的市场销售价格比处方药便宜，因此消费者可以节约费用。

3. 购买什么　药品的质量、疗效、毒副反应、起效速度、安全性、服用方便性、口感、包装、说明书、疗效、品牌等，是消费者选择药品时比较注重的内容。在研究消费者购买什么时，除了要回答企业目标顾客最想得到的产品和服务以确定企业的市场营销定位外，更重要的是市场营销人员要掌握企业目标市场中的消费者在购买药品时所关心的是什么、考虑的是什么、担心的又是什么等内容。由于消费者的差异性，不同消费者在购买同一类药品时价值取向不可能完全一样，他们在药品的疗效、服务、毒副作用、价格、品牌等方面的关注程度会有差别，也有人注重广告宣传或完全听从医生的建议。消费者购买 OTC 药品因为治疗的疾病类别、制造商、品牌、价位、剂型、包装等的不同而存在区别，在医药看病住院用药还会因为是否进入医疗保险报销目录而不同。医药企业在市场营销中应该很好地把药品的利益与消费者的需要结合起来，解决其根本问题，使需求得到充分的满足。

4. 何时购买　何时购买就是研究、了解药品消费者在一年中的哪个时间段进行了哪些产品的购买行为，并寻找出其中的规律性特点。由于药品作用的特殊性，通常消费者什么时候生病就什么时候购买药品，所以一个消费者何时购买药品是不确定的。用于常见病、多发病的 OTC 药品，一般质量稳定、保质期长，消费者一般会在患病时去购买、方便时购买和顺便购买等多种购买时间选择。

从医药市场总体上考察，与其他商品相比，药品更具有季节性。如一年中，夏季是中暑和腹泻疾病的高发期，因而会加大对解暑药和止泻药等用药的需求；春季是多种传染疾病高发期，因而会加大对流感用药和抗病毒用药的需求；秋冬季是上呼吸道感染的高发期，因而会加大对感冒咳嗽用药的需求。掌握消费者在购买药品时可能存在的时间性规律后，就可以在生产和经营上有一定的提前量，以把握最佳的销售时机，扩大药品销售。

此外，也存在一些节令性的消费，如在重阳节、父亲节、母亲节，不少消费者会购买一些保健品作为馈赠亲友的礼品。营销策划人员可以通过市场调查，将有关信息纳入营销计划中，在产品推向市场、产品设计与包装、价格、广告等方面进行及早的准备。

5. 何处购买　消费者的购药地点主要有医院（医疗机构）和药店（包括实体药店和网上药店），由于病情不同、药品种类不同及国家政策的原因，可能会造成购买 OTC 药品或处方药的地点不同，从而导致营销策略也各异，企业必须根据所生产经营药品的种类进行相应的调整。

处方药的销售由于受医生处方的限制，其主要销售渠道为医院。消费者由于受到专业知识的限制，自主消费的情况很少发生，多由医生决定用药的品种和数量，以服从型消费为主。医院终端用药还受当地《基本医疗保险目录》的限制，医药企业所要做的工作是一方面力争使本产品进入医保目录中，另一方面做好药品对医院和医生的推广宣传工作，从而达到扩大药品销售的目的。

购买 OTC 药品的消费者可以去医院或药店。消费者愿意选择医疗保险定点的医院或药店购买医疗保险目录中的 OTC 药品；关注价格的消费者或者长期用药的消费者宁愿去平价药房；注重质量的消费者更愿意去大型的连锁药店买药，可见药店是 OTC 药品的主要销售渠道。

6. 如何购买　如何购买研究的是消费者购买药品的购买方式和支付方式。购买方式，主要指消费者获得商品的方式，如现场购买、邮购、代购、网上购买等；支付方式，主要指消费者进行货款结算的方式，如现金结算、信用卡结算、提前预付、延期付款等付款形式。

消费者如何购买，受到购买者的经济收入、受教育程度、兴趣及喜好、专业知识、性格特点、地点、时间等因素的影响。药品是特殊商品，在选购药品时购买者目标比较明确，偶尔咨询药师，讨价还价现象少，一般当场钱货两清，优先选择用医保卡支付。针对医药消费者如何购买的情况，应"如何购买就如何服务"，完善医保、合作医疗、银行与药店和医院的系统对接，方便各种结算方式，给消费者提供便捷。

>> **岗位情景模拟 4 -1**

　　情景描述　药店营业员每天需要接待形形色色的顾客，他们有着不同的购买动机、需求和购买习惯，例如，消费者群是哪些人？他们购买什么商品？消费者为什么购买这些商品？是为谁购买？为什么从多种医药产品中选购了某种品牌的药品？为什么消费者对广告的态度不相同？为什么消费者经常惠顾某家医药连锁药店？他们习惯以什么方式进行购买？假如你是药店店员，观察药店顾客的购药行为表现，适时地针对这些问题对药店的顾客进行调查并记录。
　　要　　求
　　1. 利用课余时间到药店亲身观察 10 位以上顾客的购药行为。
　　2. 运用所学内容，比较顾客举止、行为的异同，适时询问有关 5W1H 的内容。

答案解析

四、医药消费者购买行为分析

（一）医药消费者购买行为模式

医药消费者购买行为指消费者为了满足自己的某种需求，在寻找、购买、使用以及评估医药产品营销或服务时所表现出的行为。消费者的行为受消费心理活动支配，消费者的一般行为模式为 S - O - R 模式，即"刺激—个体—反应"模式，"S"代表刺激（stimulus），"O"代表有机体（Organism）的生理、心理特征，"R"代表反应（Response）。也就是说个体通过刺激，经过心理活动，最后产生反应。

该模式表明消费者的购买行为是由刺激所引起的，这种刺激可能来自于消费者内部的生理、心理因素，也可能来自于外部的环境和营销手段的刺激等。消费者在内外部各种因素的刺激下，就产生了购买动机，继而在动机的驱使下，做出购买商品的决策，并实施购买行为。这个过程中，刺激和反应是外显的，但中间过程（消费心理活动）是复杂而且无法看到的，所以消费者心理过程被称作消费者购买行为的"暗箱",如图4-1所示。

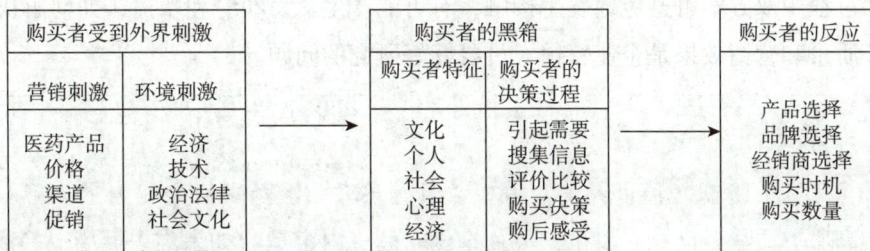

图4-1　购买者行为模式

消费者购买行为的"刺激—反应"模式揭示了消费者购买行为的规律,对解释消费者的购买行为具有普遍意义,同时也为企业的产品营销和服务提供了依据。这一模式表明,消费者最终的购买行为取决于内外部刺激及消费者本身的心理过程。也就是说,营销刺激以及其他刺激被消费者认知后,购买者的特征和决策过程最终导致了购买决策。因此,向消费者提供适当的、符合消费者内在心理活动发生发展规律的刺激,才能比较顺利地促使消费者形成购买决策,最终完成购买。

（二）影响医药消费者购买行为的因素 微课2

分析影响消费者购买行为的因素,对于企业正确把握消费者购买行为,有针对性地开展市场营销活动,具有极其重要的意义。影响消费者购买行为的主要因素有消费者个人因素、社会因素、心理因素、企业和产品因素等。

1. 个人因素　消费者购买行为首先受其自身因素的影响,特别是受其经济状况、年龄、职业、生活方式、个性以及自我观念的影响。

（1）经济状况　消费者的经济状况会强烈影响消费者的消费水平和消费范围,并决定着消费者的需求层次和购买能力。消费者经济状况较好,就可能产生较高层次的需求,购买较高档次的商品,例如:收入水平高的消费者比较注重自身的保健,因而对一些高档的保健品需求较多;而收入水平低的消费者在购买药品时往往喜欢价格低廉而疗效又确切的药品。

（2）消费者的职业　不同的职业决定着人们不同的需要和兴趣。例如,同是患感冒,司机和高空作业者就不能服用含有扑尔敏成分的抗感冒药。一般说来,营销者应当分析哪种职业的人们对自己的产品或服务感兴趣。

（3）消费者的年龄与性别　消费者对产品的需求会随着年龄的增长而变化,在生命周期的不同阶段,相应需要各种不同的医药产品。例如,在儿童时期对于补铁、补锌的产品需求量大;而在老年期,则更多需要保健和延年益寿产品。不同性别的消费者,其购买行为也有很大差异。如男性消费者对于补肝、补肾的产品需求量较大,而女性消费者对于补血、补钙的产品需求量较大。针对消费者因年龄和性别的不同,消费需求和消费习惯也不同,在许多医药市场上就采用年龄和性别作为市场细分的标准。

（4）消费者的性格与自我观念　性格是指一个人特有的心理素质,通常用刚强或懦弱、热情或孤僻、外向或内向、创意或保守等去描述。不同性格的消费者具有不同的购买行为,正是个性心理特征,才使其购买行为复杂多样。如性格保守的人多不愿意尝试新药,性格内向的人在选购商品过程中比较谨慎等。与此相关的另一个概念是购买者的自我价值观念,它也是影响消费者行为的一个重要因素。如自我保健和自我药疗意识强的人,去药店和医院的次数就会增加。医药市场营销人员必须了解目标市场可能存在的个性特征及自我观念,推出的产品和服务应当符合目标消费者的个性及自我价值观念的实现。

消费者不同的性格和气质类型有不同的购买行为，而营销人员不同性格类型又有不同的销售行为表现，在交易活动过程中双方不可避免地发生接触，有可能产生交易纠纷和摩擦，如何解决双方的摩擦和矛盾而提高服务质量和营销效果是企业营销人员要好好研究的问题。

> **即学即练 4 - 2**
>
> 3月15日正值世界消费者权益日，某大型医药零售企业为了改善服务态度，提高服务质量，向顾客发出意见征询函，调查内容是"如果你去商店退换商品，营业员不予退换怎么办？"要求被调查者写出自己遇到这种事情是怎么做的。其中有这样几种答案。
>
> （1）耐心诉说　尽自己最大努力，慢慢解释退换商品的原因，直至得到解决。
>
> （2）自认倒霉　向商店申诉也没有用，商品质量不好又不是商店生产的，自己吃点亏，下回长经验。缺少退换的勇气和信心。
>
> （3）灵活变通　找好说话的其他营业员申诉，找营业组长或值班经理求情，只要有一个人同意退换就有望解决。
>
> （4）据理力争　决不求情，脸红脖子粗地与营业员争到底，不行就向报纸投稿曝光，再不解决就向工商局或消费者协会投诉。
>
> 问题：这是针对影响消费者行为的什么因素进行的调查？营销人员为什么要了解这些？

答案解析

（5）生活方式　生活方式指人们在生活中所表现的兴趣、观念等。由于社会生活的复杂化，人们的生活方式可以说千差万别。即使是来自同一社会阶层，甚至是相同的职业、相同的地位，生活方式也不尽相同。不同的生活方式会产生不同的需求特征和购买行为。例如，经常出席各种社交场合的人往往注重自己的形象和身材，这样对医疗美容产品及保健减肥产品的需求较大。

2. 社会因素　人是生活在社会之中的，消费者的购买行为将受到诸多社会因素的影响，包括社会文化、相关群体、家庭、社会角色与地位等。

（1）社会文化　文化通常是指人类在长期生活实践中建立起来的价值观念、道德观念以及其他行为准则和生活习俗。它是决定人们需求行为的基本因素之一。任何人都在一定的社会文化环境中生活，认识事物的方式、行为准则和价值观念都会区别于不同社会文化环境中的人们。

任何文化都包含着一些较小的亚文化群，它们以特定的认同感和影响力将各成员联系在一起，使之持有特定的价值观念、生活格调与行为方式。这种亚文化群有许多不同类型，其中影响购买行为最显著的主要有：①民族亚文化群，不同的民族，如汉族、回族、藏族、维吾尔族等，有其独特的风俗习惯和文化传统，也产生了许多民族用药，如蒙药、藏药、苗药等；②宗教亚文化群，以中国来说，就同时存在着伊斯兰教、佛教、天主教等，他们特有的信仰、偏好和禁忌在购买行为和购买种类上表现出许多特征；③地理亚文化群，如中国华南地区与西北地区，或沿海地区与内地偏远地区，都有不同的生活方式和生活时尚，从而对药品的购买也有很大不同。

（2）相关群体　相关群体是指消费者在日常的学习、工作、生活、社交中建立起来的相对稳定的各种社会关系，如亲戚、朋友、同学、同事、邻居等。人们在生活中的各种行为，无时无刻不受到各种相关群体的影响。研究相关群体对消费者行为的影响，对企业的营销活动十分重要，因为人们在消费上有很强的模仿性和可诱导性。

家庭是消费者最基本的相关群体，因而家庭成员对消费者购买行为的影响显然最强烈。现在大多数市场营销人员都很注意研究家庭不同成员，如丈夫、妻子、子女在商品购买中所起的作用和影响。如果认为只有妇女才是他们产品唯一的或主要的购买者，那将在市场营销决策中造成很大的失误。在家庭的购买活动中，其决策并不总是单方面做出的，有些价值昂贵或不常购买的产品，往往由夫妻双方包括已长大的孩子共同做出购买决定。

相关群体是消费者经常接触，关系较为密切的一些人，是影响消费者购买行为的重要因素。由于经常在一起学习、工作、聊天等，消费者在购买商品时，往往会受到这些人的影响和评价，有时甚至是决定性的影响。如医患关系中医生对患者用药品种的影响；患者组织中，一些重、慢性病患者间的相互交流对患者选药的影响。

企业营销应该重视相关群体对消费者购买行为的影响作用，利用相关群体的影响开展营销活动，还要注意不同的商品受相关群体影响的程度不同。商品越特殊、购买频率越低，受相关群体影响越大。对商品越缺乏知识，受相关群体影响越大。

即学即练 4–3

答案解析

请同学们结合实际谈一谈在选择和购买 OTC 药品或处方药品时，相关群体中分别是谁对你的影响最大，为什么？

3. 心理因素　消费者心理是指消费者在购买和消费商品过程中的心理活动，它支配着消费者的购买行为。影响消费者购买的心理因素有动机、感受、态度、学习。

（1）动机　需要是人们对于某种事物的要求或欲望，需要引起动机，动机导致购买行为。就消费者而言，需要表现为获取各种物质需要和精神需要，如马斯洛的"需要五层次"，即生理需要、安全需要、社会需要、尊重需要和自我实现的需要。消费者购买动机是消费者内在需要与外界刺激相结合使主体产生一种动力而形成的。例如，某消费者患了感冒，便会产生去药店购买治疗感冒药的动机。

在实际生活中，普遍的购买动机更多表现为心理动机，如求实、求廉、求安、求新、炫耀等。企业针对不同购买动机的消费者，在产品中突出能满足他们购买动机的特征或特性，并设计不同的市场营销组合策略，往往能取得良好的经营效果。

拓展链接

太太口服液激发女人的购买动机

太太口服液在各个阶段的传播，都在努力寻找消费者的共鸣点，引领当时的消费时尚。在广告中，太太口服液向女性提示：失去美丽的根本原因在于"虚"。美丽和光彩是女性的财富，当发现将失去这些时，再现青春的光彩便成了女性潜在的需求，而太太口服液正是以补虚美容为主要产品诉求点的保健品。同时，以紧贴女性内心、充满情感的广告语"做女人真好""十足女人味""滋润女人，让美丽飞扬"等来满足女性精神需求，从而诱发购买动机。

启示：购买行为由需求动机所支配的，挖掘人们潜在的需求动机，抓住女人爱美的心理，突出自己产品的诉求点，是成功启动市场销售的关键。

（2）感受　消费者购买时如何行动，还要看他对外界刺激物或情景的反应，这就是感受对消费者购买行为的影响。感受指的是人们的感觉和知觉。感觉是人脑对直接作用于感觉器官的客观事物个别属性的反映；知觉是人脑对直接作用于感觉器官的客观事物整体属性的反映。感觉是知觉产生的基础，知觉是高于感觉的心理活动，知觉是理解了的感觉，知觉是对事物进行解释、加工的过程。

感受对消费者的购买决策、购买行为影响较大。在刺激物或情景相同的情况下，消费者有不同的感受，他们的购买决策、购买行为就截然不同。分析感受对消费者购买影响的目的是要求企业营销者掌握这一规律，充分利用企业营销策略，把医药产品的特点充分展现给消费者，引起消费者的注意，加深消费者的记忆，使消费者正确理解各种促销宣传，对产品产生最佳的感受，激发其购买。

（3）态度　态度通常指个人对事物所持有的喜欢与否的评价、情感上的感受和行动倾向。作为消费者，态度对消费者的购买行为有着很大的影响，具体表现为对产品的喜欢或不喜欢，从而决定购买或不购买。研究消费者态度的目的在于企业充分利用营销策略，让消费者了解企业的产品，帮助消费者建立对本企业的正确信念，培养对企业商品和服务的情感，让本企业产品和服务尽可能适应消费者的意向，使消费者的态度向着有利于企业的方面转变。

（4）学习　学习是指由于经验引起的个人行为的改变。即消费者在购买和使用商品的实践中，逐步获得和积累的经验，并根据经验调整自己购买行为的过程。

学习是通过驱策力、刺激物、提示物、反应和强化的相互影响、相互作用而进行的。企业营销要注重消费者购买行为中"学习"这一因素的作用，通过各种途径给消费者提供信息，如重复广告，目的是达到加强刺激，激发驱策力，将人们的驱策力激发到马上行动的地步。同时，企业产品和提供服务要始终保持优质，消费者才有可能通过学习建立起对企业品牌的偏爱，形成其购买本企业商品的习惯。消费者的学习模式如图4-2所示。

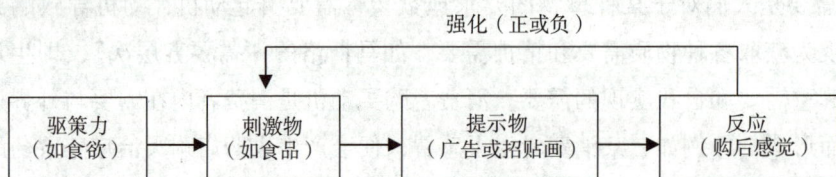

强化（正或负）

| 驱策力
（如食欲） | → | 刺激物
（如食品） | → | 提示物
（广告或招贴画） | → | 反应
（购后感觉） |

图4-2　学习模式

4. 医药产品因素　产品质量是医药产品的生命，在相同市场和同类医药产品的条件下，产品质量的优劣是影响消费者购买的重要因素。医药产品主要是药品、保健品等，消费者使用医药品的最终目的是获得身体的康复，所以知名品牌的医药产品和一些疗效确切、不良反应少、剂型优良的药品成为影响消费者购买的一个主要因素。以药品为例，其本身的因素主要有以下几种。

（1）药物的疗效　药品的质量是药品的生命，药物的疗效是药品质量最重要的组成。患者用药的目的只有一个即获得身体的康复。所以疗效确切、毒副作用小、大众口碑好的药品有利于消费者的下次再购买，进而有利于药品的销售。

（2）药物的剂型　药物的剂型可影响药物的吸收程度和服用的方便性。因而不同剂型的药物可影响药物的疗效和销售情况，例如同一药品的缓控释制剂，由于可延长作用时间，减少服用次数，从而提高患者的依从性，因此受到老年患者、儿童患者及健忘患者的青睐。

（3）药物的包装　新产品容易被消费者接受的一个原则就是小包装。考虑到药品的有效期和储存的方便性，同一品种的不同包装中，小剂量、小包装产品较大包装更受到消费者的欢迎。

（三）医药消费者购买行为的主要类型

消费者的购买行为是指消费者在具体购买医药产品时所表现出来的心理和行为特征。按照消费者的行为表现可以将其分为很多类型，营销人员必须研究每种类型顾客的特点、对待事情的反应态度等，找出对策，分别进行应对。

1. 按消费者的购买态度划分

（1）谨慎型顾客　这类顾客个性冷静、性情沉着，对事情不会立即下结论，一定要了解透彻后再做决定，往往受教育程度较高，善于思考，凡事三思而后行。这类消费者在实际购买以前，对于自己所要购买的商品，持十分慎重的态度。事先都经过较周密的考虑和反复的比较，所以在购买时早已胸有成竹，或者具备相应的医学和药学专业知识，因而不会贸然做出购买行动。

对待这种类型的顾客，营销人员需要具备充足的医药学专业知识，以备应付各种疑问，同时一定要冷静沉着、有条理地把药品的突出特点分析、介绍给顾客。

📱 **拓展链接**

谨慎型顾客的行为表现

有些人处世谨慎，凡事考虑得较为周到。也会反映在他们购买药品时的态度上，例如：

店员提出自己的建议后说："……所以，我认为这种适合您。"

可顾客瞧着旁边那一种说："这边这种好像也不错，说实话，我比较喜欢优质品牌的药，就是价钱贵了些……"

店员说："太太，一分钱一分货，品牌药价钱自然要高些，您看这一种行不行？"

顾客有些为难："可是，和我原来的打算有些出入，按照您的说法，先前那种质量似乎不太好。"

店员急忙解释："不不，我不是这个意思，那种质量也很好。"

顾客此时一脸疑惑："我都给弄糊涂了！"

可店员却仍极力推荐："太太，这种也不错，我觉得它非常适合您。"

顾客很有主见地说："是吗？我看还是到医院看大夫吧，麻烦您了。"

可怜的店员，虽然心有余，而说服力不足。

启示：店员自己心里都没有底的热心推荐，反而使谨慎型顾客不信任。

（2）冲动型顾客　这类顾客的个性心理反应敏捷，情绪容易冲动，脾气急躁、心直口快，易受产品外观质量、广告宣传和营业推广的影响。在购买药品时，他们较少认真考虑药品的性价比，也不愿做反复的选择比较，接受宣传刺激或是药店店员的推荐，引起心理的意向，就会冲动地做出购买决策。这类顾客对事情的判断、决定凭一时的冲动，往往产生冲动型的购买，或是购买一个甚至几个疗程的用药，或是一次性购买品种、数量过多的药物，如一次购买眼药水三五支、钙片五六瓶、降压药十来盒等。

对待这种类型的顾客，营销人员应根据其症状，准确地判断其病情的严重程度，以认真负责的态度，为其推荐合适的药品。同时注意真诚提醒，告知药品有效期等信息，以避免顾客因购买太多造成的浪费。在维护顾客利益的同时，也避免了顾客退货等现象的发生。如果遇到顾客情绪不好时，要避免激怒对方，顺其自然、伺机而动。

（3）果断型顾客　这类顾客态度积极，充满自信，对事情有一套自己的看法，自我意识强烈，主观而不易受影响。由于这种人自我意识强烈,凡事认为只有自己才是最正确的,因此营销人员在接待此类顾客时,要先肯定他的说法,再慢慢地加入自己的意见。例如:"您的说法有一定道理,我也是这么认为,但是……。"

拓展链接

果断型顾客的行为表现

顾客问店员:"麻烦您,能不能让我看一下这种止痛药?"

店员应声道:"好的。这种吗?"

小赵肯定地说:"是,就是这个,多少钱? ……好,就这样吧!"

店员心里高兴得很,要是顾客都这样该多好。

启示:这类顾客选购药品时之所以果断,很可能因为以前用过且评价不错,信任药品厂家、看过广告等等,营销人员对顾客的这种信任应小心维护,切不可下意识地随便了事。

(4)排斥型顾客 这类顾客敏感而固步自封,不易打交道,对任何人都有排斥感,不亲近别人,也不容易相信别人;对事情的看法也是如此,第一个直觉的反应就是排斥,然而一旦排斥的障碍被克服了,就会产生完全的信任。这类顾客由于比较敏感,因此说话要小心,注意不要冒犯顾客,营销人员应注重培养这类顾客对自己的信赖及信心,彼此无所顾忌地商谈,达成成交的目的。

(5)喜欢表现型顾客 这类顾客不管任何时候都喜欢展示自己的意见,喜欢听到旁人的夸奖和称赞,特别喜欢表现而且虚荣。对待这类顾客,交谈时要满足顾客吹嘘的愿望,等待顾客的表现欲望满足后再开始真正的交谈,交谈中也可抓住机会适当迎合,让顾客觉得自己很有专业知识,再趁机加以说服。

(6)犹豫型顾客 这类顾客对自己缺乏信心,没有完整的自我观念,遇事拿不定主意,不敢做决定,即使做出决定也容易反悔,是优柔寡断型人。这类顾客在购买药品时往往是这个好,那个也不错,或者因为这种价格便宜,那种使用更方便等举棋不定。对待这类顾客的方法,是用一种不伤其自尊心的方式,暗中替他拿主意、做决定,然后根据其病情需要,有策略地重点介绍某一种药。

拓展链接

犹豫型顾客的行为表现

顾客站在柜台前,招呼道:"对不起,麻烦您把那个拿给我看一下……",刚说完,突然眼睛一亮:"咦,那边那个也不错,包装看上去很精致,也借看一下。"

没多久,一转头"啊,我在电视广告中看见过那个药,那个似乎也不错"

店员一一照办:"是啊,这种目前正打广告,销得很好。"

沉思片刻,顾客又问:"哪种疗效更好些呢?哪种是大品牌、大厂家生产的呢?"顾客三心二意,很难决定。

顾客面对柜台上已摆出的七八种补钙药品东摸摸、西挑挑,哪种都觉得满意,又哪种都觉得有不足之处:"到底选哪一个好?哎呀呀,我眼都花了,还是不知道买哪个。这样吧,我明天再来看,麻烦您了。"于是,顾客空手而归。

启示:面对这种类型的顾客,要记住对方第一次拿的是什么药品,数次把看的是什么药品,根据其态度，留下几种适合他症状的药品，其余的则不动声色的拿开。若他再次拿起那种，可用自信的口吻说："太太，我认为这种最适合您。"这通常会使顾客当场决定下来。

（7）保守型顾客　这类顾客要么具备一定的药品知识，要么属于久病成医者，因而往往忠诚于一种或数种老牌、名牌产品，习惯于购买自己熟知的常用药品，不轻易购买别种同类产品，更不贸然接受新产品。对于这类顾客，营销人员不需要过度介绍，要做的就是按照顾客的需求，迅速拿出顾客想要的药品。

（8）躲闪型顾客　这类顾客由于患有一些难以启齿或隐私型疾病，为顾及在家人和工作单位同事面前的颜面，因而经常光顾地下私人诊所或药店，常常会因误诊或滥用药物而耽误病情。他们在购买药品时经常是躲躲闪闪、说话吞吞吐吐，而且是低头疾行。对待这种类型的顾客，营销人员应以专业的知识为其解答疑难问题，以专业人员的身份避免其尴尬的窘境，对于超出自身解决范围的问题要劝其去正规医院就诊。

在药店会遇到各种各样的顾客，根据不同类型顾客要提供适当不同的服务，总结药店服务技巧如下。

药店服务技巧

对有备而来者，须业务熟练，有问必答。对随意浏览者，应顺其自然，因势利导。

对盲目就新者，应认真负责，切忌误导。对难于启齿者，应避免尴尬，保护隐私。

对小心谨慎者，要不厌其烦，认真推荐。对主动咨询者，应热情周到，详细解答。

2. 按消费者的参与度和产品品牌差异度划分　根据阿萨尔（Assael）的研究，区分了在不同参与度和对品牌间差异不同认知的共同影响下的四种类型的消费者购买行为，如表4-2所示。

表4-2　消费者购买行为类型

品牌差异度	参与度	
	高参与度	低参与度
品牌差异大	复杂型购买行为	多变型购买行为
品牌差异小	协调型购买行为	习惯型购买行为

（1）复杂型购买行为　品牌差异度大，消费者参与程度高的购买行为。当消费者初次选购价格昂贵、购买频率低、风险大和高度自我表现的商品时，则属于高度参与购买。由于对这些产品的相关知识缺乏了解，为慎重起见，他们往往需要广泛地收集有关信息，并经过认真的学习，产生对这一产品的信念，形成对品牌的态度，并慎重地做出购买决策。

（2）协调型购买行为　品牌差异程度小，消费者参与程度高的购买行为。消费者购买一些品牌差异不大，但价格高的商品时，虽然他们对购买行为持谨慎的态度，但他们的注意力更多的是集中在价格是否优惠、购买时间和地点是否便利，而不是花很多精力去收集不同品牌间的信息并进行比较，而且从产生购买动机到做出购买决定之间的时间较短。因而这种购买行为容易产生购后的不协调感：即消费者购买某一药品后，或因药品自身因素不称心，或得到了其他药品更好的信息，从而产生不该购买这一药品的后悔心理或心理不平衡。为了改变这样的心理，追求心理的平衡，消费者广泛地收集各种对已购产品的有利信息，以证明自己购买决定是正确的。

（3）多变型购买行为　又称多样化购买行为。品牌差异程度大，消费者参与程度低的购买行为。如果消费者购买的商品品牌间差异大，但价格低，可供选择的品牌很多时，他们并不花太多的时间选择品牌，专注于某一品种，而是经常变换品种。比如购买感冒药，上次买的是"四季感冒灵"，而这次买的是"999 感冒灵"。这种品牌的更换并非是对上次购买的不满意，而是想换换品种。

（4）习惯型购买行为　品牌差异程度小，消费者参与程度低的购买行为。消费者有时购买某一商品，并不是因为特别偏爱某一品牌，而是出于习惯。比如扑热息痛，这是一种价格低廉、品牌间差异不大的药品，消费者购买它时，大多不会关心品牌，而是靠多次购买和多次使用而形成的习惯去选定。

五、医药消费者购买决策过程

消费者的购买决策过程是一个从产生需要到购后感受的复杂过程，而不单单是购买行为实施的短暂时间。消费者的购买过程可归纳为以下五个阶段，如图 4-3 所示。

发现需要 → 收集信息 → 比较选择 → 实际购买 → 购后评价

图 4-3　消费者购买决策过程

1. 发现需要　消费者的需要是购买行为的起点，当消费者感觉到要准备购买某种商品以满足自己的需要时，购买决策过程便开始了。需要的形成是消费者由某种刺激而引起的购买动机。据调查，引起消费者购买非处方药的原因主要有：疾病发作、季节影响、蚊虫叮咬、广告宣传等因素。如疾病发作，身体产生不适症状；或者疾病多发季节的即将到来，提前预备药品；或者受购药环境的影响，某些医药企业的促销活动引起消费者非计划购买的发生。

2. 收集信息　掌握了充分信息的消费者，就可能买到更合适的商品。医药消费者对经常购买的药品，会有来自购买经验的信息。如果购买的药品是消费者不了解的，就不能完全自我做出用药的判断。这时消费者就会收集相关信息，常见的做法是要么去医院、诊所；要么去零售药店，由医生或专业药师对病症做出诊断并决定用药的品种和数量；或者向一些有经验的人咨询，着手收集有关产品疗效、价格、品牌等的信息资料，这种情况在 OTC 药品市场较为常见。医药企业营销人员最重要的工作之一是研究消费者的行为，以及影响消费者行为选择的各种信息来源。

医药消费者的信息来源主要有：①个人来源，家庭、朋友、同事、邻居等；②商业来源，广告、报道、推销、陈列、包装、展览会等；③医院医生的诊断和推荐；④经验来源，如自己的产品使用经验。

3. 比较选择　消费者对各种药品信息进行整理、对比、分析和评价。消费者在做出购买决定前，不仅考虑医药产品疗效的确切性、价格的贵廉、服用的方便性、企业的信誉度、品牌的知名度等，而且要比较同类医药产品的不同属性，并结合自己的实际情况，如病情、经济条件、知识水平、身体状态等，从中确定自己的选择，最大限度地满足自己治疗疾病的期望。对于评价较高的产品，那么顾客购买的意图就会较高，比较选择是一个复杂的过程。

4. 实际购买　实际购买阶段是消费者形成购买意图、购买偏向、发生购买行为的阶段。医药消费者对掌握的信息经过几方面的权衡、比较选择后，便会做出到底购买哪种药品的决策，并发生购买行为。但是，这也常常会受到他人的态度和意外因素的影响。如家庭成员、直接相关群体、医生护士、药店销售人员等，如果他们的否定态度愈强烈，且与该消费者的关系愈密切，那么消费者的购买意向就愈低甚至改变初衷，取消购买决定和购买行为。

5. 购后评价　购买药品以后，消费者在药品使用过程中，会对满足其需要的情况产生一定的购后感受，如很满意、比较满意、基本满意、不满意等。消费者的满意程度，直接影响其以后的购买行为。

满意感能强化消费者对所购药品的信心，增加其重复购买的频率，而且还有可能为产品做义务宣传；反之，如果不满意则可能使消费者对该药品做出永久性的放弃，甚至做反宣传。因此市场营销学非常重视消费者的购后感受与再购行为之间的关系，因为消费者的购后评价具有巨大的"反馈"作用，关系到这个产品在市场上的命运。西方许多企业信奉一句名言：最好的广告是满意的顾客。中国也有一句俗话：金杯银杯，不如消费者的口碑。

> ▶▶▶ **岗位情景模拟 4 - 2**
>
> **情景描述** 我们都有过购买药品的经历，或是从医院或是从药店。我们的购买从表面上看，似乎就是"买"与"不买"，非常简单。但医药消费者的购买行为相对于普通产品的购买行为具有一定的特殊性，实际上，药品的购买在购买行为发生以前就已经开始，并且在药品购买以后并没有完结，而是一个相对复杂的过程。请同学们根据自己亲身的购药经历，结合实际分析、描述自己购药行为的决策过程。
>
> **要 求**
>
> 1. 要求以自己亲身购买某一具体药品为例，分析阐述购买决策全过程。
>
> 2. 认真分析"购后评价"环节对营销有什么影响。
>
> 答案解析

任务二 医药组织市场购买行为分析

PPT

一、医药组织市场的概念和类型 📱微课3

（一）医药组织市场概念

医药组织市场是指医药企业和单位为了生产、销售医药商品或提供医疗服务，购买医药商品和劳务而形成的市场。医药企业和单位是指医药生产企业、医药批发企业、医药零售企业、医疗机构和政府机构等。

（二）医药组织市场的类型

按购买主体不同，医药组织市场分为：医药生产者市场、医药中间商市场、医疗机构市场、政府机构市场。

1. 医药生产者市场 是指医药产品生产企业购买医药原材料或半成品、制成品，生产医药产品以供销售获取利润而形成的市场。医药产品生产企业既可以向医药原材料供应企业购买医药原材料或半制成品又可以向其他医药产品生产企业购买医药制成品进行生产。

2. 医药中间商市场 是指处于医药产品生产者和消费者之间，专门从事医药商品流通经营活动的医药中间商，购买医药商品进行转售以获取利润而形成的市场。按医药中间商在流通中所起的作用不同，医药中间商市场包括医药批发商市场和医药零售商市场。

3. 医疗机构市场 是指医疗机构购买医药商品为消费者提供医疗服务而形成的市场。医疗机构包括各级各类医院和诊所。

4. 政府机构市场 是指为了履行国家职能和满足公共医疗需要或为了满足各政府机关的从业人员

的医疗需要，维护政府的正常运转，各级机关及事业单位购买医药商品而形成的市场。政府机构既可以向医药中间商购买，也可以向医疗机构购买，必要时也可从医药生产企业进行直接调货，以应对紧急情况。例如对紧急救灾药品的购买。

二、医药组织市场的特点

医药组织市场与医药消费者市场相比具有不同的特点。

1. 购买者数量相对少，容易明确　医药组织市场上的购买者是法人组织，依法成立并有登记记录，通常都具有一定的规模，购买者的数量远比医药消费者市场上购买者的数量少，而且身份容易明确。

2. 购买规模相对大，业务相对稳定　医药组织市场购买目的是为了为了维持生产、销售或医疗服务，往往一次购买的数量很大，购买次数相对较少。为了保证生产和销售的稳定性，医药组织市场的购买也比较稳定。

3. 购买者地理位置集中　医药组织市场的分布和规模，因各地区的自然资源、经济发展水平和投资环境不同而具有较大的差异。一般经济发达地区、医药自然资源丰富地区、投资环境良好的地区，都是医药组织市场集中地区。

4. 购买需求具有派生性，弹性小　医药组织市场的购买动力最终取决于医药消费者市场的需求。如对原料药、中间体、中药材等的需求取决于医药消费者对以这些为原料的制剂产品的需求，医院对药品的需求取决于患者对就医用药的需求。组织市场的购买都是按采购计划进行的，受价格变动的影响小，需求价格弹性较小。

5. 购买专业性强，程序复杂　由于医药组织市场购买的规模大、技术性强、质量要求高，而且需要控制购买的成本，所以医药组织市场的购买需要成立专门的采购中心，配备专业的购买人员，规定各部门在采购工作中的职责，制定严格的采购程序。

三、医药组织购买参与者

医药组织购买行为以专业性强、参与人员多、机构稳定等为其特色。研究分析每一个组织购买过程中参与者及担当的不同角色，有助于供货单位在营销过程中采用合适的促销策略。从参与者在采购行为中所承担的任务不同来分析，有以下几种角色。

1. 使用者　指实际使用某种产品和服务的人员，如临床医生、生产技术工人、药店店员等。在大多数情况下，由他们首先提出采购要求，并具体提出药品的品种、规格等。

2. 影响者　指企业内部和外部直接或间接影响采购决策的人员，如医院专业科主任、药剂科主任等，他们通常对原料、新特药品进行审查把关，协助采购工作正常进行。

3. 决策者　指有权决定医药产品采购方案的人员，如医院药剂科主任或分管采购副院长等。

4. 采购者　指实际完成采购任务的人员，包括参加采购招标或谈判议价的人员。

5. 批准者　指那些有权批准决策者或采购者所提购买方案的人员，如医院药事管理委员会成员或医院院长。需要指出的是，在实际采购工作中这些人员的组成或担当的角色经常会变动。

四、影响医药组织购买行为的因素

医药组织市场的购买行为与医药消费者市场购买行为截然不同。医药组织购买行为的动机比较单纯，是为了生产或经营的连续，降低生产经营成本，获得经济利益；医院等医疗机构主要是为了满足患者医疗用药需求。

医药组织市场的影响因素按其影响范围可分类四类：环境因素、组织内部因素、人际关系因素及购买参与者个人因素。

1. 环境因素 环境因素是指影响医药组织购买的外部环境因素，它包括政治法律、医药科技、市场竞争、经济、人口、社会文化等。在进行组织购买决策过程中，要充分考虑环境因素带来的机会和可能的风险，以及对采购规模、采购内容、采购程序等的影响，做出正确的评判与选择。因为药品的特殊性，国家的监督管理非常严格，如药事管理与法规就对公立医院进药环节制定有明确而具体的要求。营销人员必须密切注意这些环境因素的发展变化，对于可能对组织购买者的作用方向和力度有影响的因素作出正确的判断，并及时调整营销策略，力求将问题转变成机会。

2. 组织因素 组织因素是指组织购买者的经营目标、采购政策、业务程序、组织机构、采购制度等自身情况。购买者的购买决策必然受到这些内部因素影响，企业营销人员与这些组织客户打交道时，也必须对这些内容进行充分的了解。如医院的进药程序、药事管理委员会的构成、参与采购工作的所有人员及对供货时间、产品质量、付款时限的具体规定等，从而规范自我的营销行为并尽量与这些具体的要求相吻合。

3. 人际因素 人际因素是指组织购买者内部的人事关系等。由于组织购买的参与部门和人员较多，所承担的角色和作用各不相同。购买参与者往往会因职务、职权、专业程度、偏好等的不同而存在差异。他们相互之间的关系和影响程度，经常是市场营销人员费尽心机想了解的内容，往往也是最难掌握的东西。对于这些人际因素切不可盲目猜测，而是要深入了解、仔细辨析。市场营销学者提醒营销人员：寻找并满足决策者的需要，是营销成功的关键要素之一。

4. 个人因素 医药组织购买经常被认为是"理智的"行为。但当供应药品的质量、疗效、价格、服务等相类似时，采购参与者的个人因素和情感因素就会产生较大的作用。个人因素通常与采购人员的年龄、收入、教育程度、职位、性格、兴趣爱好、职业道德、敬业程度等密切相关。所以，医药企业营销工作不仅要在药品质量、价格、服务等"硬件"上下功夫，也要与采购人员经常沟通，建立良好稳固的私人关系，形成良好的"软件"环境。

五、医药组织购买行为分析

（一）医药组织购买行为

医药组织购买行为的类型一般可分为直接重购、修正重购、新购。

1. 直接重购 是按照以往的订货目录和交易条件，向原有的供应商再次购买。这种购买比较稳定，甚至建立自动订货系统进行购买。供应商营销重点是尽力维护产品和服务质量，争取建立稳定的客户关系。

2. 修正重购 是指在前期购买的基础上，与原供应商双方就品种、价格、数量、交货条件等进行调整，或重新选择供应商。这种购买给供应商带来了机遇与挑战，供应商应努力达到购买者要求，以维持老客户或争取新客户。

3. 新购 是首次购买某种药品或服务。这是最复杂的购买行为，如中间商的首营商品、医院采购的新特药等。供应商应认真研究购买者需求，接触对购买有影响的人员，提供有效信息，解决客户异议和疑问，力争获得新订单。

（二）医药生产者购买决策过程

1. 提出购买需要 由医药生产者根据市场需求、国家政策、企业生产能力、药品生产计划等，提出采购原料药或半成品的采购需要。提出需要是生产者做出购买决策的起点。

2. 确定购买需求 医药生产者确定所需的原料药或半成品的总体特征及需要的数量，对复杂的采购项目需要会同相关部门共同商定。供应方营销人员应努力与购买者建议联系，了解用户的需求，介绍供应货物的优势。

3. 征求供应方案 根据购买需求，收集供货信息，寻找供应商，或发布招标采购书形式邀请合格的供应商提交供应方案或建议书。

4. 评估选择供应方案 医药生产者对供应方案进行综合分析评价，以确定合适的供应商和供应方案。选择供应商和供应方案的形式有招标、议价、谈判等多种形式。

5. 签订购买合同 根据所购买货物的技术参数、需求数量、交货时间、退货条件、违约责任等内容，与供应商签订最后订单。

6. 供货评价 制药企业对供应商的实际供应情况加以评价，以做出维持、修正或中止交易关系的评价，提供下一轮购买做参考。

（三）医药中间商购买决策过程

医药中间商在购买过程中进行的主要决策包括以下三个方面。

1. 配货决策 即中间商根据购买需求，决定经营的医药商品的品种组合。

2. 医药供货商组合决策 即中间商是选择一家供货商还是选择多家供货商。

3. 供货条件的组合决策 即中间商决定在采购医药产品时的价格、质量、服务、促销等条件的组合，并对供应商提供的产品进行购买评估。

医药商品批发企业和医药商品零售企业的采购决策工作，也具有一定的程序性，但为了加速商品流通速度，把握市场机会，获取更多利润，医药中间商的采购决策比起医药生产企业程序相对简单些、速度相对快些（图4-4）。

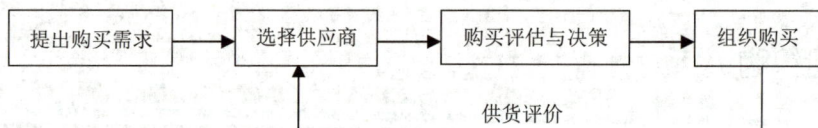

图 4-4 医药中间商采购流程图

（四）医疗机构的购买决策过程

1. 集中采购程序

（1）**药品集中采购渠道** 药品集中采购平台是政府建立的非营利性药品集中采购、监督管理平台，政府拥有平台的所有权和使用权，采购平台设置在药品集中采购工作机构内，不允许单独设置。药品集中采购工作管理机构（简称集采机构）设在卫生行政部门，药监、物价等相关部门派专人参与其工作。公立医疗机构采购模式为"集中招标采购"模式，一般以省为单位进行，目前要求所有公立医疗机构均应参加药品集中带量采购。

（2）**药品集中采购程序** 公立医疗机构根据有关规定成立药事管理与药物治疗学委员会（简称药

事委员会），由其在省级集中采购入围药品目录范围内，组织、遴选本医院使用的药品目录。药品具体采购渠道必须通过政府建立的药品集中采购平台，进行采购药品。

医疗机构要按集中采购的要求，完成采购履约流程：①由医院与集采机构、医药配送公司签订药品集中采购配送合同，确定此后该医院的临床用药由该公司负责配送。②医院药剂科通过内部计算机网络，根据药品采购库存再订点，确定采购品种数量，计算机自动生成采购计划。③由药剂科主任审核，报分管院长批准后形成电子、书面采购计划，报当地集采机构审核批准，并由集采机构报配送公司进行药品采购。④配送公司接到集采机构的该医院药品采购计划后开始备货、配送至医院药品库房。⑤由医院库房验收员、库管员进行抽样验收，合格药品逐一入库。⑥医院财务科每个月将上个月采购款项汇至集采机构专用账户，由其拨付给配送公司。如图4－5所示。

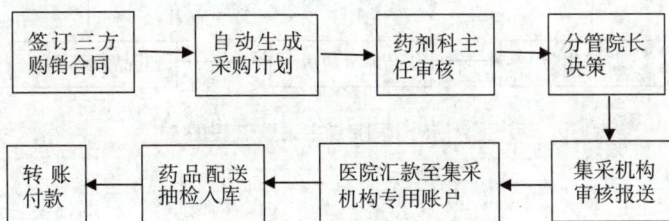

图4－5 医院集中采购流程图

（3）药品集中采购的作用 药品集中采购的主要优势在于：有利于破除"以药补医"机制，加快公立医院改革；有利于降低药品虚高价格，减轻人民群众用药负担；有利于预防和遏制药品购销领域的腐败行为，抵制商业贿赂；有利于推动药品生产流通企业整合重组、公平竞争，促进医药产业健康发展。

2019年国家发布了《国家组织药品集中采购和使用试点方案》，在"4＋7"城市试点。2021年又发布了《关于推动药品集中带量采购工作常态化制度化开展的意见》，明确要求所有公立医疗机构均应参加药品集中带量采购。充分体现了国家深化医药卫生体制改革，常态化、制度化的推进药品集中带量采购，完善药品价格形成机制，减轻群众就医负担的决心。

2. 自主采购程序

（1）提出用药申请 由医院临床医生，根据患者用药的需要，或因医疗、教学和科研需要，结合对药品临床疗效的判断，提出用药申请，经临床科室主任审批后，送达医院药剂科。

（2）填写采购申请 医院药剂科一般下设采购机构、药库、门诊药房和住院药房等。由药剂科的采购部门根据申请，结合药品的库存情况，确定拟采购药品的品种、规格和数量等，填写药品购买申请单。药剂科主任对拟采购的药品进行梳理，初步审核后，送分管副院长审批。

（3）审核采购申请 主管进药的院长或副院长根据临床医生和药剂科所提出的申请，结合自己的认识，对申请进行审批。如果医院设立有药事委员会，还应提交委员会讨论通过。医院药事委员会一般由临床科室主任、药剂科主任、主管进药的院长或副院长、知名专家和教授组成。当医院采购新品牌、新品种、新剂型时，都必须经药事委员会论证通过。

（4）进行采购 经医院药事委员会论证通过后，医院药剂科的采购部门便可进行采购。并且跟踪药品运输情况，直到药品入库。

（5）入库和分发 药品入库后，由药库负责对药品的管理，并将根据用药要求将药品分发到门诊药房和住院部药房。

（6）药品调配　门诊药房和住院部药房根据医生处方要求，将药品配发至患者用于临床。

（7）临床用药　如果临床用药效果好，获得临床医生的青睐，临床医生将会重复采购。如果临床效果评价不好，临床医生可能会降低用量，或转向其他用药而拒绝使用。

自主采购形式有招标采购、议价采购、谈判采购，一般适合非公立的民营医院。医院自主采购流程如图 4-6 所示。

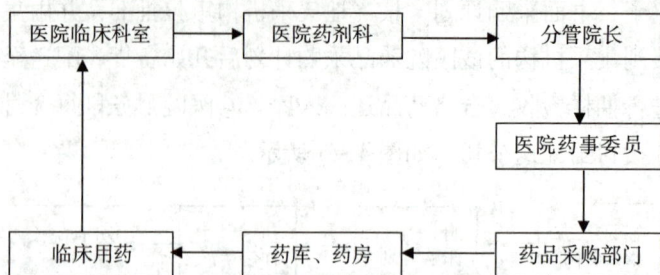

图 4-6　医院自主采购流程图

> ▶▶▶ **岗位情景模拟 4-3**
>
> **情景描述**　通过网络和文献搜集政策法规、医药企业等相关资料，调研医药代表或零售药店、医院、集中采购机构等单位的人员，了解不同组织采购的实施过程。结合实际情况，分析组织者购买行为和决策过程。
>
> **要　　求**　根据调查获得的资料，分析影响医药组织购买行为的因素，简述某组织购买决策过程。
>
> 答案解析

✍ 实践实训

【案例分析】

让凤凰从山窝中飞出

山西亚宝药业集团股份有限公司研制出一种由纯中药制成的具有健脾温中、散寒止泻功效的透皮贴剂产品——宝宝一贴灵。经过深入细致地分析产品的剂型特点后，抓住了"使用方便"这一关键，针对儿童是腹痛、腹泻、厌食的高发人群，又天生怕打针，拒服药，从父母十分呵护自己宝宝的心理出发进行创意，果断放弃成年人群，把消费目标定位在 0~6 岁儿童。并设计出"宝宝一贴灵，天下父母情"以及"不打针、不吃药，方便无痛，一贴就灵"，这些充满爱心、富有人情味的创意广告语，使"宝宝一贴灵"深入天下父母之心。

但是，企业调查显示，当宝宝一贴灵（后改名丁桂儿脐贴）在店员以及消费者对产品的知晓率已很高之时，单纯的"不打针、不吃药"已无法占据消费者心中的强势地位。那么，如何进一步发挥产品优势，增加实际购买人群，成为问题的关键所在。

通过进一步调研，企业明白对儿童本身的利益才是企业传播中要考虑的根本因素。因而，企业采用"轻轻一贴，散寒止泻"的功效承诺结合"孩子不受罪"的感情利益重新确定消费者心中的占位。针对影视广告是快速传播这一诉求的有效途径，于是，一个围绕"直接起效，孩子不受罪"的影视广告创意，几经修改，慢慢成熟：

母亲神情：焦急，无奈。配音：我儿子呀，就怕打针、吃药！

推出产品：提供解决办法。配音：不打针，不吃药，丁桂儿脐贴。

产品使用：传达产品功能及优势。配音：轻轻一贴，散寒止泻。

使用效果：孩子康复，母亲高兴。配音：直接起效，孩子不受罪！

产品品牌：以其在市场中的显著优势再次确认其名牌地位。配音：丁桂儿脐贴，十年品牌，久经验证！配音：亚宝药业。

围绕产品突出的"孩子利益"，通过电视广告、报纸、杂志等平面媒体和其他推广、沟通方面的强化宣传，随着宝宝一贴灵（丁桂儿脐贴）的影响深入人心，几年来，单产品销量以平均每年30%的速度增长，使凤凰从山窝中飞了出来。

问题：

（1）丁桂儿脐贴的购买者和使用者是否一致？购买者和使用者都是谁？

（2）消费者为什么要购买丁桂儿脐贴？

（3）影响决策者购买丁桂儿脐贴的因素有哪些？

（4）丁桂儿脐贴是如何获得消费者认知度的？又是如何在获得认知度的基础上进一步占据消费者心中的强势地位的？

分析要求：

（1）学生小组讨论分析案例提出的问题，形成小组《案例分析报告》。

（2）各小组陈述各自的分析，并让同学进行相互评价。

（3）老师对各组《案例分析报告》进行点评。

【综合实训】

不同类型医药消费者的接待

（一）实训目的

能根据消费者购药时的态度和行为表现，判断出其所属类型，并能采用恰当的方法为其提供服务。本实训要求学生掌握药店常见顾客类型的（如谨慎型、犹豫型、冲动型、果断型、保守型等）性格与行为特点以及接待技巧。

（二）实训要求

（1）根据人数将全班同学分成每组4~6人。学生分组以自由组合为规则，但应考虑到彼此特长和爱好的互补性。如：小组内有擅长写作的学生负责撰写角色扮演的剧本；有擅长使用计算机的学生负责制作PPT；有擅长表演的学生负责扮演不同类型的消费者和药店营业员；有较强组织能力者负责全组的管理与协调工作等。

（2）每组负责一种顾客类型的特点描述、行为模拟与接待方法演示。

（3）要求教师提前布置作业，学生课下进行资料收集与准备工作，课上同学间进行实训与交流。

（4）模拟的角色要求完整、典型。如药店顾客、药店营业员、收银员等角色。

（5）事先编写出角色模拟的剧本，内容包括时间、地点、人物（如不同类型顾客）、情节（购药时的行为表现）等。

（6）道具准备充分，如模拟柜台、收银台、白大衣、药品数种等。要求自行设计、制作、准备道具。

（三）实训内容

1. 实训背景

根据消费者购药时的行为表现，可以将消费者分为很多类型，分类标准不同，其所属类型也不尽相同。其中，按购药时的态度和所表现出来的性格将消费者进行分类是常用的方法。并且谨慎型、犹豫型、冲动型、果断型、保守型等顾客是药店消费者中常见的顾客类型，各组分别扮演不同的顾客类型与接待技巧运用，请你根据角色扮演中顾客的行为表现判断其所属类型，并思考其接待技巧。

2. 操作步骤

第一步：不同类型顾客特点分析。

以组为单位，每组选派一名代表，以 PPT 的形式，向大家介绍一种类型顾客的性格特点与行为特点。

第二步：接待不同类型顾客的情景模拟。

根据本组剧本所创设的情节，小组成员通过不同角色的扮演突出表现出某一类型顾客的性格特点和行为特点，针对这类型顾客进行现场接待。

第三步：思考与点评。

通过观看表演小组的角色扮演尤其是典型顾客的行为模拟，分析出顾客所属的类型。大家讨论与交流，典型顾客的行为模拟得是否到位，还需哪些补充与完善。药店营业员的接待方法是否恰当？思考面对这种类型的顾客，还有哪些更好的接待方法。

第四步：创新接待方法演示。

以小组竞赛的形式，各组针对其他表演组所模拟的典型顾客类型，商讨出新的更恰当的接待方法并当场演示。

第五步：点评与交流。

针对各组的接待方法演示，全班讨论与交流自己的想法与收获。

（四）实训评价

教师明确实训目的和要求，适时指导实训，学生分组组织按步骤开展实训；实训结束后，进行实训交流，师生共同评价工作成果。

评价的内容主要是：资料收集、准备工作、分析能力、表达能力、合作能力等，具体内容如表 4-3。

表 4-3　实训评价表

考核项目	考核标准	配分	得分
不同类型顾客的模拟情况	模拟得生动、形象，旁观者能识别出顾客的特点和类型	30 分	
营业员对顾客的接待情况	接待完全符合要求，并且热情、耐心、细致，有亲和力	30 分	
营业员仪态情况	仪容、仪表符合规范，表情、语言、礼仪等到位	20 分	
剧本情况	案例典型、剧本有创意和新意	10 分	
道具评价	自己动手、就地取材、制作逼真	10 分	
合计		100 分	

目标检测

答案解析

一、单项选择题

1. 以下哪一项不是医药消费者市场的特点（ ）。

    A. 规模大但消费水平低   B. 需求的差异性

    C. 购买者的非专家性   D. 派生需求

2. 关于消费者决策购买过程，下列哪种说法是正确的（ ）。

    A. 消费者在购买过程中，严格按照五步的顺序进行的。

    B. 消费者购买决策根本就没规律可循。

    C. 购买过程在实际购买发生之前就已经开始了，并且购买之后很久还会有持续影响。

    D. 以上都不正确。

3. 消费者购买决策过程是一个从产生需要到（ ）的复杂过程，

    A. 购买心理   B. 购买意志   C. 购后评价   D. 购买意向

4. 在复杂的购买行为中，消费者购买决策过程的第三个阶段是（ ）。

    A. 发现需要   B. 比较选择   C. 收集信息   D. 实际购买

5. （ ）是购买活动的起点。

    A. 消费动机   B. 产生需要   C. 外在刺激   D. 触发诱因

6. 消费者的参与程度高，品牌差异大的购买行为属于（ ）。

    A. 习惯性购买行为   B. 多变型购买行为

    C. 复杂型购买行为   D. 和谐型购买行为

7. 消费者的参与程度低，品牌差异不大的购买行为属于（ ）。

    A. 习惯性购买行为   B. 多变型购买行为

    C. 复杂型购买行为   D. 和谐型购买行为

8. 消费者的参与程度高，品牌差异不大的购买行为属于（ ）。

    A. 习惯性购买行为   B. 多变型购买行为

    C. 复杂型购买行为   D. 和谐型购买行为

9. 消费者参与介入程度低，品牌差异大的购买行为属于（ ）。

    A. 习惯性购买行为   B. 多变型购买行为

    C. 复杂型购买行为   D. 和谐型购买行为

10. 下列哪个因素不是影响消费者购买行为的主要因素（ ）。

    A. 企业和产品因素   B. 社会因素   C. 自然因素   D. 个人因素

二、多项选择题

1. 消费者市场的主要特点有（ ）。

    A. 市场规模大   B. 急迫性和安全性要求   C. 非知识性

    D. 单一性和多样性并存   E. 派生需求

2. 医药市场一般由（ ）三个要素构成。

A. 人口　　　　　　　　B. 购买欲望　　　　　　C. 购买能力

D. 地理位置　　　　　　E. 医药产品

3. 影响消费者购买行为的主要因素有（　　）。

A. 个人因素　　　　　　B. 社会因素　　　　　　C. 心理因素

D. 医药产品因素　　　　E. 自然因素

4. 按参与度和品牌差异划分医药消费者购买行为的主要类型有（　　）。

A. 复杂型购买行为　　　B. 和谐型购买行为　　　C. 多变型购买行为

D. 习惯性购买行为　　　E. 单一和多样性并存的购买类型

5. 影响医药组织市场购买行为的因素有（　　）。

A. 环境因素　　　　　　B. 人际关系　　　　　　C. 个人因素

D. 组织因素　　　　　　E. 自然因素

三、判断题

1. 医药产品尽管种类繁多，但不同品种甚至不同品牌之间不能相互替代。（　　）

2. 归属于不同生活方式群体的人，对产品和品牌有着相同的需求。（　　）

3. 消费者的需要与动机成正比，即需要越强烈，动机也越强烈。（　　）

4. 消费者复杂型购买行为是指消费者购买时参与程度低且没法弄清品牌之间差异的购买行为。（　　）

5. 消费者对其购买产品满意与否直接决定着以后的购买行为。（　　）

四、思考题

1. 医药消费者市场分析的内容有哪些？

2. 请描述医药消费者购买决策的过程。

3. 简述影响医药消费者购买行为的因素。

4. 简要说明医药组织市场的特点。。

5. 简述影响医药组织购买行为的因素。

书网融合……

知识回顾　　　　微课 1　　　　微课 2　　　　微课 3　　　　习题

（赵文姣）

项目五　医药目标市场策略

学习引导

随着社会经济的不断发展，消费者需求也呈现出更加多样化、差异化的趋势。任何一个企业，不论其占有资源如何多、实力如何雄厚，都难以占领所有的市场，更是无法满足每个消费者的各种需求，同样，任何一家医药企业也无法为市场内所有客户提供其所需要的所有产品和服务。那企业应该如何选择目标市场呢？这就要运用目标市场营销战略，即企业要根据自身的条件，在市场调研的基础上，识别不同消费群体的差别，有选择地确认若干个消费群体作为自己的目标市场，发挥自身优势，满足其需要。目标市场营销是医药企业市场营销活动的重点和中心，主要包括市场细分（Segmenting）、目标市场选择（Targeting）和市场定位（Positioning），简称"STP"营销。

本项目的主要内容是学习医药市场细分、目标市场选择和市场定位。

学习目标

1. **掌握**　医药市场细分的标准和方法；目标市场选择的策略。
2. **熟悉**　市场定位的方向及策略。
3. **了解**　目标市场策略选择应考虑的因素。

任务一　医药市场细分

PPT

　　市场细分是 1956 年由美国市场营销学家温德尔·史密斯（Wendell R. Smith）首先提出的，他对向市场提供有差别产品的企业和专门为某个细分市场设计产品的企业作了比较后提出，单一品种的产品、普遍的分销方式、同样的广告宣传方式因为消费者需求的差异性而渐渐地不被消费者接受。企业要想在经营中获得成功，就应该对市场进行更大和更加丰富地细分，确定和满足消费者的需求，以消费者为中心，识别具有相似需求的购买者，有针对性地提供相应的产品，并且运用恰当的分销方式和广告宣传方式。市场细分概念是市场营销理论的重要里程碑，被西方企业誉为具有创造性的新概念，受到企业界和学术界的广泛重视，并被广泛采用。

一、医药市场细分的概念

　　医药市场细分是医药企业在市场调研基础上，根据消费者需求的多样性和购买行为的差异性，选用一定的标准，将某一产品的整体市场划分为若干个具有不同特征的子市场的过程。即每一细分市场，都是一个有相似的需求和偏好的消费群，而分属不同细分市场的消费者的需求和偏好存在明显的差异。

市场细分的目的是为了寻找和发现相似需求的消费者群，即找到企业要进入的目标市场，以便更好地满足消费者的需求。但要注意的是，市场细分不是分得越细越好，因为如果市场分得太细，就会增加产品设计、研发和生产的成本，也会引起分销成本的增加，企业资源分配不能取得最优效果，导致企业收益水平下降，造成社会财富浪费。所以市场营销学界出现了"市场同合化理论"和"反细分化策略"，主张从成本和收益的比较出发适度细分，甚至提出将若干个过于狭小的细分市场重新整合起来，形成规模生产，以较低的价格向消费者提供产品。这种理论和策略是对过度细分的反思和矫正，使市场细分理论又有了新的内涵，适应了 90 年代以来全球化营销趋势的发展。

二、医药市场细分的依据和作用

（一）市场细分的依据

市场细分的依据是消费者对同一产品需求的差异性。从需求角度看，各种社会产品的市场可以分为两类：同质市场和异质市场。所谓同质市场是指消费者对产品需求的反映具有一致性的市场。如日常生活中的油、糖、盐、煤、电、水泥、墨水等产品，人们对它们的需求基本相同，这类产品的市场属于同质市场。所谓异质市场是指消费者对某种产品的要求不尽相同，消费者的需求、欲望、购买行为和购买习惯等方面存在较大差异性的市场。这种差异是受消费者的文化背景、地理位置、职业、年龄、个性、行为习惯等方面所影响的。绝大多数的产品市场都属于异质市场。

实际上，市场细分就是按照"求同存异"的原则把一个大市场划分为若干个彼此间具有异质性的小同质市场的过程，即任何两个细分子市场之间的需求明显不同，而同一子市场内部的需求基本相同。对同类医药产品的某种特性的需求偏好相似的消费者群，则构成一个医药子市场。例如，药品市场中，有一部分消费者习惯用中药，有一部分习惯用西药，形成中药市场和西药市场。需要注意的是，这种划分不是一成不变的，而是会随着消费者需求的差异性和相似性的变化而不断变化的。

同质市场和异质市场在不同时期、不同条件下，是可以相互转化的。同质市场可以渐变为异质市场，异质市场也可以向同质市场转化。如在过去，饮用水、大米、鸡蛋、食用油等市场都是同质市场；抗感冒药市场在初期也曾是相对的同质偏好，主要由"感冒通""感冒清"这些疗效相近的药物组成。但随着经济的发展和社会的进步，这些市场也由过去的同质市场渐渐成为今天的异质市场。

（二）医药市场细分的作用

通过市场细分，可以反映出不同消费者需求的差异性和类似性，从而为企业在市场营销活动中认识市场、选择目标市场提供依据，实施企业战略计划，进而较好地满足消费者的需求，并取得企业的经济利润。市场细分对企业的作用主要表现为以下几个方面。

1. 有利于分析、发掘新的市场机会　在企业将相似的需求分门别类后，整个市场会出现一部分空白区域，这部分没有得到满足的需求形成了新的市场机会，而这些需求中有相当一部分是潜在需求，是不容易被发现的。医药企业可以通过市场细分，了解现有市场上竞争者的状况及消费需求被满足的程度，将竞争者没有发现的细分市场、不屑占领的细分市场、没有有效满足或满足程度不够的细分市场作为企业未来生存和发展的有利因素，开拓新市场，提高市场份额。市场细分对于中小企业尤为重要，通过市场细分，可以根据自己的经营优势，选择一些大企业不愿顾及、相对市场需求量较小的细分市场，集中力量满足该特定市场的需求，在整体竞争剧烈的市场条件下，在某一局部市场取得较好的经济效益，求得生存和发展。

2. 有利于选择目标市场，实现企业经营目标　企业的"大众化营销"往往忽略了消费者需求的差异性，不能满足所有消费者的需求，还影响企业经营目标的实现。医药企业只有在切实的市场调查的基础上，明确消费者需求的差异，及时地掌握消费需求的变化，准确选择目标市场，及时推出适合消费者的产品，才能获得竞争优势。例如，某医药企业开发生产药膳滋补品，原先主要以超级市场、专业食品商店为主要销售渠道。随着市场竞争的加剧，销售量呈下降趋势。为此，该公司对药膳滋补品市场作了进一步的市场分析，以掌握不同细分市场的需求特点。从购买者区分有三种类型：一是饮食业用户，二是团体用户，三是家庭主妇。这三个细分市场对药膳滋补品的品种、规格、包装和价格等要求不尽相同。饮食业对药膳滋补品的品质要求较高，但对价格的敏感度低于零售市场的家庭主妇；家庭主妇对药膳滋补品的品质、外观、包装均有较高的要求，同时要求价格合理，购买时挑选性较强。根据这些特点，该医药公司重新选择了目标市场，以饮食业和团体用户为主要客户，并据此调整了产品、渠道等营销组合策略，销售量大幅度增长。

3. 有利于合理使用资源，增强企业市场竞争力　通过市场细分并选择了为之服务的市场后，集中人力、物力和财力等资源，避免分散企业竞争力量，从而能获得理想的企业营销效果。尤其是中小企业，企业本身的实力与大企业是无法抗衡的，加之在激烈、残酷的市场竞争中缺乏竞争能力，如果能够选择一个小的细分市场，见缝插针，生产适销对路的产品，先求得生存，并以此为发展根基，逐渐加强企业实力，为企业长远发展提供条件。同时，在选定的目标市场上，企业可以更清楚地认识和分析各个竞争者的优势和不足，扬长避短，有针对性地开展营销活动，避免了在整体市场上分散力量，提高企业在市场上的竞争力。

4. 有利于制定及调整营销策略，提高企业应变能力　企业通过市场细分选择了不同的目标市场，每个市场变得更具体和鲜明，为不同消费者群体提供不同的产品，因而企业比较容易察觉和评估顾客的反应，市场信息反馈迅速及时，能够准确地掌握目标市场及其需求变化的情况，可以针对不同的消费者群体提供不同的产品，制定特定的营销策略，并据此随时作出策略调整，以适应市场需求的变化，提高企业的应变能力。如果没有市场细分，整个市场庞大，市场信息反馈比较缓慢不灵敏，不利于企业及时采取措施应对市场变化。

📱 拓展链接

补血市场细分的商机

中国补血市场，竞争激烈，红桃 K 生血剂杀入中国补血市场，针对市场竞争态势，明确产品卖点是补血快，明确市场主战场是农村市场，由于市场细分成功，在不到两年的时间里市场销售额突破亿元，不到 4 年，年销售额突破 10 亿大关，显赫一时。到 2003 年，红桃 k 进入市场 10 年了，以其辉煌的业绩打破了中国保健品行业富不过五载的怪圈。

"血尔"在细分中另辟蹊径，提出与"补血快"不一样的"功效持久"，可以给消费者以新的满足，提出自己的独特价值，在以后的市场推广中，长期坚持，慢慢地"血尔"在消费者中赢得"功效持久"的认知，建立起与红桃 K 相抗衡的强势品牌。"血尔"在消费人群进行了细分，"血尔"主攻城市白领女性，针对城市女性需求单点突破，细分市场反而扩大销量，很快在红桃 K 薄弱的城市市场，"血尔"占据大半江山，一跃成为中国补血市场行业老二。

启示：市场细分能够找出未被满足的市场，发现新的市场，更好地满足顾客，最终赢得市场。

三、医药市场有效细分的原则

从市场营销的角度看，无论消费者市场还是产业市场，并非所有的细分市场都有意义。医药企业要想实施成功的、有效的市场细分，必须注意市场细分的实用性和有效性，在进行市场细分时遵循以下原则。

1. 可区分性　指不同的细分市场的特征具有明显的差异性，可清楚地加以区分。比如化妆品市场可以按性别不同划分为男性化妆品市场和女性化妆品市场，而女性化妆品市场又可依据年龄层次和肌肤类型等变量划分为更多的细分市场。这些被细分后的子市场之间的差别是显而易见的。

2. 可衡量性　指医药企业所选择的细分标准以及细分后的市场必须是可以衡量的。即能够通过市场分析、市场调查等方式，获取细分市场规模、顾客情况、市场需求的满足程度等相关资料。将这些予以量化是比较复杂的，必须运用科学的市场调研方法才能获取。凡是企业难以识别、难以测量的因素和特征，都不能用来作为市场细分的标准。否则，细分的市场将会因为无法界定和衡量而难以描述，市场细分也就失去意义。

3. 可进入性　指医药企业通过营销努力可以有效地进入市场并为之服务。对于医药企业来说，要求有能满足细分市场的相应的人力、财力、物力、技术等条件；要求企业必须要通过一定的传播渠道和宣传手段将医药产品的相关信息顺利地传递给市场上的目标消费者，并使消费者能够准确理解企业的产品概念；要求企业必须能在一定时期内将医药产品通过一定的分销渠道运送到目标市场。

4. 可盈利性　指医药企业所要进入的细分市场必须要有一定的规模，具有值得占领的价值，能使企业有利可图，还要有较大地发展潜力和市场容量，符合企业制定长期稳定的市场营销组合战略的要求，以适应企业发展壮大的需要，从而使企业在所进入的细分市场上取得最理想的经济效益。

5. 可发展性　指目标细分市场应该有一定的发展潜力。企业应该选择的细分市场是具有发展前景的，即市场容量在未来将会变大的市场，而不是一个正处于衰退的市场。另外，企业所选择的细分市场应该与企业的经营战略方案匹配，企业具有在某些方面修改营销战略的空间，才能使企业灵活地应对市场的瞬息变化，及时调整自己的市场营销策略，在变化的市场中得以生存和发展。

即学即练 5 - 1

答案解析

宝洁在日用化学品市场上知名度相当高，其产品包括洗发、护发、护肤用品、化妆品、婴儿护理产品、妇女卫生用品、医药、织物、家居护理、个人清洁用品等。以小组为单位，讨论宝洁公司旗下的产品细分市场情况，并谈谈自己对市场细分的理解。

四、医药市场细分的标准

消费者需求和偏好的差异性具有明显不同的特征，这是市场细分存在的客观条件。医药企业可以以此为市场细分的标准和依据，将整体市场划分为若干个细分市场。所谓市场细分标准是指构成消费者需求差异的各种因素，或是影响消费者需求的各种因素。由于这些因素的变动会引起市场细分的变动，因此，这些因素也就成为市场细分的变量。

消费者市场细分的标准是由一些细分变量产生的，这些变量归纳起来主要有地理因素、人口因素、心理因素和行为因素等 4 个方面，划分方法和具体内容，详见表 5 - 1。

表 5 - 1　消费者市场细分标准

细分标准	具体变量
地理因素	国别、地理区域、气候条件、城乡、城市规模、人口密度、交通运输等
人口因素	年龄、性别、收入、职业、受教育程度、家庭生命周期、家庭规模、宗教信仰等
心理因素	社会阶层、生活方式、性格、对各种营销要素的敏感程度等
行为因素	购买时机、购买动机、追求的利益、使用状况、使用频率、品牌忠诚度等

（一）地理因素

所谓地理因素，就是医药企业按照消费者所处的地理环境来细分市场，这是一种传统的划分市场的方法。这一细分因素一般包括国别、地理区域、城乡、气候条件等方面，是大多数医药企业采用的主要标准之一。主要因为这一因素相对于其他因素比较稳定，比较容易分析。

1. 地理区域　处在不同地理区域的消费者，在消费需求和消费习惯等方面可能存在着很大的差异。以饮食为例，南北方消费者的饮食习惯等方面的需求差别十分明显。按地理区域变量可将某种产品的消费者市场细分为华北、东北、西南、华南或山区、平原、沿海等细分市场。例如，护肤品在山区、平原和草原的需求有区别。

2. 气候条件　地区气候的不同，会影响消费者对产品的需求，我国南方和北方的气候条件不同，发病情况也会出现差异，对医药产品的需求也因此会出现差异。例如，风湿类药品在我国南方的需求数量比北方多。

3. 城市乡村　城乡存在区别，人们的消费水平、消费观念等区别都会造成市场上消费需求和消费规模的不同。按城乡变量可将消费者市场细分为城市、郊区、乡村（农村）市场等。例如，保健品在城市和农村的需求量明显不同。

按照国别、地理区域、气候条件、城市乡村、城市规模、交通运输等进行市场细分是必要的，但因为这些因素是较稳定的，消费者需求又是存在差异和不断变化的，所以以单一地用地理因素对市场细分必然存在缺陷，还要考虑到其它细分因素。

（二）人口因素

人口因素指各种人口统计变量，是市场细分惯用的和最主要的标准，主要包括年龄、性别、收入、职业、受教育程度、家庭生命周期、家庭规模、宗教信仰等。这些人口因素与需求差异性之间存在密切的因果关系。不同年龄、受教育程度不同的消费者在价值观念、保健意识、生活方式等方面会有很大的差异。如化妆品是按性别分类为主的；保健品则可按年龄、性别、收入等进行分类。

1. 年龄　根据消费者的年龄结构，可以细分成许多具有特色的医药市场，如老年医药市场、成人医药市场、青少年医药市场和儿童医药市场。由于生理、习惯、生活方式、社会角色等方面存在差异，不同年龄的消费者必然会有不同的需求特点。一方面，不同年龄段的疾病发生情况有很大差异，例如，高血压、骨质疏松为中老年的多发病，而在青年人中较少见；另一方面，不同年龄段的消费者对药品的选择也有很大的差异，例如，老年人购买药品时通常以经济、方便为首选条件，较少受广告的影响，而年轻人具有时尚、不在意价格、易受广告影响的消费特点。

市场细分助江中抢占市场

2003 年底，江中药业股份有限公司在对儿童助消化药市场进行全面研究分析后，"与其被竞争对手细分，不如自行细分"成为企业的共识，决定实施市场战略细分，将日常助消化药市场按年龄细分为成人用药和儿童用药市场，在细分前的普通消食片的基础上，专门推出儿童装江中牌健胃消食片，进入消化药的儿童细分市场。2004 年，通过各种营销组合策略配合，并完成电视广告拍摄和分销铺货的准备后，儿童专属性的助消化药新品开始上市销售，同年底，销售额超过 2 亿元，完成了江中牌健胃消食片在儿童用药市场的防御。对于一个 OTC 新品，面市半年，就在全国范围全线飘红，完成超过 2 亿元的销售额，充分证明了实施市场细分战略的强大威力。

启示：企业要根据市场变化，选择合适的细分标准进行市场细分，发现市场机会，及时调整企业的市场营销组合策略。

2. 性别　由于生理上的差别，男性和女性在医药产品需求与偏好上有很大的不同。因此，性别经常被用以细分，诸如化妆品和保健品等产品的市场。资料表明，女性比较关心保健、美容、减肥等方面，这一特点随着生活水平的提高而日趋明显。不少企业为此开发出大量的美容养身用品，如"太太口服液""碧生源减肥茶"等产品。最近几年市场上又推出了美容新概念：外敷内服。由此可见，由于男性和女性的生理特点和社会角色不同，他们对于药品的需求以及购买行为也有着明显的差异。

3. 收入　收入决定消费者的购买能力，收入层次不同的消费者对产品的需求会有很大的区别。毕竟只有那些既有购买欲望又有购买能力的人才能真正成为市场上的需求者。消费者收入水平直接影响人们的用药结构、用药习惯和消费观念，如高收入阶层的消费水平较高，选择药物时，较多考虑疗效，接受新药、特药的观念较强；而低收入阶层则消费水平较低，选择用药时多考虑价格因素。

4. 受教育程度　购买者受教育程度不同，其价值观、文化素养、知识水平不同，会影响他们对药品品牌、药品种类的选择和购买行为。受教育程度高的人获取药品知识的能力较强，自我保健意识也较强，因此，其购买行为会相对较为理性；受教育程度较低的人，其购买行为受他人和广告的影响较大。

5. 家庭生命周期　家庭生命周期表现了一个家庭生活的变化过程，在家庭生命周期的不同阶段，家庭生活时段的变化带来了对家庭支出模式的影响。家庭生命周期实际包含了婚姻状况和孩子情况两方面。一个典型的家庭生命周期分包括青年单身、新婚未育、满巢但孩子还小、满巢孩子成人、空巢孩子独立生活、退休、孤寡生活等几个阶段。各阶段消费者的生活状态、身体状况和经济负担不同，对医药产品的需求也不同。例如，青年单身和新婚未育阶段，消费者身体状况处于最佳阶段，此时他们对于感冒、轻微外伤等方面 OTC 药品的需求就相对较小；满巢孩子还小及满巢孩子成人阶段，消费者就会在孩子的成长、保健等方面具有一定的需求和投入；空巢孩子独立生活、退休及孤寡生活阶段，可能受年龄增大、身体状况出现下滑、防病治病意识增强、收入相对稳定且有一定积蓄等因素的影响，消费者会在医疗保健、防病治病等方面有较高的需求和投入。

（三）心理因素

心理因素比较复杂，往往难以准确把握，但确实有很多消费者在地理因素和人口因素相同的情况下，因社会阶层、生活方式、性格、兴趣等方面的不同，导致在消费行为、消费习惯和购买趋向等方面产生了不同的消费习惯和特点，这是由消费者的消费心理导致的。因此，医药企业可以按照消费者心理进行市场细分，常用的心理细分标准有社会阶层、生活方式、性格等。

1. 社会阶层　社会阶层指在社会中的层次结构处于不同地位的社会群体，它是按照消费者的价值观、职业、收入、教育等多种因素来划分的。同一阶层的成员具有类似的价值观、兴趣、爱好、行为方式。识别不同社会阶层消费者的消费需求特点，对市场细分起到重要作用。医药企业可以通过药品品牌、药品功效、设计特点、分销方式和广告宣传等营销组合把医药产品送达以社会阶层细分的目标市场。

2. 生活方式　生活方式指人们对消费、工作和娱乐的特定习惯和行为倾向。消费者追求的生活方式不同，对商品的追求和喜好就会不同，有的追求冒险，有的追求安静稳定，生活方式不同的消费者有不同的购买习惯。例如，朴素型的生活方式和追求时尚型的生活方式对商品的需求就有很多不同。很多制造药品、化妆品、保健品和医疗器械、服装的企业都在生活方式细分中寻找市场机会。医药企业从事市场营销活动，应注意不同购买者的生活方式，善于细分出某些追求相同生活方式的购买者，为他们专门设计、开发能更好满足其需求的产品。

3. 性格　性格指消费者比较稳定的心理倾向和心理特征，它使得消费者对所处的环境做出相对一致的行为反应，如习惯型、理智型、冲动型、想象型、外向型、内向型、开放型和保守型等。不同性格的人，购买行为的差异是很大的。例如，外向型、开放型性格的人，会尝试购买新药特药，经常出现情感型购买；内向型、保守型性格的人，则更注重药品的疗效和毒副作用的大小，比较倾向理智型、经验型和习惯型购买；独立性较强的人，受外界因素影响较小，而依赖性较强的人，则经常受外界影响。所以医药企业要根据消费者性格因素进行市场细分，针对不同消费者群体的性格，赋予产品相应的品牌个性。

（四）行为因素

随着我国市场经济的发展和人们收入水平的提高，消费者购买行为的差异越来越明显，行为因素是市场细分的重要细分标准。行为细分，是指企业按照消费者的购买时机、追求的利益、使用状况、使用频率、品牌忠诚度等行为因素进行市场细分。

1. 购买时机　按消费者提出需要、购买和使用产品时机的不同细分，可将消费者划分为不同的群体。不同的季节或时期，消费者可能会出现不同的健康状况，因此，消费者购买和使用医药产品的时机也会不同。例如，夏季人们会经常购买花露水、防蚊贴或肛肠类药物；冬季人们会经常购买冻疮膏或鼻炎类药物。

2. 追求的利益　消费者购买产品时有不同的购买动机，追求的利益也是不同的，有的消费者追求疗效迅速，有的追求安全可靠，有的追求经济实惠，有的追求社会形象，有的追求价格低廉，有的追求持久耐用，有的追求方便快捷。医药企业可以根据细分市场追求的利益不同，使自己产品的某一特征突出出来，有针对性地满足消费者所追求的利益。以感冒药为例，有些消费者服用泰诺，注重缓解感冒症状；有些服用维C银翘片，注重提高免疫力。

3. 使用状况　消费者的使用状况可以按照其使用程度分为未使用者、潜在使用者、曾经使用者、首次使用者、经常使用者。消费者的使用状况不同，其对产品的需求也不同。因此，医药企业应根据消费者不同的使用状况，制定不同的营销策略，以满足各消费者的不同需求。一般情况下，大型医药企业往往致力于将潜在使用者转变为首次使用者和经常使用者，以不断扩大市场份额；小企业则注重吸引、保持住一部分经常购买者，并制定恰当的竞争策略从大公司手中争取现有使用者。

4. 使用频率　根据消费者的使用频率细分，可分为大量使用者、中量使用者和少量使用者。经常购买且大量使用某种产品的人数，可能在市场总人数中所占比重很小，但他们购买的产品数量比重却很大。因此，许多企业把大量使用者作为自己的销售对象。掌握消费者的使用频率，有助于医药企业恰当地制定产品价格、选择分销形式和广告宣传促销的方式。

5. 品牌忠诚度　品牌忠诚度是指消费者对价格、服务、广告等的敏感程度以及对品牌、分销渠道的信任程度。据此可以把消费者市场划分为四个群体：绝对品牌忠诚者、多种品牌忠诚者、变换型忠诚者和非忠诚者。在绝对品牌忠诚者占很高比重的市场上，其他品牌难以进入；在变换型忠诚者占比重较高的市场上，企业应努力分析消费者品牌忠诚度转移的原因，以调整营销组合，加强品牌忠诚度；而对于那些非品牌忠诚者占较大比重的市场，企业应审查原来的品牌定位和目标市场的确立等是否准确，随市场环境和竞争环境变化重新加以调整和定位。总之，医药企业应通过研究消费者的品牌忠诚度，进一步明确医药市场定位、完善产品品种、改进分销渠道、加大促销宣传等。

五、医药市场细分的程序和方法

（一）医药市场细分的程序

一般说来，医药企业的市场细分大致可分为以下七个步骤。

1. 选择要研究的医药市场和商品类别　这是市场细分的基础，即医药企业在进行市场细分时，首先要确定企业从事何种药品的生产经营或从事何种医疗服务。产品的市场范围不是以产品的特性来确定，而是以消费者的需求为前提来确定的。因此医药企业要进行细致的市场调研，分析消费者的现实需求状况及其发展变化趋势，掌握影响需求变化的因素，同时结合企业自身的资源和实力作出决策。这实际上就是从整体市场中划分出一个局部市场，并对选出的局部市场进行科学评价，目的是在市场细分之前，测出局部市场及可能存在的各子市场的规模。如口腔医院想知道牙科整形美容潜力市场的大小，三九集团想了解中成药感冒药市场的大小等。

2. 设计方案并组织调查　在确定了要研究的药品市场和药品类别后，医药企业要依据所确定的市场范围对相关的消费者市场进行调查，以取得大量详实的、与细分标准有关的数据和资料。

3. 确定细分标准　这是市场细分的依据。市场细分必须采用有利于区别消费者不同需求的标准来进行细分，不同的医药市场有不同的特点，细分标准也不同。如消费者市场细分的标准有地理因素、人口因素、心理因素、行为因素等；生产者市场有用户规模、用户地点、用户要求等细分标准和依据。医药企业要根据主观经验和客观标准对市场上的现实需求和潜在需求作出尽可能全面详细地分析研究，进而确定符合市场细分原则的细分标准。

4. 初步细分市场　根据确定的市场细分标准和用户需求的具体内容，医药企业要对调查资料进行分析，找出需求类型的特征，将具有同一类型的需求归为一类，即将整个市场初步细分为具有不同类型需求特征的细分市场。如在竞争激烈的补血产品市场，康富来公司经过调查分析，按人口因素中的性别、收入、身体健康状况和地理因素中的地理区域把补血市场细分为两个子市场：农村低收入女性市场和城市高收入白领女性市场。

5. 筛选细分市场　根据市场细分原则，对所有的细分市场进行分析，剔除不符合细分原则的细分市场，再对各个细分市场进行比较，挑选出企业最能发挥优势的、潜力较大的细分市场。如康富来公司把补血市场初步细分为农村低收入女性市场和城市高收入白领女性市场后，它认为以康富来的经济实力及营销网络，如果定位于农村女性补血市场很难与红桃K、山东阿胶等大公司竞争。而如果定位于城市高收入白领女性补血市场，既能赚得丰厚的利润，又能发挥康富来的技术优势，所以康富来公司最终选择了城市高收入白领女性补血市场，推出了公司的补血产品——"血尔"。

6. 命名细分市场　检查各个细分市场符合细分标准和细分原则的情况后，进一步深入分析每个子市场的需求，并对细分市场进行必要的合并和分解，进而形成更加明确具体的细分市场，再根据各个细分市场的消费者特点及其购买行为特征，对每个经过筛选后的可能存在的细分市场赋予一定的名称。

7. 确定细分市场　企业在市场调研的基础上，结合细分市场的消费者特定地理环境、人文环境等因素，评估每个细分市场的顾客需求和消费情况，再根据分析结果和企业的实际情况，综合估计每个细分市场的发展潜力、发展趋势、现有规模和未来可能形成的规模，最终确定一个或几个具有现实效益和发展前景的细分子市场作为自己的目标市场。继而有针对性地开展市场定位、产品开发、渠道选择、价格策略、促销等营销策略，充分满足目标顾客的需要和实现企业的经营目标。

以上七个步骤，医药企业在具体应用时，可以根据企业的实际情况和市场情况进行必要的简化和合并。

（二）医药市场细分的方法

医药市场细分的一般方法有完全细分法、一元细分法、多元细分法和系列变量细分法。

1. 完全细分法　完全细分法就是对某种产品整体市场所包括的消费者的数目进行最大限度细分市场的方法。按照这种方法细分，最终每一个消费者就是一个细分市场。完全细分法的极限程度成为定制营销。

2. 一元细分法　一元细分法就是对某种具有替代性较大、挑选性强的产品的整体市场，根据一个标准细分市场的方法。例如，根据年龄这一变量可以将感冒药市场分为成人与儿童两个市场，海南亚洲制药根据年龄不同推出两个不同的产品，"大快克"和"小快克"分别针对成人市场和儿童市场。

3. 多元细分法　多元细分法就是对某种产品的整体市场，根据两个或两个以上的标准细分市场的方法。例如，滋补品市场的细分，就可以根据影响消费者需求的一些主要因素：年龄（老、中、青）、购买目的（赠送、自用）来细分市场。按这两个因素进行综合市场细分，可以把滋补品市场分为 6 个具有不同需求的子市场，如图 5 - 1 所示。一般来讲，医药企业选择哪些因素作为细分市场的依据，应该具体问题具体分析，而且细分市场的依据也要随市场营销环境的变化而变化，以便寻找新的、更有利可图的细分市场。

图 5 - 1　多元细分示例

4. 系列变量细分法　根据企业经营的特点并按照影响消费的诸多因素，由粗到细地进行市场细分。这种方法可使目标市场更加明确而具体，有利于企业更好地制定相应的市场营销策略。例如，某医药企业的销售市场采用此种方法进行细分，如图 5 - 2 所示。

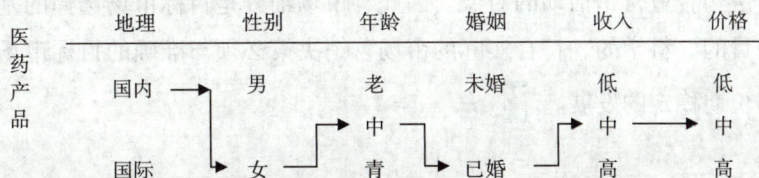

图 5 - 2　系列变量细分法示例

由图可以看出：按照地理因素，该医药企业将某种药品市场细分为国内和国际两个子市场，该企业选择了国内市场作为目标市场；按照性别因素，该企业最终选择了女性市场作为目标市场；按照年龄因素，该企业选择了中年市场作为目标市场；按照婚姻因素，该企业选择了已婚市场作为自己的目标市场；按照收入因素，该企业选择了中等收入市场作为目标市场；按照价格因素，该企业选择了中等价格市场作为目标市场；经过这样有层次地应用一系列标准细分市场，该医药企业的目标市场就十分明确了。

值得强调指出的是，企业在进行市场细分时，必须注意以下三个问题：一是市场细分的标准是动态的，它是随着市场营销环境的变化而变化的；二是不同的企业在市场细分时，应采取不同的标准和方法，因为各个企业的生产技术条件、资源和产品是不同的，所采用的标准和方法也应不同；三是市场细分所需信息和数据主要来源于政府部门、图书馆、互联网络、市场调查研究公司和企业自行市场调查研究等。

》》 岗位情景模拟 5 -1

情景描述 某医药生产企业在进行新产品生产之前，要对这类新药整体市场进行细分，通过划分出各细分子市场，再从中确定企业所要进入的目标市场。现以感冒药市场为例，假如你是企业的市场营销人员，请按消费者市场对感冒药需求的差异性进行市场细分。

要　　求

1. 思考用哪种市场细分标准？
2. 准备采用哪种市场细分方法？

答案解析

任务二　医药目标市场选择

PPT

企业对市场进行细分后，就要对细分后的市场进行分析和评价，从中找到能够发挥企业资源优势并为企业带来利润的细分子市场，当企业选择了某一个或某几个细分子市场后，企业的一切市场营销活动就需要围绕所选择的细分子市场进行。

一、医药目标市场的概念

目标市场就是企业在市场细分的基础上，根据市场潜量、竞争对手状况和企业自身经营特点所选定的并要进入的市场。医药企业选择目标市场是在市场细分的基础上进行的，二者既有区别又有联系，市场细分是将一个整体市场按照某种标准或依据划分为几个子市场，而选择目标市场是从众多的子市场中选择一个或几个作为医药企业营销活动的对象。因此，市场细分是目标市场选择的基础和前提，目标市场选择是市场细分的目的。科学的、符合实际的市场营销决策必须与准确的目标市场选择有机地结合起来，才能使企业获得长期稳定的发展。 微课1

拓展链接

华素片进入市场前的工作

华素片进入市场之前，企业针对其既治口腔病又治咽喉病的特点，对竞争对手和市场进行调查。调查发现，咽喉类的药物市场竞争激烈，口腔类药品市场还没有构成有影响的品牌，因此选择了口腔类药品市场作为目标市场。企业进一步对口腔用药市场人群的消费习惯进行调查，发现口腔用药的患者其实不是固定的一群人，男女老幼都可能成为患者，其中成人比例高，季候性变更大。他们的选药标准是疗效第一。其次，看看患者对口腔药的购买行动与心理。口腔病患者多为高关心度的感性购买，他们很可能因为广告的影响或别人的介绍更换品牌。再看患者的认识态度，患者普遍认为口腔病不是大病，认为它是很烦人的小病，希望尽快治好。

在分析了华素片的市场状况及患者的购买行为之后，企业认为，华素片不仅满足患者希望尽快治好病的心理，同时还有能尽快治好的功能，它所卖的是其快速治愈功效。企业紧抓目标顾客的消费需求，为华素片明确的定位，即"迅速治愈口腔疾病的口腔含片"。于是，华素片以"快治人口"的承诺和"病口不治，笑从何来"的呼唤走进了患者心里，患者认识它了，销售也就增长了。

启示：华素片的成功在于药品进入市场之前对市场进行分析调查，选择口腔类药物消费市场作为其目标市场，调查了目标顾客消费习惯、购买动机与心理、患者心态等情况，有针对性的制定市场营销策略，最终走进患者心里，企业获得成功。

二、评估医药细分市场

市场细分后，并不是所有的子市场都可以作为医药企业的目标市场，医药企业还要结合子市场的吸引力，企业自身的资源条件和优势，竞争对手的情况以及企业所处的各种营销环境等因素对子市场进行综合分析评价，最后确立一个合适的细分市场。一般而言，细分市场的评估考虑三个方面的内容。

1. 细分市场的规模和发展潜力 细分市场的预计规模是企业决定是否进入该细分市场的主要因素。目标市场的规模最好具有与企业规模相匹配的销售量和合理的盈利水平，且有良好的发展趋势。细分市场的规模不是越大越好，一定要考虑企业现有的经营能力，一般大企业应该选择市场规模较大的市场进入，而小企业则应该选择市场规模较小的市场进入。小企业规模小、实力弱，没有资源和能力为较大规模的细分市场服务，但可以结合自身优势和市场需求为大企业不屑一顾的小市场服务，也能获得丰厚的利润。

细分市场的发展前景也是企业选择细分市场的一个重要指标，所有的企业都希望能够进入一个处于上升期的行业，而不是一个衰退期的行业，但拥有较好的发展前景的行业内市场竞争激烈。要判断市场的预期增长程度，则需要企业综合考虑行业相关的经济、技术、政治、社会等环境因素，并具有敏锐的洞察力。

2. 细分市场的竞争状况 一般说来，如果细分市场上没有竞争对手，或是有竞争者，但竞争对手很少，也尚未被竞争对手占领和控制，那么，企业就有机会进入该细分市场并取得一定的市场份额，这样的细分市场对企业来说就是有意义的；但是如果该细分市场已经被竞争者控制和占领，并且竞争比较激烈，那么，企业就要有足够的实力和资源，只有在能赶超竞争对手的情况下，选择该细分市场才有意义。对市场竞争状况进行评价，可通过美国管理学家迈克尔·波特的"波特五力"法，从行业内部竞争、潜在竞争者、替代产品、顾客购买能力、供应商议价能力等五个方面进行分析。

3. 企业目标和资源 在细分市场的子市场中，有利可图的子市场可能很多，但不一定都能成为企业的目标市场。医药企业只能选择那些本身有能力满足其需要且与企业营销目标相一致的细分市场作为自己的目标市场。企业的任何活动都必须与企业的目标保持一致，如果某一细分市场的选择虽然能给企业带来短期的利益，但不利于企业长期目标的实现或者偏离企业的既定发展轨迹或者对企业主要目标的完成带来影响，这时企业一定要慎重。而对一些适合企业目标的细分市场，企业必须考虑是否具有在该市场获得成功所需要的各种营销技能和资源等条件。另外，企业经营的目的最终要落实在利润上，只有有了利润，企业才能生存和发展。因此，细分市场必须能够使企业获得预期利润。

三、选择医药目标市场覆盖模式

在对不同的细分市场进行评估后，企业可以选择进入的市场有很多，可以选择为这个市场服务的产品也很多，因此根据市场与产品的不同组合，可以将目标市场的覆盖模式分为五种，如图 5-3 所示。

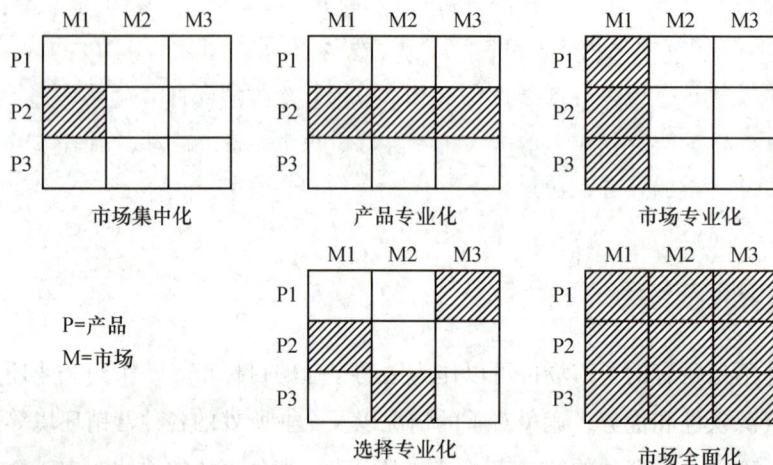

图 5-3　目标市场覆盖模式

1. 市场集中化　企业在众多细分市场中集中全力只生产一类产品，选取一个细分市场进行集中营销，供应某单一顾客群。一般而言，这是刚成立的企业采用的市场模式。选择单一细分市场集中化模式的企业一般应考虑：该细分市场中没有或少有竞争对手；企业资金有限，只能经营一个细分市场；企业具备在该细分市场从事专业化经营或取胜优势条件；准备以此为出发点，以求取得成功后向更多的细分市场扩展。此模式成本较小，但风险较大，一旦该细分市场不景气或有强大的竞争者出现，企业易陷入困境。

2. 产品专业化　企业用一种产品来满足几个目标市场消费者的需求。企业在产品上的专一，容易使企业塑造专业的品牌形象，而且由于规模化的采购和生产，降低了生产成本。统一的市场营销策略，可以降低企业的运营成本。但当该产品领域内的技术有了进步，出现一种全新的替代品时，企业产品的销售量将大大降低，企业将面临巨大威胁。当然，这种全新的替代品并不是经常出现的，由于顾客类型较多，产品专业化营销的风险与市场集中化营销的风险相比要小得多。

3. 市场专业化　企业用多种类型的产品来满足某个单一市场上消费者所需要的各种产品，即对同一市场生产不同的产品。此模式能有效地分散经营风险，可与这一群体建立长期、稳定的关系，并树立良好的形象，容易打开产品销路。但由于集中于某一类顾客，当这类顾客由于某种原因购买力下降或者消费者的偏好发生了较大变化时，企业将会面临较大的危机。

4. 选择专业化　企业选取若干个细分市场作为目标市场，其中每一个细分市场都具有良好的吸引力，且符合企业的目标和资源。该目标市场模型中各个细分市场间较少或基本不存在联系，针对每个细分市场将提供不同的产品和服务。此模式能有效地分散经营风险，即使某个细分市场陷入困境，企业仍可继续在其他细分市场取得赢利，但成本较高。应用此模式的企业应具有较强的资源和营销实力。

5. 市场全面化　企业想要进入所有的细分市场，企业生产各种产品满足各种顾客群体的需要。有能力应用此模式的只有实力雄厚的超大企业。

企业可以选择这五种模式中的任何一种，并不存在某一种模式比另一种模式更加好的说法。但是由于企业所处的行业不同，目标消费者的需求有所不同，而且企业的资源能力方面也存在着差异，因此不同的企业适应不同的目标市场模式，这就要求企业在认真衡量自身的资源能力的基础上，再做出选择。

即学即练 5 - 2

答案解析

请问以下几种情况分别是哪种市场覆盖模式？

1. 某企业分别为儿童生产补钙产品，为老人生产防"三高"产品。
2. 某医药企业专门经营满足女性需要的各种药品。

四、医药目标市场营销策略

企业对细分市场进行评估，并选定进入目标市场的模式之后，就要决定采用何种策略进入目标市场。一般说来，医药企业主要有三种目标市场选择策略：无差异性市场营销策略、差异性市场营销策略、集中性市场营销策略。

1. 无差异性市场营销策略　无差异性市场营销策略是指不考虑各个子市场的特性，把整个市场看作成一个目标市场，注重消费者需求的共性，为所有市场提供一种产品和一种市场营销组合。采用此种策略的企业一般基于以下两个指导思想：第一种是从传统的产品观念出发，以企业为中心，不考虑消费者需求的差异性。例如，早期的可口可乐公司在刚进入市场时，采用一种瓶装技术、一种口味、同一价格，甚至连广告主题"真正可乐"也是单一的，向全世界推广产品。第二种思想是，企业经过市场调研后，认为某种产品的消费者需求差异较小甚至无差异，例如，大米、食盐、食糖等产品，因此可以采用同一种产品或营销组合策略。

无差异性市场营销策略的优点主要体现在成本的经济性，企业能够形成规模经济，产生规模效益，能降低产品的生产成本和分销成本，使企业在激烈的市场竞争中具有价格优势。无差异的广告宣传可以减少促销费用，用同一种产品或市场营销组合方案满足所有市场，可以减少产品研发投资、降低分销渠道成本及制定多种市场营销战略和战术方案等带来的成本开支。采用无差异性市场营销策略还可以使企业实施大规模的自动化生产，提高企业的生产效率。此外，无差异性市场营销策略还有助于企业提高产品质量，争创名牌，简化企业的经营管理和节约管理费用。

无差异性市场营销策略也明显有其不足：第一，没有更好地满足消费者的需求。任何一家企业提供的单一产品都不可能满足所有消费者的需求。第二，由于企业忽视了消费者需求的差异性，导致了目标市场上有很多需求得不到很好地满足，造成了市场空白，这很容易引起竞争者的攻击，竞争者会从需求差异入手来参与竞争，从中抢夺市场份额。第三，如果竞争对手也采用无差异性市场营销策略，则会引起激烈的恶性竞争，造成两败俱伤。第四，采用这一策略的企业通常反应能力和适应能力都较差，一旦有其它竞争企业提供了有特色、有针对性的产品时，就会增加该企业的营销风险，导致该企业在竞争中失利。

无差异性市场营销策略主要适用于市场具有广泛和大量需求而企业也能够大量生产、大量销售的产品。药品中的原料药即具有这样的特点，可以采用这一策略。

2. 差异性市场营销策略 差异性市场营销策略是指企业在市场细分的基础上，选择若干细分市场作为自己的目标市场，并针对所选择的细分市场分别生产不同的产品，制定不同的营销组合，满足不同细分子市场需求的市场营销策略。这一策略的出发点是：认为消费者的需求是不相同的，不可能以完全相同的、无差别的产品和营销组合去满足各类消费者的需求。

差异性市场营销策略的优点：第一，可以更好地满足消费者的需求，提高企业的市场份额和企业声誉。企业通过提供有针对性的产品和强有力的营销组合，可以同时在几个细分市场上发挥优势并扩大产品销售量，以提高消费者对企业的信任度。第二，降低企业经营风险。一旦某一细分市场发生剧变，企业不会完全陷入困境，拥有较大的回旋余地，这大大减少了企业经营风险。第三，有特色的产品及其营销策略可以提高企业知名度，有利于企业对新产品的推广。

差异性市场营销策略也存在一些缺点：第一，成本较高。企业需要根据不同的细分市场需求，设计不同的产品，由此导致生产成本、研制成本、分销渠道成本、广告宣传成本、人员配备成本等费用的增加。第二，会增加企业管理的难度，影响企业的营销效益。差异性市场营销策略要求企业拥有较强的资本实力、技术水平和较高素质的管理人员，要求企业有比较完善和科学的管理制度，要求企业能灵活应对市场上的千变万化，这些无疑都增加了企业管理的难度。所以对于人力、财力、物力比较有限的中小企业要量力而行，要十分谨慎地采用这种策略。

实行差异性市场营销策略要根据企业本身的特点以及产品和市场的状况来确定。一般说来，对那些经营差异性较大、市场变化快的产品的企业，以及那些本身有足够实力应对产品更新和技术设备更新的企业，可以考虑采用这种差异性市场营销策略。

🔖 拓展链接

百事可乐 VS 可口可乐

可口可乐是世界上最畅销的软饮料之一，早期的可口可乐一直奉行无差异性营销策略，一种配方，一种包装，一样的广告语，产品畅销全球。百事可乐公司的创建虽然比可口可乐晚了 12 年，但百事可乐为了争夺市场份额，针对可口可乐进行了激烈的挑战，除了采取一系列强有力的促销策略外，还进行了差异性营销策略。公司除了生产销售百事可乐外，还推出七喜汽水，强调"七喜非可乐"，争取无咖啡因的非可乐细分市场，对可口可乐造成巨大冲击。可口可乐面对竞争对手差异性的营销策略，不得不改变原先一直运行的无差异性营销策略，也相继推出雪碧、芬达等各种风格的饮料，采取了差异性营销策略，以满足不同细分市场的需求。

启示：在竞争激烈的买方市场条件下，差异性营销策略更具挑战性。

3. 集中性市场营销策略 集中性市场营策略是指企业在市场细分的基础上，只选择一个或为数较少的几个细分市场作为企业的目标市场，采用一种或一类产品、一种营销组合为其提供服务。采用这种策略的出发点是：企业与其将有限的力量分散地投入于各个细分市场，不如将力量集中起来，服务于一个或少数几个重要的细分市场，在这一个或这几个细分市场上求得较高的市场占有率，取得高于多个只有较低市场占有率的细分市场的经济效益。例如，东阿阿胶专注于补血市场，正大天晴药业专注于肝药市场，贵州益佰专注于止咳市场等。

集中性市场营销策略既不同于无差异性市场营销策略，又有别于差异性市场营销策略。无差异策是以整个市场为目标市场，在本质上无视消费者需求的差异性。而集中性策略不是面对整个市场，也不是把力量分散到广大市场上，而是集中企业的营销优势，在消费者需求差异的基础上只选择其中一个或少数几个容量较小的细分市场，实行专业化的生产和销售，以充分满足这些细分市场的需求，与差异性市场营销策略的思想本质相同。采用集中性营销策略的企业，其目的不是要追求在大市场上小的市场占有率，而是为了在一个小的市场上取得较高的，甚至是支配地位的市场占有率。

集中性市场营策略的优点：第一，营销对象比较集中，有利于降低生产和分销成本，提高企业盈利水平。第二，市场集中，便于医药企业对目标消费者需求情况及其它情况有较为深入的了解，能够及时获得市场信息反馈。第三，医药企业在较小的细分市场拥有较大的市场份额，地位较高，可以提高企业信誉。第四，有利于医药企业实行生产经营专业化，能充分发挥企业优势，积聚力量与竞争者抗衡。

集中性市场营销策略的缺点：第一，风险大，一旦所选择的市场突然发生变化，或者有强大的竞争者进入该细分市场，企业的经营便可能陷入困境，缺少回旋余地。第二，市场空间有限，市场规模较小，不利于医药企业的长远发展。因此采用这种策略时，医药企业要密切注意目标市场的动向，做好充分的应变准备。

一般说来，中小型医药企业适宜采用这一策略，这是因为中小型企业资源有限、生产设备较差、管理水平较低、开拓市场的能力也不强，如果采用集中性市场营销策略，就可以避开与大企业的正面竞争，进入和占领那些大企业未注意或不愿进入的市场，往往更易获得成功。

以上三种目标市场营销策略如图5-4所示。

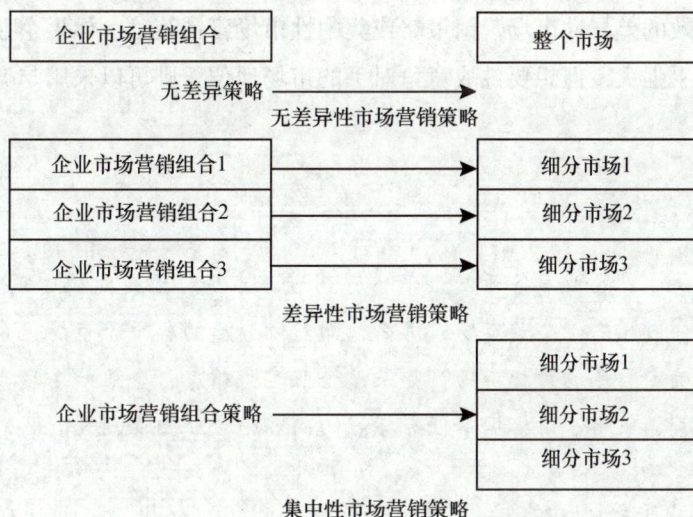

图5-4 三种不同的目标市场营销策略

五、影响目标市场营销策略选择的因素

1. 企业实力 企业实力包括企业的资金实力、技术力量、生产能力、设备条件、营销力量等方面。企业实力强，产品的标准化程度较高，具有较好的口碑和声誉，就可以实行无差异性市场营销策略或差异性市场营销策略；反之，资源有限、实力不强的中小型企业，则适宜采用集中性市场营销策略。

2. 产品的同质性 同质性产品主要表现在一些未经加工的初级产品上，这些产品自身的同质性较高，即消费者需求的差异性较小的产品，例如，原料药、中药材类、食盐、粮食等产品。同质类产品的竞争主要表现在价格竞争和服务竞争上，经营这些产品的企业适合采用无差异性市场营销策略。对于同质性程度低的产品，例如，制剂类药品、保健品、医疗器械、化妆品等，消费者对这类产品的特征感觉具有较大差别，企业可采用差异性市场营销策略或集中性市场营销策略。

3. 市场的同质性 如果医药企业所选择的目标市场是同质市场，即顾客的需求、爱好、购买行为等基本相同的情况下，企业可以对该目标市场实行无差异营销策略。反之，消费者对产品的需求、态度及购买行为等方面的差别很大，则适宜采用差异性市场营销策略或集中性市场营销策略。

4. 产品生命周期 产品所处的生命周期不同，采用的营销策略也是不同的。在导入期，广大消费者对产品不是很了解，品种规格不多，市场竞争者也较少，此时宜采用无差异性市场营销策略，也可以针对某一子市场实行集中性营销策略，去探测市场需求和潜在顾客。在成长期和成熟期时，竞争者纷纷进入市场，竞争加剧，为使本企业的产品区别于竞争者，确立自己的竞争优势，此时，企业宜采用差异性市场营销策略或集中性市场营销策略。在衰退期时，细分市场的需求呈下降趋势，企业需要为自己的撤离做准备，也在尽一切努力回收资金，减少经营成本，企业此时适宜采用集中性市场营销战略。

5. 竞争对手的营销策略 医药企业生存于竞争的市场环境中，对营销策略的选用也要受到竞争者的制约。一般说来，如果医药企业竞争实力不强，不愿意与竞争对手正面交锋，可以采用与竞争对手不一致的目标市场选择策略。例如，竞争对手采用的是无差异性市场营销策略，医药企业就可以采用差异性市场营销策略或集中性市场营销策略；如果对手采用差异性市场营销策略，医药企业就应进一步细分市场，实行更为行之有效的差异性市场营销策略或集中性市场营销策略。如果企业的竞争实力较强，或者虽然实力没有竞争对手强大，但想要挑战竞争对手的市场地位，则可以采用与竞争对手一致的目标市场选择策略。

岗位情景模拟 5-2

情景描述 某医药生产企业准备开发生产感冒药进入市场，于是对感冒药整体市场进行细分，最终将感冒药市场细分成了若干个子市场，那么，面对细分后的各个子市场，企业应如何评估各细分市场？如何选择并确定自己的目标市场？如果该企业实力雄厚，企业知名度比较高，在目标市场上可以采用何种目标营销策略？请根据本任务学习的内容为企业出谋划策。

要 求

1. 请分析影响目标市场选择策略的各种因素。
2. 该企业适合采用哪种目标市场选择策略？

答案解析

任务三 医药市场定位

医药企业选择了目标市场后，就要在目标市场上进行市场定位，即医药企业需要清楚地知道应如何在众多的竞争者中塑造自己的特色和形象，如何使消费者在琳琅满目的产品中识别自己。市场定位是医药企业营销战略计划中的一个重要组成部分，它关系到医药企业能否在市场竞争中占有一席之地，从而求得长远的发展。

一、医药市场定位的概念 💻 微课2

市场定位，也被称为竞争性定位，就是企业根据所选定目标市场的竞争状况和自身条件，确定企业和产品在目标市场上的特色、形象和地位的过程。市场定位的实质是企业通过为自己的产品建立鲜明的特色或个性，使本企业的产品与其他企业严格区分开来，使消费者明显感觉和认识到这种差别，从而在消费者心目中塑造出独特的市场形象。

二、医药市场定位的方向

医药市场定位的根本目的是要塑造使患者和医生认同的特色，首先就要明确市场定位的方向，即建立自身特色的角度。

1. 药品的属性定位　这是指根据药品的成分、性能、功效等构成产品内在特色属性，突出自己鲜明的特征。如为突出治疗作用，一些药品突出宣传自己是"药品"，而不是"保健品"；"泰宁诺"止痛药的定位是"非阿司匹林的止痛药"，显示药物成分与以往的止痛药有本质的差异；一些感冒药为突出自己毒副作用小，就突出宣传自己是"中药配方"，而不是"西药制剂"。

2. 使用者定位　使用者定位就是要使客户群体产生这种药品就是专门为他们而生产的、是最能满足他们的需求的这一印象，使消费者觉得如果要满足自己这方面的需求，就非这种产品莫属。如"初元"就突出宣传是专为看望病人而生产的产品，"太太口服液"定位于中年妇女阶层，"脑白金"定位于中老年人。

3. 利益定位　任何消费者购买产品都不是购买产品本身，而是购买产品能为其带来的利益。产品本身只是形式，利益才是消费者的核心追求。购买药品所追求的核心利益是健康，但同时也有附加利益，如药品味道、服用方便、药效发挥时间等。例如，某些退烧贴采用的就是利益定位，除了宣传其功能外，突出强调可以不打针、不吃药，方便儿童使用，为患者带来方便的利益。

4. 质量和价格定位　质量和价格一般是消费者最关注的两个因素。宣传高质低价是很多医药企业采用的方式，也有企业用优质高价来定位。不同的产品及用途，消费者对质量和价格的要求也不尽相同，医药企业在对产品进行质量和价格定位时，还应结合产品、消费者需求、竞争者及市场的实际情况来制定。

5. 药品的用途定位　这是指根据药品的适应证来突出自身的特色，使自己的药品和同类药品区别开来。以往中国的有些制药企业夸大宣传药品的用途或功效，给人感觉该种药品好像是包治百病，这样反而会使消费者对这一药品失去信任。药品定位必须在用途上找准自己的优势和特色，进行准确定位，只有这样，才能真正找准市场，获取利润。例如，"康泰克"的定位宣传为缓解流泪、流鼻涕、打喷嚏等三大感冒症状，就取得了很大的成功。

6. 复合定位　消费者所关注的医药产品属性往往不是单一的，很多医药企业在市场定位时，采取复合定位的方法，将以上多种因素结合起来，使患者觉得本企业的药品具有多重特性和多重功能。例如，"新盖中盖"高钙片的定位宣传：含钙高（质量）；一天一片，方便（附加利益）；效果不错（核心利益）；还实惠（价格）。

市场定位实质是基于消费者心理的差异化，还可以从产品差异化、服务差异化、渠道差异化、员工差异化、形象差异化等方面进行分析，确定定位方向。

市场定位的误区

在市场定位时，应避免以下误区。

1. 定位过低   消费者认为某种品牌是低档产品，不符合产品使用的环境和质量属性，因而对之不屑一顾。如果某高科技或技术含量较高的产品，品牌定位过低，则可能没有市场。

2. 定位混乱   定位不清晰或不稳定，消费者难以清楚识别。如品牌特征太多，或者品牌的定位改变过于频繁，导致消费者产生混乱不清的印象。

3. 定位过窄   本来可以适应更大的消费者群，却将产品的定位范围狭窄化，着重针对其中一小部分的消费者进行宣传，导致企业的目标市场狭小，销售范围缩小。如，某保健品生产企业，定位于"专门为高收入、高职位的女性生产保健品"，企业的市场范围明显狭窄，失去了一些本可以成为该企业产品惠顾者的顾客。

4. 定位过度   有些企业为了使消费者建立对本企业品牌的偏好，夸大宣传功效，过度许诺，导致企业产品市场定位过度。如，某种滋补药品，厂家宣传可以补血强身、美容护肤、益智安神、预防感冒等，有治百病的效果，反而使购买者难以相信。

市场定位并不是营销人员主观想象或一厢情愿能决定，需要通过研究具体的目标市场需求情况，结合自身竞争优势，来完成市场定位。

三、医药市场定位的步骤

医药企业的市场定位工作一般分为以下三个步骤：一是识别本企业潜在的竞争优势；二是选择相对的竞争优势；三是彰显独特的竞争优势。

1. 识别本企业潜在的竞争优势   识别企业的潜在竞争优势是市场定位的基础。一般是通过广泛的市场调研这个途径，掌握消费者的需求特征以及目标顾客需求被满足的程度，了解目标市场上的竞争者及其产品的总体状况，找出本企业比竞争对手在成本或产品差异化上存在的各种竞争优势。

2. 选择相对的竞争优势   判断自身相对竞争优势所在，正确选择最适合本企业的定位策略。可以通过对竞争者、消费者、企业自身的综合分析，比较企业与竞争者在经营管理、技术开发、服务质量、销售渠道、品牌知名度等方面的强弱，找出企业明显差别利益的优势。

3. 彰显独特的竞争优势   医药企业选择体现自身竞争优势的市场定位后，就要通过一系列的宣传促销活动，将其具有独特竞争优势的产品和服务传递给目标市场上的消费者，即向消费者传递某种比竞争者更大的价值，使医药企业及其产品在消费者心目中留下深刻的印象。在传递市场定位信息的过程中，医药企业应建立与市场定位相一致的形象，应努力巩固与市场定位相一致的形象，应及时矫正与市场定位不一致的形象。

"白加黑"的定位

PPA事件中，"白加黑"由于独树一帜的市场定位，市场份额迅速扩大。她从诞生之初的"石破天惊"到后来成长壮大为国内感冒药的领导品牌，无不折射出一个成功品牌的发展轨迹，令人回味无穷。

在产品定位上采用利益定位,"白加黑"以其简短的广告语"白天服白片,不瞌睡;晚上服黑片,睡得香"向消费者明确地传达了其定位。白加黑的组方成分并没有多少高明之处,但是它把感冒药分成白片和黑片,并把感冒药中镇静剂"氯苯那敏(扑尔敏)"放在黑片中,其它什么也没做,但却很不简单,它不仅在品牌的外观上与竞争品牌形成很大的差别,更重要的它与消费者的生活规律相符合,达到了引起共鸣和联想的强烈传播效果。一般感冒药的共同缺点就是服用后容易瞌睡,这对大多数的人群造成许多不便,而"白天服白片,不瞌睡;晚上服黑片,睡得香"的承诺,正中广大消费者下怀,去除了后顾之忧,体现出厂家对消费者细致入微的关心。

启示:它的成功之处在于,创造和显示出了不同于同类产品的鲜明特色和亮点,并通过通俗易懂的"广告",有效准确地传递给了消费者。需要提醒的是,现在"白加黑"已经按处方药管理。

四、医药市场定位策略

定位除了要树立自己的特色,还要考虑竞争对手的影响,确定自己在竞争中的地位。从这种意义上说,定位策略也是一种竞争策略。定位方式不同,竞争态势也不同,企业必须采用科学的、可行的、符合本企业实际情况的定位策略。企业采用的市场定位策略主要有以下几种。

1. 创新定位策略 创新定位是指寻找新的尚未被占领但有潜在市场需求的位置,填补市场上的空缺,生产市场上没有的、具备某种特色的产品。企业可以通过调研等方式发现空隙市场,然后成为市场的先行者,这就能够帮助企业避开竞争对手,而且还能在这一新的市场内建立起进入壁垒,然后占据市场的主导位置。进行创新定位需要具备一定的条件,首先,市场上还存在尚未被发现的需求;其次,市场有足够的市场容量,能为公司带来合理而持续的盈利;第三,以企业现有的资源能力,能够进入这个市场并且获益。

2. 迎头定位策略 迎头定位也叫针锋相对式定位,这是一种与在市场上占据支配地位的、亦即最强的竞争对手"对着干"的定位方式。当企业想要挑战目标市场上竞争对手的地位时,或者在目标市场容量较大,企业有必要占领较为优势的市场地位时,企业可以选择在目标市场上靠近现有的竞争对手或与竞争对手重合的市场位置定位,来夺取与竞争者相同的目标消费者群体。这种定位的本质是直接与竞争者面对面竞争,风险很大,但也有很多企业认为这是一种能激励自己奋发向上的、可行的定位方式,一旦成功,就会取得巨大的市场优势。如"可口可乐"与"百事可乐","肯德基"与"麦当劳","康师傅"与"统一"之间的竞争等都属于这种定位策略。这种定位策略要求企业在产品质量、包装、服务、价格等方面有选择地改进。实行这种定位策略,必须知己知彼,特别要清醒估计自己的实力,不一定试图击败对方,只要能平分秋色就是巨大的成功。

在迎头定位中,还包含了另一种定位,那就是比附定位。比附定位就是攀附名牌的定位策略。企业通过各种方法和同行中的知名品牌建立一种内在联系,使自己的品牌迅速进入消费者的视野,借名牌之光而使自己的品牌生辉,甘居第二,攀龙附凤。如"蒙牛"与"伊利"的定位竞争,蒙牛曾在产品包装上打出了"为民族工业争气,向伊利学习"的字样;蒙牛的第一块广告牌子写的也是"做内蒙古第二品牌"。

3. 避强定位策略 避强市场定位也叫做错位定位,是指企业避开与竞争者直接对抗,将自己的产品定位在与竞争对手不同的的位置,发展当前市场上没有的某种特色产品,开发新的市场需求机会,挖掘新的市场领域。例如,"七喜"面对"可口可乐"的宣传:"我不是可乐,我可能比可乐更好。"突出自己不含咖啡因的特点。又如，伊利实业有限公司牛奶制品面对和路雪、雀巢等强有力的竞争对手，采取了避让策略，以优质低价赢得了众多消费者的青睐。避强定位策略使企业避开了强大的竞争对手，避免与其针锋相对，而造成双方损失。在避开强有力的竞争者时，可以采取以专业化为核心的市场补缺方式，即发现市场中被大企业忽略的某些细分市场，集中力量专心致力于在这些小市场上，专业化经营，由此获取最大限度的收益。该定位策略一般风险较小，成功率较高，能够使企业迅速在目标市场站稳脚跟，较快地在目标消费者群中建立企业及其产品形象，获得竞争优势，常常为许多中小企业采用。

即学即练 5-3

在采取避强定位策略时，我们有必要弄清楚哪些问题？

答案解析

4. 重新定位策略 微课3 孙子曰："兵无常势，水无常形。"商场如战场，同样风云变幻，所以医药企业的市场定位也会因市场的变化而需要重新定位。重新定位通常是指对销路少、市场反应差的产品或者是产品本身好，但为了进一步扩大市场占有率，能有效的与竞争对手相抗衡的二次定位。重新定位的原因可能是目标市场的需求发生了变化，或者是竞争者加入和改变了策略，或者是企业在目标市场的地位有所改变，或者是企业发现原先的定位错误等造成的。企业只有对已经上市的产品重新实施定位，改变目标消费者对企业及其原有产品的印象，才能使消费者对产品建立新的认识，进而改变目标市场的竞争态势，扩大企业在目标市场的地位。这种重新市场定位，能够帮助企业摆脱困境，再次获得竞争活力和业务的增长。

5. 共享定位策略 共享定位也称"高级俱乐部"战略。企业根据实际情况模糊地把产品置于一个具有影响力或有意义的最佳产品群体中，并用"是……之一"的模式表达出来的定位方式。有些企业把自己划归到某"高级俱乐部"内，因为企业认为这个俱乐部的成员都是最佳的，我是这个俱乐部的，所以我也是最佳的。例如，宣称自己是中国十大医药公司之一，或某某省、地区最大医药销售企业之一等。

企业确定了自己的市场定位策略后，就可以拟定详细的市场营销组合策略，针对所选择的目标市场消费者的需求特点，在已经显示的市场优势基础上，从产品、价格、渠道、促销等方面更好地满足目标市场上的消费者需求，从而获得顾客的满意并取得经营的成功。

▶▶ 岗位情景模拟 5-3

情景描述 假如你是一个企业的营销专员，为正确制定企业的市场定位策略积累经验，正在对王老吉成功的案例进行研究。在2002年之前，王老吉一直处于不温不火的状态。2002年与成美营销顾问有限公司合作，将王老吉从"清热解毒祛暑湿"的药饮定位为"预防上火"的饮料，把原来的广告语"健康家庭，永远相伴"改为"怕上火就喝王老吉"。将王老吉定位从"药茶"变为"饮料"，明确其是一种"预防上火"的功能饮料，改变了其类别属性，推出红色罐装王老吉，为王老吉从区域市场走向全国市场和挖掘潜在市场扫除了障碍。自2002年，王老吉销售额迅速提高，2003年销售额由2002年的1.8个亿增长到了6亿元，到了2007年成为了国内罐装饮料销售额第一。

答案解析

要 求 分析对王老吉是运用的什么市场定位策略，是如何使企业摆脱困境的？

实践实训

【案例分析】

"云南白药创可贴"与"邦迪"的不同定位

在以"邦迪"为主导的创可贴市场竞争中，"邦迪"和创可贴几乎成为一个捆绑，在消费者的心目中，创可贴就是"邦迪"，"邦迪"和创可贴紧密联系在一起。

作为市场的新进入者，"云南白药"很快发现在消费者认知领域中"邦迪创可贴"实际上等于一个胶布，那就好办了，"云南白药"就可以由此进行认知的切割，进行概念再造。"云南白药创可贴"是"含药"的创可贴，这样就在整个行业里，建立了一个新的认知规范。当这种认知规范建立之后，"云南白药创可贴"的产品定位马上就可以提炼出来了。

"邦迪创可贴"的确有其致命"死穴"，严格说来，它不是药，仅仅是一块应急的小胶布。而"云南白药"是药，胶布和药的界限相当清晰，泾渭分明，这恰恰为云南白药抗衡邦迪提供了一个机会：为"胶布加点白药"，从"无药到有药"，将"含药"作为市场突破点，将它所独有的止血、消炎、愈创的功效对产品进行差异化定位，"云南白药创可贴"与"邦迪"的核心差异立刻显现出来。产品差异化定位，这个历久弥补新的钻石法为"云南白药创可贴"带来的是巨大的竞争优势。"含药"的云南白药创可贴在拥有一定品牌知名度和美誉度后，又推出不含药的创可贴，挺进超市等普通零售市场与邦迪展开全面竞争。

问题：

（1）云南白药创口贴市场定位的方法？

（2）抢占市场时，运用什么市场定位策略？

分析要求：

（1）学生小组讨论分析案例提出的问题，形成小组《案例分析报告》。

（2）各小组陈述各自的分析，并让同学进行相互评价。

（3）老师对各组《案例分析报告》进行点评。

【综合实训】

对某产品的 STP 策略进行分析

（一）实训目的

通过实训，使学生熟悉市场细分、选择目标市场、市场定位的步骤，并掌握市场细分、目标市场选择和市场定位的方法和策略。

（二）实训要求

1. 将学生分成若干组，每组 4 ~ 6 人。

2. 要求掌握医药目标市场策略相关知识。

3. 选定自己熟悉或感兴趣的一个药品，查找相关资料。

4. 分析药品所运用的细分市场的标准、方法，分析其所选择的目标市场策略、市场定位方向及所采用的定位策略。

（三）实训内容

1. 实训背景 某医药生产企业在进行新产品生产之前，要对这一新药品整体市场进行细分，通过划分出各细分子市场，从而确定企业所要进入的目标市场。请各组同学从感冒药市场、补血产品市场、降压药市场等市场中，选择一个熟悉的产品，通过调查了解相关产品的情况，分析其运用的 STP 策略。

2. 实训步骤

第一步：做好某药品市场的前期调查，具体调查内容如下。

（1）了解该类药品市场上消费者的特点，如年龄、性别、收入、文化水平、职业、、社会阶层、生活方式等。

（2）了解目标客户的需求，他们想要你提供什么？他们期待你能够或应该提供的好处是什么？

（3）了解药品生产企业现有的财力、销售能力等情况。

（4）市场上现有的药品情况，药品品种，各药品的疗效，价格，质量，特点等。

第二步：分析细分市场。

根据本组对药品市场的调查与分析，阐述自己对该药品采用哪些细分标准和方法，并说明理由。

第三步：分析目标市场。

对药品所服务的目标市场进行分析，对目标市场进行描述，总结目标市场上消费者的特点。

第四步：分析定位策略。

结合前面分析的目标市场消费者的特点、竞争对手情况和产品特点，分析企业所运用的市场定位方向和定位策略。

第五步：写出实训报告。

（四）实训评价

教师明确实训目的和要求，适时指导实训，学生分组组织按步骤开展实训；实训结束后，进行实训交流，师生共同评价工作成果。

评价的内容主要是：基础知识掌握、准备工作、分析能力、表达能力、小组合作等，具体内容如表 5-2。

表 5-2 实训评价表

考核项目	考核标准	配分	得分
调查准备	背景资料收集齐全	20 分	
市场细分	市场细分标准分析正确，资料充分	20 分	
目标市场选择	分析目标市场选择策略有理有据，描绘消费者特点要具体清晰	20 分	
市场定位	市场定位方向分析正确	20 分	
实验报告	表达较有条理，认真、具体	10 分	
团结协作	组内成员分工合理、团结协作	10 分	
合计		100 分	

目标检测

答案解析

一、单项选择题

1. 市场细分的概念最早由谁提出（　　）。

   A. 菲利普·科特勒　　　　B. 温德尔·史密斯　　　　C. 亚当·斯密　　　　D. 马斯洛

2. 按年龄、性别、收入、家庭生命周期、受教育程度等为标准的细分市场是属于（　　）。

   A. 人口细分　　　　　　B. 心理细分　　　　　　C. 地理细分　　　　D. 行为细分

3. 按使用者对品牌忠诚度等变量对消费者进行分类，属于（　　）。

   A. 地理细分　　　　　　B. 人口细分　　　　　　C. 心理细分　　　　D. 行为细分

4. 实力较弱的中小型企业一般采用（　　）。

   A. 无差异性市场营销策略　　　　　　　　B. 集中性市场营销策略

   C. 差异性市场营销策略　　　　　　　　　D. 规模化市场营销策略

5. 如果医药企业选择的目标市场属于同质市场，企业对目标市场宜采用（　　）。

   A. 无差异性市场营销策略　　　　　　　　B. 集中性市场营销策略

   C. 差异性市场营销策略　　　　　　　　　D. 专业化市场营销策略

6. 企业市场定位是把企业产品在（　　）塑造一个特殊的形象。

   A. 消费者心目中　　　B. 产品质量上　　　C. 市场的地位上　　　D. 产品价格上

7. 企业避开与竞争者直接对抗，将自己的产品定位在与竞争对手不同的位置，发展当前市场上没有的某种特色产品，开拓新的市场，这种市场定位策略为（　　）。

   A. 创新定位　　　　　　B. 迎头定位　　　　　　C. 避强定位　　　　D. 重新定位

二、多项选择题

1. 市场细分的因素有（　　）。

   A. 地理因素　　　　　　B. 心理因素　　　　　　C. 人口因素

   D. 行为因素　　　　　　E. 法律因素

2. 市场细分的方法有（　　）。

   A. 完全细分法　　　　　B. 一元细分法　　　　　C. 多元细分法

   D. 系列细分法　　　　　E. 空间细分法

3. 影响目标市场营销策略选择的因素有（　　）。

   A. 竞争对手策略　　　　B. 市场同质性　　　　　C. 产品同质性

   D. 企业实力　　　　　　E. 产品生命周期

4. 市场定位的方向有（　　）。

   A. 使用者定位　　　　　B. 利益定位　　　　　　C. 药品属性定位

   D. 药品用途定位　　　　E. 质量和价格定位

5. 市场定位策略有哪些（　　）。

   A. 创新定位策略　　　　B. 迎头定位策略　　　　C. 避强定位策略

   D. 重新定位策略　　　　E. 共享定位策略

三、判断题

1. 医药市场细分是根据医药企业产品的特点把产品市场分成若干个子市场的过程。（　　）

2. 脑白金主打馈赠市场，该公司是按照消费者购买动机为基础进行市场细分的。（　　）

3. 如果细分市场上竞争者众多且竞争者实力强大，企业可以采用不断推出新产品和投入资金来攻守该细分市场，在这个细分市场上获得竞争优势。（　　）

4. "白加黑"定位"白天吃白片不瞌睡，晚上吃黑片睡得香"，这是从消费者利益进行定位的。（　　）

5. 企业对市场上销路差、市场反应差的产品重新确定产品的形象，以获得更大的竞争力，争取有利的市场地位，这种定位策略是迎头定位策略。（　　）

四、思考题

1. 市场细分的作用有哪些？

2. 什么是目标市场营销？有哪几种目标市场营销策略？

3. 医药市场定位的策略是什么？如何获得定位成功？

书网融合……

| 知识回顾 | 微课1 | 微课2 | 微课3 | 习题 |

（王键胜）

学习引导

产品是市场营销的核心和灵魂，没有产品，企业的营销工作就无从谈起。任何企业都必须提供适销对路的产品来满足目标市场顾客的需求，从某种意义而言，企业成功与发展的关键在于产品策略的正确与否。因此，认真研究医药产品策略，对医药企业做好营销工作，获得更大的市场份额无疑有特殊意义。

本项目的主要内容是认知医药产品整体概念，学习运用产品组合策略、产品生命周期各阶段营销策略、品牌与包装策略等。

学习目标

1. **掌握**　医药产品整体概念和产品组合的策略。
2. **熟悉**　产品生命周期各阶段营销策略；产品品牌策略。
3. **了解**　医药产品包装策略。

任务一　制定医药产品组合策略

PPT

一、医药产品的整体概念 　微课1

产品概念是有广义和狭义之分的。传统上认为产品是具有具体的物质形态和用途的有用物品。例如，各种中西药、医疗器械等，这是产品狭义的概念。随着市场经济的发展，产品的概念外延扩大，现代市场营销学认为，所谓产品，是指能够提供给市场以满足人们需要和欲望的任何有形物品和无形的服务，这是广义的产品概念。有形物品包括产品的实体及其品质、特色（如色泽、气味等）、规格、款式、品牌和包装；无形服务包括送货上门、产品形象、市场声誉、咨询等。广义的产品概念延伸出产品的整体概念，也就是现代营销学意义上的产品。简而言之，产品 = 有形物品 + 无形服务。

根据《中华人民共和国药品管理法》第 2 条规定：药品是指用于预防、治疗、诊断人的疾病，有目的地调节人的生理机能并规定有适应症或者功能主治、用法和用量的物质，包括中药、化学药和生物制品等。从市场营销的角度来说医药产品就是能够满足消费者保健、防病、治病等需要的任何有形产品和无形服务。各种具体的药品实物属于医药产品，药师的用药咨询、医生的诊疗服务、护士的护理服务等都属于医药产品。

即学即练 6-1

很多医院产科出现了"星级产房""VIP 产房",与普通产房相比价格不菲,为什么?

产品的整体概念把产品理解为五个层次的有机组合,每个层次都增加了更多的顾客价值,如图 6-1 所示:

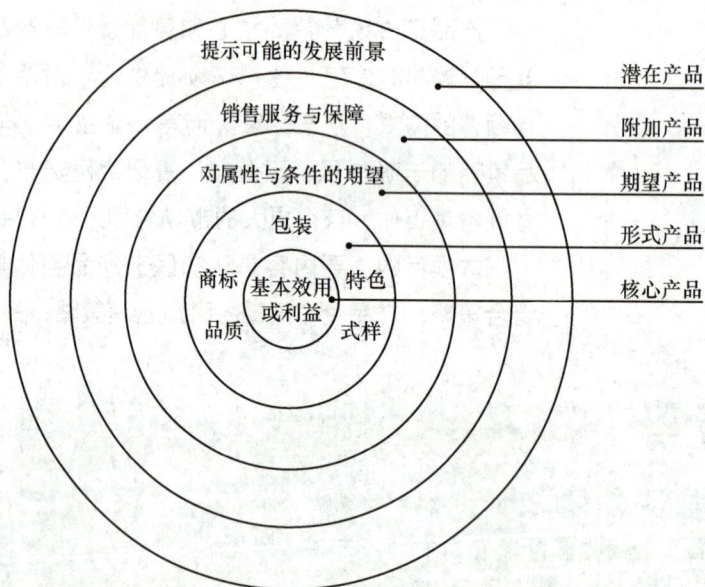

图 6-1 产品的整体概念

1. 核心产品 核心产品是产品整体概念中最基本和最实质的层次,它是指产品的使用价值,即满足顾客需要的产品的基本效用,是顾客需求的中心内容。消费者购买某件产品,不单纯是为了拥有一件有形的物体,而是为了取得某种实际的用途,满足自己的某种需要。例如人们购买健身器材,并不是为了得到能够活动的有杠杆连接的器材,而是为了通过使用健身器材满足强身健体的需求。所以营销人员销售的任何产品,都应当能够满足顾客需求,给顾客带来利益。

2. 形式产品 形式产品是指核心产品所展示的全部外部特征,即呈现在市场上产品的具体形态或外在的表现形式,是产品的基本形式,主要通过产品的外观、质量、保障、包装等体现出来。具体到药品,其形式产品包括了剂型、规格、品牌、包装等。具有相同效用的产品,可能会有不同的存在形态,例如某种药物有效成分既可以做成片剂,也可以做成胶囊剂,还可以做成口服液。形式产品是实现核心利益的媒介,消费者在购买产品时,除了考虑该产品满足人类需求的属性以外,还会考虑产品的外观、质量、规格等,所以营销者不能忽略形式产品的塑造。

3. 期望产品 期望产品即消费者在购买产品时,期望得到的与产品相关的属性和条件。不同的人对这种期望是不同的,例如购买药品,有些人期望药品价格低廉,有些人期望药品能够疗效迅速,还有些人可能期望安全性高、服用方便等,或兼而有之。如果顾客获得了满意的期望产品,将形成良好的品牌形象,从而真正认知并认可品牌。反之,将造成极大的落差,使顾客对产品失去信任并产生怀疑,继而转向其他产品。

4. 附加产品　附加产品也称为延伸产品，是指顾客购买形式产品和期望产品时，附带获得的各种利益的总和，包括产品说明书、保证、安装、维修、送货、技术培训等。例如，现在很多药店都为顾客开展免费煎药、免费热线电话、送药上门、疾病咨询、用药指导、建立健康档案等服务，这就是产品的附加，给顾客带来更多的利益和满足。随着技术的发展，企业间在核心产品和形式产品上会越来越趋同，这就使得附加产品愈发重要，所以药品的服务对于医药企业来说不是可有可无的，它是今后企业竞争的一个关键因素，是产品重要的组成部分。

5. 潜在产品　潜在产品是指现有产品包括所有附加品在内的，可能发展成为未来最终产品的潜在状态产品，指出了现有产品可能的演变趋势和前景。例如药物未来向纳米级、DNA 领域、靶向制剂等方向发展。顾客会对现有产品提出或假设出新的要求，企业应该加强对消费者购买行为的分析和对行业趋势的把握，积极主动研发出满足潜在需求的新产品，主动引领需求趋势。

总之，产品整体概念的五个层次，充分体现了以顾客为中心的现代营销观念，也给企业带来了新的竞争思路，那就是医药企业在产品上的竞争可以多层次展开，不仅要明确顾客追求的核心利益，还要重视产品的无形利益，只有在各个层次实行差异化，才能获得竞争优势。

> **即学即练 6 - 2**
>
> "我们生产的是化妆品，出售的是美丽"，突出了产品的（　　）。
> A. 核心产品　　B. 形式产品　　C. 期望产品　　D. 附加产品　　E. 潜在产品
>
> 答案解析

二、医药产品组合

（一）产品组合的相关概念　微课2

1. 产品组合、产品项目、产品线

（1）产品组合　指一个企业生产或经营的全部产品线的组合或结构。企业为了实现营销目的，必须设计合适的产品组合。某医药企业的产品组合如表 6-1 所示。

表 6-1　某医药企业产品组合

产品线	产品项目
消化道疾病类	奥美拉唑肠溶胶囊、兰索拉唑片
心脑血管疾病类	吉非罗齐胶囊、苯磺酸氨氯地平片、乙酰谷酰胺注射液、杜仲降压片
肝肾疾病类	肝复乐胶囊、阿魏酸哌嗪片、肾炎灵片
解热镇痛类	复方氨酚烷胺胶囊、布洛芬缓释胶囊、小儿氨酚黄那敏颗粒
营养辅助类	硫酸软骨素注射液、阿归养血颗粒、乙酰谷酰胺注射液

（2）产品线　指产品组合中的某一产品大类，是一组密切相关的产品。例如，以类似的方式发挥功能、卖给同类消费者、必须在一起使用或有相同制剂工艺等。在表 6-1 中，此医药企业的产品组合可按用途分为 5 条产品线，分别是消化道疾病类、心血管疾病类、肝肾疾病类、解热镇痛类、营养辅助类；也可按剂型分为片剂、胶囊剂、颗粒剂、注射剂 4 条产品线。

（3）产品项目　指同一产品线或产品系列下不同型号、规格、款式、质地、颜色或品牌的产品，简单地说，指企业产品目录上列出的每一个产品。例如，某保健品厂生产的 50 粒/瓶与 100 粒/瓶的钙

片就属于企业的两个不同的产品项目。

2. 产品组合的变化要素 产品组合的变化要素有四个衡量变量：宽度、深度、长度、关联度。

（1）宽度 指一个企业所拥有的产品线的数量，又称广度。以表6-1为例，此企业有消化道疾病类、心血管疾病类、肝肾疾病类、解热镇痛类、营养辅助类5条产品线，那么产品组合的宽度为5。

（2）深度 指一条产品线上所包含的产品项目数量。在表6-1中消化道疾病类有奥美拉唑肠溶胶囊、兰索拉唑片2种药物，那么这条产品线的深度就是2。

（3）长度 指企业各条产品线所包含的产品项目总数，即每条产品线深度之和。表6-1中产品组合的长度为2+4+3+3+3=15。

（4）关联度 指不同的产品线之间在性能、生产条件、最终用途、销售渠道等方面相互关联的程度。其关联度越是密切，说明企业各产品线之间越具有一致性；反之，则缺乏一致性。关联度强，可以使企业充分发挥某一方面的优势；关联度弱，如果企业实力雄厚，可以使企业在更广泛的市场范围之内发挥其影响力。

企业产品组合的宽度、深度、长度和关联度不同，就构成不同的产品组合。企业在选择决定产品组合宽度、深度、长度和关联度时，会受到企业资源、市场需求及市场竞争的制约。企业产品组合的宽度、深度、长度和关联度主要取决于企业目标市场的需要。

>> **岗位情景模拟6-1**

情景描述 王老吉凉茶是广州王老吉药业股份有限公司根据极负盛誉的王老吉广东凉茶配方提取精制而成，既保持了具有170多年历史的王老吉风味，不含防腐剂，甘甜适中，又适应现代人工作、生活节奏快的特点，受到各界人士的青睐。"怕上火喝王老吉"，这句耳熟能详的广告语让王老吉红遍了大江南北。当我们在尽情享受"辛辣""煎炸"美食时，或加班熬夜时，总会想着要来一罐王老吉。王老吉凉茶因其天然健康预防上火的作用，已经深深植人了消费者的心里，成了人们日常生活中喜爱的健康饮品。假设你是一名营销人员，要能从现代营销意义上对产品的整体概念进行分析。

要 求

1. 试分析王老吉的产品整体概念的各个层次。

2. 调查并说明广州王老吉药业股份有限公司的产品组合情况。

答案解析

（二）产品组合策略

产品组合策略是指医药企业根据市场状况、自身条件和竞争态势对产品组合的宽度、深度、长度和关联度进行优化组合和适时调整的决策。常用的产品组合策略主要有以下几种。

1. 扩大产品组合策略 扩大产品组合通常包括开拓产品组合的宽度和加强产品组合的深度，即在原有产品组合中增加新产品线和新的产品项目。

扩大产品组合可以满足不同偏好的消费者多方面需求，提高产品的市场占有率；充分利用企业信誉和商标知名度，完善产品系列，扩大经营规模；充分利用企业资源和剩余生产能力，提高经济效益；减小市场需求变动性的影响，分散市场风险，增加企业的竞争力。

2. 缩减产品组合策略 缩减产品组合是与扩大产品组合相反，它是削减产品线或产品项目，特别是要取消那些获利小的产品，以便集中力量经营获利大的产品线和产品项目。

缩减产品组合可以集中资源和技术力量改进保留产品的品质，提高产品商标的知名度；生产经营专业化，提高生产效率，降低生产成本；有利于企业向市场的纵深发展，寻求合适的目标市场；减少资金占用，加速资金周转。

3. 产品线延伸策略 现代企业的产品都有其市场定位，如将产品定位在低档、中档和高档，但是这种定位不是永远不变的，会随着市场和消费者偏好的变化而变化。具体有向下延伸、向上延伸和双向延伸三种。

向下延伸是在高档产品线中增加低档产品项目。企业采取这一策略主要原因有：利用高档名牌产品的声誉，吸引购力水平较低的顾客慕名购买此产品线中的低档廉价商品；增加销售总额，提高产品的市场占有率；补充企业的产品线空白，形成产品系列，不使竞争者有隙可乘；或者因高档产品市场竞争激烈，而拓展低档产品市场进行防御。实行这种策略也有一定风险，处理不慎会影响企业原有产品的市场形象。

向上延伸是指企业在原有的产品线内增加高档产品项目。实行这一策略的主要原因有：高档产品市场具有较高的潜在成长率和利润率的吸引；企业想提高自身社会地位和现有产品声望；可以带动企业生产技术水平和管理水平的提高。采用这一策略的企业也要承担一定风险。因为，企业惯以生产廉价产品的形象在消费者心目中不可能立即转变，使得高档产品不容易很快打开销路，从而影响新产品项目研制费用的迅速收回。

双向延伸是指原定位于中档产品市场的企业向产品线的上下两个方向延伸，以期望占有更广大的市场。

4. 产品线现代化策略 产品组合中除了要考虑宽度、深度、长度、关联度，产品线的技术水平也是很重要的因素，这就要求把现代化的科学技术水平应用到生产过程中。在药品的生产过程中使用新的生产设备、先进的工艺以及检测仪器。

拓展链接

中华药业涉"妆"转型 新上药加速调整产品线

2010年上海中华药业有限公司（以下称中华药业）"舒醒"系列产品在华氏大药房铺上第一只产品，这意味着中华药业迈出了转型的步伐，亦是新上药集团涉足新业务领域的开始。

据悉，这是中华药业首次大规模出击功能性非药品领域，其主力渠道将是药店，华氏大药房配送中心有限公司成为其总代理，各大连锁药店为分销公司。

此前，中华药业的产品主要是新帕尔克、龙虎牌清凉油和龙虎人丹等，主要是 OTC 产品。近期，中华药业果断关闭了一个治疗药生产车间，因为普药并非中华药业的优势。

作为新上药集团第一个恢复法人建制的企业，中华药业能面对市场变化独立决策，寻找最适合的发展路径和模式，这是其能够实现转型的重要先决条件。

新上药总裁徐国雄当时表示："尽管中华药业在新上药中所占的体量很小，但这是品牌的延伸，领域的延伸。新上药集团除了药品，业务领域也要涉足健康产业，包括药妆、保健品。"与此同时，新上药集团已经开始开发辅酶 Q10 和微生态保健品。

启示：产品组合的调整是根据消费者需求、自身能力以及市场竞争状况来决定，该收缩的要坚决收缩，要发展具有优势的产品和领域，努力创新，才能发展壮大。

任务二　医药产品生命周期理论的运用

PPT

一、产品生命周期概述 [e] 微课3

人们通过市场活动发现，一种产品在市场上的销量、利润等并不是一成不变的，就如同人的生命一样，由诞生、成长到成熟，最终走向衰亡。就产品而言，也要经历一个开发、引进、成长、成熟、衰退的阶段，而这个周期在技术、文化等社会背景不同的环境下，发生的时间和过程是不一样的。

产品生命周期（Product Life Cycle），简称PLC，是指产品从进入市场开始，直到被市场淘汰为止的全过程所经历的时间。产品生命周期是指一个产品的市场生命周期，与其自然使用寿命不同。

[图标] 拓展链接

产品生命周期和产品使用寿命的区别

产品生命周期要与产品的使用寿命相区别。产品生命周期指的是产品的市场寿命，而不是指产品的自然生命或使用寿命。例如，国家药品监督管理局于2018年12月29日发布了《关于停止生产销售使用吡硫醇注射剂的公告》。由于吡硫醇注射剂不良反应主要为血管损害和出凝血障碍，经国家药品监督管理部门组织评价，认为吡硫醇注射剂风险大于获益，出于维护公众健康的慎重考虑，要求立即停止吡硫醇注射剂在我国的生产、销售和使用。这就意味着吡硫醇注射剂将被撤市，即市场生命周期的终结。

一个典型的产品生命周期包括介绍期、成长期、成熟期、衰退期四个阶段，其曲线如图6-2所示。

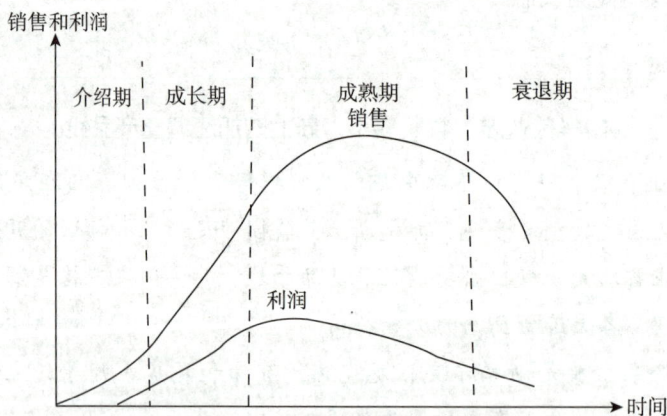

图 6-2　一般产品生命周期曲线

图6-2曲线适用于一般产品的生命周期的描述，还有一些特殊的产品生命周期曲线，如图6-3所示。

从上图可以看出，产品生命周期类型很多，有些产品一上市销量就迅速增长；有些产品能持续缓慢的增长；或者由于企业使用合适的营销手段，使产品进入下一个产品生命周期，实现循环—再循环的扇贝型。例如，阿司匹林已有100多年的历史，从早期广泛应用于解热、镇痛、抗炎、抗风湿等方面，到后来发现还具有抗血小板凝聚的作用，使得它的生命周期不断延长，没有表现出衰退的迹象。中药品种的几个经典丸剂生命周期更长，如安宫牛黄丸、六味地黄丸、片仔癀、乌鸡白凤丸，已经历历经数百年，仍然处于成长期和成熟期，没有衰退的迹象。

一般来说产品大类、产品品种、产品品牌的生命周期是各不相同的。在此研究的是产品品种的生命周期。

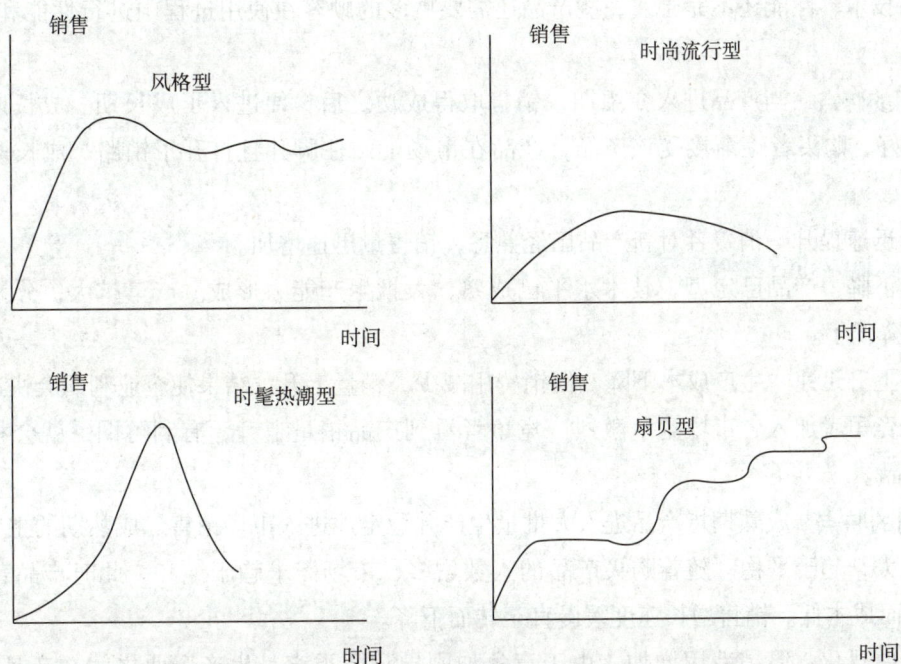

图 6 - 3　特殊的产品生命周期曲线

（1）产品大类的生命周期最长　有些产品大类的周期变化无法预测，几乎可以无限期地延续下去，如高血压类药品、内分泌类药品等。

（2）产品品牌的生命周期无规则　有的品牌经久不衰，有的昙花一现，如同仁堂品牌历史悠久，有些企业品牌经营不好很快就被兼并而销声匿迹。

（3）产品品种的生命周期最典型　产品品种比产品大类能够更准确地体现标准的产品生命周期的历程，它的发展变化过程有一定的规律可循。一种产品经常通过更新换代进行周期变更，如 B 超设备从黑白到彩色。

产品生命周期是一个很重要的概念，它和企业制定营销策略有着直接的联系。管理者要想使自己的产品有一个较长的销售周期，就应当理解和运用产品的生命周期理论。

二、产品生命周期各阶段的特点　微课4

一个完整的产品生命周期包括介绍期、成长期、成熟期、衰退期四个阶段，每个阶段都有各自不同的特点。

1. 介绍期的特点　介绍期也称导入期、引入期，指产品从研发投产直到投入市场进入试销阶段。新产品投入市场便进入了介绍期，介绍期的主要特点如下。

（1）销售量低，生产量小　产品刚上市，知名度低，大多数顾客不愿放弃或改变自己以往的消费行为，导致销售量低，生产量小。对处于介绍期的医药产品，医生和患者不甚了解，有处方权的医生大部分也不愿意轻易改变自己的处方习惯。

（2）成本高，利润低　由于生产量小，单位产品制造费用高，加之开辟营销渠道及宣传费用大，使企业成本高，利润低，甚至出现亏损。许多新产品往往在这个阶段夭折，风险较大。

（3）竞争者较少，竞争不激烈　由于利润低，经营风险很大，竞争者大多会处于观望状态。

（4）产品技术、性能还不完善　一些产品还需要更多的顾客在使用过程中进行性能和效果的反馈，并不断完善。

2. 成长期的特点　当产品进入介绍期，销售取得成功之后，便进入了成长期。成长期是指产品通过试销效果良好，购买者逐渐接受该产品，产品在市场上站住脚并且打开了销路。成长期的主要特点如下：

（1）销量迅速提升　消费者对新产品已经熟悉，销售量迅速增加。

（2）成本下降　产品已定型，技术水平已成熟，大批生产能力形成。产量扩大，分摊到单位产品的成本费用就降低了。

（3）利润上升迅速　生产成本下降，促销费用减少，销量上升，结果使企业利润会快速上升。

（4）大量竞争者加入，市场竞争激烈　竞争者看到产品销量上升，有利可图，就会相继加入，大量生产竞争产品。

3. 成熟期的特点　成熟期指产品进入大批量生产并稳定地进入市场销售。成熟期的主要特点如下。

（1）销量大，趋于平稳　随着购买产品的人数增多，市场需求趋于饱和。此时产品普及并日趋标准化，产量大而成本低。销售增长速度缓慢直至转而下降。

（2）竞争白热化，促销费用增加　由于竞争加剧导致同类产品生产企业之间在产品质量、花色、规格、包装、服务等方面加大投入，在一定程度上增加了成本。

4. 衰退期的特点　衰退期是指产品进入了淘汰阶段。衰退期的主要特点如下。

（1）销量迅速下降　产品销售量由缓慢下降变成急剧下降。

（2）企业无利可图　由于销售量下降，生产量减少，而成本上升，致使利润下降。

（3）价格已经下降到最低水平。

产品生命周期各阶段特点归纳如表6-2所示。

表6-2　产品生命周期各阶段特点

内容	介绍期	成长期	成熟期	衰退期
销售量	低	剧增	最大	下降
销售增长	缓慢	快速	减慢	负增长
成本	高	一般	低	回升
价格	高	回落	稳定	低
利润	少，甚至亏损	提升	最高	下降
顾客	追新者	早期使用者	一般大众	落伍者
竞争情况	很少	激烈	白热化	减少

三、产品生命周期各阶段的营销策略

产品生命周期不同阶段特点不同，就必须选择使用有针对性的营销策略。

（一）介绍期的营销策略

介绍期的营销策略要突出一个"快"字，使新产品尽快进入市场并推广。这个阶段一般有四种可选择的策略，医药企业营销重点是从价格和促销水平两个方面考虑，见表6-3。

表6-3 介绍期可选择的策略

价格水平	促销水平	
	高	低
高	快速—掠取策略	缓慢—掠取策略
低	快速—渗透策略	缓慢—渗透策略

1. 快速—掠取策略 快速—掠取是高价高促销策略，也称双高策略，指企业以高价格和高促销费用推出新产品。在制定高价格的同时，配合大量的促销推广活动，广泛宣传新产品的优势，希望尽快把新产品推入市场。成功实施这一策略可以赚取很高的利润，但是必须具备一定的条件，即市场需求潜力大，顾客求新心理强，愿意支付较高的价格。

> **即学即练6-3**
>
> 某一产品运用高价高促销策略进入市场后，能长时间地保持使用该策略吗？为什么？
>
> 答案解析

2. 缓慢—掠取策略 缓慢—掠取是高价低促销策略，也称高低策略，指企业以高价格低促销费用推出某种新产品。在制定高价格的同时，并不在促销推广上进行高额投入，只用较少的促销努力，以期望获得尽可能多的盈利。采用这种策略的条件是：大部分潜在的消费者已经熟悉该产品，他们愿意出高价购买，而且商品的生产和经营必须有相当的难度和要求，普通企业无法参加竞争，或由于其他原因使潜在的竞争不迫切。例如，德国拜耳公司生产的阿司匹林价格虽然很高，但因药效好，行销世界几十年。

3. 快速—渗透策略 快速—渗透是低价高促销策略，也称低高策略，指用较低的价格和较高的促销费用推出新产品。在制定低价渗透的基础上，再加以大规模的促销努力，使新产品能迅速占领市场。该策略可以给企业带来最快的市场渗透深度和最高的市场占有率，它适用于以下情况：产品市场规模大，消费者对产品不了解，对价格很敏感，生产该产品存在规模效益。例如，西安杨森在推出新药"达克宁"硝酸咪康唑乳膏时，通过广告短片宣传它是"杀灭鞋袜真菌，减少脚气复发"、让"足GO自由"的药，且价格实惠，从而使消费者乐于接受，快速占领市场。

4. 缓慢—渗透策略 缓慢—渗透是低价低促销策略，也称双低策略，是指企业用低价格低促销费用推出某种新产品。企业以低价渗透来占领和扩大市场，不在促销方面做大的努力。该策略以期使产品能够比较容易地渗入市场，打开销路。这种策略适用于市场容量大，产品适用面广，顾客对产品很了解，产品的需求价格弹性高等市场条件。

（二）成长期的营销策略

成长期的策略重点是一个"好"字，即进一步提高产品质量，设法使产品的销售和利润继续增加，使企业获得最大的经济效益。

1. 产品策略 根据消费者需求和其他市场信息，改进产品的质量，增加产品的新特色，修正缺陷。在商标、包装、款式、规格等方面做出改进，从而增强产品的竞争力和适应性。例如，"古汉养生精"在口服液之后，增加了片剂。

2. 价格策略 企业可以充分利用价格手段，保持原价或适当调整价格。对于高价产品在适当时间企业可以降低价格，以激发那些对价格比较敏感的消费者产生购买动机和采取购买行动，以增加产品竞争力。降价可能暂时减少企业的利润，但随着市场份额的扩大，长期利润还是有望增加的。如 2002 年初，沈阳三生医药有限公司大幅降低其拳头产品——促红细胞生成素的价格，此举迎合了政府及大众希望遏制高昂药品价格的呼声，一方面垄断了价格敏感型顾客的市场空间，另一方面也受到政府、媒体的欢迎，是一种非常好的企业形象宣传方式。

3. 渠道策略 努力疏通并增加新的流通渠道，发展销售网点，扩大产品的销售面。例如，奥利司他胶囊从医院凭处方销售转变为药店的非处方药销售，扩大了市场占有率。

4. 促销策略 改变企业的促销重点，重点是宣传品牌，提高产品的知名度与顾客偏爱度。在出现众多竞争对手的情况下，树立起本企业及其产品的良好形象，促使潜在顾客认牌购买。

（三）成熟期的营销策略

企业在成熟期营销的主要目的是维持甚至扩大原有的市场份额，延长产品的市场寿命。成熟期的策略重点是要突出一个"争"字，即争取稳定的市场份额，延长产品生命周期。

1. 改进市场 即开发新市场，寻求和争取新用户。市场改良可以通过以下几种方式：开发产品的新用途；通过宣传推广促使顾客更频繁地使用或每一次使用更多的量，以增加现有顾客的购买量；重新为产品定位，寻求新的买主。例如，20 世纪 90 年代末期"地奥心血康"在成熟阶段向心脏保健 OTC 药品细分市场开拓，使销售额上了新台阶，成为十几年不衰的国产典型产品。又如，"阿司匹林"原来是进入解热镇痛药市场，自从发现小剂量"阿司匹林"可以用于预防冠心病与心肌梗死，就进入了心血管病药品市场；目前小剂量的"阿司匹林"又成功地进入了癌症预防药市场，使"阿司匹林"的生命不断延长。

2. 改良产品 整体产品概念的任何一个层次的改良都可视为产品的再推出，包括提高产品质量，改变产品特性、款式和包装等。具体策略有质量改良，即增加产品的功能性效果；特性改良，即增加产品的新特性，如规格大小、剂量、材料质量等；式样和包装改良，即增加产品美感和方便使用上的需求。例如，"硝苯地平"由普通片剂一日 3~4 次，到缓释剂一日 2 次，以及目前的控释片一日 1 次不断地在发展；阿斯特拉公司的"博利康尼"由片剂到喷雾剂；中国的中药由原来的汤剂到目前的胶囊剂、微丸剂；某公司的风湿液由 100ml 装改为 10ml x 6 支礼品装等；"太太口服液"通过改进包装，方便了携带和服用。这都是采用了调整剂型、剂量、包装等以适用于不同层次患者的需求。

3. 调整营销组合 通过改变定价、分销渠道及促销方式来延长产品的成熟期。如通过降低售价来加强竞争力；改变广告方式以引起消费者的兴趣；还可采用多种促销方式，如大型展销、附赠品等，来扩大销售。

（四）衰退期的营销策略

面对进入衰退期的产品，要认真研究分析其在市场上的真实地位，找出原因，决定是放弃经营还是继续维持经营。产品进入衰退期这一阶段，营销策略的重点要突出一个"转"字，企业应当及时进行产品的更新换代，转向研发新产品或转入新市场。可供选择的有效策略包括以下三种。

1. 维持策略 企业在目标市场、价格、分销渠道、促销等方面维持现状。由于众多竞争者纷纷退出市场，经营者减少，还留有着市场空间。对一些有条件的企业来说，可以暂时不退出市场，继续原来的经营，并不一定会减少销售量和利润。

2. 缩减策略 企业仍然留在原来的目标市场上继续经营，但是在规模上做出适当的收缩，把资源集中使用在最有利、最有效的销售渠道和品种上，可以大幅度地降低市场营销的费用，以增加当前的利润。

3. 撤退策略　企业当机立断，决定放弃经营老产品，以撤出目标市场，转向组织新产品研究与开发。

▶▶ 岗位情景模拟 6-2

　　情景描述　云南白药牙膏在 2005 年上市第一年销售额便突破 1 亿元大关。从 2005 年到 2015 年 11 年的时间，云南白药牙膏已经实现了累计 140 亿总销售额，稳居中国牙膏市场前三名。面对云南白药牙膏骄人的销售业绩，中草药品类牙膏 200 多亿元的庞大市场，各个药品生产企业纷纷加入牙膏行业，从 2010 年到 2016 年，很多中药企业纷纷推出了自己的"中药类牙膏"产品。例如，中华老字号"片仔癀"推出了"片仔癀牙膏"、哈药集团推出了"三精双黄连牙膏"、以西瓜霜含片著称的三金集团推出了"三金西瓜霜牙膏"等，牙膏市场顿时是中药飘香。

　　2020 年，我国功效型牙膏产品市场份额已占 94%，美白、中草药品类牙膏仍然是主要诉求。云南白药发布 2021 年一季度业绩报告显示，云南白药牙膏产品一季度销售额增长率为 8.4%，高于行业平均增长率两倍，牙膏市场占有率达到 23.8%，稳居行业第一，成为集团业绩的重要支撑。

　　要　　求
　　1. 现在中草药牙膏处于产品生命周期的哪个阶段，此阶段的特点是什么？
　　2. 讨论云南白药牙膏面对激烈竞争应采取怎样的营销策略，以维持市场领先地位？

答案解析

任务三　医药产品品牌策略

PPT

一、品牌与商标

（一）品牌 📱 微课 5

1. 品牌的概念　品牌是由企业独创并具有显著特点，用以与竞争对手的产品或服务区别开来的商业名称及其标志，通常由文字、标记、符号、图案和颜色等要素或这些要素的组合构成。品牌是一个集合概念，它包括品牌名称和品牌标志两部分。

　　（1）**品牌名称**　指品牌中能够用语言表达，可以读出的部分，是词语、字母、数字或词组等的组合。例如，"同仁堂""九芝堂"等。

　　（2）**品牌标志**　是品牌中可以识别，但不能用语言直接读出的部分，包括符号、图案、明显的色彩或字体。例如，华润双鹤药业股份有限公司的两只鹤造型等。

2. 品牌的内涵　品牌主要是销售者向购买者提供产品的一组特定的特点、利益和服务，用于产品身份的辨识，是一个复杂的识别系统。好的品牌也是高品质的保证，一个品牌通常能表达六个方面的含义。

　　（1）**属性**　品牌代表着特定商品的属性，是消费者感知的与品牌相关联的特征，如产品功能、质量、形象等，这是品牌最基本的含义，品牌属性是顾客判断购买接受的第一因素。企业在进行品牌定位时，应考虑赋予产品恰当的品牌属性，并在促销宣传中要重点把它突显出来。

（2）利益　品牌不仅代表着一系列属性，而且还体现着某种功能性或情感性利益。顾客购买商品的实质是购买某种利益，这就需要企业对品牌所赋予的属性要能真正转化为顾客所需的利益。

（3）价值　消费者视品牌为产品的一个重要部分，因此，建立品牌能增加产品的价值。而品牌的价值大小取决于消费者对品牌的忠诚度、品牌的知名度、品牌所代表的质量等。一个品牌如果被消费者喜爱，用它来标记产品，都能产生品牌价值。因此，品牌的营销人员必须能够分辨出对这些价值感兴趣的消费者群体，并有针对性地进行宣传推广。

（4）文化　在品牌中，可以附加象征一种文化或文化中令人喜欢或热衷的东西，特别是体现企业文化中的核心价值观。

（5）个性　品牌也反映一定的个性。不同品牌会使人们产生不同的品牌个性联想，一个品牌代表着某一类消费群体的个性，使他们具有认同或归属感。

（6）用户　品牌暗示了购买或使用该产品的消费者类型。这也是使用者同品牌所代表的价值、文化与个性之间的适应性。

拓展链接

"同仁堂"品牌涵义

（1）属性　优秀的中华国药产品。

（2）利益　同仁堂的中药"处方独特、选料上乘、工艺精湛、疗效显著"。

（3）价值　让消费者体会到"重质量，讲信誉"。

（4）文化　继承祖国传统中医药文化精华，体现"同修仁德，济世养生"的企业精神和"修合无人见，存心有天知"的道德自律和行为准则等。

（5）个性　中国驰名商标，有民族特色，质量靠得住，传递其秉持的"炮制虽繁必不敢省人工、品味虽贵必不敢减物力"工艺要求等。

（6）用户　偏爱国药、追求高品质、对价格不太敏感等特点的消费者群。

（二）商标

商标是一种法律用语，企业在政府有关主管部门注册登记以后，就享有使用某个品牌名称和品牌标志的专用权，这个品牌名称和品牌标志受到法律保护，其他任何企业都不得仿效使用。经国家核准注册的商标为"注册商标"，常用图形®或"注册商标"表示，受法律保护，商标注册人享有商标专用权。

品牌与商标既有联系又有区别。其共同点在于都是用以识别不同生产经营者的产品或服务的商业名称及其标志。不同点在于品牌是市场概念，实质上是品牌使用者对顾客在产品特征、服务和利益等方面的承诺；商标是法律概念，它是已获得专用权并受法律保护的品牌或品牌的一部分。

即学即练6-4

品牌与商标是不是一回事？请举例说明。

答案解析

300万输给了300元

北京北冰洋食品公司于1985年与一家科研单位共同开发了一种新型保健饮料"维尔康"，其注册商标是"大白熊"。为提高这一产品的知名度，这家公司不惜花费300万元广告费，大肆宣传"维尔康"。很快，"维尔康"声名鹊起，受到市场的青睐。但是，"维尔康"只是产品名称，"大白熊"才是"维尔康"的商标。当山西一家小饮料厂阳泉饮料厂花300元向有关部门申请注册"维尔康"商标时，"北冰洋"才大梦初醒。于是，一场商标纠纷平地而起，但判决却是无情的，北冰洋公司败诉。商标法规定，产品的注册商标受法律保护，而产品的名称并不受法律保护，但不少企业忽视的恰恰是商标。

启示：企业商标意识淡薄，不懂商标与商品名称的区别，300万赢不了300元。

二、品牌的作用

在现代市场营销中，医药产品品牌的作用日益突出，主要有以下几个方面。

（一）对于消费者而言

1. 品牌可以方便消费者识别和选购　同类产品可供消费者选择的品牌很多，消费者是无法通过比较产品和服务本身来做出准确判断的。而品牌在消费者心目中是产品的标志，它代表着产品的品质和特色，而且同时它还是企业的代号。因此，品牌可以帮助消费者进行产品选择，减少选购商品所花费的时间和精力。

2. 品牌有助于消费者维护自身利益　消费者往往偏爱拥有知名品牌的产品，以此坚定购买的信心，并获得稳定的购买利益。消费者还可以通过品牌找到产品出处，一旦发生什么问题，消费者可以进行维权。

（二）对于企业而言

1. 有助于促进产品销售，树立企业形象　一个品牌一旦拥有广大的忠诚顾客，其领导地位就可以经久不变，即使其产品已历经改良和替换，消费者也会在其对品牌信任的驱使下产生新的购买欲望，企业的社会形象、声誉也会随着品牌忠诚度的提高而提高。

2. 有利于保护品牌所有者的合法权益　品牌注册后受到法律保护，品牌是企业的无形资产，在市场经济条件下商标的所有权和使用权可以买卖转让。

3. 有助于约束企业的不良行为　品牌也对企业的市场行为起到约束作用，督促企业的营销活动兼顾企业、消费者和社会三者的利益，提高产品质量，减少违法违规行为发生。

4. 有助于开展品牌拓展，扩大产品组合　市场竞争条件下，企业的产品组合是动态的，当企业开发新产品，扩大产品组合时，消费者会因为对原有知名品牌的偏爱，易于接受或尝试新产品。

（三）对于社会而言

消费者往往借助品牌识别和选购商品，生产经营者会重视通过加强质量管理来提高其品牌的品质和声誉，从而使企业相互竞争，促使全社会的产品质量水平普遍提高。

💲 **拓展链接**

仲景宛西制药的品牌建设

2020 年 8 月 14 日晚，西普金奖颁奖盛典隆重举行，仲景宛西制药再度入围滋补类药品榜，荣获西普金奖殊荣，继续稳居"健康中国·品牌榜"榜单。

张仲景，后世尊奉为"医圣"。仲景宛西制药的前身为河南省宛西制药股份有限公司，2015 年 10 月 1 日正式更名为"仲景宛西制药股份有限公司"。

成长于医圣故里的宛西制药，以继承和弘扬张仲景中医药文化为己任，启用"仲景"商标，把"仲景"提升到企业品牌建设的高度，进行品牌整合，并通过电视、报刊、广播、网络等多种载体，宣传仲景文化。深厚的中医药文化和地道的中药材资源为宛西制药的发展奠定了坚实的基础，宛西制药自此踏上了"承医圣精华，造仲景名药"的企业发展新征途，拉开了张仲景品牌文化建设的帷幕。"仲景"商标先后入选"中国商标 500 强""河南老字号"和"河南省十大经济名片"，被世界品牌实验室评定为"中国最具价值品牌 500 强"，并以突破近百亿元的品牌价值，成为中国中医药行业的一面旗帜和中华文明的一张名片。

启示：仲景宛西制药之所以取得如此成绩，就是因为充分认识到了品牌对企业发展的重大意义，并成功地进行了品牌文化建设与传播，这其中有许多值得我们借鉴和学习的宝贵经验。

三、成功品牌的条件

成功品牌就是指名牌，成就名牌是每个企业家梦寐以求的事情。

1. 使产品具备适销对路的属性　企业在制定品牌策划时，一定要先考虑产品是否符合顾客的愿望，满足消费者的需求，要具有市场观念，关注随时变化的市场需求，以满足消费者的需求来开发产品。

2. 产品要有个性特色并不断创新　产品的特色是产品的通行证，有利于消费者对产品识别并产生偏爱。在竞争激烈的环境中，刻意创新、独树一帜是使自己的产品兴盛不衰的主要办法。在品牌发展的历史中，许多老品牌销声匿迹，有一个主要原因，就是因为它们的产品在花色品种上不能创新，没有不断地推出自己的东西。产品创新对品牌营销者来讲是一个观点，也是一项挑战。产品没有创新，也就没有生命。俗话说：名牌对愚者来说，已大功告成，是终点；对智者来说，才刚刚开始，只是暂时领先。

3. 产品需满足顾客的预期品质　名牌产品是以品质优良为首要条件的，品质是产品的生命，是品牌成功的基础。一个品牌必须包含消费者对其品质的预期和感知，品质必须从消费者的角度来评估和认定，必须能够反映消费者对产品认可和接受的程度。

4. 产品品牌要有好的创意和设计

（1）简洁醒目，易读易记　在市场经济中消费者会接触到海量的信息，为了便于消费者认知和记忆，要求品牌简洁醒目，易读易记，而不宜用过长或难以诵读的名称作为品牌名称。例如，三九医药的"999"品牌，就简洁、易记。

（2）构思巧妙，暗示属性　品牌的设计要体现品牌标示产品的优点和特性，暗示产品的优良属性，但是要考虑以后品牌延伸的可能。例如，哈药六厂的"盖中盖""朴血"等。

（3）新颖别致，避免雷同　成功的品牌应该有创意，有自己的特色，容易被消费者识别，也不易引起纠纷。例如，国外一奶粉品牌为"KLIM"，就与奶粉的英文 MILK 相对应。美国"OIC"品牌眼镜公司，其品牌标志就是三个字母的眼镜形象组合，而这三个字母读出来就成了"Oh，I see"，不仅象形，而且谐音。品牌特征显著，别致有创意。

（4）符合法律规定，注重文化适应　成功的品牌应当符合国内、国际关于商标的法律法规，各国对商标的注册、使用、转让都做了详细的规定，特别是企业要走向国际市场，更应当注意国外的相关规定，例如，商标获得目标国的法律保护就有使用在先和注册在先两种不同的原则。还要注意有关规定的更新，如我国《中华人民共和国商标法》2019 年进行了第四次修正。同时，还要考虑国际上品牌设计的文化差异与文化适应。

四、医药产品品牌策略

品牌策略是指企业依据自身状况和市场情况，最合理、有效地运用品牌和商标的策略，是产品决策的重要组成部分。主要运用的品牌策略如下。

1. 品牌化策略　品牌化策略是指企业决定是否给产品起名字、设计标志的策略。历史上许多产品不用品牌。今天，品牌的商业作用为企业所看重，已经很少有产品不使用品牌了。像农产品和水果等过去从不使用品牌的商品，现在也被放在有特色的包装袋内，冠以品牌出售，这样做的目的是为了获得品牌化的好处。无品牌策略目的是为了节省广告和包装费用，降低成本和售价。

2. 品牌使用者策略　品牌使用者策略是指企业为产品选择品牌归属的策略。企业通常有三种选择的策略：一是使用本企业（制造商）的品牌，二是使用经销商的品牌，三是一部分产品使用本企业的品牌，而另一部分产品使用经销商品牌。一般来说，品牌在消费者心中代表一种信誉，企业选择什么品牌完全取决于市场中消费者的倾向，为的是达到最有利的促销和拓展市场的目的。例如，美国著名的西尔斯百货公司，90％的商品都有自己的品牌。若经销商在某目标市场拥有较好的品牌信誉及完善的销售网络，企业有时也会放弃使用自营品牌而考虑采用经销商品牌，这是在进攻海外市场的实践中常用的品牌策略。

3. 品牌统分策略　这是企业决定品牌数量的决策，企业生产的不同类型、规格、质量的产品使用不同的品牌还是全部使用一个品牌。　📱微课6

（1）个别品牌策略　指企业对各种不同的产品分别使用不同的品牌。采用个别品牌名称，为每种产品寻求不同的市场定位，有利于增加销售额和对抗竞争对手；还可以分散风险，使企业的整个声誉不致因某种产品表现不佳而受到影响；它还可以使企业为每一新产品寻求最佳的品牌；其显著缺点是大大增加了营销费用。例如，宝洁公司的日化系列产品有"玉兰油""护舒宝""汰渍""舒肤佳""佳洁士""帮宝适""海飞丝"等几十个品牌。

（2）多重品牌策略　指企业在同一种产品中使用多个相互竞争的品牌，这是个别品牌策略进一步演变的。这种做法的动机在于为不同买主提供不同性能或诉求点的产品品牌，从而方便消费者的选购。首创这种策略的是宝洁公司，同是洗发水产品就有"潘婷""飘柔""海飞丝""沙宣"等多个品牌。此策略的优点是可以在零售商货架上占有更大的陈列面积，吸引消费者更多的注意；可以使产品深入多个不同的细分市场，占领更广大的市场；有助于企业内部多个部门、产品经理之间竞争，增加总的销售额。但多重品牌的使用促销费用高，且存在自身竞争的风险。

（3）分类品牌策略　即企业决定为其不同类别的产品分别采取不同的品牌名称，每条产品线使用不同的品牌。分类品牌策略适合于不同类别产品之间存在较大差异的情况，如食品和化肥、化妆品和农药等，需要分类确定品牌。这种策略可避免个别品牌策略的成本不经济问题，克服统一品牌策略风险大的缺点，又可使特性迥异的产品之间不相互影响。例如，美国的斯威夫特公司生产肥料和火腿两类截然不同的产品，分别使用了"肥高洛"和"普利姆"两种品牌；海尔集团的家电用"海尔"，而其延伸生产的保健品用的是"采力"品牌。

（4）统一品牌策略　指企业对所生产的多种产品使用同一个品牌。它的优点是企业可以建立品牌信誉，显示企业实力，易于新产品的推广；同时可以节约广告费用，有利于强化企业形象和产品形象。例如，江中药业股份有限公司的复方草珊瑚含片、健胃消食片都用"江中"这一品牌。但是统一品牌的任何一个产品发生质量问题，就会影响品牌声誉，都可能牵连其他产品。

4. 品牌扩展策略　品牌扩展策略又叫品牌延伸策略，是指企业利用已有市场影响力的成功品牌来推出改良产品或新产品。例如，以雀巢咖啡成名的品牌"雀巢"，被扩展使用到奶粉、饼干、巧克力等新产品上。显然，如果不利用"雀巢"这个成功的品牌，这些新产品就不一定能快速地进入市场。

品牌扩展策略显著的优点是好的品牌可以使产品立即被市场接受和认可。但是要注意不能把著名品牌扩展使用到预期形象和质量不符合要求的产品领域，否则不但不能推广新产品，还可能会影响著名品牌的声誉。

> **▶▶ 岗位情景模拟 6-3**
>
> **情景描述**　哈药集团制药六厂是哈药集团重点支柱企业之一，制剂手段完备，设备先进，可生产 12 个剂型、170 余个产品。主导产品新盖中盖牌高钙片、钙加锌口服液、朴雪口服液、严迪、泻痢停、护彤均销量过亿，持久不衰；为消（乳酸菌素片）、厄贝沙坦、消咳喘、阿奇霉素分散片等产品后来居上，一鸣惊人。"盖中盖"著名商标引领的保健系列产品已经初具规模；"护彤"著名商标引领的儿药系列产品正在丰富。
>
> **要　求**
> 1. 通过调研，列出 5 种哈药六厂的产品系列及品牌。
> 2. 分析说明其产品使用的品牌策略是什么？
>
> 答案解析

任务四　医药产品包装策略

一、包装及其作用　微课7

1. 包装的含义　包装是指对某一品牌产品设计并制作包扎物或容器，并进行包扎的一系列活动。包装有两方面的含义：一是指包装医药产品的材料和容器；二是指对医药产品进行包扎的活动过程。包装是产品生产的继续，大部分商品是经过包装才能进入流通领域。

医药产品的包装分为三个层次：一是内包装，指直接与产品接触的包装，如盛装药品的瓶子、安瓿等；二是中包装，也称销售包装，指保护内包装、方便销售的包装，如药瓶外的小纸盒；三是外包装，也称运输包装，指便于运输的包扎材料，如装药品的大纸箱。

2. 包装的作用

（1）保护商品　产品包装最原始、最基本的功能便是保护商品，便于储运。有效的产品包装可以起到防潮、防热、防冻、防挥发、防污染、保鲜、防易碎等系列保护产品的作用。因此，在产品包装时，要注意对产品包装材料的选择以及包装的技术控制。

（2）美化商品　"人靠衣装，佛靠金装"，精美的包装能够起到美化商品的作用。

（3）促进销售　消费者挑选商品，首先看到的是商品的包装，精美包装能对消费者产生较大的吸引力；销售包装上往往会印有商标、使用说明等介绍商品的内容，默默地起到宣传和促进销售的作用。可以说，包装就是"无声的推销员"。

（4）增加利润　装潢精美的包装能提高医药产品的身价，提高产品的附加值，能够满足消费者的某种心理需求，促使消费者乐于出较高的价格购买，超出的价格往往高于包装增加的成本，使企业盈利增加。

拓展链接

王老吉加多宝红罐装潢案

王老吉、加多宝的包装装潢案是广药集团和鸿道集团继"王老吉"商标争夺案后，又一个倍受外界所关注的案件。2012年7月6日，广州医药集团有限公司（以下简称广药集团）与广东加多宝饮料食品有限公司（以下简称加多宝公司）分别向法院提起诉讼，均主张享有"红罐王老吉凉茶"知名商品特有包装装潢的权益，并据此指控对方生产销售的红罐凉茶商品的包装装潢构成侵权。一审中广东省高院将"红罐"包装装潢权判决给了广药集团，后加多宝公司不服，向最高人民法院提起上诉。直至2017年8月16日，最高人民法院终审判决认为，广药集团与加多宝公司对涉案"红罐王老吉凉茶"包装装潢权益的形成均做出了重要贡献，双方可在不损害他人合法利益的前提下，共同享有"红罐王老吉凉茶"包装装潢的权益。

启示：知名商品的商标和特有包装装潢的权益都是企业的无形资产，企业在生产经营追求利益过程中，一定要重视对商标乃至包装装潢等知识产权的保护，以免"为他人作嫁衣裳"。

二、医药产品包装的要求

包装是产品流通和销售不可或缺的环节，重视包装设计也是企业市场营销活动适应竞争需要的选择，包装的总原则是美观、实用、经济，具体应遵循以下要求。

1. 确保安全　确保安全是产品包装最基本、最核心的要求，特别对于医药产品来说更应该保障这一点。例如，药品的剂型有注射剂、丸剂、胶囊剂、片剂等，药品对于温度、湿度、光照等也可能有不同要求，企业对药品进行包装时应该采取不同的包装措施。

2. 实用性　医药产品包装应当适于运输，便于保管与陈列，便于携带和使用。在保证产品安全性的前提下减小包装体积，另外产品的包装要考虑到运输的便利性以及货架陈列。

3. 与产品价值和质量水平相吻合　包装应当与所包装产品的价值和质量水平相匹配。如果包装在商品价值中占的比重过高，会引起消费者的反感，不利于销售。

4. 传递产品信息　包装应当能传递产品的相关信息，方便消费者选购和使用。例如，药品的适应症或功能主治、用法用量、使用禁忌、有效期、不良反应等。

5. 符合法律法规　包装设计作为企业市场营销活动的重要环节，在实践中应严格依法行事。例如，应按规定在包装上注明企业名称及地址；对食品、化妆品和药品等应注明生产日期和保质期；直接接触药品的包装材料和容器，必须符合药用要求，符合保障人体健康、安全的标准；药品包装必须适合药品质量的要求，方便储存、运输和医疗使用；药品包装必须按照规定印有或者贴有标签并附有说明书等。

6. 绿色环保 包装应尽量减少包装材料的浪费，节约社会资源，严格控制废弃包装对环境的污染，实施绿色包装战略。

拓展链接

禁塑有要求 包装要环保

为了保护环境，减少和杜绝包装造成的污染，世界许多工业发达国家积极开发研制无污染的绿色包装新材料、新产品，改变或替代原有的传统包装。德国政府1991年已禁用聚氯乙烯（PVC）塑料瓶，要求饮料行业只准使用聚乙烯（PE）或聚乙烯对苯二酸甲酯（PET）类可回收复用的包装材料，并要求80%的PET瓶回收重复使用。据世界包装组织理事会宣布，欧洲各国在1992年已全面禁止PVC包装材料。西欧国家已规定禁止进口产品包装中使用发泡塑料类环境难降解的包装材料。在欧盟许多国家电子产品、日用品的包装大多采用可回收、再利用的纸浆模塑包装；超市和其他许多商店都不再免费提供塑料包装袋。

《海南经济特区禁止一次性不可降解塑料制品规定》是中国第一部针对“禁塑”的专项省级地方法规，正式实施后，海南省全面禁止生产、销售和使用含有聚乙烯、聚丙烯、聚苯乙烯、聚氯乙烯等非生物降解高分子材料的一次性塑料膜、袋和餐饮具。

三、医药产品包装策略 微课8

1. 类似包装策略 类似包装策略是企业所有产品的包装，在图案、色彩等方面，均采用统一或相似的形式。这种方法可以降低包装的成本，扩大企业的影响，特别是在推出新产品时，使顾客首先从包装上就知道是某家企业的系列产品，迅速打开市场。采用这种策略有助于树立企业和产品形象，扩大影响，有利于新产品的上市，还可以减少包装的设计成本。例如，“动心一族”的各种休闲食品包装都有相似的图案和风格。

2. 组合包装策略 组合包装策略是根据消费者的购买和消费习惯，把若干有关联的产品，包装在同一容器中。例如，化妆品的组合包装、家用工具箱、家用小药箱等，都属于这种包装策略。组合包装不仅能促进消费者的购买，也有利于企业带动多种产品销售，特别是推销新产品时，可将其与老产品组合出售，创造条件使消费者接受、试用。不但扩大了产品销售，还方便了消费者购买。

3. 附赠品包装策略 附赠品包装策略是在包装物中附赠一些物品，从而引起消费者的购买兴趣，该策略对儿童和青少年及低收入者较为有效。例如，某些冲剂药品包装内附赠杯子或药匙。

4. 再使用包装策略 再使用包装策略又称为双重用途包装策略，指包装物在产品使用完后，还可作别的用途。这样，购买者可以得到一种额外的满足，从而激发其购买产品的欲望，使用带有企业标记的包装物可以起到延续广告宣传的作用。例如，糖果饼干的包装可以再做工具盒使用。

5. 等级包装策略 等级包装策略是指对不同质量等级的产品分别设计和使用不同的包装。它可以使包装的风格与产品的质量和价值相匹配。对高档品采用精美包装，以突出其优质优价的形象；低档品采用简单包装，以突出其经济实用的形象。对馈赠亲友的保健食品，包装精致漂亮；如果只为自己使用，则包装简单朴实。例如，金银花茶就有高档礼品盒装和简易装。这种多级别包装，设计成本会提高。

6. 改变包装策略　改变包装策略是指企业采用新的包装技术、包装材料、包装设计等，对原有的包装加以改进，改变产品原有的形象。例如，粉剂药的包装改为锡箔片加胶囊包装等。此策略通常在产品销售不佳或者产品要提价的时候使用。

即学即练 6-5

某药企推出了"医用迷你急救包"，内有电子体温计、创可贴、速效救心丸、硝酸甘油片、壳聚糖止血粉等急救用品。这是采用了哪种包装策略？

答案解析

岗位情景模拟 6-4

情景描述　广东康富来药业有限公司生产的血尔口服液是城市高档补血产品的领导品牌，其包装对销售的推动起到了至关重要的作用。血尔在选定了目标市场为城市女性后，它的包装自然要符合相应群体的审美观。围绕包装，血尔走了这样的创新之路。将内包装设计为国际流行的 152ml 的大瓶装型。形状气派，充实感强，让人感觉物有所值。规格设置分为 2 瓶普通装、3 瓶普通装、5 瓶精品礼盒装，以满足不同人群的消费需要。外包装上，以红色为主色调，花朵衬底，红白相间，特别注重突出 LOGO。包装上有 3 个女性形象，产品的人群定位一揽无余。

要　求

1. 与一般商品相比，药品包装有哪些不同的要求？

2. 血尔采用的是哪种包装策略？请具体分析。

答案解析

实践实训

【案例分析】

J 牌小麦啤酒生命周期分析

国内某知名啤酒集团针对啤酒消费者对啤酒口味需求日益趋于柔和、淡爽的特点，该公司积极利用人才、市场、技术、品牌优势，进行小麦啤酒研究，并利用其专利科技成果开发出具有国内领先水平的品牌小麦啤酒。该品牌小麦啤酒是一个技术壁垒非常强的高新产品，竞争对手在短期内很难掌握此项技术，也就无法缩短与本集团品牌小麦啤酒之间的质量差异；该产品泡沫更加洁白细腻、口味更加淡爽柔和，它的口味迎合了当时啤酒消费者的流行口味，整个市场有较强的成长性，市场前景非常广阔。一经上市，在低迷的啤酒市场上掀起一场规模宏大的 J 牌小麦啤酒消费概念的热潮。

J 牌小麦啤酒作为一个概念产品和高新产品，为了快速获得大的市场份额，迅速取得市场优势，该集团把小麦啤酒定位于零售价 2 元/瓶的中档产品，包装为销往城市市场的 500ml 专利异型瓶装和销往农村、乡镇市场的 630ml 普通瓶装两种。合理的价位、精美的包装、全新的口味、高密度的宣传使 J 牌小麦啤酒上市后，迅速风靡本省及周边市场，并且远销到江苏、吉林、河北等外省市场，当年销量超过 10 万吨，成为集团一个新的经济增长点。由于上市初期准确的市场定位，使 J 牌小麦啤酒迅速从介绍期过渡到高速成长期。

高涨的市场需求和可观的利润回报使竞争者也随之发现了这座金矿，本省的一些中小啤酒企业不顾自身的生产能力，纷纷上马生产小麦啤酒。一时间市场上出现了五六个品牌的小麦啤酒，而且基本上都是外包装抄袭 J 牌小麦啤酒，酒体仍然是普通啤酒，口感较差，但凭借 1 元左右的超低价格，在农村及乡镇市场迅速铺开。这很快造成小麦啤酒市场竞争秩序严重混乱，J 牌小麦啤酒的形象遭到严重损害，市场份额也严重下滑，形势非常严峻。J 牌小麦啤酒因此出现一部分市场销量止步不前，而另一部分市场由于杂牌小麦啤酒低劣质量的严重影响，消费者对小麦啤酒不再信任，J 牌小麦啤酒销量也急剧下滑，产品提前进入了衰退期。

问题：

1. 分析该啤酒集团的 J 牌小麦啤酒在市场发展过程中经历了哪几个生命周期阶段？

2. 试分析在面对竞争者涌入该市场时，该啤酒集团应该采取怎样的市场营销策略去应对？

分析要求：

（1）学生小组讨论分析案例提出的问题，形成小组《案例分析报告》。

（2）各小组陈述各自的分析，并让同学进行相互评价。

（3）老师对各组《案例分析报告》进行点评。

【综合实训】

产品组合及品牌策略分析

（一）实训目的

让学生掌握产品组合及品牌策略的应用，能够就产品组合及品牌策略的问题，分析其对企业营销的意义。

（二）实训要求

1. 将学生分成若干组，每组 4 ~ 6 人，按操作步骤开展实训。

2. 认识产品组合及品牌的重要性，分析品牌策略的运用情况。

3. 学生应该就问题提出自己的观点。

（三）实训内容

1. 实训背景

2003 年，位于河北省邢台市隆尧县的华龙集团，以超过 60 亿包方便面的销售量而跃居方便面市场的第二位，仅次于康师傅方便面，与"康师傅"和"统一"形成了三足鼎立的市场格局。"华龙"真正地从一个地方性品牌成长为全国性品牌。

华龙方便面产品组合非常丰富，它共有 17 种产品系列，10 多种口味，上百种规格的方便面。这样企业能够充分利用现有的资源，发掘现有的生产潜力，更广泛地满足市场的各种需求。

华龙公司在发展初期，将目标市场定位于河北省及周边省份的农村市场。首先推出了适合农村市场的"大众面"系列。由于它超低的价位，迅速打开了农村市场。随后"大众面"系列红遍大江南北，抢占了大部分的低端方便面市场。在经历几年的发展后，推出了面向全国市场的大众面中、高档系列产品。如中档的"小康家庭""大众三代"，高档的"红红红"等。从 2002 年起，华龙开始走高档面路线，开发出高档面品牌"今麦郎"。并开始大力开发城市市场，在北京、上海等地大获成功。

产品线延伸是华龙公司的重要战略，公司还推出过"六丁目"品牌，有六丁目 108，六丁目 120，超级六丁目；在"金华龙"品牌下，生产出金华龙 108，金华龙 120，等等；在东三省推出"东三福"系列品牌后，又创建过"可劲造"新品牌。

　　总之，华龙公司在全国市场实行整体上的高、中、低档产品组合策略。既有低档的"大众系列"方便面，又有中档的"甲一麦"品牌的方便面，更有高档的"今麦郎"。在不同地区，根据本地市场的状况开发和销售不同档次的产品。

　　应该说，华龙公司在方便面产品组合决策上是考虑了两方面的战略决策：一是如何应对或挑战"康师傅"和"统一"这两个方便面市场上的强势品牌；二是如何应对或争夺地方小品牌的市场份额。在实行本土化的目标市场营销战略的总原则指导下，开发高、中、低多层次的产品组合，实行了迎强击弱的市场渗透战略。

2. 实训步骤

　　第一步：安排项目任务、目标和要求。

　　（1）结合案例分析，华龙方便面在进行产品线延伸时所采用的策略属于什么？主要目的是什么？

　　（2）华龙方便面采取的是哪种品牌策略？一般来说，企业采取此策略的主要原因是什么？

　　（3）结合案例，分析华龙推出针对高档市场的"今麦郎"方便面，对企业整个产品线和产品组合有什么意义？对企业的营销策略又有何意义？

　　第二步：组织实施项目任务，巡回指导。

　　（1）学生分为若干组（每组4~6人），根据所给的背景资料讨论、分析，形成《分析报告》。

　　（2）小组代表汇报结果。

　　（3）组织完成，并做记录。

　　（4）学生辩论相互评价。

　　（5）教师评析阐述观点。

　　（6）教师根据考核标准给出学生考核分值。

　　第三步：对本次项目任务完成情况做评论总结。

（四）实训评价

　　教师明确实训目的和要求，适时指导实训，学生分组组织按步骤开展实训；实训结束后，进行实训交流，师生共同评价工作成果。

　　评价的内容主要是：基础知识掌握、准备工作、分析能力、表达能力、小组合作等，具体内容如表6－4。

表6－4　实训评价表

考核项目	考核标准	配分	得分
准备工作	背景资料熟悉，运用自如	20 分	
产品组合策略分析	组合策略判断正确、原因分析恰当	15 分	
品牌策略分析	策略判断明确，原因分析恰当	15 分	
意义分析	分析无明显缺陷，理由有说服力，阐述清晰。	30 分	
团结协作	组内成员分工合理、团结协作	20 分	
合计		100 分	

目标检测

答案解析

一、单项选择题

1. 下列各项中，（　）不属于产品整体概念范畴。

　　A. 品牌　　　　　　　　B. 包装　　　　　　　　C. 价格　　　　　　　　D. 送货

2. 一个企业的一类产品线中有多少品种，这是产品组合的（　）。

　　A. 长度　　　　　　　　B. 宽度　　　　　　　　C. 深度　　　　　　　　D. 关联度

3. 用料与设计十分精美的酒瓶，在酒消费之后可用作花瓶或凉水瓶，这种包装策略是（　）。

　　A. 类似包装　　　　　　B. 再使用包装　　　　　C. 组合包装　　　　　　D. 附赠品包装

4. 某医药企业生产4种感冒类药品、5种胃肠消化类药品、3种皮肤外用类药品，那么该企业的产品线有（　）。

　　A. 4条　　　　　　　　B. 5条　　　　　　　　C. 12条　　　　　　　　D. 3条

5. 在产品介绍期，以高价、低促销费用的形式进行经营的策略称为（　）。

　　A. 快速掠取策略　　　　B. 缓慢掠取策略　　　　C. 快速渗透策略　　　　D. 缓慢渗透策略

6. 处于（　）的产品，销售量大，制造成本低。

　　A. 介绍期　　　　　　　B. 成长期　　　　　　　C. 衰退期　　　　　　　D. 成熟期

7. 品牌中可以用语言称呼、表达的部分是（　）。

　　A. 品牌　　　　　　　　B. 商标　　　　　　　　C. 品牌标志　　　　　　D. 品牌名称

8. （　）品牌策略就是指一个企业的各种产品分别采用不同的品牌。

　　A. 个别　　　　　　　　B. 品牌化　　　　　　　C. 分类　　　　　　　　D. 统一

二、多项选择题

1. 产品整体概念是指产品由下列（　）层次构成。

　　A. 核心产品　　　　　　B. 形式产品　　　　　　C. 期望产品

　　D. 潜在产品　　　　　　E. 附加产品

2. 产品组合变化要素包括（　）。

　　A. 适应度　　　　　　　B. 长度　　　　　　　　C. 关联度

　　D. 宽度　　　　　　　　E. 深度

3. 医药产品包装的作用有以下几个方面（　）。

　　A. 美化商品　　　　　　B. 保护商品　　　　　　C. 促进销售

　　D. 增加利润　　　　　　E. 方便生产

4. （　）是产品衰退期运用的策略。

　　A. 维持策略　　　　　　B. 缩减策略　　　　　　C. 促进策略

　　D. 撤退策略　　　　　　E. 渗透策略

5. 典型的产品生命周期包括（　）等阶段。

　　A. 萌芽期　　　　　　　B. 介绍期　　　　　　　C. 成长期

　　D. 成熟期　　　　　　　E. 衰退期

三、判断题

1. 企业高层领导如果不理解产品整体概念，就不可能有现代市场营销观念。（　）

2. 产品项目指产品组合中包含的产品大类。（　）

3. 任何产品都会经历产品生命周期的四个阶段。（　）

4. 产品的品牌就是商标。（　）

5. 企业所有产品的包装，在图案、色彩等方面均采用统一形式的策略是类似包装策略。（　）

四、思考题

1. 简述企业产品组合策略的主要内容。

2. 简述产品生命周期各阶段的特点。

3. 简述常用包装策略的内容。

书网融合……

| 知识回顾 | 微课 1 | 微课 2 | 微课 3 | 微课 4 |

| 微课 5 | 微课 6 | 微课 7 | 微课 8 | 习题 |

（王丽娜）

定价是企业营销组合中很敏感的因素，也是促进销售、获取利润的营销手段。如果没有制定合理的产品价格，就无法形成一个良性的成本补偿和利润获取循环，也就谈不上企业的发展。为了实现经营目标，定价极其重要，这是企业面临商战的考验。怎样才能定价合理呢？医药产品是关乎人的健康的特殊商品，定价不仅关系到企业等各方利益，还关系到民生问题。这就要根据生产成本、产品特点、市场需求、竞争情况以及医药卫生体制改革相关政策，灵活运用定价方法和策略，更好地与其他营销组合因素配合，促进和扩大销售，提高企业的经济效益和社会效益。

本项目的主要内容是认知医药产品价格的基本内涵、定价程序、影响因素，学习运用成本导向、需求导向、竞争导向的定价方法和新产品定价、心理定价、折扣定价等定价策略。

学习目标

1. **掌握**　价格及相关概念；医药产品定价的基本方法。
2. **熟悉**　产品定价程序和产品定价的策略。
3. **了解**　影响产品定价的因素。

任务一　认知价格构成

PPT

一、医药产品价格内涵

（一）医药产品价格的含义

医药产品价格是医药产品价值的货币表现。但是，医药产品价格并不是绝对地等于医药产品的价值，而是在产品价值的基础上波动起伏。因此，产品价格应该是产品价值的近似反映。

在医药市场上，医药产品价格的作用是多方面的。对医药企业来说，医药产品价格决定产品的销路和企业利润；对消费者来说，医药产品价格在很大程度上能影响其消费行为；对国家政府部门来说，医药产品价格是实现社会公平，实施政策调控的重要手段。给自己的产品制定合理的价格，是医药企业能否获得收益的保证。由此可见，医药产品的定价策略是医药企业市场营销中一个极其重要的部分。

（二）医药产品价格的构成 ⊖ 微课1

医药企业要制定出科学合理的价格，首先必须了解医药产品价格的构成，即医药产品价格是由哪些因素构成的。通常，医药产品价格由生产成本、流通费用、国家税金和企业利润四个要素构成。

1. 生产成本　生产成本是指医药企业生产产品时各种耗费总和的货币表现。它是价格构成要素中最基本、最主要的因素，是价格构成的主体，在医药产品价格中占有较大比重。生产成本是制定医药产品价格的最低经济界限，即保本界限，医药企业的产品价格如果低于生产成本，就会亏本。一种医药产品生产成本的大小可以影响或决定该产品价格的高低，它的大小和价格的高低成正比。因此，核算产品的生产成本是医药企业制定产品价格的重要依据。

2. 流通费用　流通费用是指医药产品从生产领域到消费领域转移过程中所发生的劳动耗费的货币表现。它包括销售费用、财务费用和管理费用。其中销售费用对药品价格的影响最大，主要包括广告宣传费用、运杂费用、调研费用、营业推广费用、销售人员工资奖金等。在其他因素不变的情况下，流通费用增加，价格提高；流通费用减少，价格就降低。

3. 国家税金　国家税金是国家通过税法的形式，按规定的税率进行征收而取得的财政收入。它也是构成医药产品价格的重要因素。医药企业必须依法向国家缴纳税金。

医药企业应缴纳的流转税中，按其与药品价格的关系可以分为价内税和价外税。

（1）价内税　凡是商品价格中包含的流转税税金（不包含流转税中的增值税），统称为价内税，如消费税。

（2）价外税　就是在商品价格之外征收的税，如增值税。

从另一角度，认为流转税是间接税，如消费税、增值税等都转嫁由消费者负担，企业所得税是由企业纳税人直接负担的税收，属于直接税。

4. 企业利润　利润是生产者为社会劳动所创造价值的货币表现，是产品价格超过生产成本与流通费用的部分。

企业利润是价格构成要素之一，是医药产品价格中减去生产成本、流通费用和税金的余额。它反映了医药企业一定时间内的经营成果。是医药企业生产经营过程中追求的最终目标之一。

即学即练 7-1

答案解析

医药产品从生产企业出厂后往往要经过批发、零售等环节才能到达消费者手中。请问每经过一个环节，医药产品的价格是否会发生变化？

二、医药产品定价程序

医药企业为保证实现企业的盈利目标，要严格制定合理的产品价格，因此，掌握定价的一般程序十分重要。定价程序包括以下六个步骤，如图 7-1 所示。

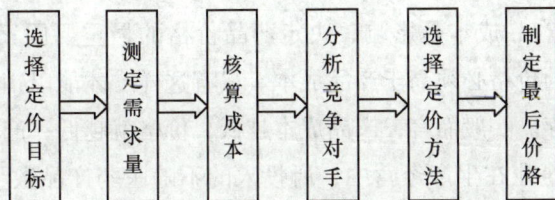

选择定价目标 → 测定需求量 → 核算成本 → 分析竞争对手 → 选择定价方法 → 制定最后价格

图 7-1 定价程序

（一）选择定价目标

定价目标，是指医药企业在对其生产或经营的产品制定价格时，有意识的要求达到的目的和标准。

首先要明确企业定价的目标，这是制定价格的前提。任何医药企业在制定价格时，都不是孤立的，必须按照企业的战略目标来制定价格。它必须服从于企业的战略目标，同时与企业的其他经营目标相协调。

（二）测定需求量

医药企业向市场提供的药品销售量取决于市场的需求量。医药产品价格受供应和需求关系的影响，价格也可能反过来影响供求变化。根据需求法则，医药产品价格通常是和销售量是成反方向变化的，产品价格的高低大多数情况下将直接影响产品的销售量。因此，在制定医药产品售价时，医药企业应先测定医药市场产品需求情况。

（三）核算成本

医药企业制定医药产品的最高价格取决于医药产品市场供求与竞争，最低价格取决于成本。成本是企业定价的下限。在正常情况下，定价不应低于成本，否则将无法维持生产和经营。企业应精确核算产品的成本，为制定价格提供成本依据。

（四）分析竞争对手

医药产品价格要受市场需求、成本费用和竞争形势等因素的影响和制约。究竟给医药产品定价多少，还要取决于竞争对手同种产品的质量和价格水平。如在与竞争对手同种产品质量相同的情况下，如果价格高于竞争对手，消费者就会选择竞争对手的产品。因此，医药企业必须深入了解和研究竞争对手的产品质量和价格，制定出自己科学合理的医药产品价格。

（五）选择定价方法

医药企业根据定价目标，通过对成本、需求和环境因素等分析研究后，采用适宜的定价方法制定医药产品价格。一般来讲，可供医药企业选择的定价方法有：成本导向定价法、需求导向定价法、竞争导向定价法。

（六）制定最后价格

医药企业在科学计算成本，并分析政府有关政策法规、企业定价政策、消费者心理、经销商的意见、竞争等相关因素后，有时还需要使用一些定价策略和技巧，最终确定医药产品价格。

三、影响医药产品定价的因素

（一）内部因素

1. 医药产品成本　医药产品成本是影响、决定药品价格的最重要因素，是医药产品定价的基础。在正常的情况下，任何产品的价格必须高于产品成本。只有这样，才能以销售收入抵偿生产成本和经营费用，否则，企业将无法生存。一般而言，产品成本越低，价格就越低；产品成本越高，价格也越高。

（1）固定成本　指医药企业在生产经营中，所投入的不随医药产品数量（产量或销量）变化而变动的成本费用。如固定资产折旧、厂房、办公费用、管理人员工资等，这些费用不论企业医药产品产量多少都必须支出。平均固定成本是指单位产品所包含的固定成本的平均分摊额，随产品数量（产量或销量）的增加而减少。

（2）变动成本 变动成本指医药企业在生产经营中，随产品数量（产量或销量）的变化而变动的成本费用。如原材料、燃料、运输、储存、生产工人的工资等支出。平均变动成本是指单位产品所包含的变动成本平均分摊额，不会随产品数量（产量或销量）增加而变动。

（3）总成本 总成本是指固定成本和变动成本之和。当产量或销量为零时，总成本等于固定成本。平均成本是指单位产品的固定成本和变动成本之和。

（4）边际成本 边际成本是指每增加或减少一个单位产品而引起总成本变动的数值。在一定产品数量上，最后增加或减少的那个产品所耗费的成本，引起总成本的变化，总成本的这个变化量即边际成本。

2. 定价目标 定价目标就是医药产品的价格实行以后，医药企业要达到的具体目的。医药企业定价目标是影响医药企业产品定价的一个重要内部因素。不同企业的定价目标，或同一企业不同时期的定价目标是多种多样，各不相同的，但归纳起来，企业定价目标主要有以下几种。

（1）以利润为定价目标 获取利润是医药企业生存和发展的必要条件，是医药企业生产经营的直接动力和最终目的。这一定价目标主要有两种形式：以追求最大利润为目标和以获取适度利润为目标。

最大利润有短期和长期之分。选择短期最大利润作为定价目标的医药企业，其产品在市场上必须处于绝对有利的地位。短期的最大利润一般是靠医药企业实行产品的高价格来实现的，而医药产品保持长期的高价格是不可能的，因为它带来的高利润肯定会吸引大量的竞争者加入，而竞争者的竞争又会使价格回归合理的水平，减少企业的利润。因此，大多数医药企业往往以追求长期最大利润为自己的定价目标，长期最大利润更多地取决于医药产品合理价格所带来的需求量的增加和营销规模的扩大。最大利润还有单一产品最大利润和医药企业全部产品综合最大利润之别。一般而言，医药企业追求的应该是长期的、全部产品的综合最大利润，这样，医药企业就可以取得较大的市场竞争优势，占领和扩大更多的市场份额，拥有更好的发展前景。

以获取适度利润为目标是指医药企业在补偿社会平均成本的基础上，适当地加上一定量的利润作为医药产品的价格，以获取正常情况下合理利润的一种定价目标。由于以适度利润为目标确定的价格不仅使医药企业可以避免不必要的激烈竞争，又能获得长期稳定的利润，而且由于价格适中，消费者愿意接受，还符合政府的价格指导方针，因此这是一种兼顾医药企业利益和社会利益的定价目标。

（2）以提高市场占有率为目标 市场占有率，又称市场份额，是指一个医药企业的销售额占整个行业销售额的百分比，或者是指医药企业的某种产品在某医药市场上的销量占同类产品在该市场销售总量的比重。市场占有率是医药企业经营状况及其产品在市场上竞争能力的综合反映。有时，市场占有率的高低比产品销量以及利润的增减更为重要，医药企业为了追求长期利益，巩固和提高自身的市场竞争地位，往往把提高企业产品市场占有率作为定价目标。这时，医药企业通常的做法就是通过给自己的产品制定较低的价格，主要是低于竞争者的价格，来吸引消费者，扩大销售量，占领竞争者的市场，从而达到提高产品市场占有率的目的。

企业以提高市场占有率作为定价目标而制定较低价格，一般还要具备下列条件。第一，市场对产品价格变化比较敏感，因而低价能有效地促使产品销售量增大，从而提高市场占有率。第二，生产批量的扩大，能使生产和销售费用显著降低。第三，医药企业的经济实力足以承受一定时期内低价所造成的成本增加和利润损失。第四，低价能有效地抑制现实的或潜在的竞争，不会导致竞争者之间的价格混战。

（3）以维持生存为目标 当医药企业面临生产能力过剩、激烈竞争和顾客需求变化困扰时，往往会把维持生存作为主要的追求目标。此时，生存比利润更重要，为了确保企业继续生产和使存货出手，医药企业必须制定较低的产品价格，并希望市场是价格敏感型的，不稳定的医药企业一般都会运用大规模的价格折扣来保持企业的活力。对于这类医药企业来说，只要它们的价格能够弥补变动成本和一部分固定成本，就能维持企业的生存。应该指出的是，这种没有利润或者较少利润的价格，短期内可以维持企业的生存。没有了利润，就使医药企业失去了长期发展的物质基础和动力，难以长期保持。因而这种定价目标只能是一种暂时的、过渡的定价目标。

（4）以适应竞争为目标　医药企业为避免在激烈的市场竞争中发生价格竞争，两败俱伤，以适应竞争作为定价目标。采用这种定价目标的医药企业，必须经常广泛地收集资料，及时准确地把握竞争对手的定价情况，并在将企业的产品与竞争者的同类产品作审慎比较之后，制定出本企业产品的价格，以高于、低于或等于竞争者的价格出售产品。如果企业竞争能力较强或在某些方面优于竞争对手，可以采取高于对手的价格；如果企业竞争能力弱于竞争对手，可以采取略低于对手的价格；如果企业与竞争对手的条件旗鼓相当，就可以采取和对手相同的价格。值得一提的是，有时候主动降价也需要企业有足够的实力接受引发的价格战。

（5）以稳定市场价格为目标　稳定的价格通常是大多数医药企业获得一定目标收益的必要条件，市场价格越稳定，经营风险也就越小。稳定价格目标的实质是通过本企业产品的定价来左右整个市场价格，避免不必要的价格波动，在一个较长的时期内相对稳定，减少企业之间因价格竞争而发生的损失。为达到稳定价格的目的，通常情况下是由拥有较高的市场占有率、经营实力较强或较具有竞争力和影响力的企业先制定一个价格，这个价格也叫领导者价格，其他企业的价格则与之保持一致或保持一定的距离。对大企业来说，这是一种稳妥的价格保护政策；对中小医药企业来说，由于无力与大企业竞争，只能跟随其价格，这样企业间竞争性减弱，其利润也可以得到保障。

（6）以产品质量领先为目标　一些医药企业为了在市场上树立一个产品质量最优的形象，在生产成本、产品开发研究以及促销方面作了较大投入，为了弥补这些支出，往往都给自己的产品制定一个较高的价格。从完善的市场价格体系来看，高价格的产品自然代表着或反映着商品的高质量和优质服务。采用这一目标的医药企业必须具备以下两个条件：一是高品质的产品，二是提供优质的服务。

即学即练 7-2

企业投入大量资金研制开发出了治疗某种疾病的有特效且副作用小的新药品，为迅速打开市场并赢得顾客的信任，一般会选择哪一种定价目标？

答案解析

3. 营销组合中的其他因素　市场营销组合中的产品、价格、分销和促销这四个因素是相互联系、相互制约的，当其中任何一个因素发生变化时，常常会影响其他因素。因此，营销组合中的其他因素直接影响着医药企业产品价格的制定。

（1）医药产品　医药企业对医药产品定价时，必须考虑医药产品的各种市场特性，诸如医药产品的质量、声誉、生命周期、竞争地位等。如果医药产品的质量高、声誉好、在市场竞争中处于优势地位，其价格可远远超过其成本，采取高价政策；反之，只能采取低价策略。

（2）分销渠道　在医药企业生产经营过程中，产品一般需要通过中间商进行推广和销售。在医药中间商的产品销售价格不变的情况下，生产企业的出厂价越低，中间商的利润就越多；生产企业的出厂价越高，中间商的利润就越少。因此，生产企业定价时，不仅要考虑最终消费者愿意支付什么价格，还要考虑中间商经营产品需要多少赚头的问题。

（3）促进销售　促销费用是医药产品价格构成的一个重要因素。市场竞争的日益加剧及医药产品的市场不断扩大，促销费用在价格构成中的比重有不断加大之势。各种医药产品的性质不同，其所处的生命周期阶段不同，单位产品的促销费用也不相同，这都将影响到医药产品的价格水平。

（二）外部因素

1. 国家政策法规　定价时首先要考虑的因素之一就是国家政策法规。政府通过行政的、法律的、经济的手段来影响医药产品价格，目的是平衡供求，指导消费。国家通过制定政策来影响医药产品价格，抑制药价虚高、减少社会药费负担，保证企业合理盈利、促进医药行业健康发展。

与药品价格制定有关的法律法规主要有《中华人民共和国价格法》《中华人民共和国药品管理法》《推进药品价格改革的意见》等，其中《推进药品价格改革的意见》中指出：除麻醉药品和第一类精神药品外，取消药品政府定价，完善药品采购机制，发挥医保控费作用，药品实际交易价格主要由市场竞争形成。

取消绝大部分药品政府定价，就意味着"药品政府定价制度"正式终结。当然，政府对企业实行自主定价药品，绝不是放手不管，如果价格出现大幅度波动，根据价格法等相关法律法规，政府价格主管部门将依法进行干预。按照我国现行的药品集中招标办法，所有公立医院使用的药品，都由当地省级药品集中采购管理部门统一竞价采购，形成药品目录及招标价格。

《国务院办公厅关于印发国家组织药品集中采购和使用试点方案的通知》（国办发〔2019〕2号）中强调要"探索完善药品集中采购机制和以市场为主导的药品价格形成机制"，通知中明确规定"根据每种药品入围的生产企业数量分别采取相应的集中采购方式：入围生产企业在3家及以上的，采取招标采购的方式；入围生产企业为2家的，采取议价采购的方式；入围生产企业只有1家的，采取谈判采购的方式"。

📱 拓展链接

"灵魂砍价"背后的民生大帐

2020年11月底"医保局专家采购现场灵魂砍价"的系列视频走红网络。这是继2019年11月底"4.4元的话，4太多，中国人觉得难听，再降4分钱，4.36，行不行？""现在是我们一个国家再和你谈判，再给你一次机会"等视频走红网络后，国家医保局专家团与医药企业谈判代表谈判视频的再次走红，引发人们热议。

2019年那场"圈粉无数"的谈判是我国建立医疗保险制度30年以来最大规模的一次"对战"：不仅一款国际价为7~8元治疗糖尿病的新药被砍成了4.36元；还取得了"150个谈判药品中，有97个药品谈判成功，价格平均降幅达60.7%。而2020年山东药品集中采购再现"灵魂砍价"后，拟中选的药品平均降价67.3%，最大降幅98.6%。

2021年3月1日，我国新版医保目录正式实行。至此，目录内的药品基本实现了治疗领域全覆盖。特别是在肿瘤、免疫系统疾病等领域，填补了许多用药空白。经过一次次的带量采购，越来越多的好药、便宜药及时进入临床，给患者带来福音。企业以价换量，进入医保市场，销售额提升快，企业依旧"有利可图"。二十大报告回顾过去十年指出"我们深入贯彻以人民为中心的发展思想"，"人民群众获得感、幸福感、安全感更加充实、更有保障、更可持续"。国家集采正是践行以人民为中心的思想，"灵魂砍价"不仅实现了患者、医保、企业的"三赢"，也彰显了中国特色社会主义医疗保险制度"服务于民"的特点。这便是"灵魂砍价"的民生大账。

2. 市场需求 在市场经济条件下，决定价格下限的是成本，决定价格上限的是产品的市场需求，需求是医药企业产品定价最主要的影响因素之一。

（1）市场供求状况 医药产品的价格与其市场供求有着密切关系。产品的供求平衡是相对的、暂时的，产品的供求不平衡才是绝对的、经常的。产品供求不平衡有两种情况：一是产品供过于求。这时要达到供求平衡，就必须抑制供给，刺激需求，产品的价格会下跌。二是产品供不应求。要达到供求平衡，就必须扩大供给，减少需求，产品的价格会上涨。因此，医药产品市场供不应求时，企业可把产品价格定得高一些；市场供过于求时，企业则应把产品价格定得低一些。所以，医药企业制定产品价格时务必要考察该产品的市场供求情况。

（2）需求的价格弹性 需求的价格弹性也称需求弹性，是指因价格变动而引起的需求量相应变动的比率。它反映了产品需求变动对其价格变动的敏感程度。不同医药产品的需求变动受其价格变动影响的程度不同，一般而言，需求与价格成反向变动，即价格提高，市场需求就会减少；价格降低，市场需求就会增加。因此，医药企业制定的产品价格高低会影响到企业产品的销售，影响到企业营销目标的实现。所以，企业在给产品定价时，必须测定该产品的需求价格弹性。

需求的价格弹性通过需求价格弹性系数来表示，如果以 E 表示弹性系数，则其计算公式为：

$$需求价格弹性（E）= \left| \frac{需求量变动百分比}{价格变动百分比} \right|$$

由于价格变化和需求量变化的方向是相反的，在利用系数来分析时用绝对值表示。不同的商品其需求价格弹性不同，需求弹性的强弱决定企业的价格决策。需求价格弹性可归纳为三种情况。

产品的需求价格弹性（E）大于1，说明该产品的需求弹性强，或者说该产品的需求量对价格变动的反应是非常敏感的，如奢侈品、名贵药材等。对该产品而言，价格稍有变化，需求量就会发生很大变化，因此，对该产品可采取适度降价策略。这样做尽管会使单位产品利润下降，但却可能增加销售量，从而增加总的销售收入和利润。

产品的需求价格弹性（E）等于1，说明该产品的需求量与价格等比例变化。对该产品而言，价格的变动，对产品需求量的影响比例相同，对销售收入的影响也不大，可将其他营销措施作为提高盈利率的主要手段。

产品的需求价格弹性（E）小于1，说明该产品的需求弹性弱，或者说该产品对价格变动的相对反应并不是特别敏感的。对于该产品而言，即使是大幅度地降低价格，也不会引起需求量的大幅度增加，因此，对该产品较高的定价是有利的。

> **即学即练 7-3**
>
> 人们常说"薄利多销"，请思考零售市场医药产品是否都是如此呢？
>
> 答案解析

需求价格弹性的大小主要受以下因素的影响：①产品的需求程度。需求弹性与产品的需求程度成反比。生活必需品的需求弹性较小，一般产品的需求弹性则较大。②产品的独特性和知名度。越是独特和知名度高的产品，消费者对价格越不敏感，需求弹性越小；反之，弹性越大。③产品的替代性。需求弹性与产品的替代性成正比。产品的可替代性越强，需求弹性越大；反之，需求弹性越小。

需求的交叉弹性

需求交叉弹性是指某一种商品价格变动引起其他相关产品需求量的相应变动率。

由于许多产品在使用价值上相互关联，存在着互替性和互补性，其中一个产品的价格变动会影响有关联的产品需求量的变动。需求交叉弹性表明了这些产品的相互关系，利用其相互的联系制定价格。互替产品和互补产品的需求交叉弹性各不相同。

互替产品是指在消费过程中使用价值可以相互代替的产品，如抗过敏药中的西替利嗪和氯雷他定。互替产品中一种产品的价格变动，其他产品的销售量呈同方向的变动，需求交叉弹性为正值。

互补产品是指在消费过程中两种或多种产品之间存在着某种消费依存和相互补充关系的产品，如粉针剂和注射用水、感冒药和维生素 C 等。互补产品中一种产品的价格变动，不仅会使其销售量发生变动，还会使其他产品的需求量呈反方向的变动，需求交叉弹性为负值。

3. 市场竞争 在我国医药市场上，竞争异常激烈，竞争越激烈，对医药产品的价格影响就越大。按经济学分析，市场竞争结构可分为完全竞争市场、完全垄断市场、垄断竞争市场和寡头垄断市场四种类型。在不同的市场结构下，企业的定价对策应有所不同。

（1）完全竞争市场 这种市场上有许多卖者和买者，所有卖者都生产相同的产品，且每个卖者的产品只占产品总量的一小部分，任何一个卖者或买者不能单独左右该种产品的市场价格，都只是价格的接受者。在完全竞争市场上，卖主不能抬高产品价格，否则它的产品就卖不出去；也没有必要降低价格，因为按现行市场价格就能卖掉其产品。因此，在完全竞争市场上，卖者只能按照由市场供求关系决定的市场价格来出售产品。

（2）完全垄断市场 完全垄断市场是指在一个行业中某种产品的生产和销售完全由一个卖主独家经营和控制。在完全垄断的条件下，由于一个行业中只有一个卖主，没有别家竞争，这个卖主就完全控制了市场价格，它可以根据自己的经营目标在国家法律允许的范围内随意为产品定价。

（3）垄断竞争市场 垄断竞争是介于完全竞争和完全垄断之间的一种市场状态，既有垄断倾向，同时又有竞争成分，因而垄断竞争是一种不完全竞争。垄断竞争的特点是市场上有两个以上的卖主，少数卖主在一定时间内居于优势地位，各卖主之间所提供的产品及服务存在着差异。在垄断竞争的条件下，每个卖主都能控制其产品的价格，从而成为价格的决定者。

（4）寡头垄断市场 寡头垄断是竞争和垄断的混合物，也是一种不完全竞争。在这种市场的条件下，在一个行业中只有少数几家大医药企业（大卖主），他们所生产和销售的产品在该行业中占有很大比重。各企业相互依存、相互制约，产品的价格不是通过市场供求决定，而是通过各企业之间的协议和默契来决定，任何一个企业都不会轻易调价。

4. 消费者心理 对于任何一种产品，消费者在购买或使用时都会因个人条件、环境的不同而产生不同的心理反应过程（即消费心理）。它体现在消费者对产品价格的态度上，就是所谓的价格心理。消费者在选购自己所需产品时，通常要将产品价格与产品价值（消费者自己感受的价值）作比较。只有他们在感到物有所值时才会购买。消费者对产品和价值的这种感受和评价，就是其价格心理的一种重要表现。同时，消费者在购买产品时的心理动机也是不同的，如在经济欠发达地区，人们的心理动机偏重于对物美价廉、经济实惠产品的追求，对价格十分敏感；而在经济发达地区，人们消费的心理动机则偏重于追求产品的品牌、档次、时尚、新颖，对价格不太在乎。因此，医药企业定价时，必须考虑消费者的消费心理和动机，研究和掌握消费者的消费心理动机，这样才能制定出适当的产品价格。

> **岗位情景模拟 7 – 1**
>
> **情景描述**　某制药有限公司开发出一种治疗冠心病的新药"养心康"胶囊，经过临床实验后，药效稳定，副作用小，证明该药能够有效调节冠心病所导致的心律不齐，可以改善心肌梗死以及冠状动脉粥样硬化，可减少病患住院时间并减少对心脏的损害。该企业已将"养心康"的相关技术申请专利，竞争者短期内无法仿制，有较大的竞争优势，公司将"以产品质量领先为定价目标"进行定价。假如你是企业的营销人员，组织相关人员进行小组讨论。
>
> **要　求**
> 1. 思考影响"养心康"定价的因素有哪些，针对案例进行讨论分析。
> 2. 试针对该企业确立的定价目标为"养心康"描述定价方向，并解释原因。
>
> 答案解析

任务二　选择定价方法

PPT

　　企业定价主要依据成本、需求和市场竞争这三个因素。因此，企业定价的方法根据这些因素可以分为成本导向定价法、竞争导向定价法和需求导向定价法。

一、成本导向定价法

　　成本导向定价法是以产品的成本为主要依据来制定产品的价格。它以产品成本为基础，加上预期的利润，即为产品的基本价格。根据采用的成本项目和所追求的利润指标的不同，计算单位产品价格的成本导向方法也不同。它一般包括四种具体方法。

（一）成本加成定价法

　　成本加成定价法是一种简单又最基本的定价方法，是指按照单位成本加上一定百分比的加成来制定产品销售价格。加成的含义就是以成本为基础的一定比率的利润，也叫预期利润。其计算公式为：

　　单位产品价格 = 单位产品总成本 ×（1 + 成本加成率）

　　其中：成本加成率即为预期利润占产品成本的百分比，也叫预期利润率。

　　例如，某一医药企业生产某种产品 10 万件，总固定成本为 100 万元，单位变动成本为 10 元/件，企业期望达到相对于成本的利润率为 15%，则该产品的单价是：

　　单位产品固定成本 = 总固定成本/产品生产数量 = 1000000/100000 = 10（元）

　　单位产品总成本 = 单位产品的固定成本 + 单位产品的变动成本 = 10 + 10 = 20（元）

　　单位产品价格 = 单位商品成本 ×（1 + 成本加成率）= 20 ×（1 + 15%）= 23（元）

　　在成本加成定价法中，加成率的确定是定价的关键。成本加成率的确定，必须考虑市场环境、行业特点等多种因素。某一行业的某一产品在特定市场以相同的价格出售时，成本低的企业能够获得较高的利润率，并且在进行价格竞争时可以拥有更大的回旋空间。

某制药厂生产某药品，每盒可变成本 10 元，总固定成本为 30 万元，当年预计销量 6 万盒。如果该企业希望获得的利润率为产品总成本的 20% 时，请同学们通过计算回答：该药厂的每盒产品成本为多少？该厂该产品的成本加成价格应定为多少元？

成本加成定价法是从保证生产者（卖方）利益的角度出发进行定价的，其基本原则是将本求利和水涨船高，完全忽视了市场竞争和供求状况的影响，尤其忽视了消费者的价格心理，往往是企业的"一厢情愿"。而且加成率的确定缺乏科学性，仅是一个估计数，因此，采用这种定价法制定的产品价格，难以适应市场竞争的变化形势，很难说一定能为顾客所接受。但尽管如此，这种方法仍为医药企业所普遍使用。这种方法的优点是简单易行。因为确定成本要比确定需求容易，企业只考虑成本，可简化定价工作，也不必根据需求情况而做出调整；采用这种方法，可保证企业实现预期的利润率，而且当同行都采用此种定价方法时，还能避免或减少价格竞争。

（二）目标收益定价法

目标收益定价法又称投资收益率定价法，是医药企业根据投资总额、预期销量和投资回收期等因素来确定价格。其计算步骤如下。

1. 确定目标收益率　目标收益率可表现为投资收益率、成本利润率、销售利润率、资金利润率等多种不同方式。以目标投资收益为例：

$$目标收益率 = （1/预期投资回收期）×100\%$$

2. 确定单位产品目标利润额

$$单位产品目标利润额 = （总投资额×目标收益率）/预期销量$$

3. 计算单位产品价格

$$单位产品价格 = （固定总成本/预期销量）+单位变动成本+单位目标利润额$$
$$= 单位总成本+单位目标利润额$$

例如，长春某药业有限公司为某中药产品胶囊定价，其单位总成本为 20 元/盒，该商品预期销量为 300 万盒，目标收益率为 10%，总投资额为 15000 万元，则每盒商品目标收益价格为：

$$单位产品目标利润额 = （总投资额×目标收益率）/预期销量$$
$$= （150000000×10\%）/3000000$$
$$= 5（元）$$

$$单位商品价格 = 单位总成本+单位目标利润额 = 20 + 5 = 25（元）$$

目标收益定价法的优点是可以保证实现既定的目标利润。由于目标收益定价法的价格是按预期销量确定的，只要预期销量较为准确，价格就会较为准确，进而能保证企业利润目标的实现。但是，价格恰恰是影响销售量的重要因素，所以采用此种方法计算出来的价格，不一定能保证预期销售量的实现。目标收益定价法适用条件是：企业产品需求价格弹性较小，企业在市场中有一定影响力，而且产品市场占有率很高，具有垄断性质或处于领导者地位。

即学即练 7 –5

　　某医药企业生产某种商品总投资额为 800 万元，预期 5 年收回全部资本，每年商品总固定成本为 500 万元，单位变动成本为 10 元/件，每年计划产量为 20 万件，预计销售量为计划产量的 80%。请同学们计算：该种商品的单价为多少？

（三）盈亏平衡定价法

　　盈亏平衡定价法又称保本定价法，是以医药企业总成本和总收入保持平衡为依据来确定价格的一种方法。即在假定一定量的产品全部可销的条件下，计算保证此时企业既不亏损也不盈利时的产品价格水平。在此价格基础上实现的销售量，使企业正好能够保本，此时的价格为保本价格。其计算公式为：

　　单位产品盈亏平衡价格 = （固定总成本/盈亏销售量）+ 单位变动成本

　　例如，某制药企业生产某药品，该产品的固定总成本为 80 万元，单位变动成本为 12 元，保本销售量为 5 万件，则该药品的单位定价为：

$$单位产品盈亏平衡价格 = （固定总成本/盈亏销售量）+ 单位变动成本$$
$$= （800000/50000）+ 12$$
$$= 28（元）$$

即学即练 7 –6

　　某药品的固定成本是 15 万元，单位变动成本是 2 元，预期销量是 5 万件时正好保本，则该产品的盈亏平衡价格是多少？如果企业想在这种价格水平上能获得 6 万元的目标利润，企业应该努力完成多少销售量？

　　盈亏平衡定价法的优点是计算简便，可使医药企业明确在不亏不盈时的产品价格和产品的最低销售量。缺点是要先预测产品销售量，销售量预测不准，价格就定不准。这种方法较多地适用于工业企业定价，并在市场不景气的情况下采用比较合适。

（四）边际贡献定价法

　　该定价法又称变动成本定价法。所谓边际贡献，是指每增加或减少单位产品的销售所获得收入弥补边际成本后的剩余部分，也就是产品价格与变动成本的差额。边际贡献定价法是医药企业只计算变动成本，不计算固定成本，而以预期的边际贡献来适当补偿固定成本的方法。其计算公式为：

　　单位产品销售价格 = （总变动成本 + 边际贡献）/总销售量

　　例如，某医药企业的固定成本为 20 万元，单位产品的变动成本为 30 元/盒，预计销售量为 4000 盒，如果企业计划的边际贡献为 10 万元，则该产品的单价为：

$$单位产品销售价格 = （总变动成本 + 边际贡献）/总销售量$$
$$= （30 × 4000 + 100000）/4000$$
$$= 55（元）$$

　　边际贡献定价法的基本点是尽量减少亏损。如果边际贡献不能完全补偿固定成本，企业就会出现一定程度的亏损；如果边际贡献能全部补偿固定成本，则企业不盈不亏；如果边际贡献大于固定成本时，企业就可盈利了。边际贡献定价法比较灵活，适用于以下三种情况：①适用于市场竞争激烈，产品供过于求，库存积压，企业不适合坚持以总成本为基础定价时；②企业生产能力过剩，订货不足，为维持生存，减少固定成本的亏损时；③固定成本已经被主要产品分摊，都适合采用本方法来定价。

▶▶ 岗位情景模拟 7-2

情景描述　企业在生产经营的过程中，如果存在剩余生产能力，而客户追加订货的报价低于一般市场价格，那么，企业是否接受对方这种"不合理"的价格呢？或企业经营面临困境，而固定成本又已经发生，企业是关门停业还是继续经营呢？这时，企业可以运用边际贡献进行分析，以便企业做出正确的决策。请对下列情况进行分析判断。

（1）某制药企业生产 A 产品，现有年生产能力为 20 万件，预计计划年度的经营情况中已落实订货 14 万件，每件售价 320 元。现有一客户前来商谈订货 4 万件，但要求价格不超过 280 元/件。该厂生产 A 产品的总固定成本 1540 万元，每件产品可变成本 200 元。

（2）某药店以前生意一直不错，但最近本地段道路需要改造，周边的居民很多开始绕路而行，导致药店最近的顾客明显减少，估计这条道路需要一年半才能完工。药店每天的营业额下降到了1000 元，毛利只有 220 元，而每天却要支付房租 120 元，而且两年的房租已经支付，营业员工资、水电费用每天要 120 元。

要　求

1. 请计算分析制药企业是否接受这项新订货。
2. 请计算分析这家药店是关门歇业还是继续开门营业？

答案解析

二、需求导向定价法

需求导向定价法就是指根据市场需求状况和消费者对产品的感觉差异来确定价格的方法。这类定价方法的出发点是顾客需求，以顾客对产品价位的理解为依据来制定价格。主要方法有理解价值定价法和反向定价法。

（一）理解价值定价法

所谓理解价值定价法，又称认知价值定价法，就是根据消费者对产品价值的理解程度来制定价格的一种方法。消费者在购买产品时，往往会根据对产品价值的认知和感受而不是实际成本来决定付出的价格，同时消费者还要在同类产品间进行比较，选择那些既能满足需求，又符合其支付标准的产品。当价格水平和消费者对产品价值的理解大体一致时，消费者就会顺利购买。

理解价值定价法的关键是医药企业能否对消费者的理解价值有准确的判断。企业如果过高地估计消费者的理解价值，便会定出偏高的价格，造成产品无人问津，给企业销售带来困难；如果过低地估计消费者的理解价值，则会定出偏低的价格，这样会降低产品的身价，减少企业的盈利。为了准确地把握消费者的理解价值，企业必须进行市场调查和研究。为了加深消费者对产品价值的理解程度，医药企业在定价前，应搞好产品的市场定位，突出产品形象，提高购买率。

（二）反向定价法

反向定价法，又叫销售价格倒推法，是通过市场调研估算出消费者可以接受的价格，反向推算出产品的批发价、出厂价的定价方法。这种方法不是以企业产品实际成本为依据，而是以市场需求状况、消费者期望价格为定价出发点，结合企业产销量、利润目标等因素制定出消费者可以接受的市场零售价，然后依次倒推出批发价、出厂价。其计算公式为：

$$产品批发价 = 零售价格／（1＋批零差价率）$$

$$产品出厂价 = 批发价格／（1＋进销差价率）$$

例如，某企业通过市场调查，估计消费者对某种型号的家用医疗器械可接受的价格是1800元，该产品在零售环节的批零差价率是20%，批发环节的进销差价率是10%，该企业希望通过生产产品获取8%的成本加成利润率。则：

零售商可接受的价格（批发价）＝消费者可接受价格（零售价）／（1 ＋ 批零差价率）

$$＝1800／（1＋20\%）＝1500（元）$$

批发商可接受的价格（出厂价）＝零售商可接受价格（批发价）／（1 ＋ 进销差价率）

$$＝1500／（1＋10\%）＝1364（元）$$

企业应控制成本＝批发商可接受的价格（出厂价）／（1＋成本加成率）

$$＝1364／（1＋8\%）＝1263（元）$$

▶▶ 岗位情景模拟 7－3

情景描述　A医疗器械公司是一个民营企业，品牌知名度不高。A医疗器械公司开发研制出一种A牌家用小型保健理疗仪，每台生产成本是350元。有关市场情况是：①同类产品的生产厂家很多；②目前市场上同类产品的零售价一般为500元左右；③消费者可接受的零售价最高为550元；④批发加成率一般为15%，零售加成率一般为20%；⑤企业按成本加成率为10%制定出厂价。

活动要求

1. 试用成本加成法为A牌理疗仪确定市场零售价。

2. 试用反向定价法为A牌理疗仪确定零售价，并确定出厂价。思考对企业生产成本的要求。

3. 你认为最适合用哪种定价方法？

答案解析

三、竞争导向定价法

竞争导向定价法是指医药企业以竞争者的同类产品价格为依据，充分考虑自身的竞争力，选择有利于在市场竞争中获胜的价格的定价方法。竞争导向定价法的特点就是以主要竞争对手的产品价格为依据，来制定自己产品的价格。竞争导向定价法主要有以下三种。

（一）随行就市定价法

随行就市定价法也称流行水准定价法、通行价格定价法，是指医药企业按照行业的平均价格水平制定价格的方法。企业在竞争中采用这种方法有以下几个原因：① 避免竞争激化；② 行业平均价格在人们观念中常被认为是"合理价格"，容易被消费者接受；③ 有些产品成本核算较难，随行就市定价是本行业众多企业长期摸索出来的价格，与成本和市场供求情况大体符合，容易得到合理的利润；④ 如果制定与其他竞争企业不同的价格是希望比其他竞争企业得到更多的利润，但在没有把握的情况下不敢贸然制定不同价格；⑤某些产品的特点只适用随行就市定价，如同质产品市场。行业价格是由购买者与销售者共同作用而形成的。对于产品差异比较大的市场，则不存在行业价格，企业定价与自己产品的特色相适应。

随行就市定价法的具体形式有两种，一种是随同行业中处领先地位的大企业价格的波动而同水平波动；另一种是随同行业产品平均价格水准的波动而同水平波动。

一些小型企业多采取随行就市定价法。有些企业为了吸引消费者，往往支付一些微小的赠品或微小的折扣，这种做法虽然有别于同行企业，但是它们保持的是适当的差异。

（二）密封投标定价法

密封投标定价法是医药企业以竞争者可能的报价为基础，兼顾自身应有的利润来确定价格的一种方法。这是我国医疗单位实行药品集中采购招标中采用的报价方法。

医药企业参加投标的竞争是为了中标，因此它的报价应低于竞争者的报价，但为了保证医药企业的利润，企业的报价又要尽可能地高于成本。一般来说，报价高，利润大，但中标机会小；反之，报价低，虽然中标机会大，但利润小。因此企业须在定价时既要考虑中标率，又要考虑企业可能获得的利润。最佳的报价方案应是使期望利润达到最高水平的价格。期望利润的计算公式如下：

方案的期望利润 = 企业目标利润 × 中标概率（%）

例如，某医药企业拟参与一个采购投标，根据投标目的拟定了三个供选择的投标方案，三个投标方案的期望利润递价如表7－1，请根据表中相关数据选择最佳递价方案。

表7－1 某医药企业期望利润递价表

（单位：万元）

方案	企业递价	目标利润	中标概率	期望利润
1	9400	100	80%	80
2	10000	700	35%	245
3	10600	1300	9%	117

从表7－1可以看出，方案2预期利润是245万元，为最高预期利润，确定其为最佳递价方案。所以该医药企业可选择方案2进行投标。

（三）主动竞争定价法

主动竞争定价法与随行就市定价法相反，是指定价企业不是追随竞争者的价格，而是根据本企业产品的实际情况和竞争对手的产品差异状况来确定价格的方法。采用这种定价方法的前提是医药企业的产品有自己的特色和优势，在消费者心目中有独特的产品形象。这种定价方法在异质产品市场上经常为一些实力雄厚或产品独具特色的企业所采用。医药企业所定的价格可能高于或低于市场平均价格水平，也可能与市场价格水平保持一致。

拓展链接

休布雷公司对沃尔酿酒公司的反攻

休布雷公司在美国伏特加酒的市场中，属于营销出色的企业，他们生产的史密诺夫酒在伏特加酒的市场占有率达23%，其品牌已在消费者心目中形成了一定的影响。20世纪60年代初，沃尔酿酒公司推出了一种新型的伏特加酒，其质量不比史密诺夫酒低，而每瓶的价格却比史密诺夫酒低1美元。按照惯例，休布雷公司有以下三条对策可用：

第一，降价1美元，以保住市场占有率；

第二，维持原价，通过增加广告费用和推销支出与竞争对手竞争；

第三，维持原价，听任市场占有率降低。

由此看来，不论休布雷公司采取上述哪种策略，都很被动，似乎将是输定了。但是，该公司的人员经过深思熟虑后，却采取了令人们大吃一惊、意想不到的第四种策略。就是决定将品牌名气更大的史密诺夫酒的价格再提高1美元，同时推出一种与竞争对手的新伏特加酒一样的瑞色加酒和另一种价格更低的波波酒。它使沃尔酿酒公司推出的新型伏特加酒在价格上处于休布雷公司产品的"夹击"之中，消费者无论是想喝好一点的伏特加酒还是喝便宜一点的伏特加酒，或者喝原先的伏特加酒，都有可能选购休布雷公司的产品。休布雷公司的这一做法为该公司巩固和扩大市场份额奠定了坚实的基础。

启示：通过主动竞争定价法的运用，实施了价格差异和产品差异，不仅应对了竞争者，还利润大增。但还是要注意产品质量与价格水平的相当。

任务三　运用定价策略

PPT

医药产品定价策略，是指医药企业在制定产品价格和调整产品价格的过程中，为了达到企业经营目标而采取的定价策划和谋略。企业定价需要有科学严谨的工作态度，又要善于根据具体的市场环境、产品特点、消费心理和需求特点等，制定出灵活的定价策略，对产品的基本价格调整和修正，以促进销售，增加盈利。

一、医药新产品定价策略　微课2

新产品的定价是医药企业价格策略的一个关键环节。新产品价格制定的正确与否，直接关系到新产品能否被消费者接受，能否为以后占领市场和获得预期利润打下基础。一般来讲，新产品定价有以下三种策略。

（一）撇脂定价策略

撇脂定价策略又称高价策略，就是医药企业在新产品上市初期，把产品的价格定得较高，以便在短期内获取最大利润。"撇脂"的原意是指把浮在牛奶上面那层最好的奶油撇出来，这里把奶油比作产品高价所带来的丰厚利润。

撇脂定价的主要优点是：在投入期制定远远高于成本的价格，可以在短期内收回新产品的开发费用，获得较高的投资报酬率，并有较高的利润；新产品初上市时，竞争者尚未进入，利用消费者求新、求异的心理，高价会使人们产生这种产品是高档产品的印象，从而增大产品的市场吸引力；当产品进入成熟期，大量竞争者涌入市场时，有较大的降价空间，可以主动降价提高竞争力。

撇脂定价的主要缺点是：因价高利大，容易诱发竞争，在短期内会吸引大量竞争者涌入市场，产品价格必然下降，企业利润就会减少；在新产品尚未建立起声誉时，高价策略使得消费者难于接受新产品，不利于产品市场的开发与推广。

撇脂定价一般适用于以下几种情况：①产品的质量非常优越，能够和产品的高价格相符合。②需求价格弹性较小，高价对需求的影响较小。③消费者对产品的评价较高，并且能够接受高价格。④技术复杂或有专利保护，在一段时间里难有仿制品进入市场，即没有竞争者。⑤产品是市场需求量大而又供不应求的产品。

📱 **拓展链接** ··

外资药企在中国市场的撇脂定价策略运用

进口药品的价格高是众人皆知的。外资医药企业在中国市场推广第三代头孢菌素的历程即是采用撇脂定价策略的典型案例。在进入中国医药市场之初，国内尚无三代头孢类抗生素，外资企业的第三代头孢菌素如辉瑞公司的头孢哌酮钠（先锋必）、葛兰素史克公司的头孢他啶（复达欣）、罗氏公司的头孢曲松（罗氏芬）等，以广泛有力的宣传推广活动刺激市场需求，并且以高价造声势，以数倍于其原产地的价格迅速占领感染性疾病的治疗市场，这些产品不但用于难治的严重的革兰氏阴性细菌感染的治疗，还占有了相当部分的中度抗感染治疗市场，从中获取了最大的收入。

启示：外资药企在中国抗生素市场，利用其知名品牌形象、高质量的药品，采用撇脂定价策略。在第三代头孢菌素初上市时，利用顾客求新心理，以较高价格，推广并销售这些药品，取得了成功，撇取了最大限度的收入。

（二）渗透定价策略

渗透定价又称薄利多销策略、低价策略，和撇脂策略相反，它是指医药企业将其新产品的价格定得相对较低，形成价格优势，吸引大量顾客，提高市场占有率，以迅速打开和扩大市场。这种定价策略能迅速扩大市场，就像倒入海绵的水一样，很快地从缝隙里渗透开来。

渗透定价的主要优点是：在产品进入市场初期，实行低价策略可以迎合消费者求实、求廉的心理，从而刺激消费，扩大销售量，迅速占领市场；低价薄利使竞争者感到无利可图，故可以有效地阻止竞争对手的加入，有利于控制市场。其主要缺点是：投资回收期限较长，见效慢、风险大，一旦渗透失利，企业就会一败涂地；由于产品价格较低，容易在消费者心目中造成低档产品的印象。

医药企业采取渗透定价应具备以下条件：①需求价格弹性较大，产品市场需求对价格较为敏感，低价会刺激市场需求迅速增长。②市场容量大，生产该产品的规模经济效益明显，企业的生产成本和经营费用会随着生产经营规模的增加而下降。③采用低价销售，容易被消费者接受，以扩大市场份额。

（三）温和定价策略

温和定价，就是为新上市产品确定一个适中的价格，使消费者比较满意，生产者也能获得适当的利润。该策略兼顾生产者和消费者利益，使两者均能满意，故又称满意定价。

温和定价策略制定的价格具有较大的合理性，既可避免高价带来的竞争风险，又可防止低价带来的损失，保持价格稳定。其不足之处是有可能造成高不成、低不就的状况，失去高额利润或市场机会。

温和定价适用的条件是：产品在市场上供求基本平衡；企业对利润的追求不太迫切；产品的需求弹性较大，企业希望长期维持平稳的价格。

二、医药产品心理定价策略

心理定价策略，是指医药企业根据消费者在购买产品时的不同心理需要和心理感受来制定产品价格，以诱导消费者增加购买量。这是一种根据消费者心理要求而使用的定价策略。常见的心理定价策略有以下五种。

（一）整数定价策略

整数定价策略也称方便定价策略，是指医药企业采用整数位制定产品的价格，不带零头，是针对消费者的以价取质的心理而制定价格的定价策略。这种定价策略一般适用于高档消费品或消费者不太了解的产品，特别适用于高档、优质而交易次数频繁的产品。消费者购买这类产品时，不仅能够迎合消费者价高质优的心理，而且能使消费者产生高档消费的满足感。例如，某种女性保健品、进口药品、高档化妆品等定价较多采用整数定价策略。

（二）尾数定价策略

尾数定价策略又称非整数定价策略，是指医药企业给产品制定零售价格时，以零头尾数结尾，从而满足消费者求实、求廉消费心理的一种定价策略。例如，将一种价格为10元的药品定为9.98元，就让消费者感觉不满10元。尾数定价，一方面尾数会使消费者产生没进入到更贵一档的感觉，零头价格会使消费者产生便宜感，从而增加产品的销售。另一方面零头价格使消费者觉得企业定价认真、准确、合理，是企业精心计算的最低价格，会对企业定价产生信任感。还有一种情况，尾数定价还能符合我国部分地区消费者的某种生活、心理习惯，如价格尾数为"9"表示长寿、长久，价格尾数为"8"表示发财，以此象征吉利。这种定价策略一般适用于价格需求弹性较强的普通药品零售价格的制定。

即学即练 7-7

答案解析

整数定价和尾数定价是现实生活中运用的心理定价方式，这两种定价方式会对消费者的购买行为产生不同的影响，请谈谈这两种定价策略的区别？

（三）声望定价策略

声望定价策略是医药企业根据企业或品牌在消费者心目中所享有的声誉和威望，制定高于其他同类产品价格的定价策略。消费者购买名牌产品不仅仅是为了消费，更是为了显示他们的身份和地位，因此，产品的高价不仅能给企业增加盈利，还能满足这些消费者的优越感。相反，如果名牌产品价格定得过低，反而不能满足消费者心理的需求。声望定价最适宜于名牌药品、知名化妆品、著名医疗器械等质量不易鉴别的产品或服务。

（四）招徕定价策略

招徕定价策略是指医药零售企业为了招徕顾客，特意将某几种产品以非常低的价格出售，或是节假日和换季期间对部分产品实行折价让利销售，以此吸引顾客，促进全部产品销售的一种定价策略。它是利用消费者求廉的心理，以牺牲少数产品的利润，而促进其他正常标价产品的销售，获得更多的利润。这一定价策略常为综合性药店、医药超级市场，甚至高档药品的专卖店所采用。采用招徕定价时，应注意：①特价商品的确定应该是大多数消费者都需要。②实行招徕定价的产品，经营的品种要多，以便使顾客有较多的选购机会。③特价产品的降低幅度要大，一般应接近成本或者低于成本。只有这样，才能引起消费者的注意和兴趣，才能激起消费者的购买欲望。④特价品的数量要适当，太多商店亏损太大，太少则容易引起消费者的反感。⑤特价品应与因残次而削价的产品明显区别开来。

某药店针对某保健产品开展了一次促销活动，将价值 300 元的保健品以 99 元的超低价进行出售，活动期间每天都有大批顾客到该药店进行抢购，按常理来分析，该药店必定会亏本，但当该促销活动结束时，让人惊讶的是该药店在活动期间的盈利额超过了前期。请问这是什么原因？

（五）习惯定价策略

习惯定价策略是医药企业根据消费者已形成的价格习惯来制定产品价格的一种定价策略。经常性重复购买的产品，尤其是常用药品的价格，往往易于在消费者心目中形成一种习惯性标准。医药企业给这类产品定价时，要尽量顺应消费者的习惯价格，如果随意涨价，会引起他们的不满，造成消费者购买力转移；如果随意降价，则会引起消费者对产品品质的怀疑，影响产品的销售。即使产品生产成本大幅度提高或发生了通货膨胀，也不宜轻易提价。企业可以采用改变包装或改变商品重量的办法以保持价格，也可以在生产新的花色品种或改进包装装潢后再重新定价。如，一种中成药原来是每盒 10 包装，现在由于原材料成本上涨，要调整价格，但考虑消费者习惯，不妨不改变价格，而改为每盒 8 包装。如果企业迫不得已必须调整习惯价格，也要做好解释宣传工作，求得消费者的理解，以期形成新的习惯价格。

拓展链接

脑白金的价格制定

脑白金是珠海巨人集团旗下的一个保健品品牌，由于其成功的市场营销策略，脑白金已经成为目前中国大陆知名度最高和身价最高的保健品品牌之一。

在我国，从事保健品生产经营的企业大多愿意给自己穿上一件专业的外衣，那就是"药品"。但是，脑白金一直突出自己是一种礼品，是一种能带给人健康的礼品，并极力宣传一种送礼更要送健康的消费理念。既然脑白金是礼品，就不得不说它的价格数字。脑白金通过对目标消费者的分析，认为中国人在数字中非常喜欢 6、8，它们代表六六大顺，八代表富贵、发财，所以脑白金在上市时定价就定了 168 元/盒和 68 元/盒，即"一路发"。据了解，脑白金是低成本高利润。一盒市价 60 元左右的脑白金，它的利润已经非常丰厚。

启示：脑白金的市场价格是 168 元/盒和 68 元/盒，是其成本的十几倍，但却获得消费者的认可，年销售额达到了几亿元。这说明，针对市场和产品特点，抓住消费者的消费心理，就能制定出最适合市场需求的产品价格。

三、医药产品折扣定价策略

折扣定价策略，就是医药企业为了鼓励顾客大量购买或尽快付款，以减少存货或增加销售额，而根据交易的具体内容和条件，给予买方一定的价格优惠或减让的一种定价策略。常见的折扣形式有以下五种。

（一）数量折扣策略

数量折扣策略是指医药企业根据顾客购买产品数量或金额的多少而给予不同价格折扣的一种定价策略。其目的在于鼓励客户大量购买，从而降低医药企业在销售、储运、记账等环节中的成本费用。一般来说，购买数量、金额越多，折扣就越大。数量折扣有两种形式。

（1）累计数量折扣　这是指同一顾客在一定的时期内购买产品累计达到一定数量或金额时，企业按总量给予的价格折扣。采用这类折扣，可以鼓励客户长期购买本企业产品，从而成为可信赖的长期客户。

（2）非累计数量折扣　又称一次性折扣，这是指顾客一次购买产品达到一定数量或金额时，企业所给予的价格折扣。采用这类折扣，其目的是鼓励顾客一次性大量购买，从而增加销售量，增加盈利，加速资金周转。

（二）现金折扣策略

现金折扣策略就是企业对在约定付款期内按时付款或提前付款的顾客给予的一种价格折扣策略。采用现金折扣的目的主要是为了鼓励购买者按时或提前付款，使企业尽快回收资金，加速资金的周转，减少企业的利息费用和财务风险。折扣大小一般根据付款期间的利率和风险成本等因素确定。使用现金折扣时应明确三个问题：第一，折扣率的大小；第二，给予折扣的期限；第三，付清全部货款的期限。

例如，现金折扣的条件表示方式为：2/10，1/20，n/30。意思是，在30天的付款期限内，如果客户10天内付款享受折扣2%，20天内付款折扣优惠为1%，超过20天付款无折扣。

（三）季节折扣策略

季节折扣策略是指医药企业对生产经营的季节性商品，为鼓励顾客提前或在淡季购买而给予的一种价格折扣策略。季节性产品有产品全年生产季节销售和产品季节生产全年销售两种情况。企业采用这种策略可以使企业的生产和销售不受季节变化的影响，保持相对稳定；还可以鼓励顾客早期购货，减轻企业的仓储压力，加速资金周转。如对一些有季节性进补的滋补药品的销售就可以采用这一策略。

（四）交易折扣策略

交易折扣策略又称功能折扣策略，是生产企业根据中间商在营销中担负的功能不同，而给予不同折扣的一种定价策略。合理的交易折扣标准能鼓励中间商向生产企业大量订货，增加生产企业销售量；还可以促使中间商与医药生产企业建立良好稳固的合作关系。由于批发商和零售商在产品营销过程中的作用不同，医药生产企业一般对批发商来厂进货给予的折扣要大些，零售商从厂方进货的折扣低于批发企业。例如，生产企业报价为"1000元，折扣30%和10%"，则表示给零售商的折扣是30%，产品售价是700元，给批发商的产品售价再折10%，即价格为630元。

（五）价格折让策略

价格折让策略是企业降低产品基本价格的另一种形式，包括以旧换新折让、促销折让、运费折让等。以旧换新折让是在顾客购买新产品的同时交回旧商品的一种减价。促销折让是制造商向同意参加其促销活动的中间商提供的减价或报酬。运费折让是为了扩大产品的销售范围，对顾客在产品价格上给予一定的折扣，以弥补其部分或全部运费。

四、医药产品差别定价策略

差别定价策略，又称需求差异定价策略，是指企业在给产品定价时根据不同的需求强度、不同的购买力、不同购买地点和不同购买时间等因素，制定不同的价格。这些不同的因素导致商品具有不同的价格差异，这种差异并非以成本差异为基础，而是以顾客需求差异为基础。它体现了定价的灵活性。差别定价策略有以下几种形式。

（一）以顾客为基础的差别定价

指企业对同一产品，针对消费者不同的需求，制定不同的价格。例如，同一药品卖给医药批发商、医药零售商或消费者，采用不同的价格；有些企业对某些社会成员（如军人、教师、残疾人、老年人等）给予价格优惠，而其他顾客不享受优惠；对药店的新老客户实行不同的价格等。

（二）以产品式样为基础的差别定价

指企业对同一产品，根据不同的式样、花色、规格等，制定不同的价格，并且这种价格上的差异与成本差异不成比例。它主要反映了消费者对产品基本效用额外的心理需求。例如，包装款式精致的保健品价格要高于一般包装的保健品。

（三）以时间为基础的差别定价

指企业对同一产品在不同季节、不同时间、不同日子，可以制定不同价格。例如，药店在会员日的促销活动中对某些药品的优惠价格以及产品在销售淡、旺季的价格差别。

（四）以地点为基础的差别定价

指企业对不同地点和位置的产品或服务，即使成本费用无差异，也可以制定不同的价格。例如，在城市的繁华地域与偏远地域，经济发达地区与经济欠发达地区等根据不同情况可以制定不同的价格；在歌舞剧院的不同位置可以制定不同价格。采用差别定价策略，首先要分析需求差别，搞好市场细分；其次要防止引起顾客的反感和敌意。

实践实训

【案例分析】

喜雅公司的定价策略

喜雅公司是一家生产矿泉水的中型企业。其产品主要以中低档为主，销售方式主要以人员推销为主。2006年经市场调查，发现矿泉水的市场潜力很大，于是决定贷款5000万元引进一条年产1.2万吨的生产线。经过两年的努力，公司按预定规模正常运转，500ml瓶装水成本也由0.95元降到0.65元，但其却追求高价位、高品质，结果该公司新产品线上的产品大量积压，大量广告费也打了水漂。喜雅公司在对矿泉水产品销售特性没有进行充分了解和科学预测的基础上盲目定价是失败的，主要原因：首先，矿泉水市场产品多，竞争激烈，价格成为产品销售最敏感的因素，高定价必将促使消费者购买其他产品；其次，矿泉水替代品很多，供需交叉弹性较大，产品定价过高会使人们购买其代用品；另外，喜雅公司制定的价格没有针对市场进行细分，没有考虑消费对象的承受能力。

问题：

（1）喜雅公司与康师傅、乐百氏这样的纯净水生产知名企业相比有何优劣势？

（2）喜雅公司应采取何种定价策略来发挥优势，避开劣势？

分析要求：

（1）学生小组讨论分析案例提出的问题，形成小组《案例分析报告》。

（2）各小组陈述各自的分析，并让同学进行相互评价。

（3）老师对各组《案例分析报告》进行点评。

【综合实训】

医药新产品的定价

（一）实训目的

医药企业产品定价是营销组合中的一项重要内容。新产品定价又是产品定价中难度较大的一种。通过本实训，要使学生能够分析产品定价的相关影响因素，熟练地按照定价程序对产品进行定价。

（二）实训要求

1. 将学生分成若干组，每组 4~6 人，按操作步骤具体实施定价。

2. 掌握定价程序的各个步骤的内容。

3. 运用医药产品定价的基本方法和定价策略给产品定价。

4. 根据定价过程和定价结果撰写实训报告。

（三）实训内容

1. 实训背景

健康制药有限公司新研制一种治疗脚气的新产品。商标是"美舒"牌，产品类别为抗真菌类药品，剂型为乳膏，规格为 10 克/支，属于非处方药。该产品主要成分是盐酸特比萘芬，为新一代广谱抗真菌药，有杀灭和抑制真菌的双重作用。该产品特点：止痒，快速杀灭真菌；减少复发，持久抑制真菌生长；用量少，疗效好，更短治疗时间，一天两次涂抹患处，通常疗程为一周。与竞争品牌相比较，该产品需要的剂量更小即可达到杀菌抑菌的作用。生产该产品的成本为 1 元/支。产品的销售渠道为全国各大药店及医院。目标患者为 24~45 岁的脚气患者，尤其是脚气重度患者，他们有多年的患病史，经常复发，脚气长时间困扰着他们的生活，带来了相当大的精神负担，而且他们对于目前使用的药品不满意，一直在积极寻找更有效的药物。在拥有一个好产品的前提下，健康制药有限公司面临的挑战是：如何通过给"美舒"制定一个适合的价格，迅速有效地在目标消费者中建立品牌形象，在竞争激烈的市场中占有一席之地。

2. 操作步骤

第一步：分析讨论，确定定价目标。

以小组为单位熟悉背景资料，收集并分析影响健康药业定价的各种企业内外部因素，依据分析结果确定企业产品"美舒"的定价目标。

第二步：根据定价目标测定该类产品的市场需求量（以所在城市或地区为市场）。

以小组为单位，根据背景资料所提供的产品信息和特点，通过网络或者实地调查来获取"美舒"等这一类药品的市场需求量预测值。

第三步：分析"美舒"在市场中的竞争对手情况。

以小组为单位，调查市场中同类竞争产品的情况，了解竞争对手产品质量、价格、品牌形象等信息。然后结合"美舒"的实际情况进行比较分析研究。

第四步：选择合适的定价方法。

以小组为单位，根据定价目标，通过对实训背景资料、网络查询资料、实地调查所得资料分析、讨论，确定适宜的定价方法。

第五步：制定"美舒"的价格。

以小组为单位,每组根据自己掌握的相关资料,经过分析计算,适当运用定价策略和技巧,最终确定"美舒"的价格。

第六步:组织交流,完成实训报告。

以小组为单位,每组选派一名代表,以PPT的形式,阐述本组价格制定的依据和过程并由教师进行点评,学生完成实训报告。

说明:实训需要利用课上和课余时间进行,要按步骤组织到位,到校外实训要注意安全。

(四)实训评价

教师明确实训目的和要求,适时指导实训,学生分组组织按步骤开展实训;实训结束后,进行实训交流,师生共同评价工作成果。

考核内容:准备工作、收集资料的能力、分析能力、解决问题能力、合作能力等,具体内容如表7-2。

表7-2 实训评价表

考核项目	考核标准	配分	得分
分析影响企业定价的因素	分析的各项因素全面准确	20分	
相关调查资料的收集	相关调查资料准确、完备、详实	20分	
选择定价方法、定价策略	定价方法正确、定价策略和技巧运用合理、科学	20分	
阐述定价过程	阐述条理清晰,有理有据	20分	
撰写实训报告	格式准确、书写规范	10分	
团结协作	组内成员分工合理、团结协作	10分	
合计		100分	

目标检测

答案解析

一、单项选择题

1. 医药超市经常会推出一些低于成本价格的产品销售,以带动超市其他药品的销售。这种定价策略属于( )。
   A. 整数定价　　B. 尾数定价　　C. 习惯定价　　D. 招徕定价

2. 医药企业把缴纳的税金加到产品价格中去,随产品出售转嫁。这种税金被称为( )。
   A. 价内税　　B. 增值税　　C. 所得税　　D. 价外税

3. 医药产品定价程序的第一个步骤( )。
   A. 核算成本　　B. 测定需求量　　C. 选择定价目标　　D. 分析竞争对手

4. 医药产品定价的基础和核心是( )。
   A. 生产成本　　B. 企业利润　　C. 国家政策法规　　D. 市场需求

5. 医药企业根据投资总额、预期销量和投资回收期等因素来确定价格的方法,这是( )。
   A. 盈亏平衡定价法　　B. 目标收益定价法　　C. 边际贡献定价法　　D. 理解价值定价法

6. 某企业经营一种产品,测算其需求弹性系数为2.5,为了扩大销售量,需调整价格应为( )。
   A. 适当降价　　B. 保持不动　　C. 适当提价　　D. 大幅提价

二、多项选择题

1. 医药产品价格构成要素包括( )。

A. 生产成本 　　B. 企业利润 　　C. 国家税金

D. 流通费用 　　E. 开发费用

2. 价格折扣策略包括（　　）。

A. 季节折扣 　　B. 数量折扣 　　C. 交易折扣

D. 现金折扣 　　E. 累计折扣

3. 医药企业采取渗透定价时应具备以下（　　）条件。

A. 在一段时间里没有仿制品进入市场　　B. 消费者购买力水平较低的市场

C. 产品需求价格弹性较大　　D. 市场需求量大而又供不应求的产品

E. 市场容量大，生产该产品的规模经济效益明显

4. 需求价格弹性的大小主要受以下（　　）因素的影响。

A. 产品需求程度　　B. 产品的促销　　C. 产品替代性

D. 产品的独特性和知名度　E. 产品的供给量

5. 竞争导向定价法主要包括（　　）。

A. 密封投标定价法　　B. 主动竞争定价法　　C. 成本加成定价法

D. 随行就市定价法　　E. 反向定价法

三、判断题

1. 产品价格应该是产品价值的近似反映。（　　）

2. 产品固定成本是指医药企业在生产经营中，所投入的不随医药产品数量（产量或销量）变化而变动的成本费用。（　　）

3. 市场占有率，又称市场份额，是指一个医药企业的销售额与其最大竞争对手销售额的百分比。（　　）

4. 单位产品价格越高，越能实现企业最大长期利润。（　　）

5. 尾数定价策略一般适用于高档进口药品零售价格的制定。（　　）

6. 撇脂定价策略是指医药企业将其新产品的价格定得相对较低，形成价格优势，吸引大量顾客，提高市场占有率，以迅速打开和扩大市场。（　　）

四、思考题

1. 医药企业定价目标主要有哪些？

2. 撇脂定价策略一般在什么情况下适用？

3. 运用目标收益定价法如何确定企业产品价格？

4. 影响医药产品定价的因素主要有哪些？

5. 医药产品差别定价策略有哪些形式？

书网融合……

| 知识回顾 | 微课1 | 微课2 | 习题 |

（连进承）

项目八 **医药分销渠道策略**

学习引导

分销渠道的建立，是为了在适当时间、适当地点，按适当的价格，提供合适的商品给消费者。畅通无阻的销售渠道，能促进消费，方便购买，扩大销售量。医药市场是一个特殊的市场，国家对医药流通的监管非常严格，医药企业如何建立一条合理、快捷、高效、安全的销售渠道就显得越来越重要，这不仅关系到医药产品的销售业绩以及企业的生存与发展，也关系到医药整体市场良好有序的发展。为了满足消费者对合格医药产品的需求，医药企业应根据医药产品的特征、医药市场的特点以及企业本身的业务能力设计分销渠道。

本项目的主要内容是认知分销渠道的概念、功能和类型，认知中间商，合理选择渠道成员，设计与管理分销渠道。

学习目标

1. **掌握** 医药商品分销渠道选择、设计与管理的方法。
2. **熟悉** 医药商品分销渠道的概念、功能和类型。
3. **了解** 医药分销渠道的基本流程与医药物流。

任务一　认知医药分销渠道 微课 1

PPT

一、医药分销渠道的概念

医药分销渠道是指医药产品和服务在其所有权转移过程中从生产领域进入消费领域所经过的、由各中间商连接起来形成的通路。在这个过程中生产者出售医药产品是渠道的起点，消费者购买医药产品是渠道的终点，处于生产者和消费者之间，参与销售或帮助销售的组织或个人称为渠道成员（中间商）。渠道成员主要包括医药批发企业（公司）、医药代理商、医院、诊所和零售药店等。

二、医药分销渠道的功能

1. 销售与促销　医药中间商是从事医药批发、零售业务的专业性组织。生产企业大部分擅长生产与研发，在销售过程中如果没有分销商渠道的成员介入，则需要耗费大量的人力、物力和资源，分散企业的精力。就批发商而言，一般都建有健全的销售网络，与零售商存在长期的业务关系，并在销售过程中宣传产品，进行广告、营业推广和公共关系等活动，对医药产品的销售都起到积极的促进作用。有实力的分销商为了实现销售目标、提高利润，自己出资做广告宣传或终端促销，对消费者施加影响来提高产品的销量。

2. 仓储与运输　医药生产企业的产品进入医药中间商渠道的仓库储存时，实际上已成为生产企业仓储与配送功能的进一步延伸。由医药中间商储存产品，可以降低生产者的产品储存成本和风险。另外，中间商比生产者更接近顾客，因此可以提供更快捷的运送服务。

3. 融资功能　中间商的融资功能从理论上讲应包括两个方面：一是中间商向生产者预购或者及时付款，就相当于为生产者提供了融资服务；二是生产者在一定信用额度内赊销药品，可在一定程度上解决中间商的资金不足，对中间商而言也是融资。现实中后一种情况较为常见，这给医药生产企业造成了较大的资金压力。

4. 风险承担　医药产品市场出现中间商后，生产者可将部分商业风险转嫁给中间商。生产企业与中间商发生业务联系后，中间商可以承担医药产品在分销过程中的破损和过效期的风险，另外还可在一定程度上避免医疗机构拖欠货款的风险。

5. 信息沟通　医药中间商是生产者与消费者之间信息沟通的桥梁。医药渠道成员进行医药产品传递时，也承担着信息的传递、收集、整理和加工功能。渠道成员既能将产品信息通过各种方式传递给市场从而促进市场需求，又能将市场信息反馈给生产者，以便生产者及时调整生产计划和营销策略。如制药企业生产出的产品在规格、包装等方面与消费者的需求是否相符，中间商可以为制药企业传递消费者的用药信息，以及竞争企业的相关信息。

🔗 拓展链接

九州通医药集团的医药分销渠道

九州通医药集团股份有限公司是一家以药品、医疗器械、生物制品、保健品等产品批发、零售连锁、药品生产与研发及有关增值服务为核心业务的大型企业集团，在中国医药商业行业处于领先地位的上市公司。员工两万五千余人，直营和加盟零售连锁药店 1074 家。该医药集团拥有全国性的营销网络和丰富的上下游资源，先后在湖北、北京、河南、新疆、上海、广东等大部分区域中心城市和省会城市兴建了 31 家省级子公司（大型医药物流中心）及 104 家地市级分子公司（地区配送中心），建立了覆盖全国 95% 以上行政区域的营销网络。公司经营品种品规 41 万余个，成为行业内企业经营品种最齐全的企业之一。上游供货商 1 万多家，下游客户 20 多万家，取得了国内近千种药品的全国或区域总经销或总代理资格，保障了客户多样化的需求，满足"一站式"的采购体验。

三、医药分销渠道的类型

（一）直接渠道和间接渠道

根据分销渠道中是否有中间商，可分为直接渠道和间接渠道。

1. 直接渠道　直接渠道又称零渠道，是指生产企业直接将医药产品销售给消费者或用户，没有经过任何中间商的渠道。直接渠道是最短的销售渠道，主要适用于医药工业产品，是原料药的主要渠道。有一些保健品企业也经常采取直接渠道销售保健品。

优点：可及时了解市场信息；缩短药品的流通时间；提高医药企业的经济效益。

缺点：增加营销费用，分散生产者的精力，需承担一定的市场风险。

2. 间接渠道　间接渠道是指医药产品从生产企业到消费者手中经过若干中间商的渠道，是医药市场上占主导地位的渠道类型。

国家政策法规规定，对于从事药品零售活动的企业都必须取得药品经营许可证，药品一般不能由生产商直接卖给消费者，间接渠道适用于医药产品销售。

优点：减少交易次数；提高市场占有率；减少生产者的经营风险；有利于增加生产投入。

缺点：由于延长了流通时间，影响了服务的质量以及对消费者情况的及时反应。

> **即学即练 8 – 1**
>
> 答案解析
>
> 请讨论后回答直接渠道与间接渠道的优缺点？对于医药产品而言，通常会采用什么渠道？为什么？

（二）长渠道和短渠道

按渠道中间环节的多少可分为长渠道和短渠道。

1. 长渠道　长渠道是指经过两个或两个以上的中间环节的渠道。适用于普通药品销售。

特点：市场覆盖面大，利于扩大产品的销售，但削弱了产品的价格竞争力，影响了生产者的决策，增加了商品的损耗和不利于医药企业与社会各界建立密切的合作关系。

2. 短渠道　短渠道是指经过一个或较少的中间环节的渠道。适用于单位价值高的新特药、进口药的销售。

特点：增强了产品的价格竞争力和生产者的决策力，也利于药厂与中间商的合作，但市场覆盖面小，生产者所承担的市场风险也大。

医药分销渠道从长短考虑主要有五种具体的基本类型，如图 8 – 1 所示。

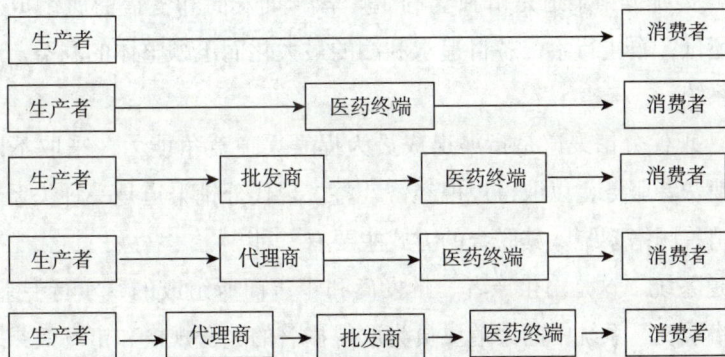

图 8 – 1　长短渠道的基本类型

（三）宽渠道和窄渠道

按渠道中每一环节使用同类中间商的多少可分为宽渠道和窄渠道。

1. 宽渠道　宽渠道是指在每一个流通环节上选用两个或两个以上的同类中间商的渠道。适用于非处方药（OTC）、普通处方药、家用医疗器械等的销售。如图 8 – 2（a）所示。

特点：可增加销售量，提高整体营销效率，利于生产者对渠道成败的评价、取舍，但中间商的忠诚度难以保证，生产者对分销渠道也难以控制。

2. 窄渠道　窄渠道是指在每一个流通环节上只选用一个或较少中间商的渠道。适用于单位价值高的处方药、进口药、新特药以及大型的医疗器械设备等的销售。如图 8 – 2（b）所示。

特点：医药生产企业与中间商的关系密切，对中间商的支持很大，也利于对中间商的控制和管理，但对中间商的依赖性太大，所承担的风险也大。

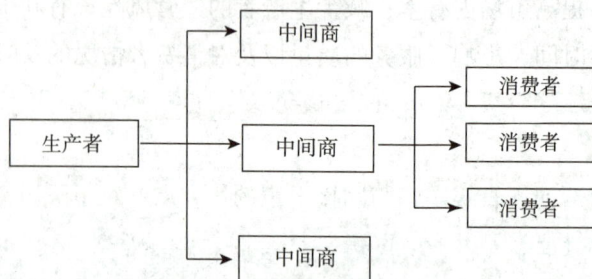

图 8 – 2（a）　宽渠道模式图

图 8 – 2（b）　窄渠道模式图

（四）传统分销渠道和现代分销渠道

这是根据渠道成员之间相互联系的紧密程度来划分的渠道模式。

1. 传统分销渠道　传统分销渠道是由独立的生产者、批发商和零售商所组成。他们在保护各自利益的情况下相互讨价还价，自主行事，各自追求利润的最大化而不顾整体的利益。传统分销渠道是一个高度松散的销售网络系统。

2. 现代分销渠道　现代分销渠道是指渠道成员为提升渠道竞争能力，采取不同程度的联合经营或一体化经营，共同为消费者服务，以取得规模经济效益。现代分销渠道是一种关系密切，管理科学，销售力强，影响力大的销售网络系统。其联合的方式主要有三种。

（1）**垂直分销渠道系统**　这是由生产者、批发商和零售商所组成的，实行专业化管理、统一计划、集中性控制的销售网络系统。系统中的渠道成员为取得显著的经营规模和市场效果，采取一体化经营或联合经营，其中一个实力很强的成员拥有管控的权力，或者拥有其他成员的产权，或者给其他方特许权，或者通过契约形式领导成员合作。这种系统有利于控制渠道行动，消除渠道成员为追求各自利益而造成的冲突。它们能够通过其规模效益、谈判实力和减少重复服务而获得效益。

（2）**水平分销渠道系统**　这是由两家或两家以上的企业横向联合，共同开拓新的营销机会而形成的分销渠道系统。这种形式有利于发挥各自优势，实现分销系统有效、快速的运行，实际上是一种横向的联合经营。目的是通过联合发挥资源的协同作用或规避风险。

（3）**多渠道分销系统**　这是指一个企业建立两条或更多不同形式的分销渠道，以到达一个或更多的顾客细分市场。这种渠道的优点是：可以增加产品的市场覆盖面，有利于企业扩大产品的销售，提供市场占有率。其缺点是：会加大渠道管理难度；窜货现象更容易发生。

> **岗位情景模拟 8-1**
>
> **情景描述** 王老吉凉茶在零售环节拥有成千上万的零售商，娃哈哈全系列产品在全国各地拥有1000 多家经销商，旺仔牛奶也是在全国各地的餐饮店和街边小超市都有销售，这些饮料就通过一张密密麻麻的"网络"，遍布全国各个角落，方便人们购买。假如你是一名渠道营销人员，对不同渠道模式要认真研究。
>
> **要　　求**
> 1. 分析以上饮料生产商选择的是什么类型的渠道？这种渠道有什么优缺点？
> 2. 假如企业生产了一款功能饮料准备投放市场，你要选择什么渠道模式？
>
> 答案解析

任务二　医药分销流程与物流

PPT

一、认知中间商

（一）中间商的概念

中间商是指处在分销渠道中间环节的市场中介机构或个人，即进行医药商品批发、零售、配送或代理的专业公司，是联系医药商品生产企业和患者的中间环节。

为什么要选择中间商？请看图 8-3、图 8-4（其中：M—生产企业，D—中间商，C—顾客）。

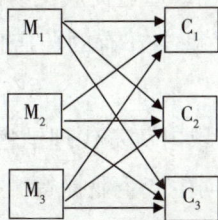

图 8-3　没有中间商的销售路径

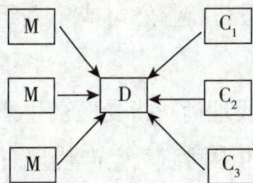

图 8-4　有中间商的销售路径

从图 8-3 中可以看出，没有中间商时，3 个生产企业的医药产品要到 3 位顾客手中，需要 9 条路径；在图 8-4 中，有中间商时，只需 3 条，生产企业大大减少了交易次数，降低了企业的销售成本。所以，企业在医药产品销售中大都选择合适的中间商。

（二）中间商的类型

医药中间商可根据不同的标准，分为如下类型：按照中间商在商品流通中的地位不同，分为批发商和零售商。按在商品流通中是否拥有所有权划分，分为经销商和代理商。

1. 医药批发商　医药批发商是指从事将购进的医药商品销售给具有合法资质的医药生产企业、医药经营企业、医疗机构的经营企业。其特点：第一，处在医药产品流通的起点和中间环节；第二，销售对象是医疗单位、其他批发商、零售商和生产企业等间接消费者；第三，交易有一定的数量起点，交易次数少、批量大，多以非现金结算为主。

（1）商人批发商　这是取得医药产品所有权后再批发出售的医药商业企业，也称独立批发商。

（2）制药企业的销售机构　这类制药企业是药品上市许可持有人也同时具有生产许可证（以下同），其销售机构可以自行经营其医药产品批发业务。

2. 医药零售商　医药零售商指将购进的医药商品直接销售给最终消费者的经营企业。医药零售商的特点：第一，处于商品流通的最终环节；第二，销售对象是直接消费者；第三，经营特点是批量进货、零星销售，交易金额小，交易次数多；第四，其经营场地与服务质量的高低，对药品销售的影响很大。

（1）单体零售药店　指只有独立的一家依法成立的药品零售经营门店。

（2）医药零售连锁企业　指具备一定数量直营门店或加盟门店，在同一总部的管理下，采取统一品牌标识管理、统一质量管理、统一全额配送管理、统一财务管理、统一人员管理等统一管理的经营模式，实行规模化管理经营的组织形式。

（3）网上药店　指企业依法建立的，能够实现与个人消费者在互联网上进行医药商品交易的电子虚拟药店。

（4）医疗机构药房　指医院药房、诊所药房等，是医疗机构的组成部分，不具法人资格。

> **即学即练 8−2**
>
> 答案解析　　请同学们查找关于药品网络销售监督管理的相关规定。讨论：从事互联网药品销售的销售者有什么要求？

3. 医药代理商　医药代理商是指受委托人委托，替委托人采购或销售医药产品并收取佣金的一种中间商。它不拥有产品的所有权，只是在买卖双方之间扮演中介的角色，通过促成交易赚取手续费或者佣金，一般由医药商业公司或个人组成。代理商往往是进行大宗批发业务，有的药店也承担零售代销业务。

（1）生产代理商　指受医药生产企业委托，签订协议，在一定区域内负责代理销售生产企业产品，收取一定佣金的中间商。生产代理商不拥有产品所有权，由客户直接向生产企业提货，类似医药生产企业的推销员；医药生产企业可以委托若干个生产代理商在不同地区为其推销产品，企业也可同时自己进行销售活动；生产代理商也可同时为不同的生产企业代理非竞争性的医药产品。

（2）销售代理商　指在签订合同的基础上，受企业委托全权负责销售某些特定产品或全部产品的代理商。销售代理商的销售范围不受地域限制，拥有商品的定价权和促销策划权，类似医药生产企业的销售部门；委托企业在合同期内，只能委托一个销售代理商，委托企业不再直接进行销售活动，代理商也不能代销其他医药企业的产品；销售代理商和生产企业之间是一种比较紧密的关系。

（3）寄售商　指经营医药产品现货代销业务的中间商。生产企业根据协议向寄售商交付医药产品，销售所得扣除佣金及有关费用后，再支付给生产企业。寄售商要自设仓库或店铺。

（4）经纪商　指没有现货，没有产品所有权，只是受人之托拿着样品或产品说明书替买主找卖主，替卖主找买主的个人或组织。作用是为买卖双方牵线搭桥，协助买卖双方进行谈判，交易成功后向雇佣方收取佣金；不持有库存，不参与融资也不承担风险；与任何买卖双方都没有一个固定的关系。

（5）医药采购代理商　指与买主建有较长期的关系，为多个买主集中采购商品，再按订货计划分发的代理商。

（三）选择中间商的基本条件

1. 中间商经营产品的范围　要选择和产品性质相符的中间商作为合作伙伴，有的中间商长期从事某类产品的市场销售，熟悉该类产品市场特点和营销要点，但是对于超出该类别范围的其他产品，可能缺乏市场知识和营销经验。特别是医药中间商，必须取得合法经营资质。

2. 中间商的商业信誉　了解中间商在社会上的诚信度，了解其他商业客户对其的评价，是否代理过形象出众的药品。中间商的信誉度高，能够烘托并帮助企业建立品牌形象。

3. 中间商的经营能力　了解中间商是否有较强的经营能力，是否具有较强的市场渗透和商业辐射能力。经营实力表现为中间商的产品吞吐规模，产品吞吐规模大的其销售渠道网络规模往往也大，有经营能力的中间商还可能为企业产品开展广告、促销活动等宣传，能将产品迅速覆盖到很大的区域。另外就是中间商对企业销售策略的理解合作程度，因为最终的目的是要把企业的销售思想贯彻到它的网络中去，要做到这点，没有中间商的理解支持是很难办到的。

4. 中间商的管理能力　了解中间商销售管理是否规范、高效，了解人力资源管理有关制度和管理人员的才干、知识水平和业务经验等。

5. 中间商的综合服务能力　中间商是否能提供比较充分的技术服务与咨询指导，是否有一批有经验、懂技术的服务人员，是否具备一定的储运服务能力。

6. 中间商的财务状况　了解中间商的资金实力和资信状况，是否有足够的货币支付能力，能否按时结算。

二、医药分销渠道流程

（一）非处方药与处方药分销渠道比较

按照国家药品分类管理制度的要求，药品分为非处方药和处方药。这两类药品的分销渠道基本相同，但药品属性不同，消费习惯不同，国家政策法规的要求也有所区别。其主要区别体现在零售终端销售重点不同。

一般来说，非处方药不需要医生处方，消费者可自行到药店购买，因此药店是非处方药最主要的销售渠道。非处方药的零售终端主要在药店和第三终端，有部分消费者选择医院。

处方药具有很强的专业性，必须经过医生处方许可才能使用，当患者作为普通消费者的选择权和决定权被转移给医生时，医生就成为真实的消费者，医院实质上就是渠道终端。因此在整个药品分销渠道中，医院占据着极重要的地位，也是药品促销活动的主要对象，直接影响着处方药的渠道模式。处方药的零售终端重点在医院，有一部分在药店和第三终端销售。

（二）进入医院终端的分销渠道

1. 制药企业—医院—患者　这是一种制药企业直接将药品销售给医院，再由医院转售给患者的渠道模式。它适用于需要进入医院销售的新特药、进口药、处方药。采用这种模式，企业必须实力雄厚、管理规范，有自己的销售公司和网络，能够承担发货、推广、回款等工作。需要指出的是，单纯的生产企业不能从事销售，相关医药法规规定药品上市许可持有人和有经营许可证的企业才能从事医药批发销售。

2. 制药企业—代理商—医院—患者　这是一种制药企业通过选择合适的药品代理商，直接让药品进入当地医院，再由医院将药品出售给患者的渠道模式。制药企业的销售工作由代理商全权负责，该企业相当于一个生产基地。这种模式适合于需要直接进入医院销售的新特药、进口药、处方药，也适合于医药市场营销能力不足的制药企业采用。

3. 制药企业—医药公司—医院—患者　这是目前处方药、进口药、新特药销售中最为普遍的分销渠道模式。通常是由制药企业与医药公司签订销售合同，由医药公司销往医院，并负责与医院间的货款结算工作。制药企业与医药公司发生直接货款往来关系，制药企业的药品销售人员协助医药公司做医院的药品推广工作。这种模式既能保证药品质量，又可避免企业间愈演愈烈的促销不正之风；制药企业既减少了营销工作量，又能直接了解药品的市场营销情况，必要时可以通过企业自己的药品销售人员的促销工作来提高药品销量。

4. 制药企业—代理商—医药公司—医院—患者　这种渠道模式通常是制药企业首先寻找合适的医药代理商，通过代理商的运作再联合各地医药公司的销售网络，将药品进入目标医院，制药企业配合医药公司做医院的药品推广工作。这样既解决了制药企业营销能力不足的缺陷，又可满足医院用药品种杂、数量多的要求，是多数制药企业和医院都认为较理想的销售渠道，但这种模式渠道长、环节多、价格高，且制药企业对渠道的控制力较差。

从 2017 年起全面推行公立医疗机构在药品、医用耗材采购中实行"两票制"，两票制分销渠道有助于减少中间环节，降低药品虚高价格，减轻群众用药负担。

（三）进入药店终端的分销渠道

1. 制药企业—零售药店—患者　这是指制药企业直接将药品销售给药店，然后由药店销售给患者。这是营销渠道中较为简单的模式之一，利润空间较大。对于一般的 OTC 药品或普药的销售可采用这样的模式。

2. 制药企业—代理商—零售药店—患者　即通过一定的代理商将药品销售给药店，再由药店将药品出售给患者。此模式适合于生产 OTC 药品但实力不足或没有自营销售网络的制药企业。

3. 制药企业—医药公司—零售药店—患者　这是由制药企业将自己的产品销售给各地的医药公司，再由医药公司下设的药店或其他零售药店向消费者销售药品。这可最大限度地利用医药公司的销售渠道和销售力量，扩大产品的销售，并且对销售渠道的控制力较强，利润空间也大，同时可较多地参与具体的市场销售活动，了解市场一线信息，有助于企业做出正确的营销决策。因此，这是目前非处方药最常用的分销渠道模式。

4. 制药企业—代理商—医药公司—零售药店—患者　这种渠道适合于药价较低、销售面广、零售点多而散，且实力较弱，不能在全国建立销售网络的 OTC 药和普药的制药企业。通常是制药企业首先寻找代理商，通过代理商寻找医药公司，再借助于这些医药公司的销售网络向药店铺货，通过药店将药品销售给患者。这种模式虽可依托中间商的力量实现销售自己药品的目的，但因无法直接接触市场故制药企业对分销渠道的管控力较差。

📱 **拓展链接**

药品行业带量采购的影响

随着药品行业带量采购的不断深化与完善，药品市场即将面临行业大洗牌。从之前的以医院或者医联体为主的采购方式，向以省级、国家级采购这方面过渡，采购需求高度集中，市场份额重新洗牌，一些适应不了的企业只能黯然离场。药企应如何应对呢？

（1）公立医院不能放弃，宁可不赚钱也要保住市场。全国药品的 70% 市场份额都是公立医院，虽目前价格压的很死，但量很大，量价挂钩这也是成正比的。相对于大环境，能活下去才是王道，短期盈亏不重要。

（2）加速布局私立医院与药店，虽然私立医疗机构不在带量采购之列，但是受带量采购的影响，私立医疗机构买方市场的地位会进一步提升，压价也在所难免，所以迅速抢占私立医疗机构刻不容缓。

（3）探索开展线上营销模式，国家为了进一步合理利用有限的医疗资源，也鼓励相关企业开展线上业务。比如好医生就开展了线上义诊，虽然诊疗是免费的，但是药品还是要收费的，怎样把药品的销售和线上诊疗合理的融合，还需进一步完善，现在都是互联网时代了，相信后面线上市场必然不小，企业应加速探讨布局线上市场。

（4）企业要增强自身研发能力，只有不断研发新药才能在残酷的竞争中立于不败之地。之前看到很多企业合并重组，这是个好消息，因为药品研发这块投入巨大，小公司是完全负担不起，建立药联体也是个不错的方法。（来自腾讯新闻）

三、医药物流

（一）医药物流的概念

1. 物流　物流是指实物从供给地向接收地转移的实体流转中，将运输、储存保管、装卸搬运、包装加工、配送服务、信息管理等功能有机结合来实现客户要求的过程。

2. 医药物流　医药物流是指医药流通中，为了实现医药商品从供给地到接收地安全有效流动，依托一定的设备和技术而采取的基于药品信息化、分拣自动化、配送网络化条件下的运输、储存保管、包装、装卸搬运、配送、信息处理、客户服务等各种活动。

医药物流作为医药市场营销的一部分，很多医药企业拥有自己内部的物流系统从事医药品的储运和配送活动，但随着经营规模的扩大，物流配送的压力也越来越大。各企业将原来自己处理的物流业务以合同委托的方式外包给专业物流服务企业，由此第三方医药物流逐渐兴起。

3. 第三方医药物流　第三方物流是由供方和需方以外的企业提供物流配送服务的业务模式。第三方医药物流是指独立于供需双方，具备医药物流专业技术和条件，通过合同方式确定回报，专门为医药行业提供物流活动服务的第三方企业。医药物流企业应当具备与所经营的医药商品相适应的经营场所、设备、仓储设施等。从广义上，物流企业也是分销渠道中的中间商，即物流商。

2005年原国家食品药品监督管理局出台了《关于加强药品监督管理促进药品现代物流发展的意见》，2009年原卫生部发布的《关于进一步规范医疗机构药品集中采购工作的意见》和2015年《国务院办公厅关于完善公立医院药品集中采购工作的指导意见》中给第三方医药物流提供了一定的政策支持，第三方医药物流快速发展起来。二十大报告提出"加快发展物联网，建设高效顺畅的流通体系，降低物流成本"，更是为物流行业的发展提供了根本遵循。生物医药产业是国家战略性新兴产业，医药物流行业的市场需求和市场空间很大，要发挥优势，整合资源，打造医药现代物流配送中心，提高配送能力，降低企业物流成本，保障人民群众用药安全和便捷。

拓展链接

医药冷链物流

医药冷链物流是指需冷藏冷冻类的医药产品，在生产、加工、储藏、运输、配送、销售等过程，一直到患者、消费者使用的各个环节中，储存库的温度应始终控制在规定范围内，以不产生污染变质、保证冷链医药品的质量，同时降低储运损耗，控制运送时间，节约整体冷链物流成本的一项复杂的、多环节的物流过程。冷藏冷冻医药品的储运比较特殊，对温度、湿度、见光度等具有特定要求，生物制品、血液制品、疫苗类制品、部分活菌类制剂、部分眼用制剂、部分抗肿瘤药物等类别的医药产品需要冷链运输储存。

随着我国经济的发展，医疗保障水平的提高，医药冷链物流所蕴含的巨大发展潜力将被进一步释放，技术发展将推动医药冷链数字供应链转型，另外 2020 年新冠疫情使得医药电商逆势增长，并推进医疗冷链物流向专业化、一体化、标准化的方向发展。

（二）商流和物流的关系

在商品的流通过程中，存在着不同的转移和流动因素，如商流、物流、信息流等。商流是指商品的买卖过程，即商品所有权的转移过程。商流和物流是流通的组成部分。在简单的商品交易中，商流和物流是紧密结合在一起的，进行一次商品交易，商品实体便发生一次转移；进行商品多次交易，商品实体至少要发生一次转移。因此，商流是物流的先导，物流是商流的物质基础，二者结合促成商品流通过程的实现。

随着商品流通的扩大和社会分工的发展，逐渐出现了商流和物流分离的现象，表现为商品所有权的转移过程与商品实体的转移路线并非完全一致。

（三）第三方医药物流的基本特征

1. 关系合同化　通常情况下，第三方物流商会通过契约形式来规范交易双方的责任。

2. 服务个性化　不同的物流需求方存在不同的物流服务要求，第三方物流商能够根据不同需求，提供针对性物流服务和增值服务。

3. 功能专业化　为了应对竞争，获得生产和发展的机会，第三方物流商会从物流设计、物流操作过程、物流技术工具、物流设施到物流管理上，实现专门化和专业水平。

4. 管理现代化　第三方物流与交易双方存在紧密的衔接，从管理系统化角度提高自身竞争力，运用现代化的管理手段提高物流效率。多数大型第三方物流商越来越注重信息技术在物流技术中的应用，极大地提高了物流效率和物流效益。

（四）医药物流的发展

1. 物流整合上升到企业战略管理高度　现代医药物流运作方式将从传统的批发模式向供应链管理模式发展，以物流中心为平台，与制造商及其他供应商（上游企业）和药品零售商及其他分销商（下游企业）建立一种面向市场的供应系统，提高药品分销效率，并形成相对稳定的产销联盟网络。在这一转变过程中，物流管理在很多企业中已经从作业管理的层面上升到了企业战略管理高度，被当作发展战略的重要内容予以重视。形成这一趋势的原因有两个：第一是医药行业重组、整合的过程中，企业规模不断扩大，而物流网络是保障企业业务资源能够有效整合，形成规模优势的根本；第二是医药行业进入"微利时代"后，通过强化物流管理实现减本增效，以期在激烈的竞争中实现自身的成本优势。

2. 物流服务与主营业务分开，实行专业化管理　由于传统的物流模式运营成本太高，所以国内许多大型医药企业，例如上海国药、上海医药、南京医药等，都把原有的物流业务、资产人员剥离或托管给第三方物流公司，并与第三方物流公司实行独立结算、相互考核。形成这一趋势的主要原因有两个：

第一，第三方物流公司的专业化运作可以有效地提高物流服务水平、降低物流成本，为创造可观的经济效益；第二，第三方物流公司在为母体提供物流服务的同时还可以利用剩余资源为社会上其它企业提供相似产品的物流服务。这对于初期投资巨大的医药物流项目而言，可以大大提高项目的投资回报率，实现集约化经营。医药物流越来越受到重视，越来越多的主辅分离、专业化运营的管理模式将会不断出现。

▶▶ 岗位情景模拟 8 –2

情景描述 小李是某保健品生产公司的市场总监，该公司依靠敏锐的市场嗅觉和过硬的产品质量，采取一系列促销措施，使其产品逐渐在重庆市场站稳了脚跟并成为重庆的知名品牌。随着公司在重庆地区日益发展壮大，小李认为公司应该走出重庆市场，逐步扩展外地市场。经过仔细研究，决定先进入广东市场，那应该如何选择中间商呢？

要 求

1. 思考中间商的类型，分析选择中间商的基本条件。
2. 试为该保健品选择具体的分销渠道。

答案解析

任务三 设计与管理医药分销渠道

PPT

一、影响分销渠道设计的因素

医药产品除一部分由国家统一规定的分销渠道外，大部分可以根据医药产品的特点、目标市场特性、市场经济形势、企业自身情况、政策法规等选择渠道模式。

（一）产品特性

1. 产品的单位价值 一般来说单位价值高的产品，如生物制品、进口药品、新特药等，在选择营销渠道时应采用短渠道或直接渠道，因为每经过一个环节，都要增加一定的费用。而单位价值低、使用面广、量大的药品，其营销渠道可以长而宽，以增加市场覆盖面。

2. 产品的体积 体积大或重的医药产品，渠道宜短，中间环节宜少，这可以节约运输、储存费用和减少商品损耗，如大型医疗器械。

3. 产品的时效性或有效期 季节性强或有效期短的产品，应简化渠道到尽可能短，以减少流通时间和中转环节对产品质量的影响。

4. 产品的科技含量 医药产品技术含量高，宜采用直接渠道或短渠道。因为大多数医药产品，特别是刚上市的新特药，对技术服务要求很高。

5. 产品的适用性 常用医药产品由于适用性较广、销量大，宜选择间接渠道、宽渠道；相反，一些特效药如抗癌药的分销渠道，则可采用窄渠道、短渠道。

6. 产品的生命周期 产品所处的市场生命周期不同，销售渠道也不同。在导入期由于市场推广比较困难，经销商往往不愿经销。为了尽快使产品进入市场，同时收集产品销售信息，企业一般采取自己销售或短渠道或直接渠道；成长期在巩固原有渠道的基础上，可增加渠道宽度；成熟期为适应竞争，吸引更多的顾客，应拓展渠道宽度，增加销售网络；衰退期为了缩减开支，渠道宜窄、短。

（二）市场特性

1. 市场的范围 如果医药产品适用范围广、市场分布区域宽，企业无法自销，应采用较长、较宽的渠道；反之，则可采用短渠道。

2. 市场顾客集中程度 如果目标市场消费者比较集中或有区域消费特性，可采用短渠道，在保证渠道功能的前提下降低渠道成本；如果目标市场消费者比较分散，则应采用长而宽的渠道，以更多地发挥中间商的功能，推广企业的产品。

3. 销售批量和频率 销售批量大的产品可采用短渠道；销售批量小，交易次数频繁的产品，则应采用较长和较宽的渠道。如消费者市场和生产者市场会有不同购买习惯。

4. 市场竞争特性 生产企业分销渠道的选择，应考虑到竞争对手的分销渠道设计和运行状况，并结合本企业产品的特点，有目的地选择与竞争对手相同或不同的分销渠道。

5. 市场形势的变化 市场繁荣，需求旺盛时，企业应拓宽分销渠道；经济不景气，市场萧条时，则应减少中间环节，收缩分销渠道。

（三）企业特性

1. 企业的实力和声誉 企业的规模大、声誉高、资金雄厚、销售力强，具有强有力的管理销售业务的能力和丰富的经验，在渠道的选择上主动权大，一般会采用比较短的分销渠道或者自己组建销售机构。如果企业实力较弱，品牌的知名度低，就更多地依赖中间商的分销能力来销售商品。

2. 企业的营销经验和能力 营销经验丰富、营销能力强的企业，可以采用较短的分销渠道；反之，则应依靠中间商来销售。

3. 企业控制渠道的愿望 企业控制分销渠道的愿望有强弱之分，如果企业希望控制分销渠道，以便控制产品的价格和进行统一的促销，维护市场的有序性，可以选择短渠道；有的企业无意于控制分销渠道，就可以采用长渠道。

（四）中间商特性

设计分销渠道时，还须考虑中间商的特性。一般来说，中间商在执行运输、广告、储存、接纳顾客等方面，以及在信用条件、退货特权、人员培训、送货频率、营销方案策划等方面，都有不同的特点和要求。

（五）相关政策及法律法规

特殊药品的分销渠道还受国家或地方的相关政策及法律法规限制，如由国家或主管部门实行严格控制的麻醉药品、毒性药品、精神类药品、放射性药品等。2016 年医改政策出台的推行"两票制"，对分销渠道有明确的规定和限制。

📱 **拓展链接** ────────────────────────────────────

优化药品购销秩序　推行"两票制"

国务院发布《深化医药卫生体制改革 2016 年重点工作任务》：推行两票制。优化药品购销秩序，压缩流通环节，综合医改试点省份要在全省范围内推行"两票制"，即药品从生产企业到流通企业开一次发票，流通企业到医疗机构开一次发票。积极鼓励其他地区公立医院推行"两票制"，鼓励医院与药品生产企业直接结算药品货款、药品生产企业与配送企业结算配送费用，压缩中间环节，降低虚高价格。

两票制改变了医药行业药品供应链的模式，缩短了药品供应链的环节。医药企业应当真正地理解"两票制"的政策用意，那就是为了行业的正本清源，为了净化医药商业环境的，在源头上遏制商业腐败和贿赂的实施。它能在很大程度上遏制渠道中的挂靠或走票现象，加上国家财税系统内稳步推进的"营改增"工作所产生的整改效果，这必定能够大幅度地压缩医药回扣和商业贿赂的空间，减少医疗腐败的可能性。

二、设计医药分销渠道

（一）分销渠道设计的原则

好的分销渠道应该是产品流通速度快、服务质量好、流通费用低、市场占有率高、顾客购买方便的组合。企业在选择分销渠道时应遵循如下原则。

（1）客户导向原则　有利于满足消费者的需要和方便顾客购买，做到网点布局合理，服务周到。

（2）整体协调原则　与企业整体营销活动协调，企业在选择分销渠道时，应充分考虑渠道、价格策略、促销策略等之间的协调性，做到相互统一，相互促进。

（3）畅通高效的原则　保证企业的商品不间断地、及时地、顺畅地进入消费者的手中，并促成现金回流企业。

（4）覆盖适度的原则　企业在选择分销渠道模式时，不仅要考虑加快速度和降低费用，还应考虑及时准确地送达的商品能不能销售出去，是否有足够的市场覆盖率以支持针对目标市场的销售任务。

（5）符合政策法规原则　医药行业的特殊性，要求企业在选择分销渠道时，要遵循相关法律法规和政策的规定。如两票制、集中采购制度的要求使进入医疗机构和进入药店终端的分销渠道就不相同。

（6）稳定可控的原则　企业一般轻易不会更换渠道成员，更不会随意转换渠道模式。只有保持渠道的相对稳定，才能进一步提高渠道的效益。畅通有序、覆盖适度是分销渠道稳固的基础。

（二）分销渠道选择的步骤

1. 确定分销渠道的长度和分销商的级次　企业在对影响分销渠道的各因素进行综合分析的基础上，首先应确定分销渠道的类型，是直接渠道还是间接渠道，是长渠道还是短渠道，如果是长渠道还应明确分几级分销。医药渠道的长短受政策影响比较大，如进入医院终端渠道短。

2. 确定分销渠道的宽度　企业在确定分销渠道的长度后，应确定分销渠道的宽度，即同级中间商数目的多少，根据具体情况可考虑选择密集分销、选择分销、独家分销等形式。

（1）密集分销　是指生产企业在某一地区尽可能地通过多家合适的批发商、零售商推销其产品的分销模式。

（2）选择分销　是指生产企业在某一地区只通过为数不多的、经过精心挑选的中间商来推销其产品的分销模式。这种模式适用于一切药品，尤其适合新特药采用。

（3）独家分销　是指生产企业在某一地区仅选择一家中间商推销其产品的分销模式。这种模式一般是生产企业和分销商通过合同的形式，规定经销商不得经营生产企业竞争对手的产品，经销商的单位回报率较高。生产企业通过独家分销可以控制经销商的业务经营，调动其经营积极性，从而占领市场。

3. **评估中间商** 中间商的选择是否合理，对生产企业的产品进入市场、占领市场、巩固市场和培育市场起着关键性的作用。而中间商的选择是否合理又完全依赖于对每一个相关中间商的评估。在评估中间商时应认真分析中间商的服务对象、地理位置、经营范围、销售能力、服务水平、储存能力、运输能力、财务状况、信誉及管理水平、合作诚意等方面。

4. **确定渠道成员的责任** 生产企业和中间商需要在每一个渠道成员的条件和责任上达成协议，他们应当在价格政策、销售条件、区域权利和各自应执行的具体义务方面协商一致。生产企业应该为中间商制定价格目录和公平的折扣体系，必须划定每一个渠道成员的销售区域，审慎安排新中间商的市场位置。在制定服务与责任条款时，必须谨慎行事，尤其是在确定特许经销商和独家经销商时更应考虑企业的现状、未来等各方面的因素。

（三）分销渠道策略的评估

企业在分销渠道方案的策略确定后，还应该对各种可供选择的渠道进行评估，对各种分销渠道进行分析比较，从各种可供选择的方案中遴选最佳的、有利于实现企业长远目标的分销渠道。评估主要从经济性、可控性、适应性等三个方面进行。

1. **经济性** 企业设计分销渠道的首要目的是追求利润。这就必然要考虑以下两点：在销售成本相同的情况下，选择能使销售量达到最大的分销渠道；在销售量相同的情况下，选择销售成本最低的分销渠道。

2. **可控性** 由于中间商一般独立于生产商而存在，它可能同时经销很多相同或相近的产品，为多家生产商服务，不可能一切行动完全听命于某一家生产商，表现出一定程度的不可控制性。为此，生产商必须根据营销目标的需要，充分考虑分销渠道的可控性。企业可以通过对中间商的培训、沟通、权利与义务关系、建立特许经销商或特约代理商等手段来加强对分销渠道的控制。

3. **适应性** 当一种分销模式或一条分销渠道建立后，就意味着生产商与中间商、中间商与中间商之间存在了一定区域、一定时间上的关系，不能随意调整和更改。而市场是不断变化的，企业在选择分销渠道时，应考虑渠道的适应性。一方面是地区适应性，在某一地区设立分销渠道应综合考察该地区的市场竞争状况、消费水平等；另一方面是时间上的适应性，每一个渠道方案都会随着时间的延长而失去某些功能。所以，在制定渠道方案时应注意签订合同的时间。

拓展链接

南京医药强势对话西安杨森

南京医药股份有限公司（以下称南京医药）曾经是西安杨森最大的经销商，2007年4月28日，南京医药宣布暂停从西安杨森公司进货，要求以"全面对话"方式与西安杨森谈判，提出"建立新型合作关系"，采取"订单合作模式"，以稳定供应量和调整渠道利润分配。而西安杨森却表示无法接受，两家谈判一直处于僵持阶段。此次医药行业发生渠道冲突的根源主要是渠道成员的实力对比发生了变化。在渠道合作初期，西安杨森是南京医药最大的供应商，旗下产品都是大品牌，在与下游分销商的谈判中处于相对强势的地位。

随着时代的进步，中国医药企业也在生产与西安杨森同品种的90%以上的药品，中国医药业也在走向成熟，民族制造业继续发展，本土流通也日渐成熟。南京医药除了医疗机构渠道外，南京医药旗下还拥有分布于苏、皖等地的近千家零售药房，具有较强的终端销售能力，渠道控制实力大增。南京医药"罢购"西安杨森的工商博弈事件说明，医药产品分销渠道成员实力的变化，会对制药企业带来严重影响，会改变它们之间的合作关系和利益分配格局。制药企业应充分认识渠道成员的重要性，制药企业要给予强势商业企业合理的利润空间，医药中间商也应重视强势生产企业的品牌价值。

三、医药分销渠道的管理

分销渠道建立后应进行有效的管理，才能保证原设立的分销渠道有序、有效运行。既要注意对分销渠道成员的激励与扶持，又要及时对分销渠道进行检查和调整。

（一）选择渠道成员

选择渠道成员主要是选择中间商，生产商必须结合自身综合因素以及拥有的资源来进行分析决策。渠道成员选择应考虑的主要因素：中间商的经营范围；中间商的营销网络、营销能力、发展前景；中间商的声誉、企业实力、合作态度；中间商的财务状况、经营管理水平；中间商的商店地址、地理优势等。

（二）激励渠道成员

激励渠道成员是渠道管理中最基本的内容，它是指生产企业在中间商选定之后，为促进渠道成员实现渠道目标，使之不断提高业务经营水平而采取的一切措施或活动。为激发渠道成员的经营积极性，生产者对中间商采用的激励措施很多。

1. 直接激励　直接激励是指生产企业以物质或金钱作为奖励刺激渠道成员，具体措施有以下几点。

（1）协助市场开发　非处方药品生产企业需要做大众促销工作，处方药和医疗器械生产企业则需派专业营销人员进行目标医疗机构的销售推广。

（2）价格与折扣　合适的价格不仅有助于市场销售，而且会使中间商获得相应的利润。因而要充分考虑企业成本与消费者的承受能力，同时根据实际销售业绩，给予中间商合理的价格折扣。这是鼓励中间商积极销售本企业药品的有效手段。

（3）奖惩　鼓励中间商多销货、早回款，即在一定时期内，中间商的药品销售累计到一定数量，或是中间商实现当月回款时，给予它们一定数量的返利；相反，当中间商没有达到合同约定的销售量或不按期回款时，则给予一定的惩罚。

（4）广告合作　非处方药品生产企业可通过负担广告费用，或者与中间商合作广告等形式，扩大企业和品牌的知名度，以促进市场销售。处方药品生产企业，则应在能力范围内负责医院推广工作，或者由中间商负责医院的推广工作，而生产企业承担相应的费用，以促进临床使用量提高。

2. 间接激励　间接激励是指生产企业通过非物质或非金钱奖励激发渠道成员的经营积极性，常用措施主要有以下几种。

（1）信息支持　医药生产企业可提供技术指导、宣传资料、举办产品展示会、指导商品陈列，促进产品销售。

（2）培训渠道成员　医药企业对渠道成员进行培训的目的在于增强医药分销商对本企业的信任度，提高其营销水平，扩大本企业产品的销售，提升销售业绩，建立与医药分销商稳定、持久的战略伙伴关系。围绕这一目标，医药企业对医药分销商的培训内容主要包括：企业形象宣传、产品知识培训、销售政策培训、营销理念培训等。

（三）分销渠道评估

对中间商的考察和评估，并及时采取相应的监督、控制与激励的措施，可保证营销活动顺利而有效地进行。可以根据一些指标定期评估中间商的业绩和效果。

1. 合同约束与销售配额法 如果一开始生产者与中间商就签订了有关绩效标准与奖惩条件的契约，就可避免种种不愉快。在合同中应明确经销商的责任，如销售强度、绩效与覆盖率、平均存货水平、送货时间、次品与遗失的处理方法、对企业促销与培训方案的合作程度、中间商必须提供的顾客服务等。

除了应针对中间商绩效责任签订合同，生产商还应定期发布销售配额，以确定目前的预期绩效。

2. 中间商绩效测量法 一是绩效比较法，即将每一中间商的本期绩效与上期的进行比较，并以整个群体的升降百分比作为评价标准。对低于该群体平均水平的中间商，必须加强评估与激励措施。二是排列名次，将各中间商的绩效与该地区基于销售潜量分析所设立的配额相比较，即在销售期过后，根据中间商的实际销售额与其潜在销售额的比率，将各中间商按先后名次进行排列。

（四）渠道成员调整

医药企业营销工作者不仅要做好营销渠道的建立与运行管理工作，而且还需要根据实际情况进行及时修正。特别是当市场环境发生变化或中间商不能成功地完成任务时，企业应当及时地对原有营销渠道进行修正，主要的调整措施有以下几点。

1. 增减渠道成员 即保持原有渠道模式不变，只是增加或减少个别渠道成员。这时需要认真权衡增加或减少中间商所能带来的销售量增加或减少与所付代价之间的关系。

2. 增减渠道环节 即原有基本营销渠道类型不变，根据需要适当增减渠道环节。如在原有市场区域内增加或取消代理商这一层。一般情况下，需对通过增减渠道环节可能给企业盈利带来的影响进行比较、进行决策。

3. 对原有渠道进行彻底调整 这是根据产品不同生命周期而对渠道策略进行的必要调整，或是由于经营产品的改变而对渠道进行根本性的重新设计。

（五）渠道冲突管理 ⓔ 微课 2

渠道冲突是指渠道成员发现其他渠道成员从事的活动阻碍或者不利于本企业实现自身的目标。分销渠道是一系列独立的经济组织的结合体，是一个高度复杂的社会营销系统。在这个系统中，既有生产商，又有中间商，构成了一个复杂的行动体。这些经济组织的目标、任务往往存在矛盾，当渠道成员对计划、任务、目标、交易条件等出现分歧时，就必然出现冲突。

1. 渠道冲突的类型 按照渠道成员关系，可以把渠道冲突分为三类：水平冲突、垂直冲突和多渠道冲突。

（1）**水平冲突** 指同一分销渠道上同一层次的中间商之间的利益冲突。医药营销领域中常见的水平渠道冲突主要表现形式为：同层次的代理商（或医药商业批发企业）之间跨区域销售，即窜货问题、压价销售等。其主要原因是中间商利益争夺和企业目标市场的中间商数量、分管区域的规划不合理。如果发生此类冲突，生产企业应及时采取措施，缓和并协调矛盾。

（2）**垂直冲突** 指渠道系统中不同层次的成员之间的冲突，也称做渠道上、下游冲突。一个典型的医药营销渠道包括医药生产企业、代理商（医药商业批发公司）、医疗机构（或零售药店），这些不同层次渠道成员之间的冲突便属于垂直渠道冲突。渠道的长度越长（渠道的层次越多），可能的垂直渠道冲突越多。表现形式为信贷条件的不同、进货价格的差异、提供服务支持的差异等。垂直渠道冲突带来的问题，一是在分销过程中上游分销商不可避免地要同下游经销商争夺客户，这会大大挫伤下游渠道成员的积极性；二是当下游经销商的实力增强以后，希望在渠道系统中有更大的权利，也会向上游渠道成员发起挑战。因此，生产企业必须从全局着手，妥善解决垂直渠道冲突，促进渠道成员间更好地合作。

（3）多渠道冲突 指生产企业建立了两个或两个以上的分销渠道，并互相向同一市场出售其产品或服务时发生竞争。例如，某原料药生产企业同时利用互联网销售平台、销售队伍、中间商三条渠道进行药品销售，那么互联网销售平台、销售队伍、中间商三条渠道之间的冲突就是多渠道冲突。这种冲突主要表现在销售网络紊乱、价格差异等方面。在互联网时代，多渠道冲突有了一种新的形式——电子商务渠道和传统渠道间的冲突。当多渠道冲突发生时，生产企业要重视引导渠道成员之间进行有效的竞争，权衡各渠道的影响力，并加以协调。目前中国的医药营销领域，渠道冲突的主要表现形式是水平渠道冲突和垂直渠道冲突，其中尤以水平渠道冲突中的窜货为最主要的和最经常的冲突代表。

任何营销渠道都会不同程度地存在着冲突，但合作必然是营销渠道的主旋律，合作意味着相辅相成地去取得比单独经营时更高的经济效益。只有促进合作，才能使渠道的整体活动效率最大，促进合作也是解决冲突的基本方法。

2. 窜货管理 窜货是指中间商以低于企业规定的价格在授权范围之外的区域进行销售的行为，又称倒货、冲货。窜货是市场中不可避免的现象，不断对生产企业的分销渠道和价格体系造成冲击。控制窜货很可能会导致企业失去原有的营销渠道，影响销量；任其发展又可能降低企业对市场的控制力，破坏市场秩序，造成价格混乱，甚至使得消费者对品牌失去信心。

（1）窜货的类型 按照窜货行为对市场的影响程度不同，可将窜货分为三类：恶性窜货、良性窜货、自然窜货。

恶性窜货是中间商为谋取非正常利润，蓄意向授权销售区域以外的市场倾销。恶性窜货的危害最大，其扰乱了价格体系，降低了整个渠道利润，使其他中间商失去销售信心，可能放弃经销，严重者将导致分销系统的崩溃，损害企业产品品牌形象。恶性窜货是我们通常所指的窜货，也是医药企业最为关注和重点打击治理的市场现象。

良性窜货是企业在开发市场初期，一般会首选流通能力较强的中间商配合市场的开拓，于是在销售过程中，产品会自然流向其他区域的空白市场，形成一个自然的渠道和价格体系。在市场初开发期，此种窜货有助于扩大市场覆盖、提高产品销量，但日后企业细分区域市场时则需要加以重新整合。

自然窜货是经销商在获取正常利润的同时，无意中向自己辖区以外的市场销售产品的行为。这种窜货在市场上是不可避免的，只要有市场的分割就会有此类窜货。它主要表现为相邻辖区的边界附近互相窜货，或是在流通型市场上，产品随物流走向而销售到其他地区。如某药品在甲地零售价格低于乙地，乙地消费者可能在条件允许的情况下去甲地购买，这种产品多集中于治疗慢性病且需长期服用的药品。这种形式的窜货，如果货量大，该区域的价格体系就会受到影响，从而使利润下降，严重时可发展为恶性窜货。

即学即练 8 - 3

一个消费者是 A 省人，在两省交界的一个小镇开了一家餐饮店，旅游者多，生意也不错，有时会到不远的属于 B 省的一家小批发市场购买一些货物。如果出现窜货，这属于（　　）。

A. 恶性窜货　　　B. 良性窜货　　　C. 自然窜货

答案解析

（2）窜货产生的原因　窜货最根本的原因来自于市场经济环境下各渠道成员的利益驱动，医药商品分销中窜货的具体原因主要有以下几点。

①制定渠道销售政策不合理：厂家一般通过渠道政策来控制中间商的行为，比如年终返利、回款折扣、促销活动等，这些激励措施大多基于总体销量，一旦操作不当就可能变成鼓励经销商窜货的政策。

②中间商数量选择和区域划分不合理：区域中的中间商数量过多，其发展空间受限制可能导致窜货；反之，经销商数量过少，不能完全满足市场需求，则会吸引其他区域货源窜进本区域。

③销售量目标制定得过高：销售目标如果过高，脱离实际，也会导致企业销售人员主动要求中间商窜货，以完成指标。

④企业缺少防止窜货的管理制度，或者即使有制度而不严格执行。中间商出现窜货后，企业多数情况下碍于客户关系而不予追究，结果往往造成更多仿效行为，最后使管理制度形同虚设。

（3）窜货的控制　要治理窜货现象，需要进行严格的事前、事中和事后控制。

①事前控制措施：设计合理的分销体系，制定科学完善的渠道销售政策、合理划分销售区域并根据市场情况选择区域独家或多家代理商；制定合理的渠道价格，使不同级别经销商都能获取相应的合理利润；实现产品外包装区域的差异化或标识化，可即时追踪和查询货源去向，有效防止窜货。

②事中控制措施：适时监控经销商销售情况和经营状况，控制进货数量和进货周期，减少窜货机会；为经销商提供良好的服务支持，帮助提高经营管理水平，增强销售信心；加强信息沟通和感情建设，促进双方的信任与合作，使经销商不主动窜货。

③事后控制措施：对出现窜货问题的经销商要严格处罚，以维护分销渠道正常的经营秩序。

▶▶ 岗位情景模拟 8-3

情景描述　甲厂是生产"羚羊感冒片"的企业，"羚羊感冒片"的规格为 0.1g×16 片/盒，600 盒/件，属于 OTC 类药品，服用方便，服用后无特殊服务的要求；价格适中，有效期 2 年，运输中不易损坏、流失或腐烂变质，且该药品处于成熟期，市场形势比较乐观，目标市场的顾客数量较多但地点分散，且购买数量少，购买频率高。企业的资本实力一般，计划提高企业技术开发与生产能力，增强企业的核心竞争力，所以较多地考虑增强与批发商、零售商的合作关系，而相应地减少流通领域的投入。企业选择哪种分销渠道类型，既有一些来自药品本身、市场和企业的硬性约束因素，也有相当大的灵活选择的余地。

答案解析

要　　求　根据所学知识分析甲药厂和药品的情况，为其设计分销渠道，并说明原因。

📝 实践实训

【案例分析】

江中制药的渠道管理

2008 年下半年，曾创造了健胃消食片单品销售神话的江中制药集团（以下称江中），突然出现了多家合作十几年的商业客户解约的情况。究其原因，江中产品一直采取现款现货，但由于渠道混乱、窜货乱价，利润被消弭殆尽，经销 8000 万江中产品，利润竟然不到 80 万，甚至更低。不仅如此，终端药店也存在低价销售、负推荐等诸多问题。

江中对问题的本质进行分析后发现，企业给各经、分销商签订高额任务目标才是他们违规的动机，而且市场又缺乏规则，无人维护。这迫使江中开始了以"疏顺导滞"为"道"、以交通秩序的系统管理办法为"术"的渠道控制和管理。

江中实施渠道控制的第一步是梳理渠道，将之前的400多家渠道商缩减为23家，并取消了给各经、分销商签订的高额任务目标。接下来，针对问题对渠道进行整顿规范就成为工作重点。为了加强对客户流向的管理，江中允许客户跨区域销售，但是规定经销商只能向指定的省外分销商发货，严格控制省内发货量，禁止分销商向外省发货。江中还实行了防止市场窜货的产品代码制度，在包装上打定位码，产品出库就扫码，系统将自动识别定位码，出现问题自动报警。加强对客户出入库的管理也是防止窜货的途径之一。签约经销商和分销商的仓库管理员都要做好详细的货物流向每一家分销商或下游客户及终端的登记。对于多次出现窜货的客户，江中将其列入黑名单，禁止所有签约客户向其发货。公司还建立了专门的督察队伍，全国巡查；并组建了500人的队伍专门管理终端，检查窜货、低价等违规事项。

为保证最终的效果，当经销商出现了以下情况，就会受到不同程度的处罚，如低价出货，安全库存低于3天而不回款进货，销售数据未能及时提供或造假；还包括控货违规的情况，如经销商向下游非签约客户超过协议发货数量，或向"黑名单"客户发货。处罚措施视情节轻重而定，对于客户，分为扣除当月、半年或全年返利，中止合作、列入黑名单通报全国等处罚等级；对于市场人员，江中会处罚省级经理一个月基薪、处罚省级经理半个月基薪及主管一个月基薪，或者解聘，视情况而定。江中还建立了市场人员举报的激励和压力制度，避免不举报或市场之间私了而影响客户利益。

江中的渠道管理不仅使窜货、低价等问题迎刃而解，而且成效直接显现在企业和客户的销售额上。变革3年，江中的销量增长了10.2亿元，年均增幅25%；客户业绩成倍增长，利润由原来的0~1%增长至5%~8%，从而使客户满意度大幅提高，而江中2010年广告投放则大幅减少。

问题：

（1）你认为江中制药在渠道控制和管理时考虑了哪些问题？

（2）结合案例分析有哪些方法可以防止窜货行为的发生？

分析要求：

（1）学生小组讨论分析案例提出的问题，形成小组《案例分析报告》。

（2）各小组陈述各自的分析，并让同学进行相互评价。

（3）老师对各组《案例分析报告》进行点评。

【综合实训】

选择分销商

（一）实训目的

学会正确分析和评价渠道成员的业绩，掌握正确选择渠道分销商的方法，实现企业目标。

（二）实训要求

（1）将学生分成若干组，每组4~6人，每组按实训步骤进行情景模拟和讨论。

（2）认识影响分销渠道的因素，明确选择渠道成员的原则和方法。

（3）以小组为单位共同写出实训报告。

（三）实训内容

1. 实训背景

甲药厂决定在某市采用精选的一阶营销渠道模式（即药厂直接将药品销售给零售药店，再由零售药店销售给患者）。经考察后，初选出 3 家比较合适的候选单位。甲药厂希望零售药店有理想的地理位置，有一定的经营规模，前来光顾的顾客流量较大，在患者心中有较高的声望，与厂家关系融洽，主动进行信息沟通及货款结算，信誉好。各个候选单位在各方面都有一定的优势，但又各有不足。于是，甲药厂采用强制打分法对各个候选单位进行打分评价，结果如表 8-1 所示。

表 8-1 三家候选经销商打分评价结果

评价项目	重要性 （权重）	候选单位 1		候选单位 2		候选单位 3	
		打分	加权分	打分	加权分	打分	加权分
地理位置	0.2	80	16	85	17	70	14
经营规模	0.15	85	12.75	70	10.5	80	12
顾客流量	0.15	90	13.5	90	13.5	85	12.75
市场声望	0.1	85	8.5	75	7.5	80	8
合作精神	0.15	75	11.25	80	12	90	13.5
信息沟通	0.05	75	3.75	80	4	60	3
货款结算	0.2	60	12	65	13	75	15
总分	1	550	77.75	545	77.5	540	78.25

根据上表各栏分数，为药厂确定一家经销商。

2. 操作步骤

（1）将学生分成若干组，每组 4~6 人，1~2 人代表甲药厂，其他人代表不同的分销商。

（2）甲药厂的代表向 3 个分销商介绍本企业的情况，3 个分销商分别向甲药厂介绍自己的情况。

（3）甲药厂经过综合考虑 3 个分销商的地理位置、经营规模、顾客流量、在患者心中的声望、合作精神、信息沟通及货款结算等，最后选择一家分销商为其销售。

（4）针对企业对分销商的期望，给所选择的分销商提出改进意见。

（四）实训评价

教师明确实训目的和要求，适时指导实训，学生分组组织开展实训；实训结束后，进行实训交流，师生共同评价工作成果。

考核内容主要有基本技能、准备工作、分析能力、表达能力、合作能力等，具体内容如表 8-2所示。

表 8-2 实训评价表

考核项目	考核标准	配分	得分
相互介绍情况	情景模拟效果好，仪态大方，表达准确，资料全面	20 分	
选择分销商	符合客观事实，选择分销商正确	30 分	
实训报告	格式准确，有条理，理由有说服力	30 分	
团队协作	组内员工分工合理、团结协作	20 分	
合计		100 分	

目标检测

答案解析

一、单项选择题

1. 宽渠道不适合（ ）类产品采用。
   A. 感冒药   B. 消化不良药   C. 维生素类   D. 治疗癌症药

2. 面广价低的常用药适合采用（ ）。
   A. 独家分销   B. 选择性分销   C. 代理性分销   D. 密集性分销

3. 下列的产品适合选用短渠道是（ ）。
   A. 体积小   B. 单位价值低   C. 科技含量高   D. 适用性广

4. 体积大的重型医疗器械产品，一般应采取（ ）。
   A. 短渠道   B. 长渠道   C. 宽渠道   D. 多渠道

5. 同一渠道层次的各个企业之间的冲突是（ ）。
   A. 水平冲突   B. 垂直冲突   C. 交叉冲突   D. 特殊冲突

6. 产品处于市场生命周期的介绍期，一般选择的渠道是（ ）。
   A. 长渠道   B. 短渠道   C. 宽渠道   D. 多渠道

二、多项选择题

1. 医药分销渠道的功能有（ ）。
   A. 销售与促销   B. 融资功能   C. 风险承担
   D. 仓储与运输   E. 信息沟通

2. 常见的医药代理商包括（ ）。
   A. 销售代理商   B. 寄售商   C. 制造代理商
   D. 采购代理商   E. 广告商

3. 短渠道适合以下（ ）产品采用。
   A. 皮肤用药   B. 普通感冒药   C. 抗癌药品
   D. 高端精密医疗仪器   E. 消化不良药

4. 常用鼓励经销商的方法有（ ）。
   A. 协助市场开发   B. 提供培训   C. 折扣奖励
   D. 广告激励   E. 提供宣传资料

5. 分销渠道策略评估的标准包括（ ）。
   A. 经济性   B. 目标差异性   C. 适应性
   D. 可控性   E. 普遍性

三、判断题

1. 根据分销渠道是否有中间商，可分为直接渠道和零渠道。（ ）
2. 体积大或重的医药产品，渠道宜短，中间环节宜少。（ ）
3. 寄售商通常是指拥有医药产品现货和所有权的商人。（ ）
4. 分销商的渠道冲突分为水平冲突、垂直冲突和多渠道冲突等。（ ）

5. 非处方药与处方药都是药品，它们的分销渠道模式是完全一样的。（　　）

四、思考题

1. 医药分销渠道的功能有哪些？

2. 选择中间商的基本条件有哪些？

3. 简要说明医药批发商与医药零售商的区别。

4. 说明如何对医药分销渠道进行有效的管理。

书网融合……

知识回顾　　　微课 1　　　微课 2　　　习题

（敬美莲）

项目九　医药产品促销策略

任何产品只有将其信息传递给消费者并最终促成购买，营销核心"交换"才能完成。在竞争日趋激烈的医药市场中，企业要努力树立自身及产品在市场上的形象，设计并开展向目标顾客传递医药产品和服务信息的活动，激发顾客购买欲望和兴趣，才能促成交易达成。这就要求营销人员规范促销行为，创新促销方式，提高综合促销能力。

本项目的主要内容是认知医药促销的内涵和促销方式，学习人员推销、广告、营业推广、公共关系等策略的运用。

学习目标

1. **掌握**　人员推销、广告、营业推广、公共关系等促销策略。
2. **熟悉**　医药产品促销方式的特点和要求。
3. **了解**　促销和促销组合的含义及各种促销方式的作用。

任务一　认知促销与促销组合

PPT

一、医药促销的含义

促销活动是一种宣传行为，医药促销是医药企业向目标市场宣传介绍其药品的特点，引导和激发医疗单位和消费者的购买欲望，以实现现实和潜在购买行为的活动过程。目的是刺激消费者购买的积极性，或者是宣传某一企业、产品，提高企业、产品在消费者中的认知度，或者是提高医生、零售药店店员对促销产品的推荐率。

二、医药促销的作用

营销本身包括买和卖两个方面，要使营销能顺利进行，就需沟通信息。没有"信息"的沟通，买卖双方便不可能实现销售。因此，促销的实质就是买卖双方间互通信息，增进了解，以唤起顾客需求，引导顾客的购买动机，实现药品的销售。同时，也可以通过信息反馈取得顾客的意见，为达成交易创造有利条件。具体说来，促销主要有以下几方面的作用。

1. 传递信息、引导消费　一种医药产品进入市场以后，甚至在尚未进入市场的时候，为了使更多的顾客知道这种药品，就需要生产者及时提供产品的情报，向顾客介绍产品，引起他们的注意。大量的中间商要采购适销对路的产品，也需要生产者提供情报。同时，中间商也需要向零售商和消费者介绍产品，以便沟通情报，达到促销的目的。

2. 扩大需求，稳定销售 通过介绍宣传医药产品和保健品，想方设法引导激发客户的购买欲望，不仅可以诱导需求，有时还能够创造需求。当某一种产品的销售量下降时，通过适当促销活动的强烈刺激，可以使需求得到某种程度的恢复和提高，从而达到稳定销售的目的。

3. 突出特点，促进成交 在同类产品竞争比较激烈的情况下，许多产品只有细微的差别，消费者往往不易察觉。这时，企业可以采取促销活动，宣传自己产品区别于竞争产品的特点，使消费者认识到本企业产品会给消费者带来的利益，使消费者愿意购买本企业的产品，促进成交。企业可以通过促销活动，使更多的消费者形成对本企业产品的偏爱和忠诚度，带动企业其他更多产品的销售。

三、医药促销的方式及其特点

医药产品促销的方式有多种多样，但基本上可分为人员推销和非人员推销两大类。在非人员推销中，又有药品广告、营业推广、公共关系三种基本形式。每种促销方式各有其特点（表9-1），适用一定的市场环境，但又相辅相成，营销人员必须根据医药产品的特点和营销目标，灵活选择和运用各种促销方式，使促销效率高而促销费用低。在促销工作中，企业常常将多种促销方式同时并用。

表9-1 各种促销方式的优缺点比较

促销方式	优点	缺点
人员推销	直接沟通信息，反馈及时；易于激发购买兴趣，促成交易	接触面窄，费用高，人才难觅
广告	触及面广，生动形象，能多次反复使用，节省人力	说服力较小，难以促成即时购买行为
营业推广	吸引力较大，直观，能促成顾客即时购买	面窄，有局限性，过多使用，可能引起顾客的反感、怀疑
公共关系	影响面广，信任度高，可提高企业的知名度和声誉	花费力量较大，效果难以控制

即学即练9-1

答案解析

小李想在老人较多、消费能力一般的社区推销保健食品，考虑的促销方式有：①直接设点，买1瓶60元，买2瓶108元，买3瓶148元；②先设点，用2天赠送试用装（小瓶），不卖，然后再过2~3天执行正常销售；③先在社区拉横幅，发放或张贴产品传单，告诉居民拿其他同类保健品空瓶可以折价5~7元，第三天后设点回收空瓶并销售。

问题：请问你觉得针对老年人哪种促销方式会比较有效？为什么？

四、医药促销组合设计

1. 医药促销组合 医药促销组合是指医药企业根据其营销目标和医药产品的特征及所面临的市场条件等各种因素，对各种促销方式的选择、组合及搭配等活动。

2. 医药促销组合策略 不同医药产品促销组合形成不同的促销策略，从总的指导思想上来看，医药促销策略可分为推式策略和拉式策略两种。

（1）推式策略 指医药企业运用人员推销的方式，把医药产品推向目标市场，即从医药产品生产企业推向中间商（医药公司、药店、医药超市、医院药房等），再从中间商推给消费者。主要适合于科技含量较高、价值较大、用途较窄的医药产品，对于此类产品，需要给予较多的面对面交流、讲解和宣传，仅靠普通媒体宣传，顾客是无法了解和认知的。推式策略的路线如图9-1所示。

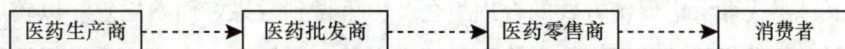

医药生产商 ┄┄┄➤ 医药批发商 ┄┄┄➤ 医药零售商 ┄┄┄➤ 消费者

图9-1 推式策略

（2）拉式策略　指医药企业运用广告、公共关系和营业推广等非人员推销方式把目标消费顾客拉过来，使其对本企业的医药产品产生需求，进而主动寻求购买，促使中间商进货，以促进销售。这主要适用于科技含量不高、价值较小、用途广泛的医药产品。对于此类医药产品，医药企业应在医药产品的品牌上下功夫，以提高其产品品牌的知名度与美誉度，增强目标消费者对企业医药产品的忠诚度。拉式策略的线路如图9-2所示。

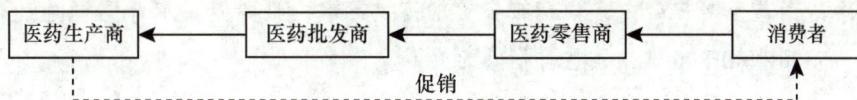

医药生产商 ◄─── 医药批发商 ◄─── 医药零售商 ◄─── 消费者
┆　　　　　　　　　促销　　　　　　　　　　　　　　┆

图9-2 拉式策略

（图9-1、图9-2中：◄─── 需求路线　┄┄┄➤促销路线）

3. 影响促销组合的因素　在实际的促销工作中究竟采取怎样的促销策略，是受其促销目标、医药产品特性、产品生命周期、所面临的市场条件及促销费用预算等因素制约的。

（1）促销目标　医药企业的促销目标是影响促销方法选择的重要因素。对于不同的促销目标，促销组合及促销策略也就会有一个较大的区别。例如，促销目标如果是要树立企业形象，促销重点是公共关系和广告的结合为主；如果促销目标是要在短期内迅速增加销售，宜采取营业推广为主的策略。

（2）医药产品特性　不同性质的医药产品，因为政策及目标消费者的购买心理和购买习惯不同，因此要采取不同的促销组合及策略，以有利于医药产品的销售。例如，中国药品广告法规定对处方药严禁通过大众媒体进行广告，所以对于处方药来说，人员促销就是其选择的首要促销方式，也是与医师进行沟通的最佳途径。

（3）产品生命周期　对于处于不同市场生命周期阶段的医药产品，其营销目标、市场竞争状况及消费者需求变化也各不相同，因此只有采用适合不同阶段的促销策略，才能保证促销活动的顺利进行，并取得较好的促销效果。不同产品生命周期的促销目标与促销策略，如表9-2所示。

表9-2 医药产品生命周期不同阶段促销目标与促销策略

产品生命周期	促销目标	促销方式
介绍期	提高产品的认知度	人员推销、广告，辅以营业推广、公共关系
成长期	提高产品的知名度，创建品牌形象	广告和公共关系为主
成熟期	提高产品的信誉度，树立品牌形象	加强营业推广和公共关系，辅以提示性广告
衰退期	维持品牌形象	营业推广为主

（4）市场条件　企业目标市场的规模、地理位置和消费者特征等因素都会影响到企业促销组合的选择。对于医药消费者市场，由于消费者多而散，且每次交易额较少，可直接购买的多是安全性高的OTC药品和保健品等，所以多采取非人员促销的形式；对于医药组织者市场，由于用户少而集中，且每

次交易额较大，一般采用人员促销的形式。对于处方药和非处方药，由于国家政策的不同，要求须按照国家要求进行促销组合的选择。

（5）促销费用　预算企业用于促销工作的费用是有限的，不同促销方式需要的费用不同，在满足促销目标的前提下，要认真考虑促销方式的合理组合，力争做到效果好而费用省。以较低的促销费用带来较高的促销利润，是判断促销费用预算和使用是否合理的一般标准。企业确定的促销预算额应该在企业能够承担的范围内，并且要能适应竞争的需要。

▶▶ 岗位情景模拟 9 - 1

　　情景描述　某企业代理了一种以膳食纤维为主要原料的功能性保健品。产品上市时，企业搞了个名为"凭你尝"的免费试吃促销活动，顾客只要凭"三高"证明和身份证就可以免费吃，吃完后认为值多少钱就给多少钱。结果捧场的人不少，付钱的时候都只给两块三块，有的顾客还把桌子上的牙签、餐巾纸，甚至盘子带走，挑剔服务员不提供茶水，服务慢，不开空调等，最后人越来越少，产品消耗了不少，销售却寥寥无几。

　　要　　求　思考这次促销为什么没有取得好的效果？

答案解析

任务二　医药产品人员推销策略

PPT

一、人员推销的概念　℮微课 1

　　所谓人员推销是指由医药企业派出药品销售人员或委派专职推销机构直接与医药公司、零售药店、医院药房和消费者进行面对面的沟通，通过双向的信息交流和沟通，使其了解产品信息，并且发现和满足顾客需求的促销活动。

　　人员推销是一种最古老的促销方法，但它具有灵活机动、信息互通及时的优点，这是其他促销方式无法比拟的，因此这种古老的促销方式至今仍具有强大的生命力。尤其是医药产品的销售更是离不开人员推销。

二、人员推销的特点和形式

（一）人员推销的特点

　　1. 信息传递的双向性　由于医药产品人员推销是一种面对面的促销活动，在信息沟通方面具有双向性。在人员推销过程中，一方面，推销人员通过与推销对象之间交流所推销医药产品的相关信息，如药品的疗效、作用机制、功能、使用方法、注意事项、价格以及同类药品情况等信息，以此让推销对象了解产品，促进产品销售；另一方面，通过与推销对象的交流，能及时了解目标市场对本企业产品等各方面的评价，为企业制定合理的营销策略提供依据，最大可能的满足消费者的需求。

　　2. 推销目的的双重性　人员推销的目的是满足用户需求与实现扩大销售，具有双重性。推销员通过激发目标顾客对医药产品的需求，促进产品的销售。推销人员采取多种销售技巧，目的是推销医药产品；在推销的过程中，除了推销产品本身，同时还要提供必要的相关服务，帮助顾客解决问题，满足顾客多方面的需求，增强顾客对所推销医药产品的信任。双重目的相互联系、相辅相成，推销人员只有做好顾客的参谋，更好地实现满足顾客需求这一目的，才能有利于激发顾客的购买欲望，促使其购买，使产品推销达到效果最大化。

3. 推销过程的灵活性　由于推销人员和推销对象是直接联系，可以通过交谈和观察了解顾客，根据不同顾客的特点和反应，有针对性地及时调整销售方式和技巧，更好地激发顾客产生购买行为；同时，通过直接交流，还可以及时解决顾客所面临的各种困难和问题，消除顾客的疑惑，提高顾客对产品的满意度。

4. 推销效果的长期性　在人员推销过程中，推销人员和推销对象经常面对面直接交流，便于建立长期的友谊和感情，密切企业与顾客之间的关系，让顾客对本企业的医药产品产生一定的偏爱。在长期的稳定的友谊和感情基础上开展促销活动，有助于建立长期的买卖协作关系，同时，还可以为未来其他产品或服务奠定良好的销售基础。

5. 推销成本的昂贵性　一是由于每个销售人员直接接触的顾客有限，销售面较窄，尤其是在市场范围较大的情况下，销售人员的增加带来了开支的增多，从而增大了产品销售的成本。二是医药产品促销是一个对专业性要求比较高的促销活动，要求推销人员不仅要有良好的推销技巧，而且要有医药知识方面的基本素养，即对推销人员的要求比较高，因此培养出能够胜任其职的医药产品推销人员难度大，耗费也大。

（二）人员推销的形式

随着商品经济的发展，市场营销活动的广泛深入，人员推销的形式也日益丰富。受药品的特殊性限制，其推销形式主要有上门推销、柜台推销、会议推销等形式。

1. 上门推销　上门推销是由推销人员携带产品样品、说明书和订单等走访顾客，推介产品，促成交易。例如，医药代表的工作对象是医院或药店，向医院某科室推广药品、向糖尿病人俱乐部的患者推销介绍药品等都属于上门推销。这种推销形式可以针对客户的需要提供有效服务，及时宣传医药企业和医药产品的信息，推销成效显著。

2. 柜台推销　柜台推销是指在固定设置的门市药店、医药超市或网上药店，由营业员接待入店的顾客，提供咨询服务，宣传推销产品。由于药店或医药超市里的产品种类多，接待的顾客类型多样，顾客流量大，营业员应该满足进店顾客多方面的购买要求，为顾客提供较多的购买方便。通过与顾客直接接触，面对面交谈，介绍药品，解答疑问，方便顾客挑选和比较。

3. 会议推销　会议推销是指利用药交会、展销会、发布会等各种会议向与会人员宣传和介绍产品，开展医药产品的推销活动。这种推销形式接触面广、推销集中，出席会议的很多是大客户，可以同时向多个推销对象推销产品，成交额较大，推销效果较好。

三、对推销人员的基本要求

人员推销本身就是一个错综复杂的过程，推销人员既要洞察市场、沟通信息，又要交换商品、提供服务，这些都要求推销人员具备较高的素质。推销人员在实现企业目标、促进企业发展中起着重要的作用，因此一名合格的推销人员必须不断地提升自己的素质。一般来说，对推销员有以下基本要求。

1. 掌握医药产品的基本知识　这是医药产品推销人员开展工作最基本的要求。因为医药产品是关系到人们生命安全的特殊商品，具有很强的专业性，这就要求医药产品推销人员要掌握本企业所生产或经营的产品特点、性能、价格、销售等方面的情况，对于药品而言，还要掌握药品的作用、配伍禁忌、用法、用量等。只有这样对购买者进行说服、推荐时才会更加有针对性，才能很好地达成交易。

2. 具有较强的语言沟通能力　交谈、介绍是推销活动的第一步，融洽的交谈往往意味着推销成功了一半。善于言辞的推销员，能促成推销的顺利进行。但善于言辞不是吹牛说大话哄骗消费者的信任和喜爱，而是通过与顾客的寒暄，调动顾客说话的积极性，以了解顾客的消费心理，适时对产品进行介绍、推荐，从而提高销售效果。例如，顾客进店在柜台间转悠，有下面两种沟通的方式：第一种方式：营业员"您买感冒药吗？"顾客："不买，看看。"营业员不再说话，顾客说完后就离开柜台。第二种方式："感冒了吗？有些什么症状？"顾客："咳嗽、痰稠黄。"营业员："您可以看看这两种药，……"，顾客很可能会选择营业员建议的其中一种药品。

3. 具有敏锐的洞察力和随机应变能力　在推销洽谈中，顾客的购买意图往往是若隐若现的，成交信号也是稍纵即逝。而且不同顾客在性格、爱好等方面均有差异，这就需要推销员通过顾客的说话方式、面部表情等的变化，洞察顾客的心态，做出正确的判断，看准火候，把握成交的时机，促成交易的实现。例如，顾客在决定是否购买的时候，表露出些许犹豫，这时你说："您真心满意吗？如果您真心满意，我在价格上给您一点优惠。"没有强迫的语气，同时给顾客提供了一点小小的利益，顾客可能很快决定购买。

4. 具有较强的上进心和锲而不舍的敬业精神　销售往往是从被质疑和被拒绝开始的，对医药代表而言更是这样。医药代表在推销过程中，必须有屡败屡战的决心和愈挫愈勇的心理素质，手勤、脚勤、口勤、脑勤是对医药代表的基本要求，待人诚恳、锲而不舍、有销售的欲望是销售成功的基本条件。

5. 注重仪表，待人接物举止规范有修养　无论是药店营业员还是医药代表，仪容、仪表、仪态是形成第一印象的重要元素，第一印象影响着对方对你的判断和评价，并将影响之后交往的成败。待人接物举止规范有修养是与顾客"相识"、产生信任感的重要条件。仪表美和规范地待人接物，对顾客具有很强的亲和力、感染力和吸引力，是商品得以销售的潜在动力。

6. 要有强健的体魄和良好的心理素质　推销人员应精力充沛、头脑清醒、行动灵活，在客户面前要保持阳光、积极向上、充满活力的一面。产品推销工作比较辛苦，经常是东奔西走、起早贪黑、食住缺少规律，所以要想保持一个好的精神状态，那就需要推销人员有一个健康体魄。

成功的推销人员大多是先将自己推销给顾客，将产品推销放在自我推销上，以获得顾客的理解和信任，进而将产品推销出去。可见成功的推销活动，不仅仅是医药产品的魅力，更多的来自推销人员的魅力，而推销人员的魅力很大一部分是由其内在良好的心理品质决定的，主要包括顽强的意志、稳定的情绪、广泛的兴趣、完美的气质、坚定的自信心和宽大的胸怀等。

即学即练 9-2

"顾客买的不是你的产品，而是你的服务精神和态度；顾客买的是一种感觉，而这种感觉是你带给顾客的。"

问题：你是怎么看待这种说法的？

答案解析

四、医药推销队伍的管理

医药推销队伍管理是指对医药产品推销人员的活动进行分析、计划、实施和控制的过程，包括确定推销队伍的结构模式，对企业推销人员进行选拔培训及建立报酬激励机制。

（一）医药推销队伍的结构模式

医药推销队伍结构模式一般可以根据地域、产品、顾客等因素进行设置。如果一个企业在不同区域对同一行业内的不同客户销售同种产品，则可以应用区域式销售队伍结构模式；但如果企业对许多类型的客户销售多种产品，则需采用产品式的销售队伍结构模式或客户式的销售队伍结构或两者的结合。

（二）药品推销人员的选拔与培训

药品推销人员素质高低，直接影响着推销业绩和所在企业的发展。因此，要建立一支高素质的医药推销队伍，首先要选好人才，其次要抓好业务培训。

1. 医药推销人员的选拔　医药产品的人员推销是一个专业很强的推销工作，对推销人员的素质要求很高，人员选拔一般要遵循以下几个原则。

（1）德才兼备原则　这是选拔医药推销人员的主要原则。德主要指思想品德、职业道德；才主要指知识水平和各种推销能力，即业务素质。德才兼备原则要求在选拔医药推销人员时，从德与才两个方面衡量，两者不可偏废。

（2）不拘一格原则　在医药推销人员选拔上的不拘一格有两层含义：一是资历不等于能力。在人员选拔的时候，既要考虑有一定的资历，但是更多的是考虑其实际的推销能力。二是文凭不等于水平。在选拔时，既要注意有一定的文凭，但是更重要的是要注意其实际的知识水平及其工作中灵活应用的能力。

（3）知人善任原则　让合适的人在合适的岗位上工作，这样才能最大程度的发挥其能力，而且在工作中才能充满激情。知人善任原则要求被任用的医药推销人员的能力与职责相符，能让推销人员在推销岗位上有所建树。如果用人不当，企业不仅不能期望该推销员创造良好的推销业绩，对企业发展做出贡献，而且还可能对企业的形象和声誉造成损害。

企业甄选推销人员，可以选自企业内部，也可对外公开招聘。从企业内部选拔，由于被选人员已经具备企业产品技术知识，对企业的经营状况、营销目标及策略均有所了解，可以减少培训时间，能迅速增强销售力量。

2. 医药推销人员的培训　对新选拔来的推销人员要认真地加以培训，才可以担任企业的医药代表从事推销工作。即使是原有的推销人员，也应定期组织集训，以掌握企业新的营销计划、营销策略和新产品相关的知识。

（1）培训目标　以一定的成本获得最大的销售量；稳定推销队伍，降低推销人员的流动率；建立良好公共关系，提高公关能力。在这种总目标下，还要根据推销人员的任务或推销工作中出现的问题，确定培训项目，作为每一阶段培训的特殊目标。

（2）培训内容　对推销人员的培训，要根据培训目标、参加培训人员的原有水平和企业的营销策略等拟定培训计划，确定培训的具体内容。培训的内容一般包括：思想品质、企业情况、产品知识、市场知识、推销技巧、政策法规、交易知识等。

（3）培训方法　常用的培训方法有课堂培训法、会议培训法、模拟培训法、实地培训法等。①课堂培训法是由销售专家或有丰富推销经验的销售人员采取讲授的形式将知识传授给受训人员。这是应用最广泛的培训方法。②会议培训法是组织推销人员就某一专门议题进行讨论，会议由主讲老师或销售专家组织。③模拟培训法是使受训者亲自参与具有一定实战感受的培训方式。具体有角色扮演法、业务模拟法、实例研究法。④实地培训法是在工作岗位中对推销人员进行培训。新招聘销售人员在接受一定课堂培训后，可安排其在工作岗位上由有经验的推销人员带几周，然后再让其独立工作。

（三）医药推销人员的报酬与激励

1. 医药推销人员的报酬　医药推销人员的工作具有较强的独立性、流动性和自主性，工作环境不稳定，风险较大，医药企业必须建立合理的报酬制度，才能够调动其积极性和主动性，保证推销目标的实现。

医药推销人员的工作能力、工作经验和完成任务的情况是确定报酬的基本依据，报酬形式主要有三种。

（1）**薪金制**　即给推销人员固定的报酬。这种制度简便易行，可简化管理部门的工作。推销人员也因收入稳定而有安全感，不必担心没有推销业务时影响个人收入。但这种制度与推销工作效率无关，缺少对推销人员激励的动力。适用于企业产品销路好，希望推销人员服从指挥、服从工作分配的情况。

（2）**佣金制**　即企业按推销人员实现销售量或利润的大小支付相应的报酬。这种制度可充分调动推销人员积极性和主动性，管理部门也可根据不同的产品和推销任务更灵活、更有针对性地运用激励的手段。但这不能保障企业对推销人员的有效控制，推销人员往往不愿接受非销售性工作，而且常常出现为追逐自身经济利益而忽视企业长远利益的现象。适用于企业积压产品，回笼资金，或新产品上市打开销路的情况。

（3）**薪金加奖励制**　即企业在给推销人员固定薪金的同时又给不定额的奖金。这种形式实际是上述两种形式的结合，一般来讲，它兼有薪金制和佣金制的优点，既能保障管理部门对推销人员的有效控制，又能起到激励刺激的作用。但这种形式实行起来较为复杂，增加了管理部门的工作难度。由于这种制度比较有效，目前越来越多的企业趋向于采用这种方式。

2. 医药推销人员的激励　医药推销人员的激励是与其销售业绩密切联系的，因此要采取合理的激励措施，首先必须对医药推销人员进行绩效考核。绩效考核是指按照一定的标准，采取科学的方法，检查和评定企业员工对职务所规定的职责的履行程度，以确定其工作成绩的一种有效管理的方法。常用的考核指标有销售量、销售金额、销售增长率、销售费用、新市场开拓速度、工作态度等。

管理部门可以根据企业自身情况和内部人员状况灵活地运用多种激励推销人员的方法，以便激发推销人员的潜能，保证推销目标的实现。具体地说，激励推销人员的方法主要有以下几种。

（1）**目标激励法**　医药企业首先建立一些重要的推销目标，如销售数量指标、规定推销员一定时期内访问顾客的次数、订货平均批量增加额等。这样使推销人员感觉工作有奔头、有乐趣，体会到自己的价值与责任，从而增加了努力上进的动力，使实现企业的目标变成了推销人员的自觉行动。采用这种方法，必须将目标与报酬紧密联系起来，达到目标就及时给予兑现。

（2）**强化激励法**　强化激励法有两种方式：一是正强化，对推销人员的业绩与发展给予肯定和奖赏；二是负强化，对推销人员的消极怠工和不正确行为给予否定和惩罚。通过奖惩分明，奖勤罚懒激励推销人员不断地努力。

（3）**反馈激励法**　推销管理部门定期把上一阶段各项推销指标的完成情况、考核成绩及时反馈给推销人员，以此增强他们的工作信心和成就感。

（4）**推销竞赛法**　管理部门根据企业经营、市场和推销人员的具体状况组织多种推销竞赛，激励推销人员做出比平常更大的努力，创造良好业绩，促进销售任务的完成。

岗位情景模拟 9-2

情景描述 假如你是某企业的一名市场推销人员或是药店的店员，在推销产品的过程中会要与客户进行有效沟通，介绍产品，激发顾客的购买欲望并促成购买行为。在认真思考保健品、OTC 药品和处方药等在销售中的不同规定后，请你选择某一品牌的保健品或药品，假设要将产品推销给医药采购相关人员或医生或患者、顾客等，现场做个模拟推销。

要　　求

1. 以小组为单位，设计推销剧本。

2. 通过角色扮演进行情景模拟推销。

答案解析

任务三　医药产品广告策略

PPT

一、医药产品广告概述

1. 医药广告的概念 广告，即"广而告之"，包括非商业广告和商业广告，促销方式中的广告是指商业广告，是指广告主以付费的方式，通过特定的媒体传播商品或服务的信息，以促进商品和服务的销售为主要目的的一种信息传播方式。广告是现代医药企业进行促销的最有效的方法和手段之一，在增强医药企业形象、促进销售等方面具有无可替代的作用。

医药产品广告是指医药生产或经营企业承担费用，通过一定的媒介和形式介绍具体医药产品品种或者功效，提高产品和企业的知名度，直接或间接的以促进医药产品销售为目的的信息传播活动。医药广告一般包括药品、医疗器械、保健食品和特殊医学用途配方食品广告。

拓展链接

999 感冒灵颗粒——冬日里最贴心的温暖

一直以来，999 感冒灵颗粒给人们传递的就是"温暖与治愈"。在感冒初期，冲兑一杯 999 感冒灵颗粒，治愈轻微感冒的同时，也能温暖人们的心，很大程度上是广告传递了这种感觉。

999 感冒灵颗粒最让大家耳熟能详的广告语便是那句"暖暖的，很贴心"，简单的六个字却饱含温暖的关怀，带给人们无限的关爱与疗愈。999 感冒灵颗粒还不断推出系列广告，诸如系列短片广告《总有人偷偷爱着你》便是其中传播度最广的广告之一。短片选自生活中 6 个真实的小故事，以剧情反转的独特方式向我们传递出：这个世界纵然有冷漠、无助与哀愁，但仍然掩盖不住她的美好与温暖。短片虽短，情意却长，999 感冒灵颗粒通过一个个催人泪下的故事，不仅让观众记住了这个可以带给人温暖和治愈的感冒药，更是深深抓住了观众的心，给他们留下了深刻的印象。

启示：成功的广告，可以大大提高产品的知名度，扩大销售。999 感冒灵颗粒广告成功，扣人心弦，是因为它的广告里讲述的都是老百姓的故事，很准确的满足百姓需求的广告诉求，就是其制胜之道。

2. 医药广告的分类 医药广告从不同角度出发可以分为不同的类型，主要有以下四种。

（1）按广告的内容可分为：商品广告和企业形象广告。

（2）按广告的范围可分为：全国性广告、区域性广告和地方性广告。

（3）按产品生命周期阶段可分为：介绍性广告、竞争性广告、提醒性广告。

（4）按广告的传播媒介可分为：印刷媒介广告，如报纸广告、杂志广告、电话簿广告等；邮寄广告，如销售函件、宣传画册、商品目录、产品说明书、订购单等广告形式；户外媒介广告，如路牌广告、招贴广告、霓虹灯广告、气球广告、车身广告等；电子媒介广告，如电视广告、广播广告、电影广告、互联网络广告等；销售现场广告（POP 广告），如柜台广告、货架陈列广告、模特表演、彩旗、招贴画等；其他广告，如表演广告、馈赠广告、赞助广告、体育广告、购物袋广告、雨伞广告等。

📱 **拓展链接**

POP 广告

POP 广告即购买现场广告（point of purchase），也称售点广告，在商业空间、购买场所、零售商店的周围、内部以及在商品陈设的地方所设置的广告物，都属于 POP 广告。它可以抓住顾客心理，利用精美的文案向顾客强调产品具有的特征和优点，招揽顾客，促销商品。

"顾客在销售现场的购买中，2/3 左右属非事先计划性随机购买，约 1/3 为计划性购买。"有效的 POP 广告除了能制造出轻松愉快的销售气氛，使消费者了解产品特性产生购买冲动外，也能有效地促使计划性购买的顾客果断决策，实现即时即地的购买。POP 广告具有很高的经济价值，对消费者、零售商、厂家都有重要的促销作用，适用于任何经营形式的商业场所。

制作成功的 POP，能在药店卖场中起到最关键、最直接的消费刺激和激励，达到意想不到的终端推动效果。常见的药店 POP 样式包括了以下几个大类。

（1）招牌 POP 在店堂大门上设置的如电动字幕、幕布、旗帜等广告形式。

（2）柜台 POP 在店堂内柜台上摆放的产品广告和促销信息。内容包括新品上市、使用指导、礼品发放、促销打折等。

（3）陈列或橱窗展示 POP 利用店堂内部空间或橱窗的设置展示架构或立体形态，包括动态和静态两种形式。

（4）壁面式 POP 直接粘贴在墙面、立柱、橱窗玻璃、柜台等壁面的平面广告。

（5）悬挂式 POP 利用悬挂物件如气球、吊旗、包装空盒、装饰品等传递广告信息。

（5）动态 POP 将广告造型借用电动等机械设备或自然风力进行动态展示。

（7）包装 POP 带展示性的包装设计完成后，经开启或适当变化，可作为小型展架对商品进行展示。

（8）光纤、电脑字幕、电视墙或多媒体、激光影像光源 POP。

3. 广告媒体的特点 广告媒体的种类很多，不同类型的媒体有不同的特性，常用广告媒体及特点见表 9-3。

表 9 – 3　常用广告媒体的特点

媒体	优点	缺点
广播广告	费用低；传播面广，速度快；制作简便，通俗易懂；灵活多样，生动活泼	听众分散；创新形式受限制；有声无形，印象不深；转瞬即逝，难以记忆和存查
电视广告	形象逼真，感染力强；接触度高，可重复播放；收视率高，深入千家万户；表现手法丰富多彩，艺术性强	成本高；播放时间短，广告印象不深；播放节目多，易分散对广告的注意力；广告靶向性弱
报纸广告	可信度高，便于存查；传播面广，读者众多；费用低廉，制作方便；选择性强	寿命短，感染力差；传阅者少，注目率低；单调呆板，不够精美；创新形式有限制
杂志广告	专业性强，针对性强；发行量大，宣传面广；可以反复阅读、反复接触；印刷精美，引人注目	发行周期长，时效性差；篇幅小，广告运用受限制；专业性强的杂志接触面窄；登载内容精彩，分散对广告的注意力。
直邮广告	选择性强，较灵活；在同一媒体内没有广告竞争；人情味较重	邮寄对象选择较难，成本较高，权威性不高
网络广告	信息容量大，选择性很高，交互机会多，相对成本低	硬件要求高；主动性差；创意空间有限，普及率低；权威性不高
户外广告	灵活性强，展露时间长，费用低，竞争少	观众没有选择，缺乏创新；传播范围较小，传播内容受到限制；管理混乱，影响形象
现场广告	效果直接，促销作用明显；创造气氛，美化环境	传播对象仅为目的性客流，表现形式单一，一般只是辅助性手段

二、医药广告促销方案制订

医药广告促销方案的制订，要求医药企业要在五个方面做出的决策：确定广告目标（Mission）、确定广告预算经费（Money）、设计广告信息（Message）、选择广告媒体（Media）和衡量广告效果（Measurement），也称为 5Ms。

（一）确定广告目标

所谓广告目标是指在一个特定时期内，企业借助广告活动所期望达到的效果。广告目标必须服从先前指定的有关目标市场、市场定位和营销组合等决策，广告目标对广告活动具有指导意义。

广告目标的基本要求是清晰、明确、具有可衡量性，广告目标的选择应当建立在对当前市场营销情况深入分析以及对产品所处生命周期深刻把握的基础之上，对于不同生命周期的医药产品，我们要选择不同类型的广告目标。广告目标按具体内容划分可分为：销售增长目标、市场拓展目标、产品推广目标、企业形象目标等。

（二）确定广告经费预算

1. 广告经费预算　广告经费预算是指医药企业在一定时期内预期分配给广告活动的总费用。广告有维持一段时期的延期效应。虽然广告被当做当期开销来处理，但是其中的一部分实际上可以用来逐渐建立被称为品牌权益的无形价值的投资。企业广告经费的投入并不是越多越好，而是应考虑影响广告效果的各种因素，采取科学的手段对成本效益比进行预算，以期用最低的成本获得最佳的效果。

2. 影响医药企业广告经费预算的因素

（1）产品生命周期阶段　一般来讲，对于处于介绍期和成长期的医药产品，因其要在目标消费者内建立知名度，因此，其广告投入的经费也就相对较大；而对于成熟期或衰退期的医药产品，则需要适当降低广告预算。

（2）市场份额和消费者基础　市场份额高的品牌，只求维持其市场份额，因此，其广告预算在销售额中所占的比率也就较少。而通过增加市场销售来提高市场份额，则需大量的广告费用。如果根据单位效应成本来计算，打动使用广泛品牌的消费者比打动使用低市场份额品牌的消费者花费较少。

（3）竞争与干扰　在一个有很多竞争者和广告开支很大的市场上，一种品牌必须加大力度进行宣扬，以便高过市场的干扰声。即使市场上一般的广告干扰声不是直接对品牌竞争，也必须要加大广告投资。

（4）广告频率　把品牌信息传达到顾客需要一定的重复次数，广告投放频率越高，需要的预算也就会越大。

（5）产品替代性　如果在同一类商品种类中存在较多的不同商品品牌，为了树立本品牌有差别性的形象，就需要投入大量的广告，把自己的产品与其他的同类产品区别开来。

（三）设计广告信息

在广告信息的设计上，要着重考虑消费者的行为、习惯和需求，要将消费者的特性与医药产品的特性结合起来。一般来讲，广告信息的设计有以下四个方面。

1. 信息的产生　广告的信息内容受到目标市场特征和产品特征两个方面的影响。目标消费者是广告内容的最好来源，他们对于现有品牌的优势和不足的各种感觉为广告内容的创新性提供了重要的线索。结合产品特征，我们就可以很容易的找到广告信息的诉求点。这种诉求点是有针对性和竞争力的，也代表着消费者对产品的需求。

2. 信息的评价和选择　通常一个好的广告只会强调一个主题。广告信息可根据愿望性、独占性和可信性来加以评估。广告客户应该进行市场分析和研究，以确定哪一种诉求对目标消费者最有效。

3. 信息的表达　广告信息的表达分为两种情况，一种是着重理智定位，另外一种是着重情感定位。不管是在广告促销活动中采用何种定位的表达方式，其关键是，广告传递的信息能否和企业产品的特性充分的结合起来。广告信息往往需要通过有针对性和有特色的广告语表达出来，好的广告语应能准确地传递产品和服务的特性。

🔊 拓展链接

经典广告语

放我的真心在你的手心（美加净护手霜）。

农夫山泉有点甜（农夫山泉）。

补钙新观念，吸收是关键（龙牡壮骨冲剂）。

天天盖天力，添钙添活力（盖天力）。

牙好，胃口就好，身体倍儿棒，吃嘛嘛香（蓝天六必治）。

"咳"不容缓，请用桂龙（桂龙咳喘宁）。

暖暖的，很贴心，这样的朋友你也需要（999牌感冒灵颗粒）。

汽车要加油，我要喝红牛（红牛饮料）。

头屑去无踪，秀发更出众（海飞丝）。

启示：广告语言是广告的点睛之笔，要能准确反映广告诉求。

4. 信息的社会责任　设计医药广告信息必须符合国家法律、法规和社会道德规范对医药广告的限制，此外医药广告还必须谨慎地不触犯任何少数民族和特殊利益团体的价值观。

（四）选择广告媒体

选择广告媒体时要注意不同类型的广告媒体，其所承载的信息的表现形式、信息传递的数量、信息传递的时间和空间都有所不同。为使本企业和产品的信息达到最优的传递效果，医药企业应该比较各个媒体之间的优缺点，结合企业发展战略和产品的特点，寻求一条成本效益比最佳的沟通路线。影响广告媒体选择的因素主要有：医药产品的特性、媒体受众的特点、企业的营销策略、竞争对手状况、媒体传播范围、媒体成本费用、国家的政策法规等。

（五）测算广告效果

衡量广告效果主要包含两个方面：一是企业与社会公众之间的有效沟通，即传播效果；二是医药企业产品促销的效果。

1. 广告传播效果的测定　测定广告的传播效果，主要是测定消费者对广告信息的注意、兴趣、记忆等心理反应的程度。它可分为事前测定和事后测定。

（1）事前测定的方法　①直接评分法：即邀请有经验的专家和部分消费者对各种广告的吸引程度、可理解性、影响力等进行预先评分和比较。②调查测试法：即在广告播出前，将广告作品通过信件、明信片或以调查形式邮寄给消费者或用户，根据回信情况判断准备推出的广告的效果。③实验测试法：即选择有代表性的消费者，利用仪器测量人们对于广告的心理反应，从而判定广告的吸引力。

（2）事后测定法　①认定测定法：在广告播出后，借助有关指标了解视听者的认知程度，测定其注意力。常用的测试指标有：粗知百分比、熟知百分比、联想百分比。②回忆测试法：即通过请一部分消费者了解他们对广告的商品、品牌和企业等的追忆程度，从而判断广告的吸引程度和效果。

2. 广告促销效果的测定

（1）弹性系数测定法　即通过销售量变动率与广告费用投入量变动率的弹性系数大小来测定广告效果。其公式为：$E = (\triangle Q/Q_0) / (\triangle A/A_0)$

式中：Q_0 代表广告前销售量；$\triangle Q$ 代表广告后销售量增量；A_0 代表原广告费用；$\triangle A$ 代表广告费增量；E 代表弹性系数，即广告效果。

如果 $E > 1$，则广告效果优；如果 $E < 1$，则广告效果不佳，甚至有负作用。E 值越大，表明广告的促销效果越好。

（2）广告费用增销法　此法可以测定单位广告费用对商品销售的增益程度。单位广告费用增销量越大，表明广告效果越好；反之则越差。其公式为：

$$单位广告费用增销量 = 销售量增量/广告费用$$

（3）广告费用增销率法　此法用来测定计划期内广告费用增减对广告产品销售的影响。广告费用增销率越大，表明促销效果越好；反之则越差。其公式为：

$$广告费用增销率 = （销售量增长率/广告费用增长率）\times 100\%$$

（4）广告费用占销率法　此法用来测定计划期内广告费用对产品销售量的影响。广告费用占销率越小，表明促销的效果越好；反之则越差。其公式为：

$$广告费用占销率 = （广告费用/销售量）\times 100\%$$

三、医药广告的管理

广告对社会的影响不仅体现在其具有传播信息、塑造品牌、促进企业竞争等经济功能，还体现在对社会的正面和负面效应。医药广告的负面效应不仅直接危害和损害着消费者的健康，也扰乱正常的市场竞争秩序。因此，为了保护消费者利益，维护社会经济秩序，促使医药广告市场健康有序地运行，国家采取了各种手段加强对药品广告的管理。

（一）医药广告管理概念

所谓医药广告管理是指医药广告管理机构、医药广告行业协会以及社会监督组织，依照医药广告的相关法律、法规和政策规定，对医药广告行业和医药广告活动实施的监督、管理、协调与控制活动。具有法制管理、广泛管理、全程管理和多层次管理的特点。

（二）医药广告管理的相关法规

通过法律法规进行广告管理是实行广告管理的重要手段，与医药广告管理相关的法律主要有《中华人民共和国广告法》《中华人民共和国药品管理法》《中华人民共和国商标法》《中华人民共和国反不正当竞争法》《中华人民共和国消费者权益保护法》等，以及国家颁布的《互联网广告管理办法》《药品、医疗器械、保健食品、特殊医学用途配方食品广告审查管理暂行办法》等有关广告管理的规定等。

即学即练 9 - 3

答案解析

为了突出某品牌中成药的质量和特色，特地将该药品的研制开发过程"国内数十位中医药的科研人员历经数年，以《黄帝内经》为参照，精选十几味地道药材配伍，由国内诚信药企联合生产"融入广告内容中，以求达到更好的宣传效果。

问题：请同学们通过对相关法律法规的学习后，思考这样做是不是合理合法？

（三）医药广告的审批与监管

1. 医药广告的审批

（1）审批机构　国家市场监督管理总局和各省、自治区、直辖市市场监督管理部门、药品监督管理部门。

（2）审批机构的职能　审查医药广告的内容是否与国务院药品监督管理部门核准的说明书一致。医药广告涉及药品名称、药品适应症或者功能主治、药理作用等内容的，不得超出说明书范围。审查合格的，发给医药广告批准文号；未取得医药广告批准文号的，不得发布。

（3）广告申请者的职责　医药广告批准文号的申请应按照《药品、医疗器械、保健食品、特殊医学用途配方食品广告审查管理暂行办法》的有关规定进行。申请者应当向企业所在地省、自治区、直辖市药品监督管理部门提交《广告审查表》。

（4）申请提交的证明文件　申请者应当依法提交《广告审查表》、与发布内容一致的广告样件，以及申请人的主体资格相关材料；产品注册证明文件或者备案凭证，注册或者备案的产品标签和说明书，以及生产许可文件；广告中涉及的知识产权相关有效证明材料等。

广告审查机关应当对申请人提交的材料进行审查，自受理之日起十个工作日内完成审查工作。经审查，对符合法律、行政法规和相关规定的广告，应当做出审查批准的决定，编发广告批准文号。广告批准文号的有效期与产品注册证明文件、备案凭证或者生产许可文件最短的有效期一致。未规定有效期的，广告批准文号有效期为两年。

拓展链接

《吐槽大会》吹神药，广告植入需合规

据国家市场监督管理总局 2019 年 12 月 17 日在通报中称，重庆盖勒普霍斯医药有限公司为推销产品，在《吐槽大会》第三季第 4、6、7 三期片尾小剧场中通过演员口播"999 皮炎平绿色装，止痒就是快，无色无味更清爽""推荐您用 999 皮炎平绿色装""我发现这个 999 皮炎平，无色无味还很清爽，这个好哎，而且止痒还挺快的"等内容的方式发布广告，却无法提交广告审查机关对广告进行审查的文件。不仅如此，广告中还存在未标明禁忌、不良反应以及"请按药品说明书或者在药师指导下购买和使用"字样等情况。通报表示，当事人上海笑果文化传媒有限公司的行为违反了《中华人民共和国广告法》第十六条第一款第（四）项、第二款和第四十六条的规定。依据《中华人民共和国广告法》第五十八条第一款第一项、第十四项，2019 年 8 月，上海市市场监督管理局执法总队做出行政处罚，责令其停止发布违法广告，并处罚款 90 万元。

熟悉《吐槽大会》的观众们可能对主持人和节目嘉宾这种一连串的"花式口播"广告并不陌生，不过涉及医药广告的，可能"皮一下"，反而"开心不起来了"。

启示：广告发布要尊重客观事实，合理合法。发布医疗、药品、医疗器械和保健食品等广告，应遵守《中华人民共和国广告法》等相关法律法规的规定，在发布前由广告审查机关对广告内容进行审查；未经审查，不得发布。

2. 医药广告监管

（1）监督管理机构 县级以上地方市场监督管理部门主管本行政区域的广告监督管理工作，县级以上地方人民政府有关部门在各自的职责范围内负责广告管理相关工作。

（2）监管方法 一是以法律为准绳。《中华人民共和国药品管理法》和《中华人民共和国广告法》都对药品、医疗器械、保健食品等广告做出了明确的要求和限制，2020 年施行的《药品、医疗器械、保健食品、特殊医学用途配方食品广告审查管理暂行办法》，明确了药品广告审查管理机构职能与分工，严格药品广告审查标准，统一药品广告审查的程序，进一步明确药品广告公开时间、途径及内容等，以维护广告市场秩序，保护消费者合法权益。二是强化主体责任和行业自律。2007 年，政府部门相继下发《关于集中整治药品、保健食品、医疗广告的通知》《药品、医疗器械、保健食品广告发布企业信用管理办法》，2009 年有关部门发出《关于进一步加强广播电视医疗和药品广告监管工作的通知》，2025 年 4 月国家市场监管总局《关于维护广告市场秩序 营造良好消费环境的通知》中决定在全国范围内开展广告市场秩序整治工作，政府在严厉打击违法广告的同时，试图强化行业自律，通过信用管理等方式，提高企业知法、守法的自觉性。三是专管与综合治理相结合。加大监管范围和力度，关注互联网广告，2023 年国家市场监管总局新修订公布《互联网广告管理办法》，更好地为互联网广告业健康发展营造良好的市场环境。

岗位情景模拟 9-3

情景描述　长沙某药店为回馈广大消费者，扩大销售，准备将某名牌阿胶产品优惠酬宾，要在店内外张贴 POP 广告进行宣传，请为该产品制作一份 POP 广告。资料如下。

　　产品名称：××阿胶。**产品功能：**滋阴补血、润燥止血，用于血虚萎黄、眩晕心悸、肌萎无力、心烦不眠、虚风内动、肺燥咳嗽等。**产品规格：**250g/盒。**优惠信息：**优惠价 650 元/盒，买 2 盒送 450g 阿胶枣一包。

要　求

1. 利用休息时间到零售药店观察店内的各种 POP 广告。
2. 利用手绘技巧制作一份促销 POP 广告。

答案解析

PPT

任务四　医药产品营业推广策略

一、医药营业推广的概念　微课 2

医药营业推广又称为销售促进，它是指医药企业运用各种短期刺激手段鼓励消费者和中间商购买、经销或代理企业产品或服务的促销活动。

营业推广是人员推销、广告、公共关系相并列的四种促销方式之一，是构成促销组合的一个重要方面。

二、医药营业推广的特点

营业推广是一种短期的促销方式，相对于其他的促销方式，医药营销推广有以下几个显著特点。

1. 针对性强、促销效果明显　医药企业采取营业推广的促销方式，一般来讲，比较注意各种促销手段的组合运用，通过提供某些优惠条件调动有关人员的积极性，在一定的时间限定内，引起较大规模的轰动效应，刺激和引导消费者做出购买决定。

2. 无规则性和非经常性　医药产品营业推广是一种非人员的促销形式，大多数营业推广方式是无规则和非经常性的，它只是辅助或协调人员推销及广告活动的补充性措施，正因为无规则性地出现，才可能使消费者觉得机会不能错过。由于它是在短时期内达到某种销售目标，故不能频繁使用，否则会降低其促销效果。

3. 短期效果　医药营业推广一般是为了尽快地批量推销产品获得短期经济效益而采取的措施。如若按长期推销模式运作，则容易使消费者产生逆反心理，反而无法达到促销的本意。

4. 风险性　企业运用营业推广主要是通过各种促销活动促使消费者尽快购买其产品，但由于营业推广的很多方法都呈现强烈的吸引氛围，有些做法难免显出企业急于出售产品的意图，如果使用不当，就可能引起消费者对产品的品质、疗效以及企业声誉产生怀疑，产生逆反心理，可能会降低顾客对品牌忠诚度等，因此具有一定的风险性。

三、医药营业推广的主要方式

（一）针对消费者的医药营业推广

针对消费者的营业推广，更多的是指药店的营业推广，主要适用于保健品和 OTC 药品的促销。主要有以下几种。

1. 赠送样品　企业在新产品上市时，为了吸引目标消费者率先使用，可以采取赠送样品的方式。这适合保健品和化妆品等产品。

2. 优惠券或积分卡　主要是对购买一定数量的消费者，为刺激其购买某种产品，或增加回头购买所采用的一种形式。

3. 有奖销售　购买一定量的商品后，按照一定的形式给予一定的奖励。但是需要注意的是，奖励应符合企业和产品的特性，切勿让奖励喧宾夺主。

4. 商品示范　通过参与和举办各种形式的医药产品展览和陈列，边展边销，突出、集中、重点地介绍某些产品，并配以优惠的价格，有效刺激消费者的购买。

5. 折价优惠　企业在一定时期内对所售商品打折销售，如单件折扣、数量折扣、组合折扣等。

6. 包装兑换　采用商品包装来兑现商品部分价款或以旧换新的推广方式，如以产品的若干空盒或瓶子换取购买该产品的部分货款。

7. 换购商品　消费满一定金额之后，店家给予换购券，可在指定的"换购"商品中以较低的"换购价"购买商品。

按现行规定、不得以搭售、买药品赠药品、买商品赠药品等方式向公众赠送处方药或者甲类非处方药。在开展药店促销时，要慎重选用促销活动。

（二）针对中间商的医药营业推广

针对中间商的医药营业推广主要是指制药企业对医药批发企业、零售商或代理商及医疗单位等进行的促销活动，其主要目的是鼓励目标顾客购买更多或尝试新产品。

1. 购买折扣　为激励中间商购买更多的产品，对一次购买数量较多或在某段时间内购买较多产品的中间商给予一定的折扣奖励。

2. 推广津贴　为鼓励中间商能够提供较好的陈列位置和更大的陈列空间，对其给予一定费用补贴或广告费的支持，对于路途较远的中间商，给予路费的补偿，以鼓励其购买本企业产品。

3. 销售竞赛　如果在同一市场上通过多家中间商来销售本企业的产品，可以根据各销售商的销售业绩，通过销量竞赛，对优胜者给予不同的奖励，以起到激励和调动中间商销售积极性的作用。

4. 药交会　医药企业在这类交易会上，可集中大量的品种，形成对促销有力的现场环境，可以给与目标消费者一个直观的印象。

5. 人员培训　企业为了增强产品在零售终端的销售效果，可以对医药经营企业的员工进行专门的产品知识和销售技巧的培训。

（三）针对医院的医药营业推广

1. 折扣　在医药产品销售过程中，医药企业根据购药单位销售额给予不同的优惠，在年底或不定期的返还不同比例的现金或产品的行为。

2. 学术推广　指以专业药品知识为基础，通过专业化的推广形式和工具，对医生及相关人员进行医药产品信息传播的活动。例如，组织开展学术会议、学术交流、用药培训、科普宣传等活动，或对这些活动给予一定的经济支持。

3. 公司纪念品　这类工具除了能有效地树立起公司的企业和产品形象，同时为企业与医院客户之间的关系提供互动性的保证。可以是印有企业 LOGO 的纪念品、宣传手袋等，但要注意不能涉嫌商业贿赂。

四、医药营业推广方案的制订

在确定了营业推广目标后，要分析相关因素，选择一种或多种营业推广方式，并制订具体的营业推广方案，制订方案时主要考虑以下方面。

1. 刺激规模　刺激规模的大小必须结合目标市场的数量、规模以及内在结构，并根据推广收入与刺激费用之间的效应关系来确定。

2. 参与者的条件　针对顾客或经销商的特点，选择反应积极并易产生最佳推广效果的顾客或经销商作为主力参与者。

3. 推广时机和持续时间　企业应综合分析所推广产品的市场生命周期、市场竞争环境、购买心理等情况，选择恰当的时机付诸于实施，如季节性周期变换或节假日节点。若推广时间过短，消费者来不及反应；若推广时间过长，则消费者会产生厌倦情绪。一般来讲，理想的营业推广持续时间一般来说在一周以内。

4. 优惠分发的途径　常用的有包装分送、商店分发和邮寄广告等三种。例如，优惠券可放在商品包装里，也可以通过店面或广告媒体分发，或直接邮寄。在选择分发途径时，企业既要考虑各种途径的传播范围，又要考虑成本。

5. 推广总预算　推广预算是医药营业推广中最重要的影响因素之一。一般拟定的方法有：一是从基层做起，营销人员根据所选用的各种促销办法来估计他们的总费用；二是按照习惯比例来确定各项促销预算占总促销预算的比率。

拓展链接

促销活动方案的基本格式

1. **活动目的**　对活动背景及活动目的进行阐述。活动控制在范围多大内？开展这次活动的目的是什么？是处理库存？是提升销量？是打击竞争对手？是新品上市？还是提升品牌认知度及美誉度？只有目的明确，才能使活动有的放矢。

2. **活动对象**　活动针对的是目标市场的每一个人还是某一特定群体？哪些人是促销的主要目标？哪些人是促销的次要目标？这些选择的正确与否会直接影响到促销的最终效果。

3. **活动主题**　在这一部分，主要是解决两个问题：①确定活动主题；②包装活动主题。

第一是从商业角度，是价格折扣？赠品？抽奖？优惠券？服务促销？还是其它促销工具？选择什么样的促销工具和主题，要考虑到活动的目标、竞争条件和环境及促销的费用预算等。

第二是从消费角度，尽可能淡化促销的商业目的，使活动更接近于消费者，更能打动消费者。这是促销活动方案的核心部分，应该力求创新，使活动具有震撼力和排他性。

4. **活动方式**　这一部分主要阐述活动开展的具体方式，重点考虑以下两个问题。

（1）**确定伙伴**　和政府或媒体合作，有助于借势和造势；和经销商或其他厂家联合可整合资源，降低费用及风险。

（2）确定刺激程度　要使促销取得成功，必须要使活动具有刺激力，能刺激目标对象参与。刺激程度越高，促进销售的反应越大，但这种刺激也存在边际效应。

5. 活动时间和地点　促销活动的时间和地点选择得当，会事半功倍，选择不当则会费力不讨好。

6. 广告配合方式　一个成功的促销活动，需要全方位的广告配合。选择什么样的广告创意及表现手法？选择什么样的媒介炒作？这些都意味着不同的受众抵达率和费用投入。

7. 前期准备　前期准备分人员安排、物资准备和试验方案三块。

（1）人员安排方面　要"人人有事做，事事有人管"，无空白点。谁负责与政府、媒体的沟通？谁负责文案写作？谁负责现场管理？谁负责礼品发放？谁负责顾客投诉？

（2）物资准备方面　要事无巨细，大到车辆，小到螺丝钉，都要罗列出来。

（3）试验方案方面　由于活动方案是在经验的基础上确定，因此必须要进行必要的试验来判断促销工具的选择是否正确，刺激程度是否合适，现有的途径是否理想。

8. 中期操作　中期操作主要是活动纪律和现场控制。

9. 后期延续　后期延续主要是媒体宣传的问题，对这次活动将采取何种方式在哪些媒体进行后续宣传？

10. 费用预算　对促销活动的费用投入和产出应做出预算。

11. 意外防范　每次活动都有可能出现一些意外，比如政府部门的干预、消费者的投诉、甚至天气突变导致户外的促销活动无法继续进行等，应做好预案

12. 效果预估　预测这次活动会达到什么样的效果，以利于活动结束后与实际情况进行比较，从刺激程度、促销时机、促销媒介等各方面的总结成败点。

岗位情景模拟 9 - 4

情景描述　星罗棋布的药店所面临的竞争对手，不仅有同行，更有社区、乡村的基层医疗机构，为在激烈的市场竞争中获胜，各零售药店采取各种营业推广手段来吸引消费者。那么各药店究竟在何时、何地、采取何种手段进行营业推广？结果怎样？观察药店促销活动的具体情况，并适时就上述问题对药店店员及其顾客进行调查并记录。

要　求

1. 观察 3~5 家不同的药店。

2. 运用所学内容，比较各药店促销活动的异同。

3. 各组总结感受，选派代表进行交流与汇报。

答案解析

任务五　医药营销公共关系策略

PPT

一、医药营销公共关系的概念

公共关系是指某一企业为改善与公众的关系，利用传播与沟通等手段，促进公众对企业的认识、理

解及支持，达到树立良好企业形象的一系列管理活动。公共关系日益成为医药企业、尤其是医药市场营销不可分割的组成部分，公共关系在树立良好形象、协调关系、增进沟通、处理危机、引导和教育消费者等方面有着不可替代的重要性。

医药营销公共关系也称医药营销公关，是专门支持医药企业营销的公共关系活动，是企业公共关系的一个重要方面。医药营销公关是企业营销过程中，为了建立与公众之间良好的相互关系，获得公众信赖、改善公众印象，树立企业及产品良好形象，以实现营销目标的一系列活动。医药营销公关要兼顾沟通和销售，是以营销为主导的公关活动，一般认为宣传产品、赞助活动、举办主题活动、参与公共服务、编印宣传品、邀请媒体参观采访、支持往来厂商及其业务等是营销公关的范围，而处理企业与股东的关系、与政府的关系、与内部员工的关系、公众事务运作等就属于企业一般公共关系的范围。

二、医药营销公共关系的基本特点

医药营销公关是企业公共关系的重要方面，基本特点是一致的，了解这些特点有助于加深对医药营销公共关系概念的理解。

1. 情感性　公共关系是一种创造美好的艺术，强调的是和谐的人事氛围、最佳的社会舆情，以赢得社会公众的了解、信任与合作。中华传统文化强调办事讲究"天时、地利、人和"，常把"人和"作为事业成功的重要条件。公共关系就是要追求"人和"的境界，为企业的生存、发展创造最佳的软环境。

2. 双向性　公共关系是以真实为基础的双向沟通，而不是单向地对公众传达或对舆论进行调查、监控，形成企业与公众之间的双向信息系统。企业一方面要吸取民意以调整决策，改善自身；另一方面又要对外传播，使公众认识和了解自己，达成有效的双向沟通。

3. 广泛性　公共关系的广泛性包含两层意思：一层意思是公共关系存在于企业营销的任何行为和过程中，即公共关系无处不在，无时不在；另一层意思是指公众的广泛性，公共关系的对象可以是任何个人、群体和组织，既可以是已经与企业发生关系的任何公众，也可以是将要或有可能发生关系的暂时无关的公众。

4. 整体性　公共关系的宗旨是使公众全面地系统地了解企业和产品，从而建立起良好的声誉和知名度。公共关系侧重于企业在市场中的竞争地位和整体形象的传播，使公众对企业产生整体性的认识。

5. 长期性　公共关系的实践告诉我们，不能把公共关系人员当作"救火队"，而应当作"常备军"。公共关系的管理职能是经常性与计划性的，追求长期效果，这就是说公共关系不是水龙头，想开就开，想关就关，它是一种长期性的工作。

三、医药营销公共关系的类型

根据医药营销公关工作的业务活动不同，可以将公关活动划分为以下五种类型。

1. 宣传型公关　运用印刷媒介、电子媒介等宣传性手段，传递医药企业、品牌、产品的信息，影响公众舆论，迅速扩大企业、品牌、产品的社会影响。宣传型公关的特点是主导性强，时效性强，传播面广，推广企业、品牌、产品形象的效果快，特别有利于提高企业、品牌、产品的知名度。其具体形式有：发新闻稿，做公共关系广告，印刷发行公共关系刊物和各种视听资料，演讲或表演等。宣传型公关广泛运用报纸、杂志、电台、电视等不同的传播媒介，充分发挥了现代大众媒介的效力。

📱 **拓展链接**

白兰地长征

20 世纪 50 年代，法国公关专家为将法国白兰地酒打入美国市场做了一次精心的公关策划。担任这次设计的有关专家，经过详细策划，决定以法美人民的情谊做文章，选定的宣传时机则是当时美国总统艾森豪威尔的 67 岁寿辰。

实施步骤，首先是美国各界人士在总统寿辰一个月前，分别从不同渠道获得如下一些消息：法国人民为了表示他们对美国总统的友好感情，将选赠两桶极名贵的、酿造已达 67 年之久的白兰地酒为总统寿辰贺礼；贺礼酒将由专列送到美国，白兰地公司为此付出巨额保险费；在总统寿辰之际，将举行隆重的赠送仪式，将由两名身着法国宫廷侍卫服装的法国士兵抬着这两桶白兰地步行走入白宫；盛装白兰地酒的酒桶亦是艺术家精心之作；……连续的报道吸引了千万读者的心。

在总统寿辰前夕，关于这两桶白兰地酒的传说，已成了华盛顿市民的热门话题。总统寿辰当天，为了观看这个送酒仪式，华盛顿市竟出现了万人空巷的罕见景象。关于名酒行踪的报道、专题特写、新闻照片挤满了当天各报版面。而后，又通过新闻媒介发出了："为使美国人民能够领略白兰地酒的浓郁醇香，专列还带来一批白兰地酒，奉献给美国人民。"一则消息。于是，人们纷纷购买。法国名酒白兰地就是在这种气氛中，昂首阔步走上了美国的国宴与市民的餐桌。

启示：这一公关设计的关键，是设计专家既懂得宣传时机，又熟悉各种传播媒介的不同作用，运用不同的手法吸引各种传播媒介不请自来，使整个过程按着原先的构想行动，圆满地实现公关目标。

2. 交际型公关 运用各种交际方法和沟通艺术，广交朋友，协调关系，缓和矛盾，化解冲突，为医药企业创造"人和"的环境。交际型公关的特点是直接沟通，形式灵活，信息反馈快，富于人情味，在加强感情联络方面效果突出。其方式包括社团交际和个人交际，如工作餐会、宴会、座谈会、谈判、专访、慰问、接待参观、电话沟通、亲笔信函等。总之，通过语言、文字、人与人之间的直接对话等来交往与沟通。

3. 服务型公关 以实际的服务行为作为特殊媒介，吸引公众，感化人心，获取好评，争取合作，使医药企业与公众之间关系更加融洽、和谐，提高企业的社会信誉。服务型公关的特点是以行动作为最有力的语言，实在、实惠，最容易被公众所接受，特别有利于提高企业的美誉度。如各种健康保健知识讲座、售后服务、免费体验、各种完善的服务措施等。其目的不仅是促销，更重要的是树立和维护形象与声誉。

4. 社会活动型公关 以医药企业的名义发起或参与社会性的活动，在公益、慈善、文化、艺术、体育、教育等社会活动中充当主角或热心参与者，在支持社会事业的同时，扩大企业的整体影响。社会活动型公关的特点是社会参与面广，与公众接触面大，社会影响力强，形象投资费用也高，能较有效地同时提高知名度和美誉度。其形式有：赞助文化、教育、体育、卫生等事业，支持社区福利事业、慈善事业，扶持新生事物，参与国家、社区重大活动并提供赞助；还包括利用本组织的庆典活动和传统节日为公众提供有吸引力的大型活动或招待。

5. 征询型公关 医药企业运用收集信息、社会调查、民意测验、舆论分析等信息反馈手段，了解舆情民意，把握时势动态，监测组织环境，为决策提供咨询。征询型公关的特点是以输入信息为主，具有较强的研究性、参谋性，是整个双向沟通中不可缺少的重要机制，其形式有：开办各种咨询业务，建立来信来访制度和合理化建议制度，制作调查问卷，设立热线电话，分析新闻舆论，广泛开展社会调查，进行有奖测验活动，聘请兼职信息人员，举办信息交流会等。

> **即学即练9-4**
>
> 答案解析
>
> 济南某著名化妆品公司在推出新产品之际，为了建立长久的企业品牌形象，提高企业声誉，激发潜在消费，采取了向济南市女骑警赠送该品牌最新系列美容护肤品的促销手段，企业开展免费赠送活动后，名声大振，当地众多美容院开始经营该企业的新产品。
>
> 问题：向女骑警赠送护肤品是什么类型的公关促销活动？能起到什么促销效果？

四、医药营销危机公关

（一）医药营销危机公关概念

医药营销危机公关是针对医药营销危机所采取的一系列消除影响、恢复形象的自救行动。医药营销危机是指影响医药企业生产经营活动的正常进行，对其生存、发展构成威胁，从而使企业形象遭受损失的某些突发事件，如"巨能钙风波""毒胶囊事件"等。

（二）医药营销危机的特点

1. 突发性　医药营销危机事件是一种突发性事件，它的发生常常是意想不到，是没有准备的情况下突然爆发的，它是不可预见的或不可完全预见的。由于医药营销大系统是开放的，每时每刻都处在与外界的物质、能量、信息的交换和流动之中，其任何一个薄弱环节都可能因某种偶然因素而致失衡、崩溃，形成危机。它具有突发性特征，也具有不可预测性的特征。从本质上讲，医药营销危机的爆发是一个从量变到质变的过程。

2. 严重性　危机事件作为一种公共事件，任何组织在危机中采取的行动和措施失当，将使企业的品牌形象和企业信誉受到致命打击，甚至危及生存。由此，为了应对各种突发的危机事件，现代企业一般都将其纳入管理的内容，形成了独特的危机管理机制，而危机的公关管理就是其中的内容。

3. 紧迫性　医药营销危机总是在短时间内突然爆发，造成损失的危害性能量会迅速释放，如不能及时控制，危机就会加剧。一旦危机发生，要求组织立刻处于备战状态，要求公关人员第一时间全面掌握事实真相。

4. 关注性　进入信息化时代后，事件发生的信息传播速度非常快，危机爆发所造成的巨大影响，又迅速令人瞩目。它常常会成为社会和舆论关注的焦点和讨论的话题，成为新闻界争相报道的内容，成为竞争对手发现破绽的线索，成为主管部门检查批评的对象。

总之，医药营销危机一旦出现，它就会像一颗突然爆炸的炸弹，在社会中迅速扩散开来，对社会造成严重的冲击；它就会像一根牵动社会的神经，迅速引起社会各界的不同反应，令社会各界密切注意，最终将影响医药企业的发展。

（三）营销危机公关处理原则

1. 承担责任原则　危机发生后，公众会关心两方面的问题：一方面是利益的问题，利益是公众关注的焦点，因此无论谁是谁非，企业应该承担责任。即使受害者在事故发生中有一定责任，企业也不应首先追究其责任，否则会各执己见，加深矛盾，引起公众的反感，不利于问题的解决。另一方面是感情问题，公众很在意企业是否在意自己的感受，因此企业应该站在受害者的立场上表示同情和安慰，并通过新闻媒介向公众致歉，解决深层次的心理、情感关系问题，从而赢得公众的理解和信任。

2. 真诚沟通原则　处于危机中的企业是公众和媒介的焦点，其一举一动都将接受质疑，因此千万不要有侥幸心理，企图蒙混过关。而应该主动与新闻媒介联系，尽快与公众沟通，说明事实真相，促使双方互相理解，消除疑虑与不安。

真诚沟通是处理危机的基本原则之一。这里的真诚指"三诚"，即诚意、诚恳、诚实。如果做到了这"三诚"，则一切问题都可迎刃而解。

（1）诚意　在事件发生后的第一时间，公司的高层应向公众说明情况，并致以歉意，从而体现企业勇于承担责任、对消费者负责的企业文化，赢得消费者的同情和理解。

（2）诚恳　一切以消费者的利益为重，不回避问题和错误，及时与媒体和公众沟通，向消费者说明消费者的进展情况，重拾消费者的信任和尊重。

（3）诚实　诚实是危机处理最关键也是最有效的办法。我们会原谅一个人的错误，但不会原谅一个人说谎。

3. 速度第一原则　好事不出门，坏事行千里。在危机出现的最初 12～24 小时内，消息会像病毒一样，以裂变方式高速传播。而这时候，可靠的消息往往不多，社会上充斥着谣言和猜测。企业的一举一动将是外界评判其如何处理这次危机的主要根据。媒体、公众及政府都密切注视企业发出的第一份声明。对于企业在处理危机方面的做法和立场，舆论赞成与否往往都会立刻见于媒体报道。

因此，企业必须当机立断，快速反应，果决行动，与媒体和公众进行沟通，从而迅速控制事态，否则会扩大突发危机的范围，甚至可能失去对全局的控制。危机发生后，能否首先控制住事态，使其不扩大、不升级、不蔓延，是处理危机的关键。

4. 权威证实原则　危机发生后，企业不要自己整天拿着高音喇叭叫冤，而要曲线救国，请有权威的专业的第三者在前台发声和出具证明，使消费者解除对自己的警戒心理，重获他们的信任。

📖 **拓展链接**

王老吉"添加门"中神奇回生

2009 年 4 月 13 日，杭州消费者起诉王老吉，称自己的胃溃疡是由于饮用王老吉所致。5 月 11 日，国家疾控中心营养与食品安全所常务副所长严某给红罐王老吉定了性：王老吉中的有些成分和原料，不在食品安全法已经规定的既是食品又是药品的名单之列。王老吉卷入"添加门"危机，风波骤然掀起。面对外界的质疑与媒体的曝光，王老吉没有马上出来直接澄清和解释，但危机公关却一刻没有耽误。危机之后的第二天，广东食品协会就紧急召开记者招待会，称王老吉凉茶中含有夏枯草配方是合法的，不存在添加物违规问题。事发仅 4 天，卫生部也发布声明确认王老吉凉茶在 2005 年已备案，并认可夏枯草的安全性。

启示：王老吉"添加门"危机顺利解决取决于其出色的政府公关能力，与解决问题的正确思路。它的危机公关抓住了关键点，由第三方的专业和权威部门出具证明与报告，往往更令人信服。

5. 系统运行原则　在逃避一种危险时，不要忽视另一种危险。在进行危机管理时必须系统运作，绝不可顾此失彼。只有这样才能透过表面现象看本质，创造性地解决问题，化害为利。

危机的系统运作主要是做好以下几点。

（1）以冷对热，以静制动 危机会使人处于焦躁或恐惧之中，所以企业高层应以"冷"对"热"、以"静"制"动"，镇定自若，以减轻企业员工的心理压力。

（2）统一观点，稳住阵脚 在企业内部迅速统一观点，对危机有清醒认识，从而稳住阵脚，万众一心，同仇敌忾。

（3）组建班子，专项负责 一般情况下，危机公关小组的组成由企业的公关部成员和企业涉及危机管理的高层领导直接组成。这样，一方面是高效率的保证，另一方面是对外口径一致的保证，使公众对企业处理危机的诚意感到可以信赖。

（4）果断决策，迅速实施 由于危机瞬息万变，在危机决策时效性要求和信息匮乏条件下，任何模糊的决策都会产生严重的后果。所以必须最大限度地集中决策使用资源，迅速做出决策，系统部署，付诸实施。

（5）合纵连横，借助外力 当危机来临，应充分和政府部分、行业协会、同行企业及新闻媒体充分配合，联手对付危机，在众人拾柴火焰高的同时，增强公信力、影响力。

（6）循序渐进，标本兼治 要真正彻底地消除危机，需要在控制事态后，及时准确地找到危机的症结，对症下药，谋求治"本"。如果仅仅停留在治标阶段，就会前功尽弃，甚至引发新的危机。

当然还有其他，例如客户信任原则、团队合作原则等。

▶▶ 岗位情景模拟 9-5

情景描述 成立于 1994 年的海底捞是一家以经营川味火锅为主、融汇各地火锅特色为一体的大型跨省直营餐饮品牌火锅店，其门店遍布我国多个城市及韩国、日本、新加坡、美国等国家。但在 2017 年 8 月，法制晚报的媒体记者卧底海底捞暗访，通过拍摄老鼠钻食品柜、火锅漏勺掏下水道、扫帚簸箕与餐具一起洗等照片，揭露了餐饮行业的标杆企业——海底捞的卫生状况堪忧的问题。随后，原北京食药监局表态，对这两家门店立案调查。

面对突如其来的危机，海底捞冷静沉着的运用危机公关的方法和技巧挽救了公司和员工的命运，打了一场漂亮的危机公关仗。

要 求

1. 请同学通过网络或其他文献广泛搜集整理事件相关资料，并进行总结。
2. 熟悉危机公关处理原则的应用。

答案解析

✎ 实践实训

【案例分析】

"脑白金"广告策略分析

在很多人看来，脑白金广告一无是处，更有业内人士骂其毫无创意、"土得令人恶心"。有趣的是，就靠着这在网上被传为"第一恶俗"的广告，脑白金创下了几十个亿的销售额，在 2001 年，更是每月平均销售额高达 2 亿，"巨人"史玉柱也翻了身，再次踌躇满志地重出江湖。土广告打下大市场，不是用偶然性能解释的。对其广告策略进行剖析，对我们一定能有不少启示。

问题：

（1）查找"脑白金"的系列相关广告。

（2）分析"脑白金"广告策略的成功之处。

（3）从"脑白金"广告案例中得到了哪些启示？

分析要求：

（1）学生小组讨论分析案例提出的问题，形成小组《案例分析报告》。

（2）各小组陈述各自的分析，并让同学进行相互评价。

（3）老师对各组《案例分析报告》进行点评。

【综合实训】

某药店促销活动策划

（一）实训目的

通过对某药店在节假日或会员日的促销活动策划，使学生认识到促销的重要性，熟悉各种促销活动和方式的优劣势，会根据实际情况采取相应的促销活动组合，以提高药店的销售业绩。

（二）实训要求

1. 将学生分成若干组，每组4～6人，按操作步骤具体实施。

2. 认识到促销的重要性，掌握整体促销活动策划步骤。

3. 根据题意和所了解掌握的资料，自行确定某药店和某节假日。

4. 根据方案应包含的要素内容，制定促销活动方案。

（三）实训内容

1. 实训背景

一家位于本市某小区、面积约100平方米的药店，开业近2年，虽有医保资源，但因周边又开了一家新的药店，附近的竞争药店达到了三家之多，日平均销售额逐渐下降。为了稳定销售额，提高进店客流量，形成参与和购买热潮，药店决定在会员日或节假日到来之际，开展一次药店促销活动。请为药店设计一个促销活动方案。

2. 操作步骤

第一步：确定促销活动目的，选定特定的日子。

第二步：根据促销目的和促销活动主题设计具体方案内容。

（1）明确促销对象，了解其消费心理；

（2）确定活动的主题：可根据所选的特定日子和要宣传的消费理念具体确定；

（3）确定具体的活动时间：××年××月××日——××年××月××日；

（4）确定促销活动的具体地点；

（5）确定促销活动的具体内容和具体形式，如折扣酬宾、换购活动、积分活动、免费检测及专家诊断指导等；

（6）活动成员的具体分工安排；

（7）确定具体的信息发布方式和准备活动；

（8）预算促销活动的成本；

（9）预估促销的效果。

第三步：促销活动方案的展示。

本项目成员根据促销活动方案设计陈述 PPT，由每组派出代表上台进行方案分析陈述。

第四步：根据各组促销方案的目标及预估的促销效果，对促销活动方案进行评价。

（四）实训评价

实训课题从确定促销活动的目标、实训分工、具体实施到活动方案的撰写，主要由学生小组自己负责。教师在实训中起到指导作用，项目结束时，进行实训交流，师生共同评价工作成果。

考核的主要内容有调查准备、方案设计、陈述表达、团队合作等，具体内容如表 9 – 4 所示。

表 9 – 4　实训评价表

考核项目	考核标准	配分	得分
调查准备	资料收集齐全	20 分	
促销活动方案	表达有条理，活动设计可行，无明显缺陷	30 分	
陈述宣讲	陈述效果好，表现积极	30 分	
团结协作	组内成员分工合理，团结协作	20 分	
合计		100 分	

目标检测

答案解析

一、单项选择题

1. 在产品市场寿命周期的（　　）阶段，促销的目的是为了提高产品的知晓度。

　　A. 介绍期　　　　　　B. 成长期　　　　　　C. 成熟期　　　　　　D. 介绍期和成熟期

2. （　　）方式是只针对消费者的促销工具。

　　A. 推广津贴　　　　　B. 学术支持　　　　　C. 包装兑换　　　　　D. 红利

3. 某医药企业在报纸上发表重要商业新闻，这属于促销策略里的（　　）活动。

　　A. 广告　　　　　　　B. 人员推销　　　　　C. 销售促进　　　　　D. 公共关系

4. 治疗疑难病的处方药更多地使用（　　）进行促销。

　　A. 广告　　　　　　　B. 人员推销　　　　　C. 销售促进　　　　　D. 公共关系

5. 针对医院的药品营业推广手段主要有折扣、公司礼品和（　　）。

　　A. 赠送样品　　　　　B. 包装兑换　　　　　C. 有奖销售　　　　　D. 学术推广

二、多项选择题

1. 常用非处方药品市场营销的主要促销工具通常是（　　）。

　　A. 广告　　　　　　　B. 人员推销　　　　　C. 促销组合

　　D. 公共关系　　　　　E. 营业推广

2. （　　）是针对消费者的销售促进工具。

　　A. 优惠券　　　　　　B. 红利　　　　　　　C. 赠送样品

　　D. 包装兑换　　　　　E. 销售竞赛

3. 报纸广告主要优点有（　　）。

A. 传播面广，读者众多　　　B. 可信度高，便于存查　C. 制作简便，费用低廉

D. 生动形象，感染力强　　　E. 形式多样，注目率高

4. （　　）是针对中间商的销售促进工具。

A. 以旧换新　　　　　B. 购买折扣　　　　　C. 人员培训

D. 推广津贴　　　　　E. 药交会

5. 有下列（　　）情形的属违法广告。

A. 含有不科学地表示功效的断言或者保证，如"药到病除""根治"等的。

B. 不贬低同类产品，不与其他药品进行功效和安全性对比的。

C. 含有治愈率、有效率及获奖的内容的。

D. 含有利用医药科研、学术机构、医疗机构或专家、医生、患者的名义作证明的。

E. 药品商品名称不得单独进行广告宣传

三、判断题

1. 推式策略是指医药企业运用非人员推销方式把目标消费顾客拉过来，使其对本企业的医药产品产生需求，以扩大销售。（　　）

2. 药品的主要促销方式有人员推销、非人员推销、广告、营业推广和公共关系。（　　）

3. 拉式策略主要适用于科技含量高、价值较大、用途较窄的医药产品。（　　）

4. 当消费者对企业产品质量提出异议时，企业可坚持走自己的路让别人去说吧。（　　）

5. 广告促销效果弹性系数 E 越大，说明广告促销效果越好。（　　）

四、思考题

1. 什么是促销组合策略？企业制定促销组合策略应考虑哪些因素？

2. 医药推销人员应具备怎样的条件？应如何选拔？

3. 什么是医药产品广告？如何制订药品广告促销方案？

4. 什么是营业推广？其主要形式有哪些？

5. 什么是营销危机公关？其处理原则是什么？

书网融合……

| 知识回顾 | 微课1 | 微课2 | 习题 |

（蒋　琳）

学习引导

管理，是一切组织正常发挥作用的前提。任何企业从事营销活动，不论其性质如何，都必须进行营销管理，对其为实现营销目标的各种活动进行计划、实施和控制，以维持市场营销资源与目标的平衡，与变化多端的市场相适应，以保证企业的营销活动取得预期效果。

本项目的主要内容是认知医药市场营销管理的概念和基本形式，设计市场营销组织，按计划和步骤对营销工作进行实施和控制。

学习目标

1. **掌握** 医药市场营销组织的概念及基本形式。
2. **熟悉** 市场营销组织设置的基本要求及影响因素。
3. **了解** 医药市场营销实施和控制的基本内容和方法。

任务一 建立医药市场营销组织 微课1

PPT

一、医药市场营销组织的概念

医药市场营销组织是为了实现企业目标，制订、实施和控制市场营销计划的职能部门，是医药企业内部涉及营销活动的各个职位的安排、组合及其结构模式。每个企业必须依据所处的市场营销环境及自身实际情况合理选择和建立营销组织，使之对外能够很好地服务市场，对内能够很好地协调与各职能部门之间的关系，在医药企业与外部市场之间建立起高效的信息联通机制，保持企业整体运作与外部市场的和谐。

二、市场营销组织的演变

现代企业的市场营销组织是随着市场营销管理哲学的发展和企业营销工作的实际需要，经长期演变而逐渐形成的。市场营销组织的演变大致经历了单纯的销售部门、兼有附属职能的销售部门、独立的市场营销部门、现代市场营销部门、现代市场营销企业五个阶段。

1. 单纯的销售部门 单纯的销售部门是指销售部门仅仅负责产品的销售工作，通常由一位销售主管领导几位销售人员从事单纯的产品推销工作，并促使他们卖出更多的产品。

20 世纪 30 年代以前，西方企业以生产观念为指导思想，绝大部分企业的营销组织都采用单纯的销售部门这种形式，如图 10－1 所示。这个阶段中，企业的运作基本上都是从财务、人事、生产和销售四种简单的职能展开。财务部门负责筹措资金、人事部门负责管理人员、生产部门负责制造产品。销售部门的职责仅仅是推销生产部门生产出来的产品，而在产品种类、规格、数量等问题上几乎没有任何发言权。

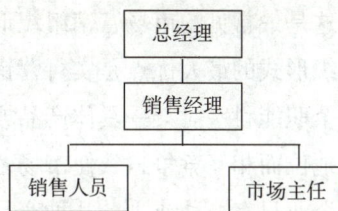

2. 兼有附属职能的销售部门　兼有附属职能的销售部门是指销售部门除了负责产品推销工作外，还兼职承担市场调查、广告宣传以及销售服务等方面的工作。

1929 年爆发的资本主义世界空前严重的经济危机，堆积如山的货物卖不出去，许多企业纷纷倒闭，市场极度萧条。这种现实使许多企业认识到，不能只顾生产，即使有物美价廉的产品，也要努力推销才能保证被人购买。这一时期，企业大多以推销观念为指导，市场竞争日益激烈，因此企业需要进行经常性的市场调研、广告宣传以及其他的推广活动，于是企业开始设立市场主任职位，协助销售经理负责这些方面的工作，如图 10－2 所示。

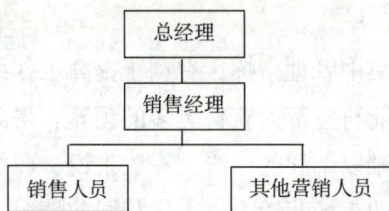

图 10－1　单纯的销售部门　　　　图 10－2　兼有附属职能的销售部门

3. 独立的市场营销部门　随着企业规模和业务范围的进一步扩大，作为附属性工作的市场营销调研、新产品开发、促销和顾客服务等职能的重要性日益增强。于是，市场营销部门成为一个专门的职能部门，独立于销售部门之外，销售与市场营销成为平行的职能，作为市场营销部门负责人的市场营销副总经理与销售副总经理一样直接受总经理的领导。在具体工作上，两个职能部门之间需要密切的配合，如图 10－3 所示。

4. 现代市场营销部门　现代市场营销部门是指市场营销部门全面负责产品推销和其他市场营销职能。销售和市场营销两个职能部门需要互相协调和配合。但在现实中，它们之间却容易形成不和谐和互不信任的关系。销售副总经理看重眼前销售量的大小，难免趋向于短期行为；市场营销副总经理着眼于长期效果，侧重于制定适当的计划和市场营销战略，满足市场的长期需要。为解决销售部门和市场营销部门之间的矛盾和冲突，市场营销组织逐渐转向统一由市场营销副总经理全面负责，管辖所有市场营销职能结构和销售部门，如图 10－4 所示。

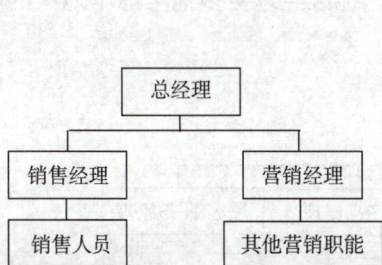

图 10－3　独立的市场营销部门　　　　图 10－4　现代市场营销部门

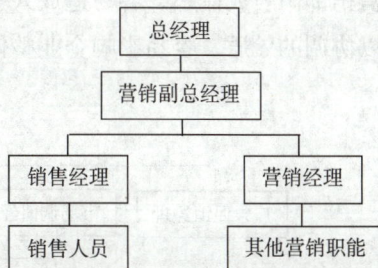

5. 现代市场营销企业　现代市场营销部门并不等同于现代市场营销企业，现代市场营销部门只是企业众多职能部门中的一个。能否成为现代市场营销企业取决于企业所有员工对待市场营销职能的态度，只有当企业所有管理人员，乃至每一位员工都充分认识到企业一切部门的工作都要围绕"顾客"展开，都是"为顾客服务"，真正树立"以市场为导向"的理念时，才能称之为现代市场营销企业。现代市场营销企业中，市场营销已不仅仅是一个部门的职能，而是整个企业的经营哲学。

三、医药市场营销组织的形式

医药企业的市场营销部门有多种组织形式，企业应根据自身实际情况选择合适的组织形式，保障营销工作的高效运行。现代医药市场营销部门的组织形式主要有以下几种。

1. 职能型组织　职能型组织是指在市场营销部门内分设不同的职能科室，如广告部、销售部、市场调研部等，不同职能部门分别承担不同的工作。市场营销副总经理负责协调各个市场营销职能科室之间的关系。这是最常见的市场营销组织形式，如图 10 - 5 所示。

这种组织形式的最大优点是实行营销职能专业分工负责和集中管理指挥，有利于提高工作效率。缺点是没有一个职能科室对某一具体产品或市场负责，并且各职能科室都为获得更多的预算、得到比其他科室更高的地位而相互竞争，致使市场营销副总经理经常面临难以调和的纠纷。一般来说，职能型组织比较适用于企业只有一种或少数几种产品，或者企业全部产品的市场营销方式大体相同的情况。随着企业产品品种的增多和市场的不断扩大，这种组织形式的效率将逐渐降低。

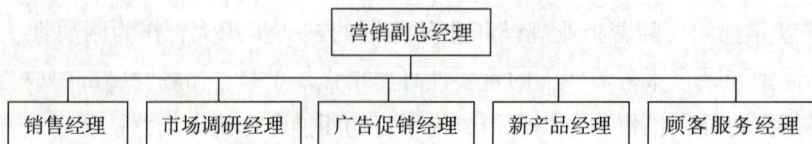

图 10 - 5　职能型组织

2. 地区型组织　地区型组织是指在市场营销部门内部分设不同的地区经理，地区经理不仅负责医药产品推销，而且负责该地理区域的市场调研、广告方案和营销计划制订等，分管营销的副总经理负责协调各地区经理的工作，如图 10 - 6 所示。一个销售范围遍及国内或国际很多地区的制药公司，通常都按照地理区域安排其销售队伍。

地区型组织的主要优点是：高层管理者授权各地区的营销部门，根据当地情况，独立开展市场营销，有利于充分调动各区域营销部门的积极性，使其充分了解和熟悉当地市场情况。它的主要缺点是：各地区的营销部门自成体系，容易造成人力资源的浪费。同时，地区经理更多地考虑本地区的利益，地区之间难以协调的矛盾，容易影响企业整体计划的执行。

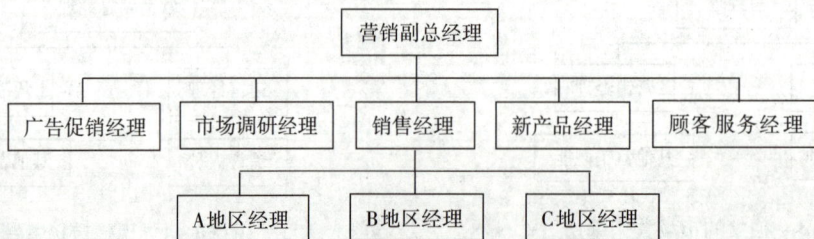

图 10 - 6　地区型组织

3. 产品型组织 产品型组织是指依据不同的产品或品牌类别在市场营销部门内分设不同的产品经理，每一名产品经理负责某一种或某一类具体产品的全部市场营销工作，分管营销的副总经理负责协调各产品经理之间的关系。生产多种产品或拥有多个品牌的企业，往往按产品或品牌建立市场营销组织。通常由一名总产品经理负责，下设几个产品大类经理，大类经理之下再设几个具体产品经理负责具体产品，分层管理，见图10-7所示。

产品型组织的主要优点是：产品经理负责某种产品的全部营销工作，有利于协调各营销职能，对市场变化做出积极反应；有专门的产品经理，能够保证小品牌产品不被忽视；产品经理也是培养年轻经理获得全面工作经验的好机会。主要缺点是：各个产品经理相互独立，他们会为保持各自产品的利益而发生摩擦；由于产品经理权力有限，不得不依赖于同广告、制造、财务等部门之间的合作，这些部门又可能把他们视为"低层的协调者"不予重视。

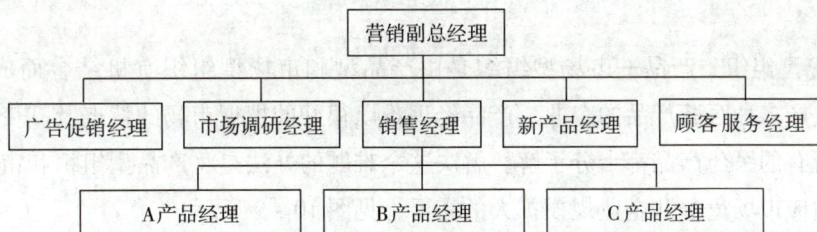

图10-7 产品型组织

🖳 **拓展链接**

宝洁公司开创"品牌（产品）经理制"

宝洁公司品牌（产品）管理系统的基本原则是：让品牌经理像管理不同的公司一样来管理不同的品牌，此管理系统是品牌管理的鼻祖，并成为其他运用品牌管理系统公司的楷模。

1923年，宝洁推出了新的香皂品牌"佳美"，但业务发展业绩一直不尽人意。出现这一局面的重要原因就是，"佳美"的广告及市场营销极大地受到"象牙"牌香皂营销思维的影响。"象牙"皂自1879年诞生以来，已成为消费者心目中的名牌产品，销售业绩一直很好。与"象牙"皂面对同一消费群体，又被规定"不允许进行自由竞争"的"佳美"皂，自然成为宝洁公司避免利益冲突的牺牲品。

1930年，宝洁决定不为"佳美"参与竞争设定任何限制。"佳美"皂选择了自己的广告公司，为赢取市场，与"象牙"皂展开自由竞争，就如同与当时其他公司品牌竞争一样，销售业绩迅速增长。1931年，负责"佳美"品牌促销工作的麦克爱尔洛埃发现，由同一个团队负责几种同类产品的广告和销售，不仅造成人力与广告费用的浪费，更重要的是容易忽略某些品牌，出现顾此失彼的情况，也难以发现被遗漏的市场机会。因此，宝洁需要一个与其市场相匹配的管理系统。于是，他起草文件，提出了"一个人负责一个品牌"的构想，由此，宝洁公司的"品牌经理制"诞生。

启示：产品型组织灵活性强，各品牌经理负责该品牌的全面营销工作，责任明确，能灵活快速地应对市场变化。

4. 市场型组织 如果市场能按顾客特有的购买习惯和偏好细分，也可以建立市场型组织。它同产品型组织相似，是由一个总市场经理管辖若干细分市场经理，各个市场经理负责自己所辖市场的具体营销工作，如图10-8所示。

这种组织结构的主要优点是，企业可围绕特定消费者或用户的需要开展一体化的市场营销活动，而不是把重点放在彼此隔离的产品或地区上。在市场经济发达国家，许多企业都是按照市场型结构建立市场营销组织。有些营销专家甚至认为，以企业各主要目标市场为中心来建立相应的营销部门和分支机构，是确保实现"以顾客为中心"的现代市场营销观念的唯一办法。

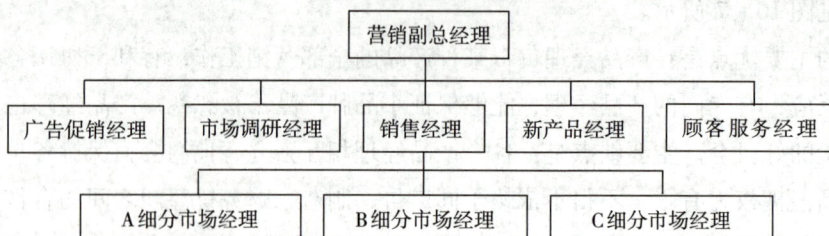

图 10 - 8　市场型组织

5. 产品—市场型组织　产品—市场型组织是由产品型和市场型组织有机结合而成的矩阵型组织。面向不同市场、生产多种医药产品的企业，产品经理难以很好的把握市场的特点及其变化规律，而市场经理也不可能对所有的医药产品都十分了解。解决这个难题的办法是将产品型组织和市场型组织有机地结合在一起，以适应市场竞争和企业规模扩大的需要，见图 10 - 9 所示。

产品—市场型组织对那些多品种、多市场经营的医药企业来说是适用的，但这种形式的组织管理费用太高，而且多头领导、容易产生矛盾与冲突。绝大多数企业认为，只有相当重要的产品和市场才需要同时设置产品经理和市场经理。

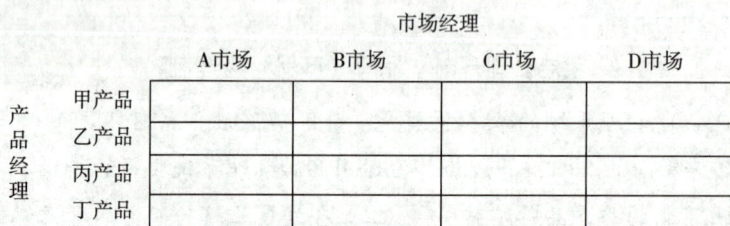

图 10 - 9　产品—市场型组织

拓展链接

某公司的产品—市场型管理矩阵

某公司的纺织纤维部内部分别设有主管人造丝、尼龙、醋酸纤维和涤纶的产品经理，同时也设有主管男士服装、女士服装、家庭装修和工业市场的市场经理。产品经理负责制订各自主管纤维品种的销售计划和盈利计划，他们与市场经理接洽，请他们估计该种纤维在他们市场上的预期价格、销售量和顾客对产品的需求特征。另外，市场经理要更多的关注满足市场需求，而不仅仅是只管推销某种纤维产品。在制订市场计划时，他们要与各产品经理磋商，了解各种产品的性能、计划价格和原材料供应状况。各市场经理和产品经理的最终销售预测总量应该是相同的。

启示：这种营销组织形式有利于加强部门间的协作，产品经理和市场经理能起到优势互补的作用，充分发挥自己的专长，通过协作能够更好地为顾客提供服务，对环境的适应能力较强，一般适用于多产品、多市场的企业。

四、设置市场营销组织的基本原则

不同的企业所面临的内外部环境千差万别，不可能、也不应该都按同一种模式设置市场营销组织。但是，企业在建立市场营销组织的过程中，必须遵守一些基本的要求和原则。

1. 精简和高效原则　市场营销组织的设置要从企业的实际情况出发，依据具体的需要设立相应的岗位，确保每一个岗位都是必不可少的，都有助于组织的高效率运行。效率是衡量组织水平的重要标准，一个组织的运行效率高，说明其结构合理、完善。组织机构的效率主要表现在：能否在必要的时间内完成规定的任务；能否用最少的投入获得最大的产出或成果。

2. 协调性和主导性原则　设置的市场营销组织要能够很好地协调和处理营销部门内部机构和人员、营销部门与其他职能部门、企业与外部市场环境之间的关系，做到从营销部门内部到企业内部，再到企业外部的和谐一致。同时，市场营销组织的设置要能够充分体现企业"以顾客为中心"的理念，使营销部门在整个企业中处于主导地位。市场营销部门应当做到面对市场、顾客时，能够代表企业；面对企业内部各个部门、全体员工时，又能代表市场、代表顾客。

3. 适当的管理幅度和层级原则　管理幅度是指领导者能够有效地直接指挥的部门或员工的数量，是一个横向的概念；管理层级是指一个组织在职权等级链上所设置的管理职位的级数，是一个纵向概念。在组织规模一定的情况下，管理幅度与管理层级成反比关系，管理幅度越大，层级则越少，组织结构越扁平；反之，管理幅度越小，层级则越多，组织结构越趋向于金字塔式的结构。通常情况下，管理层级过多容易造成信息失真与传递速度过慢，可能影响决策的及时性和正确性；管理幅度过大，超出领导者的管理极限，又会造成整个机构内部不协调、不平衡。因此，设立营销组织必须确定适当的管理幅度和管理层级。

4. 责、权、利对等的原则　这个原则要求在明确责任的同时，就要有与责任相对等的权利，并享有相应的利益。设置组织机构时，要明确每个岗位或职务的责任、权力和利益，做到责、权、利对等，才能避免滥用权力的现象，才能提高员工的积极性、主动性和创造性。

5. 集权与分权相结合的原则　集权有利于加强组织的统一领导，有利于协调组织的各项活动，有利于充分发挥领导者的聪明才智和工作能力。分权有利于基层组织从实际情况出发，更加灵活地有效地开展各项工作；有利于发挥基层领导者的积极性创造性，从而可以培养出一支精干的管理队伍。营销组织的设置应根据具体情况合理权衡集权与分权，集权到什么程度，应以不妨碍基层人员积极性的发挥为限；分权到什么程度，应以上级不失去对下级的有效控制为限。

五、影响市场营销组织设置的因素

1. 企业规模　企业规模的大小，决定着市场营销组织的复杂程度。一般来说，企业规模越大，市场营销组织越复杂；企业规模越小，市场营销组织也就相对简单。

2. 市场状况　市场是考虑建立或改变营销组织的重要因素。医药市场的地理位置决定着医药企业营销活动的区域及业务人员的配置，市场容量决定着营销组织的规模及结构。如果市场是由几个较大的细分市场组成，企业就需要为每个细分市场委任一名经理负责。

3. 产品特点　医药产品特点包括企业经营的医药产品种类、产品特色、产品项目的关联性以及产品在技术服务方面的要求等。对于经营产品种类多、特点突出、技术服务要求高的医药企业，一般应建立以产品型组织为主的营销机构。

此外，还有一些因素也影响着医药企业市场营销组织的设置，如竞争者的状况、信息技术的发展等。

▶▶ 岗位情景模拟 10 -1

情景描述 某医药集团公司是主要有药品和保健品两大类产品，根据企业的具体情况，在产品营销组织设计上，分别建成有负责药品和保健品的销售队伍，这些产品差异很大，宣传和分销渠道也不相同，需要专业的人员来负责。它的基本组织结构如图 10 -10 所示。

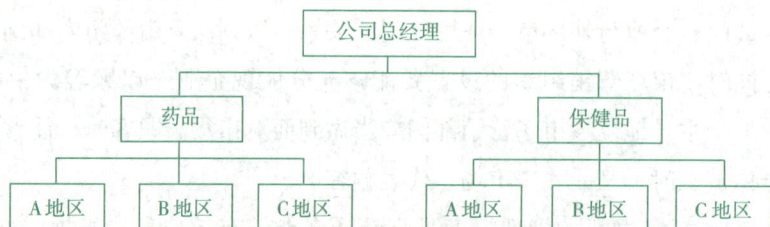

图 10 -10　某公司营销组织结构

要　　求

1. 讨论这种营销组织属于什么结构？
2. 分析以上营销组织的优点和缺点是什么？

答案解析

任务二　医药市场营销实施 ✅ 微课2

PPT

医药市场营销实施是指将医药市场营销计划转变为具体营销行动的过程，即把医药企业的相关资源有效地投入到营销活动中，完成计划规定的任务，实现既定目标的过程。医药市场营销计划是由医药营销职能机构制订的对现在或未来营销活动的安排和部署。实施医药市场营销计划是一个艰巨而复杂的过程。在医药市场营销实施中，要及时发现问题，寻找解决方案，并认真查找问题产生的根源，不断积累经验，提高实施效果。

一、医药市场营销实施的过程

医药企业市场营销的实施过程，主要包括制订行动方案、建立组织结构、设计决策和报酬制度、开发人力资源、建设企业文化等五个方面。

1. 制订行动方案　这是有效实施医药市场营销计划的首要条件。为了有效实施医药市场营销计划，需要制定详细的行动方案。方案必须明确市场营销计划中的关键性决策和任务，并将任务和责任分配到个人或团队。方案还应包括各项行动具体的时间表，即各行动确切的开始和结束时间。

海尔的崛起

"海尔"是一个由濒临倒闭的小厂发展成为称雄国内外市场的企业集团。今天的海尔为什么这么强大，知名度这么高呢？其实，他们是从做好每件小事发展起来的。在海尔公司你会看见这么一个标牌"日事日毕，日清日高"，海尔的所有人都会以这个作为目标。在张瑞敏把那不合格的七十六台冰箱砸掉后，每个人的心中都刻下了一道深深的、永远不能磨灭的伤痕。它时刻都提醒着他们，要有强烈的责任心，做好每件小事、每个细节。海尔终于在中国的市场上拿下了第一块金牌。

启示：日事日毕，日清日高，执行力要从每个细节、每件小事、每日的工作做起。

2. 建立组织结构　在医药市场营销执行过程中，组织结构起着决定性的作用。组织应发挥分工和协调的作用，将任务分配给具体的部门和人员，规定明确的职权界限和信息沟通渠道，协调企业内部的各项决策和行动。组织结构应当与计划的任务相一致，同企业自身的特点、环境相适应。

3. 设计评估和报酬制度　为了实施医药市场营销计划，还必须设计一套评估和报酬制度，这些制度直接关系到实施计划的效率和成败。对营销人员及部门工作绩效的评估，如果以短期盈利情况为评估标准，就可能引导营销人员及部门的行为趋于短期化，而缺少为实现企业长期战略目标努力的积极性。

4. 开发人力资源　医药市场营销计划最终是由人来组织和实施的，所以人力资源的开发就显得至关重要。人力资源开发包括人才引进、选拔、培训、使用、考核和激励等方面。在招聘管理人员时，要考虑从企业内部选拔还是从外部引进更合适；在使用人员时，要做到事得其人，人尽其才；在培训时，要针对不同员工的需求开展不同类型的培训；为了激励员工的积极性，要建立完善的工资、福利和奖惩制度。

不同的医药市场营销战略计划对管理者能力、性格的要求是不一样的。"拓展型"战略要求具有创业和冒险精神、有魄力的人员去完成；"维持型"战略要求管理人员具备组织和管理方面的才能；而"紧缩型"战略则需要寻找精打细算的管理者来执行。

5. 建设企业文化　企业文化是指一个企业在运行过程中形成的，并为全体成员普遍接受和共同奉行的理想信念、价值观念和行为规范的总和。这些信念和价值观念往往通过模范人物来塑造和体现，通过正式和非正式组织加以树立、强化和传播。企业文化是企业的精神支柱，对企业经营作风和领导风格，对职工的工作态度和作风，均起着决定性的作用。企业文化体现了集体责任感和集体荣誉感，它甚至关系到员工人生观和所追求的最高目标，对全体员工是一种凝聚力。因此，企业文化关系到医药市场营销计划能否得到有效的实施。塑造和强化积极的企业文化是医药市场营销计划实施过程中不可忽视的一个重要内容。

二、影响市场营销计划有效实施的原因

医药市场营销计划极为重要，但在实施过程中也可能出现这样或那样的问题，影响计划的有效实施。主要有以下几个方面的原因。

1. 战略计划脱离实际　如果市场营销计划脱离企业实际，则市场营销计划就难以执行。由于市场营销计划通常是由上层专业人员制定的，专业人员有时由于不了解计划执行过程中的具体问题，往往导致市场营销计划与企业实际不相符，致使计划难以落实。为保证营销计划的落实，要尽量避免

专业人员不切合市场实际而盲目遵从营销的金科玉律来制定计划的现象。应该让专业人员协助市场营销人员制定计划，以市场为导向，针对市场的实际运作和竞争对手的状况，制定一系列的营销战略计划。

2. 缺乏具体执行方案　专业人员制订市场营销计划，往往只考虑总体战略而忽视执行中的细节，致使计划过于笼统而难以执行，缺乏以实战为基础的、鲜明的、差异化的战术计划和执行方案。

3. 营销人员追求短期利益　医药市场营销战略和计划通常着眼于企业长期目标，涉及今后 3~5 年的经营活动。而对医药市场营销战略和计划的执行者的考核和评估标准则主要依据短期工作绩效，如药品销售量、市场占有率和利润率等指标，因此，市场营销人员往往选择短期行为。

4. 组织机构之间配合不够　要想将制订的市场营销活动计划贯彻执行并达到预期的目标，企业组织机构的配合与企业市场营销的流程是关键。要建立完善合理的企业市场营销体系，制定一套规范的、标准的市场营销流程。企业的任何工作已不再是可由某个行政业务部门自由独立完成的，都需要企业内各部门间的通力协作，以往许多不成功和失败的案例，教训之一就是部门之间的配合差、相互推卸责任、没有明确的边界定义、以致造成谁都在管，又谁都管不了的局面，久而久之，问题积压成堆，矛盾越来越深。

5. 企业因循守旧的惰性　企业新的战略如果不符合企业传统和习惯，往往就会遭到抵制。新旧战略差异越大，执行新战略遇到的阻力就越大。因此，要想执行与旧战略截然不同的新战略，常常要打破企业传统的组织机构、营销模式和供销关系。

三、提高市场营销实施的执行力

执行力是指企业的各个管理层次、各个经营单位、各个岗位的员工贯彻执行企业战略决策、方针政策、各项计划，实现企业经营目标的能力。执行力包含完成任务的意愿，完成任务的能力，完成任务的程度。企业提高执行力，必须要把握制胜的几点要求：认同文化、统一观念、明确目标、细化方案、强化执行和严格考核。

执行力的关键在于透过规章制度、工作体系、企业文化等规范及引导员工的行为。执行力并不是工具，是工作态度和办事能力，是强有力的实际行动和长久的坚持。营销管理者如何培养部属的执行力，是企业营销总体执行力提升的关键。执行力是指企业的各个管理层次、各个经营单位、各个岗位的员工贯彻执行企业战略决策、方针政策、各项计划，实现企业经营目标的能力。

拓展链接
制度设计对执行力的影响

"一个和尚挑水喝，两个和尚抬水喝，三个和尚没水喝"这个故事妇孺皆知，这不能单纯地理解为几个和尚懒惰，而是涉及到和尚在运水时的分工与合作问题。在企业营销管理中也是如此，如果没有合理的分工、有效的合作、严格的监督和奖惩，就容易造成相互推委的现象，致使执行效率低下。执行力并不只是单个人的行动力，而是一个系统的问题。要使执行力得到有效落实，不但要制定切合实际的目标，形成创新要求的执行理念，还要做好团队的分工、协作工作。

启示：增强执行力是一个系统工程，要从整个组织、制度、考核等方面着手。

情景描述 市场营销实施是要解决"由谁去做""在什么时候做"和"怎么做"的问题。美国的一项研究表明，90%被调查的计划人员认为，他们制定的战略和战术之所以没有成功是因为没有得到有效的执行和实施。市场营销计划应如何有效实施？执行力的提高是大家讨论的焦点。

A 为市场营销硕士，现任某国营大型企业总经理助理。其认为提高企业执行力最有效的方法无外乎 3 步：首先，要教会员工科学地思考、学会解决问题的方法，并要求员工结合实际工作进行行动练习；其次，建立严谨的公司制度、操作流程及行为规范，辅之以一系列规范化的办公文件、应用表格，以明确责任且达到执行效率最优；最后，要建立良好的监督、激励机制，适时修正，及时采取奖惩措施。

B 为工商管理 MBA，现任国内某大型连锁公司营销总监。其认为执行力是一种价值观，或是说一种文化。它显然不是一蹴而就的，也不大可能通过某些速成的方法就可以快速实现或更改的。它需要的是潜移默化的影响、疏导以及经验教训的积淀，如同中国千百年来形成的儒家文化。改善企业的执行力形同治水，硬性的命令与机械的条条框框在短期内固然可以奏效，但随之而来的却是更大隐患。作为企业的管理者，应该创造一个利于执行的环境与氛围，因势利导，执行力的提高自然是水到渠成。

要　　求

1. 认识并讨论执行力的重要性。
2. 针对 A 君和 B 君的观点，请你谈谈如何提高执行力？

答案解析

任务三　医药市场营销控制 📱微课3

PPT

医药市场营销控制是指医药企业管理者对营销实施情况和效果进行检查与评估，与营销计划进行对照，及时发现问题，找出偏差及造成偏差的原因，并采取措施纠正偏差的过程。由于外部环境的不确定性，营销实施过程中往往会遇到各种意外事件，使得实际执行情况偏离计划。进行市场营销控制，能使营销活动按照预定计划或目标运行，保证营销目标的顺利实现。

一、医药市场营销控制的流程

1. 确定控制对象 确定控制对象，实际上也就是确定控制的内容，具体包括：对销售额、市场占有率、营销费用率、顾客态度等进行的年度计划控制；各产品、各地区、各销售渠道的成本与收入等进行比较的盈利水平控制；销售队伍、广告、促销和分销等专项营销组合因素的效率控制；营销目标、方针、政策等的战略控制。

2. 设立控制目标 设立控制目标是指针对特定的控制对象而设立的相关控制活动应达成的目标。控制目标是将营销控制与营销计划连接起来的主要环节，控制目标应与计划目标相一致，如果营销计划中已经设立了控制目标，则在此处可直接借用。

3. 确立衡量指标 多数情况下，企业营销控制的衡量指标就是营销目标或者是对营销目标的进一步细化，如销售收入、利润率、市场占有率、销售增长率等。但某些复杂的问题还需要一些特殊的衡量指标，如销售人员的工作效率可用一年内新增客户数目及平均访问频率来衡量；广告效果可以用记住该广告内容的顾客人数占全部顾客人数的百分比来衡量。由于大多数企业的管理目标是多样性的，因此，营销控制的衡量指标也有多种类型，企业应根据具体情况和实际需要合理选择和建立衡量指标。

4. 明确控制标准 控制标准是指以某种衡量指标表示的控制对象的预期活动范围或可接受的活动范围。如企业需要开发一种新药品，目的是达到一定比例的市场占有率。那么，市场占有率是衡量的指标，而达到一定比例是控制标准。控制标准一般应有一定的弹性，即允许浮动的范围。在具体确定时，要结合产品、地区、竞争等情况，区别对待，尽可能保持控制标准的稳定性和适用性。

5. 收集营销工作绩效信息 营销工作绩效信息是在营销执行过程中产生的第一手资料。营销工作绩效信息的收集与整理至关重要，是开展医药市场营销控制的基础。只有全面的、客观的进行绩效信息收集和整理，真实的反映企业营销工作的实际状况，绩效与计划的对比才是有意义的，医药市场营销控制才更有效率。

6. 比较与评估执行绩效 比较与评估执行绩效是运用已建立的衡量指标和控制标准衡量部门或个人的实际执行结果。在比较执行绩效与控制标准时，需要考虑比较的频率，即多长时间进行一次比较。当控制对象经常变动时，比较的频率就要相对高，反之则频率可低一些。当比较的绩效与标准一致时，证明执行效果较好，达到了预期目标；若不一致则需要进行下一步骤。

7. 分析偏差原因 当营销实施的绩效与计划不一致，出现偏差时，营销人员需要分析偏差产生的原因。偏差的产生可能有两种情况：一是实施过程中的问题，这种偏差比较容易分析；二是计划本身的问题，确认这种偏差比较困难。常见的状况是两种情况交织在一起，从而使分析偏差的工作成为控制过程的一个大难点。这就要求管理人员对营销实施情况作全面深入的了解，尽可能占有详细资料以寻找问题的症结，或者检查计划制定时的假设条件，分析控制标准的可行性，以找出产生偏差的真实原因。

8. 采取纠正措施 当医药企业制定的营销计划包含有应急计划时，纠正工作就会很快实施。但在多数情况下，企业并没有这些预定措施或者预定措施不适用，这就需要营销管理部门根据实际情况迅速制定纠正措施，或适当调整某些营销计划或目标。

二、医药市场营销控制的方法

医药市场营销控制包括年度计划控制、盈利控制、效率控制和战略控制。盈利控制是为了确认在各产品、地区、顾客群和分销渠道等方面的实际获利能力；效率控制的任务是提高诸如人员推销、广告、促销、分销等工作的效率；战略控制的任务是审计企业的战略、计划是否有效地抓住了市场机会，是否同市场营销环境相适应。

（一）年度计划控制

年度计划控制主要检查市场营销活动的结果是否达到了年度计划的要求，在必要时采取调整和纠正措施。年度计划控制的目的是确保企业年度营销计划规定的销售、利润及其他目标的实现。其主要任务是分解年度计划指标，跟踪实施情况，对出现的偏差进行分析，提出改进措施。年度计划控制主要采用以下几种分析方法。

1. 销售分析 销售分析是指对照销售目标检查和评价营销实绩，判断各种因素对销售计划完成情况的影响。具体又可分为销售差距分析和个别销售分析两种方法。

（1）销售差异分析 销售差异分析是衡量实际销售额和计划销售额的差异及原因。主要是分析产品销售量、销售价格等因素对销售完成情况的影响程度，其计算公式为：

销量变动的影响 ＝（实际销售量－计划销售量）×计划售价

售价变动的影响 ＝（实际售价－计划售价）×实际销售量

答案解析

即学即练 10-1

某医药企业年度计划要求在第一季度销售某药品 6000 件，单价 20 元，总销售额为 120000 元。第一季度销售业务报告提供的实际数据则显示：实际销售 5000 件，单价 17 元，实际销售额为 85000 元，比计划减少了 35000 元。

问题：分析第一季度实际销售额减少受销售量减少和价格下降的影响分别为多少？

（2）个别销售分析　个别销售分析主要是对引起销售差距的各因素进行分产品、分地区以及分顾客群的考察。

例如，某医药企业分别在 A、B、C 三个地区销售某种药品，计划销售量分别为 2000 件、2500 件和 3500 件，而三个地区的实际销售量分别为 1800 件、2800 件和 2500 件，与计划的差距分别为 -10%、+12% 和 -28.57%。

显然，引起销售差距的主要原因在于 C 地区销售量大幅度减少。因此，应将其作为分析的重点，进一步查明原因，加强该地区的市场营销管理。

答案解析

即学即练 10-2

假定某医药公司经营 A、B、C 三类药品，计划要求三类产品的销售量分别为 150 万元、50 万元、200 万元，而实际销售量分别是 140 万元、55 万元、150 万元，总销售量只有 345 万元。

问题：请用个别销售分析法对该公司的销售完成情况进行分析，找出主要原因。

2. 市场占有率分析　市场占有率分析是指对企业在整个市场竞争中的地位所做的判断与评价。企业销售业绩并不能充分反映出企业相对于竞争者的经营优劣，因此，进一步分析市场占有率十分必要，这样才能揭示企业同竞争者之间的相对关系。

市场占有率分析主要包括全部市场占有率、可达市场占有率、相对市场占有率等。在正常情况下，市场占有率上升表示市场营销业绩提高，在市场竞争当中处于优势；反之，说明在市场竞争中失利。由于造成市场占有率波动的原因很多，因此应从实际出发具体分析。如市场占有率的下降，既可能是企业所作的战略决策所致，也可能是由于新竞争对手进入市场所致；又如外界环境因素对参与竞争的各个企业的影响方式和程度往往不同，各个企业的市场占有率必然也会因此发生变化。另外，分析市场占有率，还应结合市场机会，市场机会大的企业，除非其效率有问题，否则其市场占有率一般应高于市场机会小的竞争对手。

拓展链接

市场占有率分析的指标

1. 全部市场占有率　以企业的销售额占全行业销售额的百分比来表示。使用这种测量方法必须作两项决策：①确定计量单位，一般以销售额来表示市场占有率；②正确认定行业的范围，即明确本行业所应包括的产品、市场等。

2. 可达市场占有率　以其销售额占企业所服务市场的百分比来表示。所谓可达市场就是：①企业产品最适合的市场；②企业市场营销努力所及的市场。企业可能有近 100% 的可达市场占有率，却只有相对较小百分比的全部市场占有率。

3. **相对市场占有率**　以企业销售额相对同行业市场最大的一个竞争者的销售额的百分比来表示。相对市场占有率超过100%，表明该企业是市场领导者；相对市场占有率等于100%，表明企业与市场最大的竞争者同为市场领导者；相对市场占有率的增加表明企业正接近市场领导竞争者。

3. **营销费用率分析**　营销费用分析即检查与销售有关的市场营销费用，以确保企业在达到营销目标时的费用支出与预算要求基本一致。营销费用的检查通常使用营销费用率分析来进行，常用指标包括销售费用率、广告费用率、促销费用率、市场调研费用率等。企业需要分析各项费用率，并控制在一定限度。如果实际费用率与计划相比变化不大，在安全范围内可以不采取措施；如果变化幅度过大，上升速度过快，接近或超出上限，就必须采取措施。

通过上述分析，企业一旦发现医药市场营销实绩与年度计划目标存在显著差异，就要采取相应措施：或是调整计划指标，使之更切合实际；或是调整市场营销战略、战术，以利于计划目标的实现。如果计划指标、战略、战术都没有问题，就要在计划实施过程中查找原因。

（二）盈利控制

盈利控制是通过对盈利能力的分析，帮助管理人员决定各种产品或市场营销活动是扩展、减少还是取消。

1. **盈利能力分析**　盈利能力分析是指通过对财务报表和数据的处理，把所获利润分摊到诸如产品、地区、渠道、顾客等上面，衡量每个因素对企业最终盈利的贡献。

2. **采取调整措施**　在盈利能力分析的基础上，排除妨碍企业获利的因素，或削弱其影响，制定相应的调整措施和方案，不断提升企业的盈利能力。

为了更好地完成对营销活动的评估与控制，企业可尝试设置营销控制员岗位，组织人员进行专业性的财务管理和营销训练，使其担负起较为复杂的财务分析以及制定市场营销预算的工作。

（三）效率控制

效率是指投入与产出之间的比率关系。假如盈利能力分析显示企业在若干产品、地区或者市场方面的盈利情况不乐观，那么就要进一步研究是否存在更有效的方法来管理销售队伍、广告、促销和分销等活动，针对性地开展效率控制工作。

1. **销售队伍效率控制**　销售队伍效率指标一般有：每位销售员每天平均访问客户的次数；每次销售访问的平均收益；每次推销访问的平均成本；每百次推销访问获得订单数量；每期的新增客户数和失去的客户数等。各级销售经理一般都熟悉其所在地区销售队伍的这些关键指标，这些指标的统计分析将会产生有意义的结论，如推销员每天访问量是否过低，每次访问所花费的时间是否太多，是否支出了不合理或不必要的费用，是否没有能够留住老顾客。通过销售队伍效率的调查，才能对其加以有效控制并发现需要改进的地方。

2. **广告效率控制**　由于广告涉及的影响因素众多，难以充分把握，因此广告效率控制难度较大。企业应尽量设法掌握以下信息：某种媒体接触一定数量受众花费的相对成本；受众对于广告内容与形式的看法；受到影响的人在整个受众中所占比重；受众在广告前后对品牌、产品的态度变化；广告引发受众关注产品的情况等。在此基础上，企业可设法采取进一步措施来强化广告效果。

3. **促销效率控制**　促销的目的在于沟通信息，激发消费者购买的兴趣和动力。促销效率指标一般有：按优惠办法售出的产品占销售量的百分比；赠券收回的百分比；每单位销售额的商品陈列成本；现场展示引起顾客询问的次数；促销费用占营业成本的比例等。有关人员应记录每次促销活动及其成本对销售的影响，分析不足，不断改进和完善，提升促销效率。

4. 分销效率控制 分销效率控制要求企业能够对分销渠道的效果进行合理评估，并确定改进办法。具体应注意的问题包括：分销网点的市场覆盖面，分销渠道中各级、各类成员的作用与发展潜力，分销系统的结构、布局以及改进方案，存货控制、仓库位置和运输方式的效果等。

（四）战略控制

战略控制是指对企业整体营销效果进行全面审查和评价，以确保企业目标、战略、计划和政策与市场营销环境相适应。因为市场环境复杂多变，企业战略和计划很可能赶不上形势的变化。在进行战略控制时，企业可运用营销审计这一重要工具，定期评估企业的营销战略及其实施情况。

市场营销审计是企业对营销环境、目标、战略、组织进行的一种带有整体性、系统性、独立性和定期性特点的检查评价方法。通过营销审计可以发现企业市场营销活动中存在的机会和问题，并提出改进营销计划、提高营销效益的建议。整体性是指市场营销审计涉及企业营销活动的所有主要方面，而不是局限于部分困难问题，这就要求营销管理者要具备全局观念和整体观念；系统性是指企业应有一整套诊断外部环境、内部营销系统及差异性活动的步骤，以利于企业建立一系列长、短期计划系统；独立性是指市场营销审计工作应由企业内部独立于市场营销部门之外的组织来执行，或者委托企业外部具有专长的部门或组织进行，以保证审计结果的客观公正性；定期性是指企业每年都要对营销活动进行审计，而不是遇到问题或出现危机时才要审计。

市场营销审计的主要内容包括营销环境审计、营销战略审计、营销组织审计、营销系统审计、营销年度计划审计、营销盈利水平审计等六个方面。这是一项庞大的工程，需要花费相当的时间、人力和资金，但其带来的益处也是巨大的。

> ## 岗位情景模拟 10-3
>
> **情景描述** 某医药企业有 A、B、C 三个零售药店，企业营销经理要判断三个不同的零售渠道（A、B、C 三个药店）各自的盈利能力。企业根据每个药店的月平均销售收益（包括线上）情况，结合各自的营业成本分配情况，整理了一份损益表，如表 10-1 所示。
>
> **表 10-1 各零售渠道的损益表**
>
> 单位：元
>
> | 项目 | 零售渠道 | | | 总额 |
> |---|---|---|---|---|
> | | A 药店 | B 药店 | C 药店 | |
> | 销售收入 | 300000 | 100000 | 300000 | 700000 |
> | 销售成本 | 185000 | 60000 | 160000 | 405000 |
> | 毛利 | 115000 | 40000 | 140000 | 295000 |
> | 推销费用 | 25000 | 5000 | 9500 | 39500 |
> | 广告费用 | 15000 | 6500 | 9000 | 30500 |
> | 运输费用 | 10000 | 9000 | 11000 | 30000 |
> | 总费用 | 50000 | 20500 | 29500 | 100000 |
> | 净利 | 65000 | 19500 | 110500 | 195000 |
>
> **要 求**
>
> 1. 对各零售渠道的盈利能力进行对比分析。
> 2. 试对盈利能力较弱的渠道提出改进意见。
>
> 答案解析

实践实训

【案例分析】

京东组织结构的变革

京东成立之初，规模太小，尚谈不上组织结构。2004 年，京东开始涉足电商领域，公司规模也逐渐壮大并建立职能型的组织结构。2013 年 3 月，为了提高组织效率，更好地为客户提供服务，京东将原来的职能型组织结构转变为事业部制的组织结构。具体来说，主要是通过资源整合，设立营销研发部、硬件部和数据部三大事业部。其中，营销研发部主要负责管理前端的网站、零售系统、营销系统、供应链系统和开放平台；硬件部主要根据订单流程，负责从配送到客服及售后的管理；数据部则负责管理整个系统的数据流。2013 年 7 月，京东成立金融集团。2014 年 4 月，为解决商城和金融集团经营模式的差异问题，京东一拆为四，设立子（集团）公司和事业部，即京东商城集团、京东金融集团、拍拍网（子公司）和海外事业部。这次变革体现了京东对阿里巴巴经营模式的学习与借鉴，即京东商城对标天猫、京东金融对标阿里金融、拍拍网对标淘宝、京东海外事业部对应阿里国际。

2015 年 8 月，京东将原商城的采销体系整合为 3C、家电、消费品和服饰家居四大事业部。2016 年 6 月，京东整合原大市场、无线业务和用户体验设计部资源，成立商城营销平台体系（CMO）。2017 年 4 月，京东设立集团 CMO 体系，全面负责包括商城、金融、保险、物流、京东云等业务在内的整合营销业务以及集团整体的国内市场公关业务。同时，京东宣布组建物流子集团，以更好地发挥京东物流的专业能力。

2019 年 3 月，京东商城正式升级为京东零售集团。2019 年 5 月，京东整合旗下医药零售、医药批发、互联网医疗、健康城市四个业务版块，组建京东健康子集团。

问题：

(1) 结合本案例讨论企业组织结构是否是一成不变的？

(2) 讨论京东集团组织结构变革的动因。

分析要求：

(1) 学生小组讨论分析案例提出的问题，形成小组《案例分析报告》。

(2) 各小组陈述各自的分析，并让同学进行相互评价。

(3) 老师对各组《案例分析报告》进行点评。

【综合实训】

医药市场营销控制训练

（一）实训目的

通过实训，训练学生对营销执行情况的分析能力，帮助学生初步掌握医药市场营销控制的流程与方法，培养学生团队合作精神。

（二）实训要求

1. 将学生分成若干组，每组 4～6 人，按操作步骤具体实施调查。

2. 研究分析营销控制执行情况，熟悉营销控制的流程和主要方法。

3. 根据调查资料整理分析和小组讨论后提出合理的营销控制改进措施。

（三）实训内容

1. 实训背景

某医药零售企业是某省排名前 5 位的中型连锁药店，面对激烈的市场竞争，在营销执行过程中出现了很多新的问题需要解决。总经理召集相关人员开会讨论，研究问题所在。

（1）市场环节——缺乏完善、及时、准确的数据进行市场分析，难以把握市场动态。各类促销活动费用巨大，但是效果模糊，盲目竞争。

（2）渠道环节——多种渠道之间存在冲突，跨区窜货现象影响合作伙伴的积极性。消费者面对市场多变的价格产生降低品牌忠诚度。

（3）销售环节——不能及时掌握销售网点信息，对竞争对手缺乏了解，缺乏系统的销售人员考核管理方案，销售价格混乱，网点布置缺乏规范，顾客体验不满意。

（4）物流环节——不能实现统一采购，集中配送。商品断货与积压同时存在，渠道库存高居不下，严重占用流动资金。采购成本、配送效率、运输费用等得不到有效的控制。

（5）质量环节——质量部人员停留在手工台账抄写阶段，无法实现对业务流程的控制。

2. 操作步骤

第一步：搜集不同组织类型的医药企业实施营销活动及其控制的方式、手段与方法。

第二步：以小组为单位，对医药企业的营销执行和控制情况进行研讨，研究分析企业面临的这些问题及其原因。

第三步：每个小组制定营销控制措施，解决当前存在的症结。控制方案要科学可行，控制手段要有效，尽可能借鉴调研企业的成功经验。

第四步：每组形成"实训报告"，以小组为单位交流与研讨。

（四）实训评价

教师明确实训目的和要求，适时指导实训，学生分组组织按步骤开展实训；实训结束后，进行实训交流，师生共同评价工作成果。

考核内容：准备工作、分析能力、解决问题能力、合作能力等，具体内容如表 10 - 2。

表 10 - 2　实训评价表

考核项目	考核标准	配分	得分
资料收集	资料收集较充实，准备工作充分	20 分	
分析讨论	分析思路正确，有分析报告	30 分	
提出营销控制方案	思路清晰，营销控制建议可行	30 分	
团队协作	组内成员分工合理、协作意识较强	20 分	
合计		100 分	

目标检测

答案解析

一、单项选择题

1. 医药市场营销管理必须依托一定的（　　）。

　　A. 财务部门　　　　　　B. 人事部门　　　　　　C. 主管部门　　　　　　D. 营销组织

2. 市场营销组织是为了实现（　　　），制订、实施和控制市场营销计划的职能部门。

    A. 企业计划　　　　　　　　B. 营销计划　　　　　　　C. 企业目标　　　　　　D. 利润目标

3. 现代市场营销企业取决于企业所有的管理人员，甚至每一位员工对待（　　）的态度。

    A. 市场营销活动　　　　　B. 市场营销机构　　　　C. 市场营销组织　　　D. 市场营销职能

4. （　　）是最常见的市场营销组织形式。

    A. 职能型组织　　　　　　　B. 市场型组织　　　　　C. 地区型组织　　　　D. 产品型组织

5. 如果市场能按顾客特有的购买习惯和偏好细分，可以建立（　　）组织。

    A. 职能型组织　　　　　　　B. 产品型组织　　　　　C. 地区型组织　　　　D. 市场型组织

二、多项选择题

1. 市场营销组织的演变经历了哪几个阶段（　　）。

    A. 单纯的销售部门　　　　　　　　　　　　　B. 兼有附属职能的销售部门

    C. 独立的市场营销部门　　　　　　　　　　　D. 现代市场营销部门

    E. 现代市场营销企业

2. 市场营销组织的形式包括（　　）。

    A. 职能型组织　　　　　　B. 地区型组织　　　　　C. 产品型组织

    D. 市场型组织　　　　　　E. 矩阵型组织

3. 医药市场营销的实施过程，主要包括（　　）等内容。

    A. 制定行动方案　　　　　B. 建立组织结构　　　　C. 设计评估和报酬制度

    D. 开发人力资源　　　　　E. 建设企业文化

4. 市场营销控制包括（　　）。

    A. 年度计划控制　　　　　B. 盈利控制　　　　　　C. 效率控制

    D. 质量控制　　　　　　　E. 战略控制

5. 市场营销审计是战略控制的重要工具，下列（　　）是市场营销审计的内容。

    A. 营销环境审计　　　　　B. 营销组织审计　　　　C. 营销系统审计

    D. 供货质量审计　　　　　E. 购销合同审计

三、判断题

1. 企业文化的建立对市场营销执行力没有影响。（　　）

2. 正常情况下，市场占有率上升表示市场营销绩效提高，在市场竞争中处于优势。（　　）

3. 年度计划控制是为了确认在各产品、地区、顾客和渠道等方面的实际获利能力。（　　）

4. 市场营销控制中，若执行情况与计划不一致，则要及时找出原因并采取适当的措施进行纠偏。（　　）

5. 为了有效实施医药市场营销计划，需要制定详细的行动方案，这是实施医药市场营销计划的首要条件。（　　）

四、思考题

1. 职能型组织主要的优缺点是什么？

2. 设置市场营销组织的基本原则有哪些？

3. 市场营销实施过程包括哪些方面的工作？

4. 市场营销控制的流程包括哪些内容？

书网融合……

知识回顾　　　微课 1　　　微课 2　　　微课 3　　　习题

（陈　琼）

项目十一　医药市场开发与维护

学习引导

顾客与市场是企业发展的第一资源，医药企业的发展与壮大就是一个"稳定现有市场并不断开发新市场"的过程。因此，新市场、新客户开发与维护的能力和水平，工作成效的高低，是决定一个企业发展的关键性因素。然而，市场开发与维护是具有很高要求的学问和艺术：从寻找客户、拜访客户、达成交易再到后期的关系维护等，每一个环节都有其巧妙的致胜成功之道，需要我们不断的去研究、探索、实践和总结。尤其是医药市场竞争如此激烈的今天，做好市场开发与维护工作比以往任何时期都更加重要，成功开发新市场是每一位营销人员的天职。

本项目的主要内容是市场开发技巧与运用、药店市场开发与维护、医院市场开发与维护等。

学习目标

1. **掌握**　市场开发、学术推广的基本含义；FAB 叙述法的基本内涵。

2. **熟悉**　客户拜访准备和正式拜访两个环节的注意事项、客户异议处理的基本原则；药店信息收集及目标医院情况调研的主要内容；学术推广的基本类型及策划技巧。

3. **了解**　药店店情检查的基本内容，药店店员培训的基本形式。

任务一　市场开发技巧与运用

PPT

市场开发（Market Development）就是企业把现有产品销售到新的市场，发展现有产品的新顾客群或新的地域市场，以求市场范围不断扩大，从而增加销售量的系列活动。市场开发技巧主要包括客户寻找与客户拜访、销售洽谈与达成交易、客户关系维护等三个方面，如图 11-1 所示。

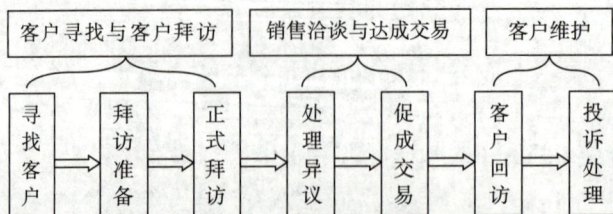

图 11-1　市场开发过程及开发技巧

一、客户寻找与拜访 📱微课1

（一）客户寻找

市场开发的途径主要包括将企业原有产品打入从未进入过的新市场，寻找潜在用户；增加新的销售渠道或中间商的数目，灵活运用各种中间商的销售途径开发新的市场；激发企业现有客户增加购买品种和购买数量等。作为营销人员，首先要明确寻找客户的范围，通常可将客户的类型划分为以下三类。

1. 全新客户　是指过去从来没有与本企业发生过业务往来的单位或个人。寻找全新客户对企业长期发展和应对竞争是至关重要的，作为营销人员必须不断寻找新的潜在客户。否则，医药企业市场增长的动力就会明显不足，市场开发的质量就会受到限制。

2. 过去的客户　是指曾经是本企业的客户，但由于各种因素的影响导致现在已经不是本企业的客户。这种情况在医药销售工作中时常发生，营销人员千万不能忽视这类客户，事实上这类客户与企业有合作基础，相对比较容易接触和交往。

3. 现有客户　是指目前与企业有合作关系的所有医药商业企业或医疗机构。现有客户对医药产品销售具有非常重要的现实意义，他们既是营销人员扩大市场占有率、促进销量的基础，也是营销人员将新产品推向市场的最佳对象。

📖 拓展链接

目标顾客寻找的 MAN 原则

医药销售人员能够选择顾客的范围很广，有医护人员、普通消费者、医药相关工作者等，但是能够真正成为最终目标顾客的仅有很小的一部分。所以确定目标顾客的工作就显得十分重要和有益，一般来说，处方药的目标顾客范围比较窄，基本局限于医疗机构中有处方权的医师。即便如此，针对特定的企业、特定的产品，并不是每位医师都是我们的目标顾客，还是需要销售人员去辨别真正的目标顾客。通常来说，必须具备以下三个基本条件。

Money（有钱购买）：物质基础。医生的病人有与药品开支相应的经济承受能力，如果患者的经济能力不足以负担某种药品的费用开支，医生是爱莫能助的；如果医保病人个人账户留存已经告急，医生使用昂贵药品的可能性也是微乎其微。

Authority（有权购买）：权利基础。部分社保或公费医疗用药，不同地区或医院对处方医生的级别做了限制，如"干扰素"限定副高以上职称医师处方；部分临床科室，由于药商服务或其他问题，主任指示不许使用，主治医师一般是不会违抗的。

Needs（存在需求）：分为临床治疗需求和个人需求。医生会根据具体情况和患者治疗需要决定用药。

（二）客户拜访

客户拜访包括拜访准备和正式拜访两个环节。

1. 拜访准备　拜访准备就是要充分调研和收集与客户需求有关的所有信息，以便更好地打消客户疑虑，激发购买兴趣。

（1）制定拜访计划　这是营销人员为实现拜访目标而事先对拜访步骤和方式方法等做出的安排，

它是拜访的行动纲领。拜访计划通常包括拜访客户的基本信息、拜访目的、如何进行拜访预约、沟通方式和内容的设计、拜访细节等内容。在制定拜访计划之前要进行深入的调研，要善于总结客户拜访失败或成功的教训和经验，要全面地掌握本企业、产品、客户、竞争对手的相关信息，要重点分析本企业产品与竞争对手产品相比优势在哪里？能给客户和消费者带来哪些新的利益体验？在此基础上不断改进和提升，才能制定出更加切实可行的客户拜访计划。

（2）拜访预约　拜访预约能否成功决定了市场开发后续工作能否顺利进行。约见客户遭遇拒绝是经常的，医药营销人员要有思想准备并具备相应的心理素质。为了减少拒绝，可以使用以下技巧：一是设计一个好的约见事由，约见事由可以是介绍新药、介绍药品使用方法、介绍有关的学术情况、了解患者用药的疗效与不良反应等。二是利用适当的方法约见，可以使用电话约见、信件约见以及通过他人约见。一般来说，电话约见使用最多；通过他人介绍约见成功率和效果最好；而信件约见一般是用于群体邀请或电话约见的前期准备。三是选择客户方便的时间和地点，医药营销人员要了解客户的日常工作情况和一般时间安排，要替客户着想，避免在客户最忙的时间内约见。客户通常并不愿意主动安排时间，营销人员应该建议一个具体的时间由客户考虑，或提出多个时间由客户选择，以此提高约见的成功率。　微课2

（3）准备FAB叙述词　FAB叙述词是拜访计划的重要内容，其核心是针对客户的购买心理，有效地激发客户兴趣和购买欲望。霍普金斯在他的经典著作《我的广告生涯—科学的广告》中有这样两句阐述："效果是人们最想知道的，他们并不在乎你们是怎么得到这种效果的""唯一的推销方式是通过某种途径让别人看到，你在提供超值的服务"。营销人员必须把医药产品的特性有效转换成顾客所关心的切身利益，并通过充足的证据和高效的沟通技巧说服客户。FAB叙述法给我们提供了推销的方法、技巧和思路。

F即特性（Feature）　产品或服务的原始内涵或特征，不做外延。如特有的缓释制剂、有效率85%、零售价格25元/盒、医保产品等。

A即作用（Advantage）　就是产品或服务的优点以及能够给客户带来的用处。如特有的缓释制剂，给患者带来的作用就是延长作用时间，在肠道内消化吸收。

B即利益（Benefit）　指产品或服务的特性和作用对客户的综合价值。如特有的缓释制剂可以大大减少服药时的胃部不适感；医保产品让医保病人可以免费或低价使用，减轻经济负担。

需要注意的是FAB在使用时其顺序可以任意安排，如FAB、ABF、BAF、BF、BA、AB等，但是千万不能漏掉B，因为利益是顾客最关心并且与他直接相关的因素。同时，营销人员在准备FAB叙述词时，一方面要准确掌握本产品的特性、作用和利益，另一方面要充分掌握竞争产品的特性、作用和利益，要能够科学研判和分析影响客户需求的各项因素，在比较中突显产品的差异化优势，循循诱导。

2. 正式拜访　第一次拜访客户时，要高度重视每一个细节，要塑造良好的第一印象，良好的第一印象等于成功了一半。

（1）精神状态　营销人员必须要有充分的自信，良好的抗挫折能力以及积极向上、乐观开朗的心态，要消除一切恐惧心理，以良好的精气神去感染和吸引对方。

（2）着装礼仪　有学者研究指出，构成第一印象的三个因素分别是：语言7%、语调38%、仪表视觉55%，可见视觉印象的重要性。大致说来，销售人员在仪容仪表上应该注意以下方面，如头发整洁，男士不留长发、女士不留怪异发型；女士化淡妆；尽可能带一个公文包，不要提塑料袋和纸袋；西装与衬衣、领带及鞋子的颜色要相配等。

穿西装的规范

穿西装的规范主要有：要笔挺、不能起皱、不能有折痕；袖口的标签必须剪掉；西装领子不可竖起来；裤子长短要适中；除丧事外请勿打黑色领带；西装里面尽量穿衬衣，切忌穿背心和内衣；衬衣要以在抬肘时突出西装袖口 2 厘米的长度为宜；上衣口袋不能插笔；口袋里不要装笔记本、眼镜、香烟等物品；上衣不能随便脱下；穿深色西装不能打白色领带；除了结婚戒指外，请勿佩戴其他首饰。

（3）其他商务礼仪　营销人员鞠躬的姿势、站立交谈的姿势、谈话距离、坐姿、视线落点、交换名片的方法、电话礼仪等都要符合规范要求。如交换名片时一定要双手递给对方；接对方名片也要双手接，同时不要马上就放口袋里，应该浏览一下上面的文字，一方面显示你的尊重，另一方面能够帮助你更准确地了解对方。

（4）开场白　精彩绝妙的开场白，往往能让你在对方眼里的印象直线上升，拉近你和对方的距离，为接下来的交流打下一个良好的基础。面对不同层次、不同性格的客户，如何设计"开场白"才能更好地引起客户的共鸣、兴趣及购买欲望呢？可以尝试以下几种方法：一是寒暄式开场，两个人在正式交谈之前都要寒暄，说一些看似无关紧要的客套话。不要小看看似无关紧要的客套话，可能直接影响着整个谈话的过程，这些看似的"无关紧要"其实很重要。二是问题式开场，即用问题吸引对方的注意力，如某营销人员去拜访一家商场，她没有直接和经理交谈服装销售的问题，而是首先递给经理一张便笺，上面写着："你能否给我 10 分钟就一个经营问题提一点建议？"这张便条引起了经理的好奇心。在大商场做销售，顾客的建议往往就是销售的方向，经理热情地把她请进自己的办公室。三是请教式开场，即向对方请教，把对方当老师，对方感到被尊重的优越感，更容易与你进行交流。

> **即学即练 11 – 1**
>
> "主任，您好！我是××制药厂的×××，今天来拜访您主要是向您介绍我们公司的×××产品。"对于这样的开场白，你认为：（　　）。
>
> A. 非常好，简洁明了
>
> B. 不是很好，没有润滑剂，不能引起医生的兴趣
>
> 答案解析

二、销售洽谈与达成交易

（一）洽谈的技巧

1. 探寻　探寻就是询问，是营销人员了解客户需求，挖掘客户信息的重要手段。洽谈的过程也就是"问"和"答"的过程。为什么要提问？询问可以帮助我们了解顾客基本信息、发现顾客的需求、控制拜访的节奏、促进顾客参与、改善与顾客的沟通质量。高质量的问题能够引起与对方的共鸣，是推进整个洽谈进程顺利发展的保障。许多销售人员畏惧与客户见面的重要原因就是感觉和对方无话可说，要克服这类现象，可以事先准备好问题并将其写在工作日志上、保持问题的连贯性、简化问题的表述，并克服胆怯心理。

保证提问的质量和有效性，要了解问题的类型。一般来说，问题主要分为开放式和封闭式两类。开

放式问题可以给客户自由的回答空间，用来鼓励对方开口，以便进一步了解其需求和感受，如"您有怎样的建议？"。封闭式问题主要包括是非题、程度判断题和选择题等，一定程度上局限了对方就某个问题的作答，如"如果两个药品疗效和安全性相当，您是否会首先考虑使用国产药？""主任，您对我们公司的服务是否满意？"等。

2. 陈述 陈述是要通过说明，将产品的特性转化为客户需要的利益。要了解客户的需求和利益关注点，营销人员要学会换位思考，要站在对方的立场和角度为对方着想，才能更准确地把握客户的需求及他们对产品或服务价值的期望。

在陈述过程中，营销人员要注意这些方面：一是了解并认同顾客的需求。营销人员在陈述其产品和服务的特性时，要充分认同客户需求而不发表批判性意见，有助于发现和了解顾客的需求。二是在理论（药理）和应用（临床）之间架一座桥梁。营销人员是公司和产品的喉舌，通过有效的陈述使客户（医生、药师）了解产品的药理作用、制剂工艺、适应症、临床使用的注意事项、价格、医保等情况。三是重点推介与顾客需求相对应的产品利益。因为一个产品往往具有多个特性，而一个特性又可以衍生出多种利益。每个客户对产品利益的需求或多或少都有差异，营销人员要紧紧围绕客户对产品利益的需求，有针对性地进行陈述。

即学即练 11 - 2

将某药品如下的特性转换为相应的利益。

A. 血药浓度可以持续 12 小时　　B. 缓释技术　　C. 口服剂型

问题：

1. 避免了峰谷，平稳降压，患者有舒适的感觉，可达到良好的治疗效果。该利益对应上述哪项特性（　　）。

2. 容易调整剂量，使用方便。该利益对应上述哪项特性（　　）。

3. 一天只需早一粒、晚一粒，服用方便，患者不易忘记服用，使用的依从性好。该利益对应上述哪项特性（　　）。

答案解析

---

3. 聆听 在营销人员与客户的交流过程中，普遍存在着营销员夸夸其谈，客户顿首不语的现象，甚至随便打断客户讲话的现象也屡见不鲜。有个问题值得思考：应该如何处理好"说"与"听"的关系？学会聆听很重要，一方面表示对顾客的尊敬与兴趣，另一方面能够获得更多的信息，同时最大限度地减少自己的失误。聆听要遵循"听清、理解、有回应"的基本原则，要做到少说、多听，态度诚恳，尊重、鼓励对方诉说。必要时做好记录，接纳对方意见而不做批判，要察言观色，适时表示了解对方的感受。

聆听的过程中，首先要专注、认真地"听"；其次要学会分析甄别，能够捕捉客户的弦外之音、言下之意；再次要作出回应，又称反馈，很多时候需要用到反馈技巧。例如，学会使用"是的""后来呢？""您真不容易！""您讲得实在太好了！""您继续说""太了不起了！""我很受启发"等话语进行反馈，以表示你在认真地听、对讲的内容非常感兴趣、认同和赞成对方等。总之，一个合格的聆听者应该是：总是专注地听他人讲话、不轻易打断对方、与对方有目光的接触和交流、能够及时修正自己的观点、不断地给对方反馈和诠释、能够注意到身体等非言语的交流信号。

（二）处理客户异议

面对成交的客户，营销人员会非常高兴；面对拒绝的客户，营销人员又会非常沮丧，这是正常的反应。但是，作为营销人员一定要学会正视客户异议，若因为客户的异议半途而废，则会白白地丧失机会，这就需要有技巧地处理客户的拒绝或提出的异议。客户异议一般包括个人异议和产品异议。站在销售者的角度，个人异议就是外在异议，产品异议就是内在异议。客户异议如图 11 – 2 所示。

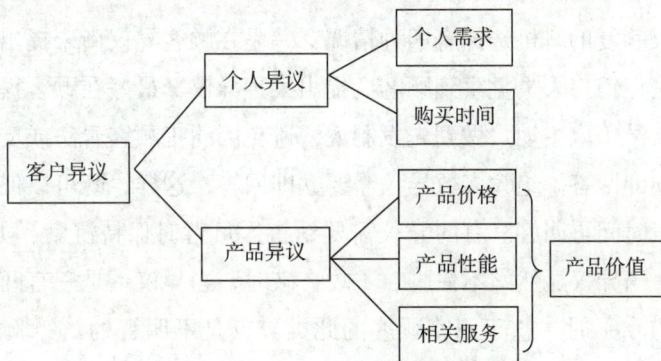

图 11 – 2　客户异议图

1. 正确认识客户的异议　客户异议是销售过程中的必然现象。正如很多营销人员所言，医药市场竞争非常激烈，营销工作相对较难，客户异议可能是成交的障碍。但如果营销人员能很好地处理客户异议，顾客异议就能成为成交的机会。客户提出异议，说明其认真听取了产品介绍，而且对所介绍的产品有兴趣，才会提出异议和疑问。通常推销成功都是从异议开始的，反过来说，如果没有异议那才是可怕的，俗话说"褒贬是买主，无声是闲人"。所以，营销人员首先要从心态上调整自己，正确认识和对待客户的异议。

2. 处理客户异议的原则　销售过程中，如果客户表现出了拒绝、怀疑或冷漠的态度或提出相应的异议，处理过程中你应该遵循以下基本原则。

（1）做好充分准备原则　"不打无准备之仗"是销售人员战胜顾客异议应遵循的一个基本原则。销售人员在出门前就要将顾客可能提出的各种异议列出来，并考虑应对之词。面对顾客的异议，事前做好充分准备可以做到心中有数、从容应对，反之，则会不知所措，不能给顾客一个满意的答复。国内外的许多企业经常组织一些专家来收集顾客的异议，制订标准应答用语，并要求销售人员牢记并运用。在实践中，编制标准应答用语是一种较为有效的方法，具体程序为：步骤 1，把大家每天遇到的顾客异议写下来；步骤 2，做分类统计，依照出现频率排序，出现频率最高的异议排在最前面；步骤 3，以集体讨论方式编制适当的应答用语，并编写、整理成文；步骤 4，请大家熟记在心；步骤 5，由经验丰富的销售人员扮演顾客，大家轮流练习标准应答用语；步骤 6，对练习过程中发现的不足，进行讨论并修改完善；步骤 7，对修改后的应答用语进行再次练习，最终定稿备用，印成小册子发给大家，以供随时翻阅，达到运用自如、脱口而出的程度。

（2）切忌争辩原则　争辩是销售的第一大忌，不管顾客如何批评，销售人员永远不要与顾客争辩。这是因为，争辩不是说服顾客的好方法，与顾客争辩，失败的永远是销售人员。一句销售行话是："占争论的便宜越多，吃销售的亏越大"。

（3）尊重客户原则　销售人员要尊重顾客的意见。顾客的意见无论对还是错、深刻还是幼稚，销售人员都不能表现出轻视的样子，如不耐烦、轻蔑、走神、东张西望等。销售人员应双眼正视顾客，面部略带微笑，表现出全神贯注的样子。不能使用"你错了""连这你也不懂""您没搞懂我的意思，我是说……"等话语，这些说法会在明显抬高自己的同时贬低客户，会挫伤客户的自尊心。

（4）恰当时机回复异议原则　某权威机构通过对几千名销售人员的研究发现，优秀销售人员遇到顾客异议的概率只是普通销售人员的十分之一。主要原因在于：优秀销售人员对顾客的异议不仅能给予一个比较圆满的答复，而且能选择恰当的时机进行答复。可以说，懂得在何时回答顾客异议的销售人员会取得更大的成绩。

销售人员对顾客异议答复的时机选择有四种情况：一是在顾客异议尚未提出时解答。防患于未然是消除顾客异议的最好方法，销售人员觉察到顾客会提出某种异议，最好在顾客提出之前就主动提出并给予解释，这样可使销售人员争取主动，做到先发制人，避免因纠正顾客看法或反驳顾客的意见而引起不快。二是在异议提出后立即回答。绝大多数异议需要立即回答，这样，既可以促使顾客购买，又表示对顾客的尊重。三是过一段时间再回答。有的异议需要销售人员暂时保持沉默，如当异议显得模棱两可、含糊其词、让人费解时，当异议显然站不住脚、不攻自破时，当异议不是三言两语就可以解释时，当异议超过了销售人员的能力水平时，急于回答顾客的此类异议是不明智的。经验表明，与其仓促答错十题，不如从容答对一题。四是不回答。许多异议不需要回答，如无法回答的奇谈怪论、容易造成争论的话题、可一笑置之的戏言、异议具有不可辩驳的正确性、明知故问的发难等。

（三）促成交易

销售拜访的最终目的就是成交，一旦在此失利，所有努力都前功尽弃。除了有坚定胜利的心态外，还要善于使用技巧。医药代表要适时注意和识别客户的成交信号，灵活运用成交技巧，主动、大胆、巧妙地提出成交申请。

1. 成交的时机　当医生重述你提供的利益或称赞你的产品时；当医生的异议得到满意的答复时；当医生发出使用信号时；当医生表现出积极的身体语言和表情时；当医生询问使用细节时。以上信息都告诉你机会来了，营销人员要提高信息捕捉能力，时刻关注医生及客户的只言片语、身体语言以及给你提供的所有信息。通过分析整合，把有关信息变成你的成交机会。

2. 促进成交的方法　①直接成交法：如"您认为我们的某某产品不错，您是否可以开几个处方，试几个病例呢？"。②总结性成交法：如"既然您认为我们的产品安全、有效、使用方便，您可以在适当的时候试用几例吗？我下星期再来拜访您，好吗？"。③引荐性成交法：如"医生，王教授一直在用我们的产品，而且没有出现过一例不良反应。您是不是也试用一下我们的产品呢？"。④试验性成交法：如"王老师，根据这个临床方案，您可以选30例患者来试用我们的产品吗？我们公司会在临床试验后，进行汇总和总结，并在权威的杂志上发表"。⑤特殊利益性成交法：如"林主任您好，这是最新治疗××病的新药，您率先使用，在使用中，您会获得最快、最新的第一手资料。您还可以把这些资料和您的同事分享，您看好吗？"。⑥渐进性成交法：先总结，让医生一步一步地认同，直至最后达成交易。

3. 不成交时怎么办　协议不成是常见的情况，可能是你所提供的利益医生还没有接受；或者医生的反对意见还没有解除。营销人员要进一步询问查询原因，辨认客户的态度，了解客户的真正需求，用事实把产品的特性转换成利益呈现给客户。总之，在不能达成交易时，要用最小的代价、最短的时间减低负面的影响，并达成一定的目标。如留下客户资料，告知客户还会再来拜访或联系。就是说，当客户拒绝时，要找准时机继续询问，重新判断原因，是医生对你有意见，或是对产品不满意，还是对公司有意见。

三、客户维护

一位满意的客户能成为你最佳的销售伙伴，良好的客户关系是客户再次购买的保证，也是现有顾客向潜在顾客传播良好口碑的基础。要想不断巩固现有客户，建立良好的关系，客户维护是不可或缺的重要一环。客户维护不要等到产品发生质量问题时再去做，而是产品售出就应开展。一方面可以指导顾客更好地使用产品；另一方面可以调查顾客对产品的意见和看法。

（一）客户回访

客户回访又称跟进拜访、二次拜访、关系维护拜访等。回访是指在销售结束后，销售人员所进行的与该客户有关的拜访活动。

1. 客户回访的意图　一是约定要见面，比如呈送医生索要的资料、送赞助等，切记不可食言或失约。二是礼节性拜访，大约要占据医药销售人员 1/2 左右的时间，礼节性拜访的频率要根据需要、顾客的重要性，以及公司的促销组合、行业整体营销环境等因素来确定。一般的频率为每月 1~4 次，对 VIP 客户的拜访频率以每月 1 次为宜，建议能够与上级经理协同拜访，以示尊重。三是竞争的需要，竞争对手每天做着和你相同或相似的工作，营销人员必须谦虚谨慎、提高警惕、锲而不舍，才能抓住客户的心，防止客户流失。

2. 客户回访策略　一是采取较为特殊的跟进方式，加深客户对您的印象，增进感情。比如赠送有纪念价值的宣传品，这也是药品推销中一种常见的辅助方式。纪念品的价值不一定很高，主要是一种感情联系，可以满足顾客的心理需求，也可作为再次访问及探知情报的手段和借口，这是成功推销的捷径。二是推销人员应该把握任何一次售后服务的时机，尽量发掘有价值的客户或有益的推销情报资料。当然，每次跟进切勿流露出强烈的渴望，调整姿态，试着帮助客户解决其问题，了解客户最近在想些什么？工作进展如何？据统计，80％的销售是在第 4~11 次跟进后完成的。销售人员必须时刻提醒自己：情感的建立是扩大销售的基础，任何事情都要藉以时日，才能够实现，赢得客户的尊重更是如此。

3. 成功回访的要求　在激烈竞争的环境中，销售人员和客户之间应该建立一个良好的、长远的互信关系。这要通过一次又一次成功的跟进和回访来实现，所以成功回访也就越来越重要。为了成功的回访，医药代表不仅要有良好的专业知识和销售技巧，更重要的是信守诺言。具体要求有：在缔结时跟进，约定下一次的拜访时间；适时使用电话跟进；重视客户要解决的问题；客户能随时联络到你；帮助客户查询资料和文献；承诺的事情一定要做到等。

（二）客户投诉处理

处理客户投诉是维护客户关系、改进服务方式与内容、增加产品销售的有效途径。因此需要企业建立危机管理机制，及时处理客户的不满，避免逐渐累积或不断扩散形成影响企业形象与销售的危机。

1. 处理客户投诉的原则

（1）预防为主原则　企业防患于未然是客户投诉管理的最重要原则。主要要做到三点：①要求企业必须改善管理，建立健全各种规章制度；②加强企业内外部的信息交流，提高全体员工的素质和业务能力；③树立全心全意为客户着想的工作态度。

（2）及时处理原则　如果出现客户投诉，各部门应该通力合作，迅速作出反应，力争在最短的时间内全面解决问题，及时给投诉者一个满意的答复，决不能互相推诿责任，拖延答复，否则只会进一步激怒投诉者，使投诉与抱怨升级恶化。

（3）制度化管理原则　要求企业相关人员按照规定程序处理客户投诉，对每一起投诉都要进行详细记录，通过记录，可以为企业吸取教训、总结投诉处理经验，加强投诉管理提供实证材料。

2. 处理客户投诉的程序　企业在接到客户投诉以后（包括口头、信件等投诉方式），应该建立一套规范的投诉处理流程，并让销售人员认真学习加以掌握，以便在实际遇到投诉问题时候能够进行专业、妥善的处理。一般来说，处理客户投诉的程序可分为以下几个步骤。

（1）记录　详尽地记录客户投诉的全部内容，包括投诉者、投诉时间、投诉对象、投诉要求等。

（2）分类　确定客户投诉的类别，再判定客户投诉理由是否充分，投诉要求是否合理。如投诉不能成立，应迅速答复客户，委婉地说明理由，以求得客户谅解。

（3）转交　按照客户投诉内容分类，确定具体的受理单位和受理负责人。如属于合同纠纷，交企业高层主管裁定；如属于送货问题，交货运部门处理；如属质量问题，交由质量管理部门处理。

（4）处理　在调查确认造成客户投诉的具体责任部门、个人及原因的基础上，参照客户投诉要求，提出解决投诉的具体方案。

（5）反馈　客户投诉处理有了结果后，应由销售经理将处理结果及时向客户反馈。不能对客户的投诉处理没有下文，不了了之。所有投诉处理的相关材料，销售经理都应完整保存，存档备查。

▶▶ 岗位情景模拟 11-1

情景描述　一个好的"开场白"能够为你赢得与客户进一步交流的机会，是成功的一半，是客户拜访中非常重要的环节。请以药店经理为对象，设计几种不同类型的开场白。

要　　求
1. 以"称赞对方或向对方请教"设计开场。
2. 以"引用一个事例或问题引起对方的注意力"设计开场。
3. 以"寒暄式"设计开场。

答案解析

PPT

任务二　药店市场开发与维护

药店和医院是医药产品销售市场中最重要的两个终端。医药销售终端是指医药产品从生产厂家到真正购买者手中的最后一环，是医药消费者能接触到医药产品或服务的空间和场所。医药销售终端通常包括零售药店、医院、商场超市药柜、诊所、村卫生室，以及其他出售非处方药品的车站、酒店等药品零售场所。零售药店通常是以出售非处方药品（OTC）为主，但随着药店准入条件的提高、经营管理的完善，现代药店有的配置执业药师和处方医生，带有医院的简单门诊功能，同样可以出售处方药品。同时，随着药店竞争越来越激烈，促销活动日益增多、促销力度不断加大，人们在日常疾病的预防和保健等方面的用药，比较习惯去药店购买。药店市场的开发与维护对于非处方药生产及销售企业来说至关重要，是最重要的销售终端。

一、药店信息收集

OTC 代表要全面、准确地掌握自己管辖区域内所有药店的详细情况。对本企业产品已经铺货的药店做好日常客户关系维护，保证药店店员及时、准确地向消费者进行介绍和推荐；对没有铺货的药店则要争取药店业主或者是药店所属连锁总部及时向该药店铺货；辖区内如果有新开的药店，则要第一时间进行拜访，保证新药店及时认知本企业产品。为达到上述要求，就要及时收集辖区内药店的相关信息，并进行动态更新和管理。

（一）药店基本信息收集

1. 药店概况　主要包括药店的店名、性质（单体药店、直营连锁还是加盟连锁药店）、地理位置、店内面积、外部形象等。随着信息技术的发展，基本信息可以采取文字、图片、视频等多种形式进行整理。

2. 组织管理信息　如果是连锁药店，则要掌握连锁药店所属总部的影响力、辖区内药店所属片区、区域管理现状、新商品引进流程、配送措施、促销活动管理流程等。如果是单体药店，则要掌握药店的经营理念、经营方向与政策、企业规模等。

3. 经营能力相关信息　包括药店的市场定位、产品数量与结构、销售能力、客流量、价格水平、利润率、发展潜力、经营特点及优势、在商圈内及医药消费者中的口碑、信用状况、与本企业的业务关系及合作态度等。

4. 竞争产品信息　要掌握辖区内药店销售的与本企业产品存在竞争关系的产品信息，包括基本信息（通用名、商品名、价格、规格、生产企业等）、进货渠道、销售情况、促销策略、顾客选择等内容。

（二）药店人员信息收集

1. 药店人员构成

（1）药店经理　药店经理负责门店的日常经营管理工作，对门店的销售指标负责。目前，药店经理学历构成一般以医学、药学、经济管理类专业的大专及以上学历为主。零售企业法定代表人或者企业负责人应当具备执业药师资格。

（2）药店药师　按照国家有关管理法规的要求，每家零售药店都必须配备至少一名药师，药店药师负责门店药品质量管理、处方审核以及患者的用药指导。药师属于专业技术人员，在店内有举足轻重的地位。

（3）店员　药店店员也称为健康顾问，负责药品的销售、店堂卫生等日常工作。药店经理往往对店员实行分区管理，即安排店员分工负责不同货架或柜组的产品销售及相关服务工作。目前，医药零售业比较发达的地区药店店员以医学或药学专业大专学历为主。

以上不同人员都是药店的正式员工。除此之外，药店还有大量厂家或经销商的促销人员，他们虽然不属于药店的正式人员，但他们同在一家药店为顾客服务，药店经理往往将其和正式店员一样管理，其一言一行也会对药店的销售和品牌形象产生一定的影响。

2. 药店人员信息收集范围　包括店内的人员结构、岗位分布情况，以及不同人员的专业背景、药学服务水平、性格特征、排班信息等。

3. 药学服务能力　包括药店是否设置相对独立的药学服务区域、配备完好的药品调剂工具、提供哪些药学服务项目、药学服务整体专业技术水平等。

二、药店拜访

OTC代表在拜访客户前，需要做好相应的准备工作，除了心态和思想上的准备外，重点要做好相关的业务准备，并制定拜访计划，提高拜访的质量。

（一）拜访前的业务准备

1. 熟知本企业的销售政策及销售方式　OTC 代表和药店相关负责人谈判时，要非常清楚本企业有哪些具体的销售政策，如不同采购量的价格、能提供的促销支持、物流配送方式等。即使只是和连锁药店的下属店长或药师打交道，也应该对公司各项政策了如指掌，以便向基层门店宣讲，增强基层员工销售本企业产品的信心。

2. 细致准备拜访工具　拜访前，要认真准备好企业资料，如企业宣传画报、视频、获奖证书等各种能证明企业实力的资料；产品资料，如产品手册、证明所推广产品疗效的文献或报道、样品、包装盒、各种促销物品、赠品、价目表；个人资料，如名片等材料。

（二）制定拜访计划

拜访计划要详细和具体，要明确拜访要达到的目标、计划拜访的客户及区域、拜访时间安排、计划拜访的内容等事项。

1. 制定拜访计划　设定拜访目标是一名优秀的 OTC 代表拜访前的必做功课，目标可以更好地指导行动，更是检验工作成效的标准。目标的设定要遵循"SMART"原则。

明确性（Specific）：要用明确具体的语言清楚地说明要达成的行为标准，不能模棱两可。明确性要包含衡量标准、达成措施、资源要求等事项。

可衡量性（Measurable）：一个好的销售目标应该是可以衡量或是量化的，要有一组明确的数据作为衡量是否达成目标的依据。对于销售增长率、市场占有率等这类定量指标，相对容易拿出衡量标准。但对于服务质量、客户满意度和客户亲密程度等定性指标，则需要花精力进行合理量化。例如，对于 OTC 代表与客户的关系，可以通过拜访的频率、重点客户的基本资料等指标进行量化。

可实现性（Attainable）：目标设定要富有挑战性，能够使自己的工作潜能得到发挥，产生更高的绩效。同时，目标又不能设定得太高，如果目标超过能力太多会令人失去信心，反而起不到自我激励的作用。

相关性（Relevant）：是指实现此目标与其他目标的关联情况，OTC 代表要立足岗位职责设计相互关联、相辅相成的目标体系。如果实现了该目标对其他目标完全不相关，或者相关度很低，那这个目标即使达成了，意义也不是很大。

时限性（Time－based）：目标的实现，必须在指定的时间范围内，而不可能是时间的无限制延长。不按时完成，目标的实现也就毫无意义可言。如果是短期的目标，更需要精确到以时钟为计量的单位，只有这样，目标的设定才会有限制性。

2. 设计拜访频率与路线　药店具有点多面广的特点，一位 OTC 代表在一天需要拜访 10 家左右的家药店，且正常拜访多以面对面的交谈拜访为主。这就需要 OTC 代表对自己所负责的终端进行合理分配，要主次分明、把握重点，并规划好每日的拜访路线。

（1）实行药店分类管理　按照销售中的"二八定律"，20% 的客户带来企业 80% 的销售额。因此，OTC 代表对辖区药店的销售管理和精力投入应抓住重点，综合考虑药店规模、客流量、地理位置、销售状况、合作意愿、未来发展潜力等因素，对辖区内药店进行 ABC 分类。对不同类别的客户制定不同的拜访频率和促销资源投放标准。比如，以周为单位设计不同药店的拜访频率，如 A 类店每周拜访一次、B 类店每两周拜访一次、C 类店每月拜访一次。

（2）合理设计拜访路线 在制定拜访路线之前，OTC 代表首先要将辖区内的所有药店都熟悉一遍，了解药店的数量和地理分布情况。每一个城市的药店分布情况都是不尽相同的，有的是零星分散的，有的是集中的，有的在市区，有的在郊区。因此，OTC 代表在制定拜访路线时，要充分考虑药店分布的客观情况，合理安排拜访线路，拜访路线制定得好，可以为 OTC 代表节省一定的行程距离和时间，提高工作效率。

即学即练 11 - 3

答案解析

在营销中客户就是上帝，我们要用心为每一位客户提供最优质的服务。因此，所有的客户我们都要一视同仁，要以相同的频率、时间和精力开展拜访。这句话是否正确？
A. 正确　　　　　　　　B. 不正确

3. 设计产品介绍词 药店接触顾客多，销售的产品多，药师及店员往往没有足够的时间去深入掌握所有产品的各方面特征，长篇大论的介绍也不便于记忆。OTC 代表需将本企业产品和竞争产品进行充分地比较研究，将产品的各项核心优势归纳为客户利益，设计 1 分钟左右产品介绍词。介绍词要求做到深入浅出、通俗易懂，同时朗朗上口，不仅让药店店员牢记，还能向顾客传播。

（1）按一定的主题介绍产品 例如，以季节为主题："现在是胃肠道疾病的高发季节，我们的某某产品最近如何"；以公司重点产品为主题："某某产品是我们公司重点培养品种，疗效确切，市场推广支持力度高"。根据实际情况因地制宜设计各种主题，能收到较好的效果。

（2）按产品优势设计介绍词 ①以独特组方为优势设计，尤其是中成药，如果是传统验方或者是民族药，其独特的组方本身就是产品特色；②以独特成分为优势设计，如果某药品的某成分具有独特性，在治疗效果上起重要作用；③以独特剂型为优势设计，剂型不一样直接影响药物吸收和生物利用度，也直接影响药品的起效时间和药效；④以先进的制造工艺为优势设计，同一药物剂型，由于处方组成及制备工艺不同，生产出来的产品的疗效也有差异；⑤以厂家品牌知名度高为优势设计，品牌知名度高意味着药品的质量高、安全性高、疗效确切，消费者更容易接受。除以上优势挖掘点外，产品是否有售后服务支持等都可以成为优势点，在产品介绍词设计中，要通过案例或数据来充分说明优势。

三、店情检查

店情检查主要包括库存检查、陈列检查、价格与促销检查、竞争产品检查等内容。

（一）环境检查

主要检查药店内卫生环境的干净、整洁程度如何，药店店员的工作态度、精神面貌怎么样，店员的沟通能力和专业服务能力情况如何，以及药店周边的环境情况。药店的服务环境直接影响顾客的感受。

（二）库存检查

了解货架和库存的产品情况，保证货源充足，确保促销期间有充足库存周转，同时应注意避免产品过期；在客户记录卡上填写产品每月进、销、存的准确数字，进货渠道，进货时间等信息。必要时，OTC 代表要帮助药店之间转货或换货。

（三）陈列检查

药店的陈列位是有限的，各个制药企业都会在药店争夺最佳陈列位。OTC 代表在拜访终端时，一方面要保证本企业产品有较好的陈列，另一方面要找出新的摆放形式和陈列位，与药店、区域经理等沟通后实施，引起消费者的注意，有效制造或烘托销售气氛，为促成购买打下基础。

1. 常规陈列检查 要尽量争取最佳陈列位置；争取多点陈列；充分考虑竞争因素，采取相应的陈列措施等，为顾客购买创造良好视觉条件。

（1）占据店内最吸引顾客的位置 经过与药店经理或店员沟通，尽量将本企业产品放在以下容易吸引顾客的陈列位：①在消费者流向的右方架位；②药店超市最易拿到的位置；③走廊交汇处；④收银机前位置；⑤营业员后方的柜台，视线与肩膀之间的高度，中间偏右的位置；⑥营业员前方的柜台，小腿以上的高度，柜台上面第一层；⑦同类产品之间摆放在中间位置等。

（2）扩大本企业产品的陈列面 产品的陈列面，是产品面向消费者的包装面。同一个产品至少应有三个以上陈列面，因为布置货物时有一个陈列面易被价签挡住。通常来讲，同类产品中，陈列面较多的产品会对顾客形成一种该产品购买者较多的心理暗示，顾客出于从众心理也会增加选择该产品的几率。

（3）陈列形式吸引眼球 产品的包装面应该正面向外，使消费者对产品的商标、品名等留下深刻印象；陈列面的放置应稳定，不易翻倒；陈列面预留出至少两个缺口，让人感觉正在热卖中；产品系列尽量集中摆放等。

（4）争取多点陈列 除了在药店指定的位置陈列产品外，OTC 代表也要充分考虑在哪里可以寻找第二个陈列位置，以增加顾客与药品接触的机会。

（5）考虑竞争因素并采取应对措施 ①如果本企业产品作为市场的领导者，则要远离竞争产品的陈列位，以拉开产品档次的距离；②如果本企业产品是市场追随者，就需要想方设法和市场主导产品放在一起，并可开展有效的促销活动加以配合，通过"光环效应"提升产品形象；③作为旗鼓相当的竞争对手，应将自己的产品放在竞争品的右边，因为多数消费者都习惯于用右手取物。

2. 设计新的摆放形式和陈列位 差异化的陈列更容易引起消费者的注意和好感，对提高销量起着潜移默化的作用，OTC 代表若能找出新的摆放形式和陈列位，既能巧妙地传递企业经营理念和品牌形象，也会受到终端的欢迎。例如，有些减肥产品在各大药店放置标有品牌名的体重秤，便是脱离常规陈列项目或位置的典型例子，即方便顾客，药店也欢迎。药店一般不会在店内摆放多个体重秤，这种唯一性的陈列突出了厂家，效果自然好。

（四）价格与促销检查

检查产品的价格是否在公司的价格变动幅度之中，价格标签是否明显，是否满足不同包装单价梯度的要求，了解价格变动原因。检查应该出现的促销活动是否在店中出现；促销产品是否在店中被分销，是否有足够的库存，是否有按照规定进行陈列，其价格是否在要求的范围之内；促销的资源（如赠品）是否充足；促销人员是否按照要求来影响消费者，是否将促销信息传达给消费者。

（五）竞品检查

主要检查销量为整个药店前几名的同类竞品，了解竞品的品种、价格、规格，了解竞品的销售情况和促销活动情况，了解竞品的终端铺货价格和政策，了解店员和消费者对竞争产品的评价，了解竞品店内外广告及陈列材料的布置情况等。

四、药店终端客情关系维护

与药店人员建立良好的关系是 OTC 代表拜访药店的一个重要目的，药店的工作人员主要包括店长、药师、店员等，OTC 代表要有效的开展终端客情关系维护，必须充分了解不同类型药店工作人员职业特征和工作职能职责。

（一）店长关系维护

1. 连锁药店分店店长 店长直接负责药店的日常管理活动，其对厂家活动的支持和认可，对于协调全店人员的利益和积极性，有不可替代的作用。对于连锁药店来说，连锁总部通过销售业绩达成、顾客满意度等指标对店长进行考核。因此，OTC 代表在与店长进行沟通交流时，要多探讨店长所关注的问题，找到共同话题，引起与店长的共鸣。如与店长交流产品如何提升销量、各种促销方式的效果、最新的营销创意、本产品如何带动其他产品销售、公司活动对提升社区居民好感的帮助、其他药店的经营管理经验教训等话题。

2. 单体药店店长 单体药店店长往往就是店主，其全面承担药店经营风险。单体药店店长关注点和连锁药店店长差不多，但与销售额相比，单体药店店长更加关注销售利润。OTC 代表在和单体药店店主沟通时要多侧重成本、销量和利润分析，同时要注意及时发现信用风险，如资金周转、货款结算等方面是否存在问题，以免给公司造成损失。

（二）药师关系维护

药店药师承担着保证门店药品质量安全、用药合理的职责。药师对于产品质量和疗效的认识，在一个药店内通常具有权威，并能影响其他店员和顾客的看法。因此，OTC 代表在与药师沟通时，应重点让其认同产品的质量，侧重与药品质量相关的各种话题，如产品相关的临床药学知识、产品生产工艺及剂型等方面优势、产品不良反应监测信息、行业内各种药学能力培训信息、国家药事法规政策变化趋势等。

（三）店员关系维护

按店员的工作职责将其进行分类：①管理本公司产品所在柜台或货架的店员，这些店员是 OTC 代表重点沟通的对象。②负责制定进货计划的店员或相关负责人。连锁药店的产品补货计划由门店通过POS 机上传到总部，总部根据计划有规律地配送。小型药店补货计划由店经理或药师制定，大型药店则由店经理安排骨干店员承担。OTC 代表必须重视与该项工作负责人的沟通工作，防止产品出现断货。③不同班次的相关店员。OTC 代表在与店员进行沟通时，要注重区分哪些是销售能手，销售能手型店员亲和力强，顾客缘较好，善于把握顾客特点进行导购，更有利于产品销售。同时，OTC 代表在与店员沟通中还需关注不同店员的发展潜力，今天的店员也许是明天的店长，要注重关系的建立和培养。

五、药店店员培训

（一）药店店员培训的重要性

有调查结果表明，除了电视广告，药店店员对消费者购药的影响大于其他各种广告媒体。由于绝大多数患者对药品及其相关知识不懂或知之甚少，当店员向消费者推荐某种药品时，约有 74% 的消费者会接受店员的意见。在零售市场上，面对消费者更多的是药店店员，店员是企业与消费者之间的纽带。随着医药卫生体制改革的深入，制药企业与零售企业会利用优势互补，进行强强联合，店员培训活动的开展将会增加两者的深层合作。许多企业认识到拓展零售药店、培训合格的药店店员已成为竞争中有效的营销策略。

（二）药店店员培训要解决的问题

作为OTC代表必须要清楚以下两个方面的问题：一是药店店员为什么不主动向消费者推荐本企业的药品？二是消费者为什么不接受药店店员推荐的药品？准确掌握以上两个方面的问题才能有针对性地、高效地开展药店店员培训。

1. 解决店员不主动向消费者推荐药品的问题 药店店员不主动向消费者推荐药品的原因主要包括：不具备必要的专业知识，不能充分了解所推荐的药品，所以没有信心正确指导顾客购买使用；不了解产品的企业情况，特别是企业人才、技术、资金以及管理等方面的情况；医药代表与店员未建立良好的关系；对该企业药品的质量、疗效不了解，缺乏信任，没在店员脑海里形成良好的印象等。

2. 解决消费者不接受店员推荐药品的问题 消费者没有接受药店店员推荐药品的原因主要包括：店员的专业知识不够，对所推荐的药品，患者不能明了；产品品牌影响力不高，企业无知名度；产品的价格偏高，不能承受，只好选择其他品牌；店员的服务态度和服务质量较差，不能与消费者进行良好的沟通交流；具有明显夸大其辞的宣传，引起了消费者的反感等。

（三）如何开展药店店员培训

1. 知识讲座培训 知识讲座是培训的主要形式。培训前要做好策划和相关准备工作，包括设定明确的目标，写出活动安排计划，具体计划事项如表11-1所示。培训方案形成后，要提前与药店负责人进行沟通，取得支持并达成一致意见。

表 11 - 1 药店店员知识培训计划具体内容

相关事项	主要内容
时间的选择	活动时间可选择在两班交接班时，或节假日、业余时间等，可根据实际情况而定
活动地点的选择	可选择在连锁药店的会议室，或租赁其他的活动场所，如酒店的会议室等
参加对象	店员、柜组长、店长，以及连锁药店总部的相关人员
参加人数	每次60人左右为宜
培训内容	①企业介绍，可以播放公司宣传片、发放其他宣传资料；②针对零售市场销售品种，进行公司产品及相关医学背景知识介绍；③销售技能、电话营销；④服务礼仪；⑤药店管理的知识等
培训讲师的聘请	①可以是本公司的零售医药代表，自己熟悉内容后，登台讲解企业相关知识；②可请在相关方面有一定名望、熟悉本公司药品、与本公司有良好关系的当地临床医生/专家，讲解医药及产品知识；③可以聘请营销和管理学方面的专家、教授，讲授营销管理以及公关服务礼仪
纪念品的确定	根据参加对象，确定纪念品的形式、数量，纪念品的发放方式等
进行费用预算	对活动所涉及到的费用进行合理的预算，并做到有效控制。主要包括：聘请专家费、场地租赁费、各种资料费、纪念品费用、其他费用

2. 药店店员培训的其他形式 药店店员的培训形式是多种多样的，要结合实际情况和具体需求，选择最恰当的形式。

（1）郊游活动 为了在联络感情的同时加强对店员的教育，各制药企业经常会组织药店店员开展健康郊游活动，在郊游的过程中穿插一些培训或讲座。采用这种方法主要是针对处于成长期或成熟期的产品，选择的店员则是销售量大或潜力大的药店店员。整个郊游活动时间不宜过长，一般一至两天，不会影响到药店正常工作；在郊游中穿插的培训也不能时间过长，以免引起药店员工的反感。

（2）店员联谊会或答谢会 这种形式多在岁末年初或节假喜庆之日邀请店员参加，活动中主持人巧妙地将产品知识穿插于节目之中，从而达到店员教育的目的。如：关于产品知识的有奖猜谜、有奖竞答、专家现场答疑等。这种教育形式的优点是：能较好地增进 OTC 代表与店员之间的感情、融洽公司与药店的关系，同时又可对店员开展一次别开生面的集中教育。

（3）有奖问答 有奖问答已经突破原有的纸质问卷形式，在微信等网络媒体开展各种有奖问答，将产品知识及提醒店员推荐的产品宣传要点归纳成各种小问题，组织店员进行限期抢答。

（四）培训的效果跟进

活动进行得顺利圆满，并不等于达到了预期的目的。如果活动后两周内没有跟进工作，店员对这次活动就会淡忘。事后跟进主要包括以下工作：①培训后要进行逐个回访，了解活动的效果，特别是要与有不满情绪的与会人员进行沟通，表示歉意，争取达成共识；②做好回访记录，整理汇报，总结分析效果。药品零售是一项长期性、综合性的工作，需要长期艰辛的努力，应不断总结和创新。开发药品零售市场是制药企业新的增长点，但更重要的是，应通过零售市场的运作，树立企业的形象和品牌。

> **岗位情景模拟 11−2**
>
> **情景描述** 刚加入公司的 OTC 医药代表王明在参加公司销售会议上，有点闷闷不乐。究其原因，他觉得做销售是在求人，生怕得罪了药店经理，因此只要别人拒绝、冷眼相待，他就会赶紧离开，生怕以后没有再合作的机会。同时，王明汇报药店市场开发的情况，目前还没有固定区域，一会在城北找店、一会在城南找店，乘坐公交车到哪里算哪里，或者通过手机百度地图跟着找。
>
> **要 求**
> 1. 你认为王明的药店市场开发存在哪些问题？
> 2. 作为一名经验丰富的 OTC 医药代表，你将对王明的销售工作提出哪些建议？
>
> 答案解析

任务三 医院市场开发与维护

PPT

医院是药品从流通渠道到消费者的又一重要终端环节。人们在患病时还是主张到医院求医问药，医生对症下药，消费者能够得到更加专业的用药指导，尤其对处方药而言。处方药是必须凭执业医师或执业助理医师处方才可调配、购买和使用的药品。与非处方药相比，处方药具有被动消费的特点，医生是指导、决定患者使用处方的人。为了使医生能更好、更准确地使用药物，就需要药品研发与生产企业向医生提供关于某类药物及其使用方法、研究进展等专业化的临床药学学术咨询服务。

一、目标医院情况调研

医药代表对所负责区域市场内医院的数量、类型、级别、分布及当地医疗政策等情况要进行全面深入的调研，在此基础上分析确定需要重点开拓的医院，即选定目标医院。

（一）基本情况与信誉度调查

1. 基本情况调查 包括目标医院的级别、主管部门、交通环境、优势科室、门诊大楼和住院部的规模、诊疗室的数目及分布、科室设置、目标科室的门诊量、诊疗设备的种类和数量、病床使用率、医院组织结构、有无药事管理委员会等。对医药代表来说，应根据其推广的药品的性质来确定拜访的目标医院。

2. 信誉度调查　客户能否履行合同规定按时回款直接关系到产品销售的稳定性和连续性，因此，销售人员在把某医院当做目标医院时，应了解该医院的信誉度。

（二）目标科室与目标医生调查

1. 目标科室调查　对本公司药品临床治疗范围内所涉及到的临床科室情况进行调查，包括科室主任、权威专家、科室内的关系、不同医生对产品的认知情况等信息。同时，在目标科室调查过程中还要注重了解科室使用的竞争产品的情况，包括竞争产品的生产企业名称、企业综合实力及影响力、品牌形象、市场推广策略，产品的规格、用法用量、临床功效和本产品的对比，销售价格、零售价格、供货渠道、在目标医院的销售量、医生对竞争品种的忠诚度等相关信息。

2. 目标医生调查　医药代表拜访的医生人数多，而能够用药、真正帮助用药的往往只是其中很小的一部分，所以确定目标医生的工作就显得十分重要和有益。一般说来，医药代表要优先选择在医院有一定地位和话语权的医生作为拜访对象，他们通常是医院的科室主任或会诊专家。科室主任的认可是医药代表长期开展科室工作的前提和保障，而一位德高望重的著名专家在会诊时建议使用医药代表推荐的药品，将是有力的产品推介和完美的人际传播。

医药代表应根据药品的特点将医生按照不同专业类型和处方潜力分类，针对不同级别的医生特点，制定工作方案。应重点考虑以下几个因素：①患者数量多少。对于常见疾病类型，门诊医生相对住院部医生接触机会大，处方机会相对较多。②医院类型和级别。三甲或省级等医院的患者中疑难杂症、高难度手术、对治疗水平要求高的较多，他们对新型、疗效显著、价格昂贵的药品容易接受。③学术影响力。在学术界影响力大的医生、学术带头人，对普通医生的用药习惯有指导作用，间接对产品的推广影响作用很大。④医生的专业教育背景等。医生在接受医学高等教育期间所就读院校的教学模式、教师风格；就职后医学继续教育等过程中所接触到的同行等都会对医生产生影响；不同性格特征的医生也会形成不同的治疗风格，应尽量收集各种医生背景资料。⑤合作历史。对医药代表的公司和产品熟悉并通过合作产生信任的医生，他们是支持者同时也是使用者。

二、医院拜访

（一）医院客户相关科室内部关系分析

医院客户相关科室内部关系分析包括对医院药事委员会、药剂科、临床科室和医务科等部门的人员工作职责、特点和相互关系的分析。

1. 医院药事委员会　通常由医院分管业务的副院长领导，有医务科、药剂科和各主要临床科室负责人，以及医院主要的医疗、药学服务专家组成，负责医院所有与医药产品相关的政策制定、工作指导和监督等工作。药剂科主任一般承担药事委员会的日常组织和协调工作。

2. 药剂科　药剂科的主要职能是临床用药的选购、储存、调配，以及临床药学研究及药物咨询等工作。目前，药剂科越来越多地参与到临床用药的各个环节中。医药企业在药剂科的主要客户包括药剂科主任、采购员、库房保管员、药房司药等人员。药剂科主任负责药剂科日常工作安排，如人员职责分配、药品进入医院的评审、药品在医院销售的渠道及流通主要环节监控、临床用药的整体水平保证等。药剂科主任是监督产品销售、推广工作的关键人物。采购员负责医院用药的采购工作，采购员根据医院用药品种、数量、金额及时间制定采购计划并实施与落实计划；库房保管员负责药品仓库的日常管理、统计每月用药情况、掌握药品具体发往部门，如门诊药房、住院药房及急诊药房的具体领药时间、方式、数量；药房司药负责从库房向药房调配所需药品，监控有无断货、处方流向、主要科室使用的药品品种用量等。

3. 临床科室　这是医院为病患者及其家属提供各种医疗服务和咨询的主要部门。医院的性质（如综合性医院、专科性医院等）、级别（如省、市、县级别或二三级医院等）、大小（如病床数、医疗服务水平和能力、就诊患者数量等）、传统（如中、西医院等）不同，其临床科室的设置、水平和大小均会有所不同。临床科室是医药企业产品在医院销售推广的重点部门。

（1）**临床科室主任**　一般由工作成就突出、临床经验丰富、管理能力强的高年资医生担任，是本科室日常工作主持者，负责医疗科研、服务、教学等多方面工作，对临床用药有直接的指导作用。科室主任根据多年的临床经验，有自己的用药习惯及对不同医药企业的看法，特别重视新药或临床使用的研究进展。

（2）**主治医生**　是直接为患者提供诊疗服务的主力，是临床科室中承担大量具体工作的技术骨干，是科室主任治疗意图的参订与执行者。

（3）**住院医生**　在科室内为患者的直接负责人，具体执行上级医生的诊疗方案，对患者的病情作一线观察，对药物的疗效、不良反应随时做出评估。

（4）**护理人员**　在临床科室的工作为执行各级医生的医嘱，监护患者的诊治过程，对患者的病情随时观察，大多数药物的不良反应是由她们发现的。由于具体执行医嘱，对药物在使用过程中出现的各种问题处理经验丰富，对患者的服药方法、注意事项也非常熟悉。

4. 医务科　其工作是安排全院的日常诊疗工作，管理各科编制、人员变动情况，确定各项业务活动的时间、内容等。医药企业与医院的各项合作均要通过医务科统一协调，如临床试验、义诊咨询活动、学术研讨会等。

（二）医生行为分析

医药产品在医院的处方销售中最关键的客户是医生。影响医生处方行为的因素很多，既有经济发展水平、民众保健意识、医疗保障制度、医院补偿机制、医药科技发展等宏观不可控因素；又有诊治疾病的需求、药品性质、同行评价、推荐与经验、企业品牌形象、企业促销策略和传媒宣传等微观可控因素；还有医生行为风格、医生处方行为形成、医药销售代表工作等个人的因素。对医药企业特别是营销人员（医药代表）来说，医生行为风格类型和医生处方习惯形成是分析医生处方影响因素的两个主要方面。

1. 医生行为风格类型分析　分析医生的行为风格类型，有利于医药销售人员根据不同的客户对象，采取行之有效的产品介绍、推广、销售策略，提高工作的效益和效率。医生的行为方式大致可分为以下四种类型。

（1）**分析型**　该类型的医生比较细心，喜欢提问。接受产品介绍时要求企业的代表为人可靠，介绍产品时的表现要专业化、有逻辑性和条理性。医药代表要充分表现出自己的高素质和专业性，以获取其信任，拜访前要准备好相关的数据、文献等证明材料，并对材料了如指掌，能熟练应对医生的咨询。

（2）**威权型**　该类型的医生喜欢控制，不喜欢与他人闲谈。医药代表要着装正式、充满自信、专业，表现出干脆利落的合作态度。拜访时间最好提前预约，拜访时询问会谈的时限及方式等，并准时赴约。做产品介绍时候，要简明扼要，尽量让对方自己做决定。

（3）**仁慈型**　人情味较浓，对人态度温和，表现出合作的态度；喜欢听别的医生的用药经验，尤其重视权威专家、高资历医生用药经验，不愿尝试使用新药，非常关注产品的安全性问题。医药代表针对这类医生要采取心理攻势，获取对方的好感，有效引用专家、学者的意见或者其他医生使用产品的案例来说服他。

（4）表现型　此类型医生热情开朗，好奇心强，思路快，喜欢医药代表向其介绍新的产品、新的宣传资料或医学文献，也喜欢试用新药。医药代表要投其所好，多与客户聊天，认真倾听其意见和建议。

2. 医生处方习惯形成分析　医生的处方行为是通过其在诊治疾病过程中的处方习惯及其形成原因中表现出来的。医生在临床诊治疾病时会因为受环境因素、个人行为风格因素和医药企业及医药代表因素的影响，逐渐形成个人处方习惯。医生处方习惯的形成主要有以下几种情况：一是在确认临床上对该药有治疗需求、相信该药疗效佳或者优于其他药物、使用方便、安全性好、性能价格比合适的基础上，才有可能接受尝试使用；二是尝试处方使用某药感觉疗效好，安全性、方便性均符合临床治疗疾病的要求，才会愿意继续使用；三是医生处方习惯形成过程中，会对不同的药物产生不同的处方定位，即首选用药、二线用药、保守用药等。作为医药代表要认真分析医生处方习惯形成的相关影响因素，才能有针对性地制定应对策略。

（三）拜访相关资料的准备

1. 制定拜访计划表　拜访计划表应该细分为日、周、月计划表。计划表要包括拜访医院及医生、拜访目的、拜访类型、时间安排、经费计划等内容。拜访目的不同，所需时间不同，如初次拜访时间计划要长一些，以便预防一些始料未及的事情发生；表现型或健谈型医生拜访时间要长一些，内向型或现实型医生拜访时间相对要短一些；沟通感情性的拜访相比介绍药品性的拜访时间要短一些。同时，要尽量细化和明确拜访所要达成的效果及所要接触的人员，并优化拜访路线。

2. 相关介绍及证明材料的准备　准备与企业有关的介绍宣传材料，包括企业法人营业执照、产品生产许可证、药品批准文号、购销合同书等；准备与产品有关的介绍宣传材料，包括产品的样品、样本、图片、图样、产品说明书、价目表、产品检验合格证、相关报纸杂志、临床应用报道材料、医学文章等；准备医药代表个人有关的证明材料，包括个人身份证明、企业法人的授权委托证明、工作证、名片等。

3. 知识、技能及心理准备　医药代表要提前预测医生或患者会提出哪些问题，产生哪些疑问。要学会换位思考，充分理解不同的患者以及不同类型医院及医生在产品使用中可能出现的各种问题，为应对不同可能性做好充分准备。拜访的目的是让医生充分了解产品的药理、药效、药代动力学等各方面数据，为医生更好地使用药品服务。但医生们大多忙碌，能给的时间有限，医药代表要充分掌握产品相关知识，总结提升销售沟通技能，理清表达思路，提高拜访效率。

三、医药学术推广策略

（一）医药学术推广的概念

医药学术推广是指在医药销售活动中，以产品的学术特点为基础，依托专业化的队伍开展专业化的沟通，引发医生及患者认知兴趣的系统市场推广活动。专业的推广团队通过学术传播方式将药品的研究成果和临床应用的最新信息，及时提供给医生，使医生了解产品优势，并推荐和指导临床医生用药。同时，将药品临床反馈信息传递给企业，促进医生、患者、企业之间的沟通。医药学术推广多用于处方药的推广。

（二）学术推广的类型

学术推广的形式是多种多样的，医药企业要结合实际情况灵活选用学术会议、新药发布会、学术俱乐部、展台宣传、会议问答、临床试验、学术文章、权威演讲、人员拜访、学术征文、调研活动、资料直邮、科普宣传、继续教育、热线咨询、知识竞赛、网站建设等形式，并有效地进行各类推广方式的组合运用。

1. 学术会议　这是处方药学术推广的主要方式，包括产品学术交流会、医学专题论坛年会、学术研讨会、定期举办的医药学术会议、医院院内推广会等形式。

2. 新药发布会　在新药上市之前，可以举办各种新闻发布会，通过问答的方式介绍自己药品的优点，吸引各类媒体的关注，能够起到较好的宣传效果，提高认知度。

3. 学术俱乐部　医生需要具备较强的专业化知识水平和操作技能，并不断更新。医生之间可以依托相关的学术权威为核心，成立学术俱乐部，企业积极参与，致力打造学习型团队。

4. 展台宣传　企业可以在学术会议期间或专家演讲时，合理放置展台进行产品宣传，让客户对产品有直接的认知。但是要合理规划展台人员的安排、展品的位置等。

5. 会议问答　在产品发布会或学术会议的提问环节，着重介绍产品的质量和功效，能够很好地吸引客户的注意力。

6. 临床试验　企业在费用可控的情况下，让医生直接参与临床试验，使其直观地感受到产品的效果，从而促进产品销售。这是一种非常有效的学术推广方式。

7. 学术文章　利用专业的学术科普文章，详细介绍产品的功效。制药企业可以与医生合作，通过临床试验合作，发表相关学术论文，或直接资助论文发表等方式。不仅可以提高药品的临床价值，还可以提高药品的认知率、知名度，拉近与目标医生的关系，达到双赢的效果。

（三）学术推广活动的策划与技巧

1. 学术推广活动的策划　活动策划的质量直接影响活动效果，一份可执行、可操作、创意突出的活动策划方案，能够有效提升企业产品的知名度，起到事半功倍的效果。在学术推广活动的策划和管理过程中要树立和培养项目化思维，运用项目管理的方式方法开展工作。

（1）启动　医药学术推广的目的是为了进行产品宣传，促进购买，只有充分掌握客户需求和产品特点，才能做好学术推广活动策划工作。企业要全面分析产品的特点、卖点、优势、生命周期、市场环境以及竞争产品的相关状况等内外部因素，这是成功策划学术活动的第一步，也是制定计划之前的调研和准备工作。

（2）规划　在全面分析影响和制约学术推广效果各因素基础上，营销人员要制定一份详细的计划，用于指导活动的实施。计划的主要内容应包括活动目标、活动合作方、重点工作任务、进度计划、项目小组成员、经费预算等事项。合作方可以是学会、杂志社、医院、高校等机构，在计划制定过程中，要加强与合作方的沟通交流，达成一致意见，协调推进后续工作。

（3）实施与控制　医药企业要安排专人负责专项事务，确保每项任务能落到实处。要提前谋划和预测可能出现的突发事件，做好应对措施。同时，要加强实施过程的检查和控制，做好跟踪、审查和调整活动进展与绩效。

（4）收尾　学术推广活动完成之后，一定要对整个活动进行评估。可以对准备材料和执行任务的效率、处理突发状况的方式等进行过程性评估，也可以就产品的销售量、参与人员的直观感受、客户的反应、宣传效果等进行效果评估，发现优势和亮点，分析问题和不足，为不断改进工作提供依据和参考。更重要的是要对学术推广活动中建立的关系进行及时跟进与维护，做好后期服务工作。

2. 学术推广的技巧 在学术推广中，制药企业可以同时利用展台、宣传彩页、易拉宝设计图等形式宣传自己的产品，使参会人员对产品有更为直接的感性认识，可以起到较好的学术推广效果。活动期间，对于重点大客户，医药代表应主动去接洽拜访，以便更加详细地介绍产品，抓住与客户加深了解、建立和维护关系的机会。由于医药学会参加的机构和医生较多、涉及的领域广泛，对制药企业来说，赞助并参加会议不仅可以迅速提高品牌知名度、美誉度，而且还可以获取一些目标医生的联系方式，甚至可以与平时难以见面的专家进行面对面交流。如果制药企业能够邀请国内或国外著名的、有影响力的专家专门为企业开展产品知识讲解和宣传，将对迅速提高产品品牌形象有极大的帮助。

> ▶▶ **岗位情景模拟 11-3**
>
> **情景描述** KNC 是运用现代生物技术研制而成的高科技、纯生物制剂。作为国家三类新药，KNC 是采用新鲜人体胎盘为原料，通过高科技生物提取物而制成的，用于肿瘤病人经放疗、化疗后恢复机体，增强免疫力的新一代临床处方用药。
>
> 在前期工作准备就绪之后，准备对 KNC 进行临床推广策划。虽然 KNC 拥有巨大的市场潜力和机会，是一个不错的产品，但是处方药不能在大众传媒上做广告的这一规定，也使得 KNC 在和市场上具有类似功能的非处方药、保健品竞争时多了一道槛。假如你是 KNC 公司的医药销售代表，在缺乏广告这种有效的信息传播方式的情况下，怎么才能将 KNC 这个产品打入医院市场并且获得临床销量呢？
>
> **要　　求** 策划 KNC 药的学术推广方案。
>
> 答案解析

☑ 实践实训

【案例分析】

珍宝岛药业的学术营销

背景：2010 年基本药物制度的全面覆盖实施带来的是基层医药市场的跨越式增长。作为在心脑血管中药制剂的三七类制剂是最具有市场潜力的品种之一。但这类产品虽临床应用多年，却尚无学术领导者，无系统循证医学学术理论体系。注射用血塞通产品高端市场竞争激烈、产品差异化学术观点的支撑和宣传是加大医院开发率、提高医生和患者认可度的重要保证，珍宝岛前期有一定基础，但总体不足。

活动：跳出以往学术促销的框架，珍宝岛通过高端、低端立体学术营销组合策略，打造了一套"专业化立体学术推广"模式，从而推动处方药产品品牌销量的快速提升。开展多中心临床试验、挖掘产品新的临床学术观点，并通过系列推广打造珍宝岛"注射用血塞通"三七制剂学术领导者品牌地位。在《中华老年心血管病杂志》等三种专业杂志通过平面广告、有奖征文、发表学术论文、高端专业媒体学术报道等实现高空学术支持体系，为各级学术会议、活动提供高端学术支持，解决产品学术认识，树立前沿学术品牌形象。组织参加或承办各级专业学术会议，扩大企业、产品的学术影响力。完善企业专家资源库，通过各级意见领袖进一步确立权威学术形象。针对商业公司 VIP 客户、重点医院院长或学科带头人全年开展珍宝岛文化参观 35 场，接待客户、专家现场指导和学术研讨近 1000 人。以大型"临床安全使用"公益培训、"核心基药产品"基层医疗机构科学使用学术会议等向各级医疗机构临床专家、医生宣传企业实力、产品优势、临床应用等信息，解决认知认可、正确使用的问题，建立处方习惯，树立企业和主导产品品牌形象。

效果：打造立体式学术营销组合战略：多中心临床试验＋新临床学术观点共识＋高空学术宣传＋专业学术会议学术品牌宣传＋专家学术代言＋各级学术会议承接＋大型"临床安全使用"公益培训＋品牌提示礼品＋国家继续医学教育项目，使以省为单位医院开发率迅速提高，重点省份重点目标医院开发率达80％，单医院产出平均提升20％以上。基层医疗机构对珍宝岛和注射用血塞通知晓率、认可率大幅提升，开发和销量均翻番。主导产品年度销量增长率达120％。分公司学术会议完成指标考核95％以上，参会客户满意率90％，极大地提高了企业学术形象和产品学术地位。

问题：

（1）分析珍宝岛药业的处方药营销运用了什么促销技巧和方法？

（2）从"珍宝岛药业的学术促销"案例中得到了哪些启示？

分析要求：

（1）学生小组讨论分析案例提出的问题，形成小组《案例分析报告》。

（2）各小组陈述各自的分析，并让同学进行相互评价。

（3）老师对各组《案例分析报告》进行点评。

【综合实训】

医院终端开发与维护

（一）实训目的

医院终端市场是处方药销售渠道的最末端，是医药企业竞争最激烈的市场。在营销组合策略的决策过程中，终端促销是其重要部分。要使学生掌握医院终端促销的方法，会进行顾客寻找、医院市场开发、客户拜访、产品推销等内容，为提高药品销售量、树立品牌奠定基础。

（二）实训要求

1. 认识到医药市场终端开发的重要性，掌握医院开发、客户拜访的步骤。

2. 将学生分成若干组，每组4～6人，按操作步骤具体实施。

3. 根据现有条件、给定资料分析后撰写市场开发方案。

（三）实训内容

1. 实训背景

X制药公司是一家以生产抗癌药药品为主的企业，其中YY药品（可自行确定一种药品）的销售网络已经遍及全国许多城市，为了增加产品市场知名度以及市场占有率，企业十分重视对医院终端的开发工作。目前公司销售网络还未覆盖到西南地区的一些城市，对未覆盖市场尤其是医药终端进行有序开发是公司进行市场开拓的重要策略。通过前期调研，意见掌握未覆盖市场医院终端的市场规模，以及现有产品与竞争产品市场情况，为该公司有计划、有目的地实施市场开发战略奠定了基础。

接下来需要的工作就是根据市场部提供的调研信息，制定西南某城市几家三甲医院的开发计划，包括重点客户的拜访、产品如何进入医院、进入医院后如何进行产品的上量工作。

2. 操作步骤

第一步：确定待开发医院，编写开发方案。

准确判断未覆盖市场的医院市场规模、现有产品与竞争产品在该医院的情况，并为制定有效决策提供信息支持。

第二步：根据方案细化具体内容。

（1）确定产品进入医院的具体程序，拟定重点拜访客户。

（2）调查该医院一些基本信息。如医院地址、隶属关系、门诊量、主要科室及专家、邮政地址、联系电话等。

（3）了解本公司产品在医院的销售情况、市场占有率以及知名度情况等。

（4）了解竞争产品在该医院的销售量、销售排名、销售趋势和优劣势等。

（5）确定主要目标客户及拜访计划。如（副）院长、药剂科主任、科室主任、专家等。

第三步：开发方案的组织实施。

各组自已制定拜访计划，准备好拜访资料、工具，学习相关知识。做出项目执行安排，经过培训后具体实施。

第四步：对市场开发方案进行整理并讨论分析。

（四）实训评价

教师明确实训目的和要求，适时指导实训，学生分组自主组织开展实训；实训结束后，进行实训交流，师生共同评价工作成果。考核内容如表 11-2 所示。

表 11-2　实训评价表

考核项目	考核标准	配分	得分
市场开发方案	方案设计无明显缺陷	20 分	
细化方案内容	内容符合市场开发目的要求，结构完整，内容设计无明显缺陷	30 分	
撰写市场开发报告	格式准确，表达较有条理	30 分	
团结协作	组内成员分工合理、团结协作	20 分	
合计		100 分	

目标检测

答案解析

一、单项选择题

1. 某一营销人员去拜访一家商场，她没有直接和经理谈服装销售的问题，而是首先递给经理一张便笺，上面写着："你能否给我 10 分钟就一个经营问题提一点建议？"该类型的开场白属于（　　）。

   A. 寒暄式开场白　　　B. 正式拜访　　　C. 问题吸引式开场白　　　D. 请教式开场白

2. 专注地听他人讲话、不轻易打断对方，与对方有目光的接触和交流，这是洽谈中的什么技巧（　　）。

   A. 沉默　　　　　　　B. 探寻　　　　　　C. 陈述　　　　　　　　　D. 聆听

3. 通常以出售非处方药品（OTC）为主，是医药市场开发中最重要的 OTC 终端（　　）。

   A. 零售药店　　　　　B. 医院　　　　　　C. 社区卫生服务中心　　　D. 诊所

4. 在医药销售活动中，以产品的学术特点为基础，依托专业化的队伍开展专业化的沟通，引发医生及患者认知兴趣的系统市场推广规划是（　　）。

   A. 广告推广　　　　　B. 学术推广　　　　C. 客户维护　　　　　　　D. 销售促进推广

5. 医药市场开发中，处方药销售的最重要终端是（　　）。

    A. 零售药店　　　　　　B. 医院　　　　　　C. 社区卫生服务中心　　　D. 诊所

二、多项选择题

1. 按寻找客户的范围划分，通常可将顾客的类型划分为（　　）。

    A. 全新顾客　　　　　　B. 过去的顾客　　　　C. 现有顾客

    D. 药店客户　　　　　　E. 医院客户

2. 准备 FAB 叙述词是制定拜访计划的重要内容，其核心是针对客户的购买心理，有效地激发客户兴趣和购买欲望。FAB 叙述词主要包括哪几个方面的内容（　　）。

    A. 产品　　　　　　　　B. 特性　　　　　　　C. 作用

    D. 价格　　　　　　　　E. 利益

3. 处理客户异议时，要遵循的基本原则有（　　）。

    A. 事前做好充分准备原则　　　　　　　　B. 恰当时机回复异议原则

    C. 回避原则　　　　　　　　　　　　　　D. 切忌争辩原则

    E. 尊重客户原则

4. 拜访目标的设定要遵循"SMART"原则，"SMART"原则具体包括（　　）。

    A. 明确性　　　　　　　B. 可衡量性　　　　　C. 可实现性

    D. 相关性　　　　　　　E. 时限性

5. 医药学术推广的类型包括（　　）。

    A. 学术会议　　　　　　B. 学术俱乐部　　　　C. 展台宣传

    D. 学术文章　　　　　　E. 会议问答

三、思考题

1. 正式拜访客户时应注意哪些细节，如何设计一个好的开场白？

2. FAB 的含义是什么？以某药品为例说明 FAB 陈述词。

3. 药店拜访计划应重点包括哪些内容？

4. 药店店员培训要解决的问题是什么？如何开展培训？

5. 拜访目标医院时，要着重分析哪些问题？

书网融合……

知识回顾　　　　微课1　　　　微课2　　　　习题

（杨　麒）

参考文献

[1] 甘湘宁，周凤莲. 医药市场营销实务［M］. 北京：中国医药科技出版社，2017.

[2] 魏保华，王高峰，郑丽. 药品市场营销学［M］. 广州：世界图书出版广州有限公司，2020.

[3] 李伟，孔祥金. 医药市场营销［M］. 北京：科学出版社，2017.

[4] 官翠玲. 医药市场营销学［M］. 北京：中国中医药出版社，2018.

[5] 章蓉. 药品营销原理与实务［M］. 北京：中国轻工业出版社，2019.

[6] 付晓娟，孙兴力，何巧. 医药市场营销［M］. 北京：高等教育出版社，2020.

[7] 菲利普·科特勒，凯文·莱恩. 营销管理［M］. 上海：格致出版社，2019.

[8] 秦勇，张黎. 医药市场营销［M］. 北京：人民邮电出版社，2018.

[9] 李伟，孔祥金. 医药市场营销［M］. 北京：科学出版社，2017.

[10] 严振. 药品市场营销技术［M］. 北京：化学工业出版社，2015.

[11] 杨文章. 药品市场营销学［M］. 北京：中国医药科技出版社，2019.

[12] 李晓晖，杨洋. 药品营销网络与物流配送［M］. 北京：中国发展出版社，2020.

[13] 张发明，郭元. 市场营销［M］. 北京：清华大学出版社，2016.

[14] 米基·C. 史密斯. 医药营销新规则［M］. 北京：电子工业出版社，2019.

[15] 史立臣. 医药新营销［M］. 北京：企业管理出版社，2017.

[16] 王顺庆. 医药市场营销技术［M］. 北京：人民卫生出版社，2015.